Leutner/Schlotter/Zätzsch
Beurkundung von Unternehmenstransaktionen

Beurkundung von Unternehmenstransaktionen

Praxishandbuch mit Gestaltungshinweisen

Von

Dr. Gerd Leutner, Licencié en droit
Rechtsanwalt in Berlin

Dr. Jochen N. Schlotter
Rechtsanwalt und Notar in Frankfurt a.M.

Dr. Jörg Zätzsch LL.M. (Tulane University)
Rechtsanwalt und Notar in Berlin

2., neu bearbeitete Auflage

2025

C.H.BECK

Zitiervorschlag: Leutner/Schlotter/Zätzsch § … Rn. …

beck.de

ISBN 978 3 406 79495 7

Wilhelmstraße 9, 80801 München
Druck und Bindung: Beltz Grafische Betriebe GmbH
Am Fliegerhorst 8, 99947 Bad Langensalza

Satz: Fotosatz Buck Zweikirchener Straße 7, 84036 Kumhausen
Umschlag: Druckerei C.H.Beck Nördlingen

myclimate
shape our future

chbeck.de/nachhaltig

Gedruckt auf säurefreiem, alterungsbeständigem Papier
(hergestellt aus chlorfrei gebleichtem Zellstoff)

Inhaltsübersicht

Inhaltsverzeichnis

Abkürzungsverzeichnis

aA	andere(r) Ansicht (Auffassung)
Abb.	Abbildung
ABGB	Allgemeines Bürgerliches Gesetzbuch (Österreich)
abgedr.	abgedruckt
Abh.	Abhandlungen
Abk.	Abkommen
abl.	ablehnend
ABl. (EU, EG)	Amtsblatt (der Europäischen Union, früher: ... der Europäischen Gemeinschaften)
Abs.	Absatz
abschl.	abschließend
Abschn.	Abschnitt
Abt.	Abteilung
abw.	abweichend(e)(es)(er)
abzgl.	abzüglich
AcP	Archiv für die civilistische Praxis
aE	am Ende
AEUV	Vertrag über die Arbeitsweise der Europäischen Union (ehemals ... zur Gründung der Europäischen Gemeinschaft, EG-Vertrag)
aF	alte Fassung
AG	Aktiengesellschaft; Die Aktiengesellschaft (Zeitschrift); Amtsgericht
AGB	Allgemeine Geschäftsbedingungen
AktB	Aktualisierungsband
AktG	Aktiengesetz
AktR	Aktienrecht
allg.	allgemein
allgM.	allgemeine Meinung
Alt.	Alternative
aM.	andere Meinung
amtl.	amtlich
Änd.	Änderung
ÄndG	Änderungsgesetz
AnfG	Gesetz über die Anfechtung von Rechtshandlungen des Schuldners außerhalb des Insolvenzverfahrens (Anfechtungsgesetz)
Anh.	Anhang
Anl.	Anlage
Anm.	Anmerkung
AnwBl.	Anwaltsblatt
AO	Abgabenordnung
AP	Arbeitsrechtliche Praxis, Nachschlagewerk des Bundesarbeitsgerichts
ArbG	Arbeitsgericht
ArbGG	Arbeitsgerichtsgesetz

ArbR.	Arbeitsrecht
Arg.	Argumentation
Art.	Artikel
AT.	Allgemeiner Teil
Auff.	Auffassung
aufgeh.	aufgehoben
Aufl.	Auflage
ausdr.	ausdrücklich
ausf.	ausführlich
ausl.	ausländisch
ausschl.	ausschließlich
AVO	Ausführungsverordnung
AWG	Außenwirtschaftsgesetz
Az.	Aktenzeichen
B.V.	Besloten Vennootschap (haftungsbeschränkte Gesellschaft, Niederlande)
BadWürtt., badwürtt.	Baden-Württemberg, baden-württembergisch
BaFin	Bundesanstalt für Finanzdienstleistungsaufsicht
BAG	Bundesarbeitsgericht
BankR	Bankrecht
BAnz	Bundesanzeiger
BauR	Baurecht
Bay., bay.	Bayern, bayerisch
BayObLG	Bayerisches Oberstes Landesgericht (ehem.)
BB	Der Betriebs-Berater
BBG	Bundesbeamtengesetz
Bd.	Band
bearb./Bearb.	bearbeitet/Bearbeiter
BeckOK	Beck'scher Online-Kommentar (+ Gesetzesbezeichnung)
BeckRS	Beck'sche Rechtsprechungs-Sammlung (Jahr + Nr.)
Begr.	Begründung
begr.	begründet
Beil.	Beilage
Beitr.	Beitrag
Bek.	Bekanntmachung
Bem.	Bemerkung
ber./Ber.	berichtigt/Berichtigung
BerufsR.	Berufsrecht
bes.	besondere, besonderer, besonderes
Beschl.	Beschluss
beschr.	Beschränkt
bespr./Bespr.	besprochen/Besprechung
Betr., betr.	Betreff, betrifft, betreffend
BeurkG	Beurkundungsgesetz
BewG	Bewertungsgesetz
BFH	Bundesfinanzhof
BFHE	Entscheidungen des Bundesfinanzhofes
BGB	Bürgerliches Gesetzbuch
BGBl.	Bundesgesetzblatt
BGH	Bundesgerichtshof

BGHSt	Entscheidungen des Bundesgerichtshofs in Strafsachen, Amtliche Sammlung
BGHZ	Entscheidungen des Bundesgerichtshof in Zivilsachen, Amtliche Sammlung
BilanzR	Bilanzrecht
BKR	Zeitschrift für Bank- und Kapitalmarktrecht
Bln., bln.	Berlin, berlinerisch
BMF	Bundesministerium der Finanzen
BMJ	Bundesministerium der Justiz
BNotO	Bundesnotarordnung
BO	Berufsordnung; Börsenordnung
BORA	Berufsordnung für Rechtsanwälte
BörsG	Börsengesetz
BörsZulV	Börsenzulassungsverordnung
BR	Bundesrat
BRAK-Mitt.	Mitteilungen der Bundesrechtsanwaltskammer
Brandenbg., brandenbg	Brandenburg, brandenburgisch
BRAO	Bundesrechtsanwaltsordnung
BRD	Bundesrepublik Deutschland
BR-Drs.	Bundesrats-Drucksache
Brem., brem.	Bremen, bremisch
Brüssel Ia-VO	Verordnung (EU) Nr. 1215/2012 über die gerichtliche Zuständigkeit und die Anerkennung und Vollstreckung von Entscheidungen in Zivil- und Handelssachen
BSG	Bundessozialgericht
Bsp.	Beispiel
BStBl.	Bundessteuerblatt
BT	Bundestag; Besonderer Teil
BT-Drs.	Bundestags-Drucksache
Buchst.	Buchstabe
BürgerlR	Bürgerliches Recht
BVerfG	Bundesverfassungsgericht
BverfGE	Entscheidungen des Bundesverfassungsgerichts
BVerwG	Bundesverwaltungsgericht
BWNotZ	Zeitschrift für das Notariat im Baden-Württemberg
BWVPr	Baden-Württembergische Verwaltungspraxis
bzgl.	Bezüglich
bzw.	Beziehungsweise
c.i.c.	culpa in contrahendo
ca.	Circa
COMI	Center of main interests
d.	der, des, durch
Darst.	Darstellung
DAV	Deutscher Anwaltverein
DAX	Deutscher Aktienindex
DB	Der Betrieb
DBA	Doppelbesteuerungsabkommen
DCGK	Deutscher Corporate Governance Kodex
DDR	Deutsche Demokratische Republik
DepotG	Depotgesetz

ders.	Derselbe
dgl.	dergleichen, desgleichen
dh	das heißt
dies..	dieselbe(n)
DIHK	Deutscher Industrie- und Handelskammertag
Diss.	Dissertation
div.	diverse
DNotI	Deutsches Notarinstitut
DNotI-Report.	Informationsdienst des Deutschen Notarinstituts
DNotZ	Deutsche Notarzeitschrift
DONot	Dienstordnung für Notarinnen und Notare
DÖV	Die Öffentliche Verwaltung
DrittelbG.	Gesetz über die Drittelbeteiligung der Arbeitnehmer im Aufsichtsrat (Drittelbeteiligungsgesetz)
Drs.	Drucksache
DRZ.	Deutsche Rechtszeitschrift
DStR.	Deutsches Steuerrecht
DStrE	DStR-Entscheidungsdienst
DStZ.	Deutsche Steuerzeitung
dt.	Deutsch
DZWir	Deutsche Zeitschrift für Wirtschaftsrecht
E	Entwurf
eBAnz	elektronischer Bundesanzeiger
Ed.	Edition
EFG.	Entscheidungen der Finanzgerichte
EG.	Einführungsgesetz; Europäische Gemeinschaft
EGBGB.	Einführungsgesetz zum Bürgerlichen Gesetzbuch
Egr., ErwGr	Erwägungsgrund (bei EU-Richtlinien und –Verordnungen)
ehem.	ehemalig(e, en, er)
EHUG	Gesetz über elektronische Handelsregister und Genossenschaftsregister sowie das Unternehmensregister
EigBetrV	Eigenbetriebsverordnung
Einf., einf.	Einführung, einführend
eing.	eingehend
Einl.	Einleitung
einschl.	einschließlich
EK.	Eigenkapital
EL	Ergänzungslieferung
Empf.	Empfehlung
endg.	Endgültig
Entsch.	Entscheidung
Entschl.	Entschluss
entspr.	entsprechend/e(n)
EP	Europäisches Parlament
EPG	Europäische Privatgesellschaft (auch SPE)
ErbR.	Erbrecht
Erg.	Ergebnis
erg.	ergänzend
Ergbd.	Ergänzungsband
Erkl.	Erklärung

Erl.	Erlass; Erläuterungen
ErwGr.	Erwägungsgrund (bei EU-Richtlinien und –Verordnungen)
EStDV	Einkommensteuer-Durchführungsverordnung
EStG	Einkommensteuergesetz
EStR	Einkommensteuer-Richtlinien
etc	et cetera (und so weiter)
EuG	Gericht der Europäischen Union (ehem.: Gericht Erster Instanz der EG)
EuGH	Gerichtshof der Europäischen Union
EuInsVO	Verordnung (EG) Nr. 2015/848 über Insolvenzverfahren
EuroEG	Gesetz zur Einführung des Euro
europ.	europäisch
EuropaR	Europarecht
EuVTVO	Verordnung (EG) Nr. 805/2004 zur Einführung eines europäischen Vollstreckungstitels für unbestrittene Forderungen
EuZW	Europäische Zeitschrift für Wirtschaftsrecht
evtl.	eventuell
EWG	Europäische Wirtschaftsgemeinschaft (jetzt EG, EU)
EwiR	Entscheidungen zum Wirtschaftsrecht
EWIV	Europäische wirtschaftliche Interessenvereinigung
f., ff.	folgende Seite bzw. Seiten
FamFG	Gesetz über das Verfahren in Familiensachen und in den Angelegenheiten der freiwilligen Gerichtsbarkeit
FamR	Familienrecht
FAO	Fachanwaltsordnung
FBG	Firmenbuchgesetz (Österreich)
FD	Fachdienst
FG	Finanzgericht
FGO	Finanzgerichtsordnung
FGPrax	Praxis der Freiwilligen Gerichtsbarkeit
Fn.	Fußnote
Form.	Formular
FR	Finanz-Rundschau
FS	Festschrift
G	Gesetz
GBO	Grundbuchordnung
GbR	Gesellschaft bürgerlichen Rechts
GE	Gesetzesentwurf
geänd.	geändert
geb.	geboren
gem.	gemäß
GenG	Genossenschaftsgesetz
GesAusG	Gesetz über den Ausschluss von Minderheitsgesellschaftern (Österreich)
GesG	Gesetz über die Gesellschaften (Belgien, Japan)
GesR	Gesellschaftsrecht
GesundhR	Gesundheitsrecht
GewO	Gewerbeordnung
gewöhnl.	gewöhnlich
GewR	Gewerberecht

GewRS	Gewerblicher Rechtsschutz
GewStG	Gewerbesteuergesetz
GewStR	Gewerbesteuer-Richtlinien
GG	Grundgesetz
ggf.	gegebenenfalls
gGmbH	gemeinnützige Gesellschaft mit beschränkter Haftung
ggü.	gegenüber
GKG	Gerichtskostengesetz
GmbH	Gesellschaft mit beschränkter Haftung
GmbHG	GmbH-Gesetz
GmbHR	GmbH-Rundschau
GNotKG	Gerichts- und Notarkostengesetz
GPR	Zeitschrift für Gemeinschaftsprivatrecht
grdl./Grdl.	grundlegend/Grundlage
grds.	grundsätzlich
GrESt	Grunderwerbsteuer
GrEStG	Grunderwerbsteuergesetz
GRUR	Gewerblicher Rechtsschutz und Urheberrecht (Zeitschrift)
GRUR Int.	Gewerblicher Rechtsschutz und Urheberrecht international
GRUR-RR	GRUR-Rechtsprechungsreport
GuV	Gewinn- und Verlustrechnung
GWB	Gesetz gegen Wettbewerbsbeschränkungen (Kartellgesetz)
GWR	Zeitschrift für Gesellschafts- und Wirtschaftsrecht
hA	herrschende Ansicht, herrschende Auffassung
HandelsR	Handelsrecht
Hbg.	Hamburg
HdB	Handbuch
Hess., hess.	Hessen, hessisch
HFR	Höchstrichterliche Finanzrechtsprechung
HGB	Handelsgesetzbuch
Hk.	Handkommentar (Marke)
hL	herrschende Lehre
hM	herrschende Meinung
Hrsg.	Herausgeber
hrsg.	herausgegeben
HRV	Handelsregisterverordnung
Hs.	Halbsatz
HV	Hauptversammlung
ieS.	im engeren Sinne
idF	in der Fassung
idR	in der Regel
idS	in diesem Sinne
IDW	Institut der Wirtschaftsprüfer
IDW-FAMA	Stellungnahmen des Fachausschusses für moderne Abrechnungssysteme des IDW
IDW-FAR	Stellungnahmen des Fachausschusses Recht des IDW
IDW-HFA	Stellungnahmen des Hauptfachausschusses des IDW
iE	im Einzelnen
iErg	im Ergebnis
ieS	im engeren Sinne

IFLR	International Financial Law Review
iHd (v)	in Höhe des/der (von)
IILR	International Insolvency Law Review
iJ	im Jahre
Inc., inc.	Incorporated (als Firmenzusatz)
Inf.	Information; Die Information über Steuer und Wirtschaft
insbes.	insbesondere
InsO	Insolvenzordnung
InsR	Insolvenzrecht
int.	international
IntGesR	Internationales Gesellschaftsrecht
IPR	Internationales Privatrecht
IPRax	Praxis des Internationalen Privat- und Verfahrensrechts
IPRG	Gesetz über das Internationale Privatrecht
IPRspr.	Die deutsche Rechtsprechung auf dem Gebiet des internationalen Privatrechts
iRd	im Rahmen des; im Rahmen der
IRZ	Zeitschrift für internationale Rechnungslegung
iS	im Sinne
iSd	im Sinne der, des
IStR	Internationales Steuerrecht
iSv	im Sinne von
iÜ	im Übrigen
iVm	in Verbindung mit
iW	im Wesentlichen
IWB	Internationale Wirtschaftsbriefe
IWF	Internationaler Währungsfonds
iwS	im weiteren Sinne
J.	Journal
JbFfSt	Jahrbuch der Fachanwälte für Steuerrecht#
Jg.(e.)	Jahrgang (Jahrgänge)
Jh.	Jahrhundert
JR	Juristische Rundschau
jur.	juristisch, juristische, juristischer
Jura	Juristische Ausbildung
JurBüro	Das Juristische Büro
JuS	Juristische Schulung
JW	Juristische Wochenschrift
JZ	Juristenzeitung
Kap.	Kapitel
KapMarktR	Kapitalmarktrecht
KapMarktStrafR	Kapitalmarktstrafrecht
KartellR	Kartellrecht
Kfz	Kraftfahrzeug
KG	Kommanditgesellschaft; Kammergericht; Schweiz: Kantonalgericht
KGaA	Kommanditgesellschaft auf Aktien
KHG	Krankenhausfinanzierungsgesetz
Kj.	Kalenderjahr
KOM	Komitee
Komm.	Kommentar

KommunalR	Kommunalrecht
KonzernR	Konzernrecht
KostO	Gesetz über die Kosten in Angelegenheiten der freiwilligen Gerichtsbarkeit (Kostenordnung); außer Kraft, s. jetzt GNotKG
krit.	kritisch
KSchG	Kündigungsschutzgesetz
KSt	Körperschaftsteuer
KStDV	Körperschaftsteuer-Durchführungsverordnung
KStG	Körperschaftsteuergesetz
KTS	Zeitschrift für Insolvenzrecht
KVStDV	Durchführungsverordnung zur Kapitalverkehrssteuer
KVStG	Kapitalverkehrssteuergesetz
KWG	Gesetz über das Kreditwesen
LAG	Landesarbeitsgericht
Ld.	Land(es)
LebensmittelR	Lebensmittelrecht
lfd.	laufend(e)
Lfg.	Lieferung
LG	Landgericht
Lit.	Literatur
lit.	litera
Lkw	Lastkraftwagen
LM	Nachschlagewerk des Bundesgerichtshofs, hrsg. von Lindenmaier und Möhring
Ls.	Leitsatz
LSG	Landessozialgericht
LStR	Lohnsteuerrecht
lt.	laut
Ltd.	Private Company Limited by Shares (Limited)
LZ	Leipziger Zeitschrift
m. zust. Anm.	mit zustimmender Anmerkung
m. abl. Anm.	mit ablehnender Anmerkung
mÄnd	mit Änderungen
mAnm	mit Anmerkung
MarkenR	Markenrecht
Mat.	Materialien
max.	maximal
MDR	Monatsschrift für Deutsches Recht
mE	meines Erachtens
MecklV	Mecklenburg-Vorpommern
MedienR	Medienrecht
MedR	Medizinrecht
Mich. L. Rev.	Michigan Law Review
MietR	Mietrecht
mind.	mindestens
Mio.	Million(en)
MitbestErgG	Gesetz zur Ergänzung des Gesetzes über die Mitbestimmung der Arbeitnehmer in den Aufsichtsräten und Vorständen der Unternehmen des Bergbaus und der Eisen und Stahl erzeugenden Industrie
MitbestG	Mitbestimmungsgesetz

Mitt.	Mitteilung
MittBayNot	Mitteilungen des Bayerischen Notarvereins, der Notarkasse und der Landesnotarkammer Bayern
MittRhNotK	Mitteilungen der Rheinischen Notarkammer
MLR	Modern Law Review
mN	mit Nachweisen
MoMiG	Gesetz zur Modernisierung des GmbH-Rechts und zur Bekämpfung von Missbräuchen
MontanMitbestG	Gesetz über die Mitbestimmung der Arbeitnehmer in den Aufsichtsräten und Vorständen der Unternehmen des Bergbaus und der Eisen und Stahl erzeugenden Industrie
MoPeG	Gesetz zur Modernisierung des Personengesellschaftsrechts (Personengesellschaftsrechtsmodernisierungsgesetz)
Mrd.	Milliarde(n)
mspätÄnd	mit späteren Änderungen
mtl.	monatlich
mwH	mit weiteren Hinweisen
mwN	mit weiteren Nachweisen
mWv	mit Wirkung vom
nachf.	nachfolgend
Nachw.	Nachweise
Nds., nds.	Niedersachsen, niedersächsisch
nF	neue Fassung
NJOZ	Neue Juristische Online-Zeitschrift
NJW	Neue Juristische Wochenschrift
NJW-RR	NJW-Rechtsprechungs-Report Zivilrecht
Nr.	Nummer
Nr.	Nummer
nrkr	nicht rechtskräftig
Nrn.	Nummern
NRW, nrw.	Nordrhein-Westfalen, nordrhein-westfälisch
nv	nicht veröffentlicht
NWB	Neue Wirtschafts-Briefe für Steuer- und Wirtschaftsrecht (Loseblatt)
NZA	Neue Zeitschrift für Arbeits- und Sozialrecht
NZG	Neue Zeitschrift für Gesellschaftsrecht
NZI	Neue Zeitschrift für Insolvenzrecht
o.	oben, oder
o.J.	ohne Jahr
oÄ	oder Ähnliche/s
OeuR	Osteuroparecht
OFD	Oberfinanzdirektion
ÖffBauR	Öffentliches Baurecht
öffentl.	öffentlich
ÖffR	Öffentliches Recht
ÖffTarifR	Öffentliches Tarifrecht
og	oben genannte(r, s)
OHG	Offene Handelsgesellschaft
OLG	Oberlandesgericht
OLGE	Rechtsprechung der Oberlandesgerichte

OLGZ	Entscheidungen der Oberlandesgerichte in Zivilsachen einschließlich der freiwilligen Gerichtsbarkeit (seit 1995: FGPrax)
OPSI	Office of Public Sector Information (UK, jetzt integriert in The National Archives)
OR	Obligationenrecht (Schweiz)
oV	ohne Verfasser
PartGG	Gesetz über Partnerschaftsgesellschaften Angehöriger Freier Berufe
PartG mbB	Partnerschaftsgesellschaft mit beschränkter Berufshaftung
PatentR	Patentrecht
PDG	président directeur général (Frankreich)
PersGesR	Personengesellschaftsrecht
PersGG	Gesetz über die Personengesellschaften (China)
PharmaR	Pharmarecht
Pkw	Personenkraftwagen
POR	Polizei- und Ordnungsrecht
PrivBauR	Privates Baurecht
PrivVersR	Privatversicherungsrecht
Prot.	Protokoll
RabelsZ.	Zeitschrift für ausländisches und internationales Privatrecht
RCS	registre de commerce et des sociétés
rd.	rund
RdA	Recht der Arbeit
RefE	Referentenentwurf
RegE	Regierungsentwurf
RFamU	Recht der Familienunternehmen (Zeitschrift)
RFH	Reichsfinanzhof
RG	Reichsgericht
RGSt	Amtliche Sammlung der Entscheidungen des Reichsgerichts für Strafsachen
RGZ	Entscheidungen des Reichsgerichts in Zivilsachen
RhPf., rhpf.	Rheinland-Pfalz, rheinland-pfälzisch
Richtl.	Richtlinie
RIW	Recht der Internationalen Wirtschaft
rkr.	rechtskräftig
RL	Richtlinie
Rn.	Randnummer
RNotZ	Rheinische Notar-Zeitschrift
ROHGE	Amtliche Sammlung der Entscheidungen des Reichsoberhandelsgerichts
Rom I-VO	Verordnung (EG) Nr. 593/2008 über das auf vertragliche Schuldverhältnisse anzuwendende Recht
Rom II-VO	Verordnung (EG) Nr. 864/2007 über das auf außervertragliche Schuldverhältnisse anzuwendende Recht
Rpfleger	Der Deutsche Rechtspfleger
RPflG	Rechtspflegergesetz
Rs.	Rechtssache
Rspr.	Rechtsprechung
RStBl.	Reichssteuerblatt
RVG	Rechtsanwaltsvergütungsgesetz
RVO	Rechtsverordnung

RWP	Rechts- und Wirtschaftspraxis (Loseblatt-Sammlung)
S.	Seite(n), Satz
s.	siehe; section
SA	société anonyme (Frankreich)
Saarl., saarl.	Saarland, saarländisch
SachenR	Sachenrecht
Sachs., sächs.	Sachsen, sächsisch
SachsAnh.	Sachsen-Anhalt
SARL	société à responsabilité limitée (Frankreich)
SAS	société anonyme simplifiée (Frankreich)
SCA	société en commandite par actions (Frankreich)
SCE	Societas Cooperativa Europaea (Europäische Genossenschaft)
Sch	Schedule
SchlH, schlh.	Schleswig-Holstein, schleswig-holsteinisch
Schr.	Schrifttum
SchuldR	Schuldrecht
SchVG	Schuldverschreibungsgesetz
SE	Societas Europaea (Europäische Aktiengesellschaft)
SeuffA	J. A. Seuffert's Archiv für Entscheidungen der obersten Gerichte in den deutschen Staaten
SG	Sozialgericht
SGB	Sozialgesetzbuch
SGB III	Sozialgesetzbuch Drittes Buch – Arbeitsförderung
SGB V	Sozialgesetzbuch Fünftes Buch – Gesetzliche Krankenversicherung
SGB VI	Sozialgesetzbuch Sechstes Buch – Gesetzliche Rentenversicherung
SGB VII	Siebtes Buch Sozialgesetzbuch – Gesetzliche Unfallversicherung
SGB X	Zehntes Buch Sozialgesetzbuch – Sozialverwaltungsverfahren und Sozialdatenschutz
Slg.	Sammlung; bis 31.12.2011: Entscheidungen des EuGH, Amtliche Sammlung
sog.	sogenannte(r)
SozR	Sozialrecht
Sp.	Spalte
SPE	Societas Privata Europaea (Europäische Privatgesellschaft, EPG)
SpruchG	Gesetz über das gesellschaftsrechtliche Spruchverfahren (Spruchverfahrensgesetz)
SpTrUG	Gesetz über die Spaltung der von der Treuhandanstalt verwalteten Unternehmen (Spaltungsgesetz)
st.	ständig
st. Rspr.	ständige Rechtsprechung
StaatsR	Staatsrecht
StBerG	Steuerberatungsgesetz
Stbg.	Die Steuerberatung
StbJb.	Steuerberater-Jahrbuch
StBp	Die steuerliche Betriebsprüfung
Stellungn.	Stellungnahme
SteuerR	Steuerrecht
StG	Stille Gesellschaft
StGB	Strafgesetzbuch
Stichw.	Stichwort

StiftG	Stiftungsgesetz
str.	streitig, strittig
StrafProzR	Strafprozessrecht
StrafR	Strafrecht
StrafVerfR	Strafverfahrensrecht
stRspr.	ständige Rechtsprechung
StuW	Steuer und Wirtschaft
StVR	Straßenverkehrsrecht
SZIER	Schweizerische Zeitschrift für internationales und europäisches Recht
teilw.	teilweise
Thür., thür.	Thüringen, thüringisch
TUG	Transparenzrichtlinie-Umsetzungsgesetz
Tz.	Textziffer
u.	und
ua	und andere, unter anderem
uÄ	und Ähnliches
UAbs.	Unterabsatz
uam	und anderes mehr
überarb.	überarbeitet
Überbl.	Überblick
überw.	überwiegend
udT.	unter dem Titel
uE	unseres Erachtens
UG	Unternehmergesellschaft (haftungsbeschränkt)
UGB	Unternehmensgesetzbuch (Österreich)
UINL	Union Internationale du Notariat (ehemals: ... du Notariat Latin), Internationale Union des Notariats
ULLCA	Uniform Limited Liability Company Act
ULPA	Uniform Limited Partnership Act
UMAG	Gesetz zur Unternehmensintegrität und Modernisierung des Anfechtungsrechts
Umf.	Umfang
umfangr.	umfangreich
UMRUG	Gesetz zur Umsetzung der Umwandlungsrichtlinie und zur Änderung weiterer Gesetze
umstr.	umstritten
UmwBerG	Gesetz zur Bereinigung des Umwandlungsrechts
UmwG	Umwandlungsgesetz
UmwR	Umweltrecht
UmwStG	Umwandlungssteuergesetz
unstr.	unstreitig
UNÜ	UN-Übereinkommen über die Anerkennung und Vollstreckung ausländischer Schiedssprüche
unveröff.	unveröffentlicht
unzutr.	unzutreffend
UR	Umsatzsteuer-Rundschau; Unternehmensregister; Urkundenrolle
URG	Gesetz über die Unternehmensreorganisation (Österreich)
UrhR	Urheberrecht
Urt.	Urteil

UStG .... Umsatzsteuergesetz
UStR .... Umsatzsteuer-Richtlinien
usw .... und so weiter
uU .... unter Umständen
uvam .... und viele(s) andere(s) mehr
uvm .... und viele(s) mehr
v. .... vom, von
va .... vor allem
VAG .... Gesetz über die Beaufsichtigung der privaten Versicherungsunternehmungen und Bausparkassen
Var. .... Variante
VereinsG .... Vereinsgesetz
Verf. .... Verfasser, Verfassung
VerfassungsR .... Verfassungsrecht
Verh. .... Verhandlung(en)
VerkehrsR .... Verkehrsrecht
Veröff. .... Veröffentlichung(en)
VersR .... Versicherungsrecht
VertrR .... Vertragsrecht
VerwArch .... Verwaltungsarchiv
VerwProzR .... Verwaltungsprozessrecht
VerwR .... Verwaltungsrecht
VerwVerfR .... Verwaltungsverfahrensrecht
Vfg. .... Verfügung
VGH .... Verwaltungsgerichtshof
vgl. .... vergleiche
vH .... von Hundert
VO .... Verordnung
VölkerR .... Völkerrecht
Voraufl. .... Vorauflage
Vorb. .... Vorbemerkung
vorl. .... vorläufig
Vorschr. .... Vorschrift
VorstandsR .... Vorstandsrecht
vs. .... versus
VSt .... Vermögensteuer
VVaG .... Versicherungsverein auf Gegenseitigkeit
VW .... Versicherungswirtschaft
WettbR .... Wettbewerbsrecht
WG .... Wechselgesetz
WiB .... Wirtschaftsrechtliche Beratung (Zeitschrift; seit 1998: NZG)
WirtschaftsR .... Wirtschaftsrecht
Wiss. .... wissenschaftlich
wistra .... Zeitschrift für Wirtschaft, Steuer und Strafrecht
Wj. .... Wirtschaftsjahr
WM .... Wertpapier-Mitteilungen
WPg .... Die Wirtschaftsprüfung
WP-Hdb. .... Wirtschaftsprüfer-Handbuch
WpHG .... Wertpapierhandelsgesetz
WPO .... Wirtschaftsprüferordnung

WpPG	Wertpapier-Prospektgesetz
WpÜG	Wertpapiererwerbs- und Übernahmegesetz
WRP	Wettbewerb in Recht und Praxis
zahlr.	zahlreich
zB	zum Beispiel
ZEuP	Zeitschrift für Europäisches Privatrecht
ZfA	Zeitschrift für Arbeitsrecht
ZfB	Zeitschrift für Betriebswirtschaft
ZfgK	Zeitschrift für das gesamte Kreditwesen
ZGB	Zivilgesetzbuch (Schweiz)
ZGR	Zeitschrift für Unternehmens- und Gesellschaftsrecht
ZHR	Zeitschrift für das gesamte Handelsrecht
ZInsO	Zeitschrift für das gesamte Insolvenzrecht
ZIP	Zeitschrift für Wirtschaftsrecht und Insolvenzpraxis
zit.	zitiert
ZivilProzR	Zivilprozessrecht
ZivilR	Zivilrecht
ZPG	Zeitschrift für das Recht der Personengesellschaften und Einzelunternehmen
ZPO	Zivilprozessordnung
ZRP	Zeitschrift für Recht und Praxis
zT	zum Teil
zusf.	zusammenfassend
zust.	zustimmend
zutr.	zutreffend
ZVR	Zwangsvollstreckungsrecht
zw.	zweifelhaft
ZwVR	Zwangsvollstreckungsrecht
zzgl.	zuzüglich
ZZP	Zeitschrift für Zivilprozess
zzt	zurzeit

Allgemeines Literaturverzeichnis

Altmeppen	GmbHG, 11. Aufl. 2023
Anders/Gehle	ZPO, 82. Aufl. 2024 (zitiert als Anders/Gehle/Bearbeiter)
Anzinger/Oser/Schlotter Rechnungslegung	Anzinger/Oser/Schlotter, Rechnungslegung und Prüfung der Unternehmen (Gesamtausgabe), 7. Aufl. 2024
Baur/Stürner/Bruns ZVR	Baur/Stürner/Bruns, Zwangsvollstreckungsrecht, 14. Aufl. 2022
BeckFormB BHW	Gebele/Scholz, Beck'sches Formularbuch Bürgerliches, Handels- und Wirtschaftsrecht, 14. Aufl. 2022
BeckFormB GmbHR	Breyer/Najdecki, Beck'sches Formularbuch Gm-bH-Recht, 2. Aufl. 2024
BeckHdB AG	Drinhausen/Eckstein, Beck'sches Handbuch der AG, 3. Aufl. 2018 (zitiert als BeckHdB AG/Bearbeiter)
Heckschen/Herrler/Münch	Beck'sches Notar-Handbuch, 8. Aufl. 2024 (zitiert als Heckschen/Herrler/Münch BeckNotar-HdB/Bearbeiter)
BeckOK GmbHG	Ziemons/Jaeger/Pöschke, BeckOK GmbHG, 60. Aufl. 2024 (zitiert als BeckOK GmbHG/Bearbeiter)
Beisel/Klumpp Unternehmenskauf	Beisel/Klumpp, Der Unternehmenskauf, 7. Aufl. 2016 (zitiert als Beisel/Klumpp Unternehmenskauf/Bearbeiter)
Beuthien	Genossenschaftsgesetz, 16. Aufl. 2018 (zitiert als Beuthien/Bearbeiter)
Bonner HdR	Hofbauer/Kupsch, Bonner Handbuch Rechnungslegung, 1. Aufl. 2017 (zitiert als Bonner HdR/Bearbeiter)
Bordewin/Brandt	Kommentar zum Einkommensteuergesetz (EStG), 460. Aufl. 2024 (zitiert als Bordewin/Brandt/Bearbeiter)
Brandis/Heuermann	Ertragsteuerrecht, 171. Aufl. 2024 (zitiert als Brandis/Heuermann/Bearbeiter)
Braun	InsO, 10. Aufl. 2024 (zitiert als Braun/Bearbeiter)
Bumiller/Harders/Schwamb	FamFG, 13. Aufl. 2022 (zitiert als Bumiller/Harders/Schwamb/Bearbeiter)
Buth/Hermanns Restrukturierung	Buth/Hermanns, Restrukturierung, Sanierung, Insolvenz, 5. Aufl. 2022 (zitiert als Buth/Hermanns Restrukturierung/Bearbeiter)

Ebenroth/Boujong	Handelsgesetzbuch, Band 1, 2, 5. Aufl. 2024 (zitiert als Ebenroth/Boujong/Bearbeiter)
Erman	BGB, Bände 1-3, 17. Aufl. 2023 (zitiert als Erman/Bearbeiter)
Frey GesR	Frey, Gesellschaftsrecht, 10. Aufl. 2023
Gaul/Schilken/Becker-Eberhard ZVR	Gaul/Schilken/Becker-Eberhard, Zwangsvollstreckungsrecht, 12. Aufl. 2010 (zitiert als Gaul/Schilken/Becker-Eberhard ZVR/Bearbeiter)
Glanegger/Güroff	GewStG, 11. Aufl. 2023 (zitiert als Glanegger/Güroff/Bearbeiter)
Glanegger/Stuhlfelner/Cordes	Heidelberger Kommentar zum Handelsgesetzbuch, 8. Aufl. 2023 (zitiert als HK-HGB/Bearbeiter)
Gottwald/Haas InsR-HdB	Gottwald/Haas, Insolvenzrechts-Handbuch, 6. Aufl. 2020 (zitiert als Gottwald/Haas InsR-HdB/Bearbeiter)
Grigoleit	AktG – Aktiengesetz, 2. Aufl. 2020 (zitiert als Grigoleit/Bearbeiter)
Grüneberg	Bürgerliches Gesetzbuch, 83. Aufl. 2024 (zitiert als Grüneberg/Bearbeiter)
Habersack/Casper/Löbbe	GmbHG, Band 1, 2, 3, 3. Aufl. 2019 (zitiert als HCL/Bearbeiter)
Habersack/Drinhausen	SE-Recht, 3. Aufl. 2022 (zitiert als Habersack/Drinhausen/Bearbeiter)
Habersack/Verse EuGesR	Habersack/Verse, Europäisches Gesellschaftsrecht, 5. Aufl. 2019
Hauschild/Kallrath/Wachter Notar-HdB	Hauschild/Kallrath/Wachter, Notarhandbuch Gesellschafts- und Unternehmensrecht, 3. Aufl. 2022 (zitiert als Hauschild/Kallrath/Wachter Notar-HdB/Bearbeiter)
Heidel	Heidel, Aktienrecht und Kapitalmarktrecht, 5. Aufl. 2020 (zitiert als Heidel/Bearbeiter)
Henssler/Strohn	Henssler/Strohn, Gesellschaftsrecht, 6. Aufl. 2024 (zitiert als Henssler/Strohn/Bearbeiter)
Herrmann/Heuer/Raupach	EStG, KStG, 325. Aufl. 2024
Heymann	Horn/Balzer/Borges/Herrmann, HGB, Band 1, 2, 3, 3. Aufl. 2019 (zitiert als Heymann/Bearbeiter)
HK-BGB	Nomos-Handkommentar Bürgerliches Gesetzbuch, 12. Aufl. 2024 (zitiert als HK-BGB/Bearbeiter)
Hölters/Weber	Aktiengesetz, 4. Aufl. 2022 (zitiert als Hölters/Weber/Bearbeiter)
Holzapfel/Pöllath/Bergjan/Engelhardt Unternehmenskauf	Holzapfel/Pöllath/Bergjan/Engelhardt, Unternehmenskauf in Recht und Praxis; Rechtliche und steuerliche Aspekte, 16. Aufl. 2021

Hopt	Handelsgesetzbuch, 43. Aufl. 2024 (zitiert als Hopt/Bearbeiter)
Jacobs Int. Unternehmensbesteuerung	Jacobs, Internationale Unternehmensbesteuerung, 9. Aufl. 2023 (zitiert als Jacobs Int. Unternehmensbesteuerung/Bearbeiter)
Jäger AG	Jäger, Aktiengesellschaft, 1. Aufl. 2004
Jauernig	Bürgerliches Gesetzbuch, 19. Aufl. 2023 (zitiert als Jauernig/Bearbeiter)
Jauernig/Berger/Kern ZwangsVollstrR	Jauernig/Berger/Kern, Zwangsvollstreckungsrecht, 24. Aufl. 2021
jurisPK-BGB	Herberger/Martinek/Rüßmann/Weth/Würdinger, juris PraxisKommentar BGB, 10. Aufl. 2023 (zitiert als jurisPK-BGB/Bearbeiter)
K. Schmidt/Lutter	AktG, 5. Aufl. 2024 (zitiert als Schmidt/Lutter/Bearbeiter)
Kallmeyer	Umwandlungsgesetz, 7. Aufl. 2020 (zitiert als Kallmeyer/Bearbeiter)
Kiem	Kaufpreisregelungen beim Unternehmenskauf, 3. Aufl. 2023 (zitiert als Kiem Unternehmenskauf/Bearbeiter)
Koch	Aktiengesetz, 18. Aufl. 2024
Koller/Kindler/Drüen	HGB, 10. Aufl. 2023 (zitiert als KKD/Bearbeiter)
Korintenberg	Gerichts- und Notarkostengesetz: GNotKG, 22. Aufl. 2022 (zitiert als Korintenberg/Bearbeiter)
Krafka RegisterR	Krafka, Registerrecht, 12. Aufl. 2024
Küting/Weber Rechnungslegung-HdB	Küting/Weber, Handbuch der Rechnungslegung – Einzelabschluss, 41. Aufl. 2023
Lappe/Gattringer	Carve-out-Transaktionen, 2. Aufl. 2021
Littmann/Bitz/Pust	Das Einkommensteuerrecht: ESt, 171. Aufl. 2024
Lutter	Lutter, UmwG, 7. Aufl. 2023 (zitiert als Lutter/Bearbeiter)
Lutter/Hommelhoff	Lutter/Hommelhoff, GmbH-Gesetz, 21. Aufl. 2023 (zitiert als Lutter/Hommelhoff/Bearbeiter)
Meyer-Sparenberg/Jäckle	Beck'sches M&A-Handbuch, 2. Aufl. 2022 (zitiert als BeckM&A-HdB/Bearbeiter)
MHdB GesR I	Gummert/Schäfer, Münchener Handbuch des Gesellschaftsrechts, Band 1: BGB-Gesellschaft, Offene Handelsgesellschaft, Partnerschaftsgesellschaft, EWIV, 6. Aufl. 2024 (zitiert als MHdB GesR I/Bearbeiter)
MHdB GesR II	Gummert/Weipert, Münchener Handbuch des Gesellschaftsrechts, Band 2: Kommanditgesellschaft, GmbH & Co. KG, Publikums-KG, Stille Gesellschaft, 6. Aufl. 2024 (zitiert als MHdB GesR II/Bearbeiter)

MHdB GesR III	Priester/Mayer/Wicke, Münchener Handbuch des Gesellschaftsrechts, Band 3: Gesellschaft mit beschränkter Haftung, 6. Aufl. 2023 (zitiert als MHdB GesR III/Bearbeiter)
MHdB GesR IV	Hoffmann-Becking, Münchener Handbuch des Gesellschaftsrechts, Band 4: Aktiengesellschaft, 5. Aufl. 2020 (zitiert als MHdB GesR IV/Bearbeiter)
MHdB GesR VI	Leible/Reichert, Münchener Handbuch des Gesellschaftsrechts, Band 6: Internationales Gesellschaftsrecht, Grenzüberschreitende Umwandlungen, 5. Aufl. 2022 (zitiert als MHdB GesR VI/Bearbeiter)
MHdB GesR VII	Born/Ghassemi-Tabar/Gehle, Münchener Handbuch des Gesellschaftsrechts, Band 7: Gesellschaftsrechtliche Streitigkeiten (Corporate Litigation), 6. Aufl. 2020 (zitiert als MHdB GesR VII/Bearbeiter)
MHdB GesR VIII	Lieder/Wilk/Ghassemi-Tabar, Münchener Handbuch des Gesellschaftsrechts, Umwandlungsrecht, Band 8: Umwandlungsrecht, 6. Aufl. 2024 (zitiert als MHdB GesR VIII/Bearbeiter)
MHdB GesR IX	(zitiert als MHdB GesR IX/Bearbeiter)
Michalski/Heidinger/Leible/Schmidt	Michalski/Heidinger/Leible/Schmidt, GmbHG, Band 1, 2, 4. Aufl. 2023 (zitiert als Michalski/Heidinger/Leible/Schmidt/Bearbeiter)
MüKoAktG	Goette/Habersack/Kalss, Münchener Kommentar zum Aktiengesetz, Band 1, 2, 5, 6. Aufl. 2023 (zitiert als MüKoAktG/Bearbeiter)
MüKoBGB	Säcker/Rixecker/Oetker/Limperg, Münchener Kommentar zum Bürgerlichen Gesetzbuch, Band 1, 2, 3, 4/2, 5, 6, 7, 8, 9, 10, 11, 12, 9. Aufl. 2021 (zitiert als MüKoBGB/Bearbeiter)
MüKoGmbHG	Fleischer/Goette, Münchener Kommentar zum Gesetz betreffend die Gesellschaften mit beschränkter Haftung, Band 1, 2, 3, 4. Aufl. 2022 (zitiert als MüKoGmbHG/Bearbeiter)
MüKoHGB	Drescher/Fleischer/K. Schmidt, Münchener Kommentar zum Handelsgesetzbuch, Band 1, 2, 4, 5, 6, 7, 5. Aufl. 2021 (zitiert als MüKoHGB/Bearbeiter)
MüKoInsO	Stürner/Eidenmüller/Schoppmeyer, Münchener Kommentar zur Insolvenzordnung, Band 1, 2, 3, 4, 4. Aufl. 2019 (zitiert als MüKoInsO/Bearbeiter)
MüKoZPO	Krüger/Rauscher, Münchener Kommentar zur ZPO, Band 1, 2, 3, 6. Aufl. 2020 (zitiert als MüKoZPO/Bearbeiter)

Musielak/Voit	Musielak/Voit, ZPO, 21. Aufl. 2024 (zitiert als Musielak/Voit/Bearbeiter)
MVHdB I GesR	Böhm/Burmeister, Münchener Vertragshandbuch, Band 1: Gesellschaftsrecht, 8. Aufl. 2018
MVHdB IV BürgerlR I/1	Langenfeld, Münchener Vertragshandbuch, Band 4/1: Bürgerliches Recht I, 4. Aufl. 1998
MVHdB V BürgerlR I	Herrler, Münchener Vertragshandbuch, Band 5: Bürgerliches Recht I, 8. Aufl. 2020 (zitiert als MVHdB V BürgerlR I/Bearbeiter)
Noack/Servatius/Haas	Noack/Servatius/Haas, GmbH-Gesetz, 23. Aufl. 2022 (zitiert als Noack/Servatius/Haas/Bearbeiter)
Raiser/Veil KapGesR	Raiser/Veil, Recht der Kapitalgesellschaften, 6. Aufl. 2015 (zitiert als Raiser/Veil KapGesR/Bearbeiter)
Reithmann/Martiny IntVertragsR	Reithmann/Martiny, Internationales Vertragsrecht, 9. Aufl. 2021
Rödder/Hötzel/Mueller-Thuns Unternehmenskauf	Rödder/Hötzel/Mueller-Thuns, Unternehmenskauf, Unternehmensverkauf, 1. Aufl. 2003
Römermann	Römermann, Insolvenzordnung, 49. Aufl. 2024 (zitiert als Römermann/Bearbeiter)
Rosenberg/Schwab/Gottwald ZivilProzR	Rosenberg/Schwab/Gottwald, Zivilprozessrecht, 18. Aufl. 2018
Rowedder/Pentz	Rowedder/Pentz, GmbH-Gesetz, 7. Aufl. 2022 (zitiert als Rowedder/Pentz/Bearbeiter)
Saenger GesR	Saenger, Gesellschaftsrecht, 6. Aufl. 2023
Scherer Unternehmensnachfolge	Scherer, Unternehmensnachfolge, 6. Aufl. 2020 (zitiert als Scherer Unternehmensnachfolge/Bearbeiter)
Schmidt	Schmidt, EStG, 43. Aufl. 2024 (zitiert als Schmidt/Bearbeiter)
Schmidt-Kessel/Leutner/Müther	Handels- und Gesellschaftsregisterrecht, 2. Aufl. 2024 (zitiert als Schmidt-Kessel/Leutner/Müther/Bearbeiter)
Schmitt/Hörtnagl	Schmitt/Hörtnagl, Umwandlungsgesetz, Umwandlungssteuergesetz, 10. Aufl. 2024 (zitiert als Schmitt/Hörtnagl/Bearbeiter)
Scholz	Scholz, GmbH-Gesetz, Band 1, 13. Aufl. 2022
Semler/Stengel/Leonard	Semler/Stengel/Leonard, Umwandlungsgesetz, 5. Aufl. 2021 (zitiert als Semler/Stengel/Leonard/Bearbeiter)
Spindler/Stilz	Spindler/Stilz, Aktienrecht, Band 1, 2, 5. Aufl. 2022 (zitiert als Spindler/Stilz/Bearbeiter)
Staub	Staub, Handelsgesetzbuch: HGB, Band 1/1, 1/2, 2/1, 2/2, 5, 6/1, 6/2, 15, 6. Aufl. 2021 (zitiert als Staub/Bearbeiter)

Staudinger	Staudinger, BGB – J. von Staudingers Kommentar zum Bürgerlichen Gesetzbuch mit Einführungsgesetz, 18. Aufl. 2018 (zitiert als Staudinger/Bearbeiter)
Stein	Stein, Kommentar zur Zivilprozessordnung, Band 1, 24. Aufl. 2024 (zitiert als Stein/Bearbeiter)
Stöber	Stöber, Zwangsversteigerungsgesetz, 23. Aufl. 2022 (zitiert als Stöber/Bearbeiter)
Streck	Streck, KStG, 10. Aufl. 2022 (zitiert als Streck/Bearbeiter)
Süß/Wachter Int. GmbHR-HdB	Süß/Wachter, Handbuch des internationalen GmbH-Rechts, 4. Aufl. 2022 (zitiert als Süß/Wachter Int. GmbHR-HdB/Bearbeiter)
Thomas/Putzo	Thomas/Putzo, ZPO, 45. Aufl. 2024 (zitiert als Thomas/Putzo/Bearbeiter)
Tipke/Kruse	Tipke/Kruse, AO FGO, 180. Aufl. 2024
Tipke/Lang SteuerR	Tipke/Lang, Steuerrecht, 24. Aufl. 2021
Toussaint	Toussaint, Kostenrecht, 54. Aufl. 2024 (zitiert als Toussaint/Bearbeiter)
Uhlenbruck	Uhlenbruck, InsO, Band 2, 16. Aufl. 2023 (zitiert als Uhlenbruck/Bearbeiter)
v. Campenhausen/Richter StiftungsR-HdB	von Campenhausen/Richter, Stiftungsrechts-Handbuch, 4. Aufl. 2014 (zitiert als v. Campenhausen/Richter StiftungsR-HdB/Bearbeiter)
Viskorf	Viskorf, GrEStG, 21. Aufl. 2024 (zitiert als Viskorf/Bearbeiter)
Widmann/Mayer	Widmann/Mayer, Umwandlungsrecht, 211. Aufl. 2024
Winkler	Beurkundungsgesetz, 21. Aufl. 2023
WürzNotar-HdB	Limmer/Hertel/Frenz/Mayer, Würzburger Notarhandbuch, 6. Aufl. 2021
Zöller	Zöller, ZPO, 35. Aufl. 2024 (zitiert als Zöller/Bearbeiter)

§ 1 Problemstellungen, Rechtsgrundlagen, Methodik[1]

Seit der ersten Auflage dieses Handbuchs hat sich die Lage nicht geändert: 1
Die Aussicht darauf, an der Beurkundung eines komplexeren Unternehmenskaufs in Deutschland – sei es als Asset oder als Share Deal – teilzunehmen, löst bei transaktionserfahrenen Beteiligten oft Reaktionen zwischen Schicksalsergebenheit und Stirnrunzeln aus. Nicht nur ausländische Beteiligte empfinden die Beurkundungsprozedur bei komplexen oder umfangreichen Vertragswerken als umständlich und zeitraubend und neigen dadurch dazu, den unbestrittenen Nutzen der Beurkundung insgesamt zu verkennen.

Dass sich Beurkundungen von Transaktionen manches Mal umständlicher 2
als erforderlich gestalten, ist ein Befund, der nicht von der Hand zu weisen ist. Aller Erfahrung nach ist dieser Umstand darauf zurückzuführen, dass anwaltliche und notarielle Berater der Transaktion die technische Durchführung der Beurkundung nicht oder erst zu einem späten Zeitpunkt in den Blick nehmen, wenn die Strukturen des Vertragswerks ohne Berücksichtigung des Beurkundungsverfahrens abschließend und aus Parteiensicht unveränderlich ausverhandelt sind, so dass bei der Gestaltung des Verfahrens bestimmte Spielräume schlicht nicht mehr bestehen. Oft wird auch aus überzogenem juristischem Sicherheitsdenken „lieber alles" beurkundet und durch Verlesen in die Urkunde einbezogen, wo man durch geschickte Gestaltung oder schlichte Rechtsanwendung den Beurkundungsstoff spürbar eingrenzen und damit die Beteiligten zeitlich, organisatorisch und logistisch entlasten könnte.

Vor diesem Erfahrungshintergrund haben es sich die Verfasser zur Aufgabe 3
gemacht, die wichtigsten „rechtlichen Auslöser" der Beurkundungspflicht zu analysieren, deren Umfang und Grenzen aufzuzeigen und die Spielräume bei der Gestaltung des Beurkundungsverfahrens erkennbar zu machen. In Frage gestellt wird dabei weder die Beurkundungspflicht als solche noch der Eigenwert des Beurkundungsverfahrens, sondern der nicht selten wenig ressourcensparende konkrete Umgang mit diesen rechtlichen Parametern.

Dieses Handbuch will dabei nicht in Konkurrenz treten zu den zahlreichen 4
ausgezeichneten Kommentaren der materiellen und verfahrensrechtlichen Vorschriften, die den rechtlichen Rahmen der Beurkundung von Transaktio-

[1] Die Verfasser danken sehr herzlich allen Kolleginnen und Kollegen, die bei Recherchen, Textkonzeption und Erstellung der Druckversion dieser Neuauflage des Handbuchs geholfen haben.

nen abstecken. Es verfolgt vielmehr das Ziel, im konkreten Kontext von Unternehmenskäufen und -verkäufen pragmatische, aber dennoch hinreichend rechtssichere Gestaltungen aufzuzeigen, die den Parteien den Weg zu einer wirksamen Urkunde möglichst leicht machen. Auf diese gedankliche Anstrengung und eine möglichst geschmeidige Lösung darf der Mandant nach der Überzeugung der Verfasser Anspruch erheben. Wenn dieses Buch dazu beiträgt, dass die Parteien das gute Gefühl haben können, dass mit ihrer Zeit und ihren Ressourcen sachgerecht und rücksichtsvoll umgegangen wird, hat es sein Hauptziel erreicht.

5 In diesem Sinne werden neben einer vertieften Analyse der Rechtsprechung und deren Einordnung in den jeweiligen konkreten Kontext Praxisbeispiele und konkrete Gestaltungsmöglichkeiten angeboten.

6 Dazu werden zunächst (§§ 2–8) die rechtlichen Auslöser der Beurkundungspflicht dargestellt und in ihrer Reichweite analysiert, also diejenigen Vorschriften, die für bestimmte transaktionsrelevante Rechtshandlungen die Formvorgabe der Beurkundung festlegen. Im Kontext von Unternehmenskäufen sind dies die Übertragung von GmbH-Geschäftsanteilen (§ 15 GmbHG), Grundstücksveräußerungen (§ 311b Abs. 1 BGB), Verträge über die Veräußerung des gesamten Vermögens (§ 311b Abs. 3 BGB, § 179a AktG), umwandlungsrechtliche Vorgänge (UmwG), Beteiligungsverträge (§ 53 Abs. 2 GmbHG), die Unterwerfung unter die sofortigen Zwangsvollstreckung (§ 794 Abs. 1 Nr. 5 ZPO) sowie zusammengesetzte Transaktionsverträge, die mindestens eine der genannten Komponenten aufweisen, deren Beurkundungspflicht dann auf das gesamte Vertragswerk ausstrahlen kann. Im Vordergrund steht dabei der Schutzzweck der jeweiligen Norm, der in ungewöhnlichen und neuartigen Fällen als Richtschnur für die Bestimmung dessen dient, was im konkreten Fall beurkundungsrechtlich erforderlich und hinreichend ist.

7 Daran anschließend wird in § 9 das Beurkundungsverfahren aus dem Blickwinkel des mit der Beurkundung von Transaktionen befassten Notars erläutert.

8 Schließlich bringt § 10 kollisionsrechtliche und verfahrensrechtliche Vorgaben und Überlegungen für die Beurkundung von Unternehmenskäufen mit Auslandsbezug.

9 Methodisch geht jeder Gliederungsparagraph von einer Bestandsaufnahme der geltenden Rechtslage nach Gesetz und Rechtsprechung aus, um deren tragende Prinzipien herauszuarbeiten und für die Anwendung in „so nicht dagewesenen Fällen" fruchtbar zu machen. Von Bedeutung ist dies insbesondere für Konstellationen, in denen die Rechtsprechung über den Buchstaben des Gesetzes hinaus die Beurkundungspflicht von Teilen von Vertragswerken begründet hat, die bei unbefangener Lektüre des Gesetzes keinem Formzwang unterliegen würden. Zusätzlich zu dieser Darlegung der Grundsätze erlauben Beispiele aus der gängigen Praxis dem Leser, sich schnell über Standardgestaltungen zu orientieren.

Die Verfasser sind zuversichtlich, auch mit der Neuauflage dieses Handbuchs bei der Beurkundung von Unternehmenskäufen und -verkäufen einen Beitrag zur Konzentration auf das Wesentliche zu leisten, damit der Sinn und Zweck der Beurkundungspflicht jeweils zur Geltung kommt, die Parteien vom Nutzen des Beurkundungsverfahrens profitieren und der Aufwand auf das rechtlich Gebotene beschränkt werden kann.

§ 2 GmbH-Anteilsabtretung und -veräußerung (§ 15 Abs. 3 und 4 GmbHG)

Literatur: Armbrüster, Zur Beurkundungsbedürftigkeit von Treuhandabreden über GmbH-Anteile – zugleich ein Beitrag zu den Formzwecken des § 15 Abs. 4 S. 1 GmbHG, DNotZ 1997, 762; Armbrüster, Treuhänderische GmbH-Beteiligungen, GmbHR 2001, 941; Barth, Keine Erfüllung der Formerfordernisse des § 15 Abs. 3 und Abs. 4 GmbHG durch antizipierende Satzungsklauseln, GmbHR 2004, 383; Binz/Mayer, Beurkundungspflichten bei der GmbH & Co. KG, NJW 2002, 3054; Binz/Rosenbauer, Beurkundungspflicht bei der Veräußerung von Anteilen an einer GmbH & Co. KG?, NZG 2015, 1136; Duhnkrack/Hellmann, Der Side Letter – Zur rechtlichen Bedeutung von Nebenabreden ZIP 2003, 1425; Fröhlich, Formerfordernisse nach deutschem GmbH-Recht bei Gesellschaftervereinbarungen betreffend ausländischer Gesellschaften mit beschränkter Haftung, NZG 2021, 820; Gebhard/Greth, Zum Trennungsprinzip in der Einheits-GmbH & Co. KG, NZG 2023, 156; Geyrhalter/Zirngibl/Strehle, Haftungsrisiken aus dem Scheitern von Vertragsverhandlungen bei M&A-Transaktionen, DStR 2006, 1559; Giehl, Willensbildung in der Einheits-GmbH & Co. KG – zugleich Anmerkung zum Urteil des BGH vom 16.07.2007, II ZR 109/06 –, MittBayNot 2008, 268; Goette, Anmerkung zu BGH II ZR 378/96, DStR 1998, 539; Hadding, Zum gesetzlich notwendigen Umfang der notariellen Beurkundung der „Vereinbarung", einen GmbH-Geschäftsanteil zu übertragen, ZIP 2003, 2133; Heidenhain, Zum Umfang der notariellen Beurkundung bei der Veräußerung von Geschäftsanteilen, NJW 1999, 3073; Heidenhain, Umfang der Beurkundungspflicht bei der Verpfändung von GmbH-Geschäftsanteilen, GmbHR 1996, 275; Heidenhain, Der Zweck der Beurkundungspflicht für Veräußerungsverträge über GmbH-Geschäftsanteile, ZIP 2001, 2113; Hermanns, Beurkundungspflichten im Zusammenhang mit Unternehmenskaufverträgen und -umstrukturierungen, ZIP 2006, 2296; Herrmann, Der Umfang des notariellen Formerfordernisses bei GmbH-Geschäftsanteilsübertragungen am Beispiel von Finanzierungszusagen – Keine Verbesserung durch das MoMiG, GmbHR 2009, 625; Hilgard, Break-up Fees beim Unternehmenskauf, BB 2008, 286; Hilgard/Haubner, Beurkundungsbedürftigkeit von Schiedsordnungen?, BB 2014, 970 ff.; Huke, Aktuelle Probleme der Abtretung von GmbH-Geschäftsanteilen – Gestaltung statt Heilung, BWNotZ 1997, 156; Hupka, Zur rechtlichen Einheit von Geschäftsanteilsübertragung und Treuhandvertrag und den Amtspflichten des Notars, NZG 2017, 55; Jorde/Götz, Gestaltung der Einheits(Kommandit)gesellschaft – Praxisfragen aus Steuer-, Zivil- und sozialversicherungsrechtlicher Sicht, BB 2005, 2718; Kallmeyer, Abtretungsverpflichtung aus formloser Erwerbstreuhand, GmbHR 2006, 66; Kanzleiter, Der Zweck der Beurkundungspflicht für Veräußerungsverträge über GmbH-Geschäftsanteile, ZIP 2001, 2105; Kempermann, Die Formbedürftigkeit der Abtretung einer Beteiligung an einer GmbH & Co KG, NJW 1991, 684; Kindler, Beurkundungsbedürftigkeit von Schiedsgerichtsordnungen beim GmbH-Beteiligungskauf, NZG 2014, 961 ff.; Kleinert, Anmerkung zu BGH v. 4.11.2004, GmbHR 2005, 58; Kleinert/Blöse/von Xylander, Erfüllung der Formerfordernisse gemäß § 15 Abs. 3 und 4 S. 1 GmbHG durch antizipierende Satzungsklauseln – ein Gestaltungsvorschlag, GmbHR 2003, 1230; Kleinert/Blöse/von Xylander, Sehr wohl – Erfüllung der Formerfordernisse gemäß § 15 Abs. 3 und 4 GmbHG durch antizipierende Satzungsklauseln – ein Gestaltungsvorschlag, GmbHR 2004, 630; König, Zur notariellen Beurkundung der Abtretung von GmbH-Geschäftsanteilen – Ein Vorschlag zur Einschränkung des § 15 Abs. 3 und 4 GmbHG, ZIP 2004, 1838; Leutner/Stenzel, Beurkundungsbedürftigkeit der Verknüpfungsabrede beim Geschäftsanteilskaufvertrag?, NZG 2012, 1406; Leyendecker/Mackensen, Beurkundung des Equity Commitment Letter beim Unternehmenskauf, NZG 2012, 129; Link, Formerfordernisse des § 15 GmbHG bei internationalen Transaktionen, BB 2014, 579; Loritz, Rechtsfragen der notariellen Beurkundung bei Verkauf und Abtretung von GmbH-Geschäftsanteilen, DNotZ 2000, 90; Martis, Die Form des § 15 Abs. 4 GmbHG bei Kaufverträgen über Geschäftsanteile ausländischer Gesellschaften, ZfPW 2023, 83; Mayer, Recht und Praxis des Unternehmenskaufs. Rechtliche und steuerliche Aspekte. (Buchbesprechung), DNotZ 1990, 134; Mülsch/Penzel, Optionen auf Beteiligungen an Personenhandelsgesellschaften und GmbH, ZIP 2004, 1987; Pohlmann, GmbH-Anteilskauf – Formzwang für Nebenabreden und Vertragsübernahme, GmbHR 2002, 41; Pohlmann, Heilung bei Veräußerungskette, GmbHR 2002, 1406; Pohlmann, Verzicht auf die aufschiebende Bedingung einer GmbH-Anteilsübertragung, NJW 1999, 190; Reymann, Die Verpfändung von GmbH-Geschäftsanteilen, DNotZ 2005, 425; Schmidt, Fortschritt oder Rückschritt im Recht der Einheits-GmbH & Co. KG?, ZIP 2007, 2193; Schultze, Die Reichweite des Formerfordernisses bei der Veräußerung einer Beteiligung an einer GmbH & Co.KG, NJW 1991, 1936; Sieger/Hasselbach, Notarielle Beurkundung von Joint-Venture-Verträgen, NZG 1999, 485; Sigle/Maurer, Umfang des Formzwangs beim Unternehmenskauf, NJW 1984, 2657; Specks, OLG Hamburg: Handels-/Gesellschaftsrecht – Zum Umfang der Heilungswirkung nach § 15 Abs. 4 S. 2 GmbHG, RhNotZ 2007, 415; Specks, Heilung von Formmängeln gemäß § 311b Abs. 1 S. 2 BGB (§ 313 S. 2 BGB aF) und § 15 Abs. 4 S. 2 GmbHG, RhNotZ 2002, 194; Tiedau, Anmerkung zu BGH 14.4.1986, DNotZ 1986, 689; Walz/Fembacher, Zweck und Umfang der Beurkundung nach § 15 Abs. 4 S. 1 GmbHG, NZG 2003, 1134; Wicke, Die Bedeutung der öffentlichen Beurkundung im GmbH-Recht, ZIP 2006, 977; Wicke, Gesetz betreffend die Gesellschaften mit beschränkter Haftung, 2. Aufl. 2011; Wiesbrock, Formerfordernisse beim Unternehmenskauf, DB 2002, 2311; Wiesner, Beurkundungspflicht und Heilungswirkung bei Gründung von Personengesellschaften und Unternehmensveräußerungen, NJW 1984, 95; Witt, Formbedürftigkeit und Heilung von Formmängeln bei der gleichzeitigen Einbringung von KG- und GmbH-Anteilen in eine Holding-Gesellschaft, ZIP 2000, 1033.

I. Beurkundungspflicht gem. § 15 Abs. 4 S. 1 GmbHG

1. Allgemeines

Der Geschäftsanteil bezeichnet die Gesamtheit der Rechte und Pflichten **1**
eines Gesellschafters aus dem Gesellschaftsverhältnis und begründet die **Mitgliedschaft.** Die Mitgliedschaft ist veräußerlich und vererblich (§ 15 Abs. 1 GmbHG). Eine Vereinbarung, durch welche die Verpflichtung eines Gesellschafters zur Abtretung eines Geschäftsanteils begründet wird, bedarf der notariellen Form (§ 15 Abs. 4 S. 1 GmbHG). Wird also im Rahmen einer Unternehmenstransaktion zwischen den Vertragsparteien die Verpflichtung zur Übertragung von GmbH-Geschäftsanteilen begründet, ist die notarielle Beurkundung des Verpflichtungsvertrags erforderlich.

Gestaltungshinweis: Unter bestimmten Voraussetzungen kann die in der Regel formlose einverständliche Einziehung von Geschäftsanteilen eine

Gestaltungsalternative sein, wenn es um Abtretungen innerhalb des Kreises der bestehenden Gesellschafter einer GmbH geht. Wegen der Voraussetzungen und Grenzen dieser Gestaltungsvariante wird auf die Kommentarliteratur zu § 34 GmbHG verwiesen.

2 Das MoMiG vom 23.10.2008, die weitest reichende Reform der GmbH seit ihrer Einführung, hat § 15 GmbHG nicht geändert. Insbesondere wurde an den Formerfordernissen des § 15 Abs. 3 und 4 GmbHG festgehalten. Damit hat das MoMiG den Sach- und Diskussionsstand zur hier interessierenden Problematik unberührt gelassen.

Anknüpfungspunkt für den seither möglichen **gutgläubigen Erwerb** von GmbH-Geschäftsanteilen ist nach der Neuregelung in § 16 Abs. 3 GmbHG zwar nicht die notarielle Beurkundung an sich, sondern die Eintragung des Gesellschafters in die Gesellschafterliste. Jedoch wird der **Gesellschafterliste** aufgrund des Beurkundungserfordernisses der Abtretung des Geschäftsanteils nach § 15 Abs. 3 GmbHG eine erhöhte **Richtigkeitsgewähr** beigemessen[1].

2. Ausgangspunkt für den Umfang der Beurkundungspflicht: Schutzzweck des § 15 Abs. 4 S. 1 GmbHG

3 Für die Auslegung und praktische Umsetzung des Beurkundungserfordernisses – insbesondere für die Bestimmung des Umfangs der Beurkundungspflicht bei umfangreichen Vertragswerken – ist maßgeblich, welcher Schutzzweck mit dem Formerfordernis überhaupt verfolgt wird. Abzustellen ist in diesem Zusammenhang einerseits auf die Intention des historischen Gesetzgebers (dazu a, → Rn. 4 ff.), sowie Schutzzweckerwägungen von Rechtsprechung (dazu b, → Rn. 7 ff.) und Literatur (dazu c, → Rn. 13 ff.).

a) Der historische Gesetzgeber

4 Der Schutzzweck der Beurkundungspflicht der **Verpflichtung** zur Übertragung des Gesellschaftsanteils gem. § 15 Abs. 4 S. 1 GmbHG liegt nach den Äußerungen des historischen Gesetzgebers aus dem Jahr 1892 darin, den **spekulativen Handel mit Gesellschaftsanteilen zu verhindern.**

5 Auch das Formerfordernis bei der **Abtretung des Geschäftsanteils** gem. § 15 Abs. 3 GmbHG wird damit begründet, dass GmbH-Gesellschaftsanteile – in bewusster Abgrenzung zum Aktienrecht – nicht Gegenstand des Handelsverkehrs werden sollen. Darüber hinaus diene die notarielle Form aber auch

[1] Scholz/Seibt GmbHG I § 15 Rn. 5; ähnlich auch Specks RNotZ 2007, 415, 418 (Anm zu OLG Hamburg 26.1.2007 – 11 U 254/05, RNotZ 2007, 415).

dem Beweiszweck, „Zweifel und Unklarheiten über die Tatsache der Übertragung nicht entstehen“[2] zu lassen.

Die Formbedürftigkeit der **Verpflichtung** zur Abtretung gem. § 15 Abs. 4 S. 1 GmbHG verfolgt hiernach **einen Schutzzweck,** die Beurkundungsbedürftigkeit der **Abtretung** nach § 15 Abs. 3 GmbHG dient dagegen **zwei Schutzzwecken:**

„Die Veräußerung wird aber nur unter dem Gesichtspunkte zuzulassen und zu regeln sein, dass es sich um ein Hilfsmittel handelt, welches zwar für den Bedürfnisfall den Gesellschaftern die Realisierung ihrer Anteilsrechte ermöglichen, den Charakter der Mitgliedschaft als eines der Regel nach dauernden Verhältnis aber nicht beseitigen soll. (...) Entscheidendes Gewicht ist auf die Form zu legen, welche für die ***Übertragung*** *der Geschäftsanteile vorgeschrieben wird; denn die formalen Voraussetzungen der Übertragung müssen* ***in erster Linie Gewähr dafür bieten, dass die Anteilsrechte der neuen Gesellschaften nicht zu einem Gegenstand des Handelsverkehrs werden.***

(...)

Andererseits muss, wenn die Übertragung ohne die Grundlage eines zur Legitimation des Erwerbers dienenden Anteilscheines zugelassen wird, die ***Form des Übertragungsaktes*** *selbst eine derart authentische sein, dass* ***Zweifel und Unklarheiten über die Tatsache der Übertragung nicht entstehen können.*** *Aus diesen Gründen rechtfertigt es sich, die Veräußerung der Geschäftsanteile durch die Gesellschafter nicht anders als durch notariellen oder gerichtlichen Vertrag zu gestatten (§ 15 Absatz 2[3]).*

(...)

Für die neue Gesellschaft wird die ***Formvorschrift auch auf obligatorische Geschäfte, welche zur Veräußerung von Geschäftsanteilen verpflichten, auszudehnen sein, da der spekulative Handel mit Gesellschaftsanteilen, welcher hier verhindert werden soll, sich vornehmlich in Geschäften der bezeichneten Art zu vollziehen pflegt*** *(§ 15 Absatz 3[4]).“*[5]

Den Schutzzweck von § 15 Abs. 3 und Abs. 4 GmbHG, den „leichten und spekulativen Handel mit GmbH-Geschäftsanteilen zu verhindern“, hat der Gesetzgeber anlässlich der Reform des Rechts der GmbH im Jahr 1973 ausdrücklich aufrechterhalten.[6] 6

[2] Henssler/Strohn/Verse § 15 Rn. 1, 38; st. Rspr. des BGH, s. etwa BGH 14.12.2016 – IV ZR 7/15, NZG 2017, 476.

[3] Anm des Verf.: entspricht § 15 Abs. 3 GmbHG nF.

[4] Anm des Verf.: entspricht § 15 Abs. 4 GmbHG nF.

[5] BR-StenBer, S. 3729 – Hervorhebungen durch den Verf.

[6] BT-Drs. 7/253 S. 113 (zu Art. 52 Abs. 3 des damaligen Reformgesetzes).

b) Rechtsprechung des BGH

7 Soweit sich der BGH zu den maßgeblichen Schutzzwecken des § 15 GmbHG äußert, ist zu berücksichtigen, dass er in einigen Entscheidungen sowohl auf § 15 Abs. 3 als auch Abs. 4 abstellt, in anderen dagegen lediglich auf Abs. 3.

Bei gemeinsamer Nennung der Absätze § 15 Abs. 4 und 3 GmbHG – also des schuldrechtlichen und des dinglichen Rechtsgeschäfts – werden in Übereinstimmung mit dem historischen Gesetzgeber **zwei Schutzzwecke** zugrunde gelegt.

Die notarielle Form ziele einerseits darauf ab, den Beweis der Anteilsinhaberschaft im Hinblick auf § 16 GmbHG zu gewährleisten **(Beweisfunktion),** andererseits solle vereitelt werden, dass GmbH-Geschäftsanteile Gegenstand des freien Handelsverkehrs werden **(Erschwerungsfunktion)**[7].

8 Die bei Nennung beider Absätze angeführte Beweisfunktion kann sich dabei jedoch nur auf die dingliche Übertragung gem. § 15 Abs. 3 GmbHG beziehen, denn erst durch die notarielle Beurkundung der Abtretung erfolgt der Beweis der Anteilsinhaberschaft gegenüber der Gesellschaft – nicht bereits durch die notarielle Beurkundung des Kaufvertrags. Teilweise wurde demgegenüber auch die Ansicht vertreten, dass auch § 15 Abs. 4 S. 1 GmbHG den Beweis erleichtern solle. Richtigerweise stellt die Erleichterung des Beweises aufgrund der notariellen Beurkundung jedoch nur einen Reflex der Beurkundungspflicht und keinen eigenen Schutzzweck dar.

aa) Erschwerung des spekulativen Handels mit GmbH-Geschäftsanteilen („Erschwerungsfunktion")

9 Der BGH hat in Entscheidungen, die sich lediglich auf § 15 Abs. 4 S. 1 GmbHG beziehen, immer wieder ausschließlich auf den einen Zweck abgestellt, den leichten und spekulativen Handel mit GmbH-Geschäftsanteilen zu verhindern:

> *„Zweck der Formvorschrift des § 15 Abs. 4 S. 1 GmbHG ist nach ganz überwiegender Meinung, der sich der erkennende Senat bereits früh angeschlossen hat, den leichten und spekulativen Handel mit GmbH-Anteilen zu unterbinden oder doch zu erschweren."*[8]

In einem **Urteil** aus dem **Jahr 2008** stellt der BGH im Zusammenhang mit der Formvorschrift des § 15 Abs. 4 GmbHG dagegen wiederum auf zwei Schutzzwecke ab, nämlich die Beweiserleichterung hinsichtlich der Rechts-

---

[7] BGH 19.4.1999 – II ZR 365/97, NJW 1999, 2594, 2595; BGH 25.9.1996 – VIII ZR 172/95, NJW 1996, 3338, 3339; BGH 24.3.1954 – II ZR 23/53, NJW 1954, 1157; BGH 14.12.2016 – IV ZR 7/15, NZG 2017, 476.

[8] BGH 21.9.1994 – VIII ZR 257/93, NJW 1994, 3227, 3229.

übertragung und – vorrangig – die Erschwerung des leichten und spekulativen Handels mit GmbH-Anteilen.[9]

Auch neuere obergerichtliche Entscheidungen stellen maßgeblich auf die Erschwerungsfunktion ab. Der Zweck des Formerfordernisses nach § 15 Abs. 4 S. 1 GmbHG, einen schnellen, spekulativen Handel mit Anteilen an einer GmbH zu erschweren, sei „**bis heute ein nicht obsoletes Regelungsziel**“[10]. 10

bb) Rechtsprechung erkennt keine weiter gehenden Schutzzwecke an

Neben dem Schutzzweck der Erschwerung der Übertragung werden von der Literatur teilweise weitere Zwecke, wie zB die Beratungsfunktion, angeführt (→ Rn. 14). Die BGH-Rechtsprechung steht dem jedoch ausdrücklich ablehnend gegenüber. Soweit neben der Erschwerungsfunktion und Beweisfunktion weitere Schutzzwecke in Betracht kämen, seien diese lediglich Reflexe des Beurkundungsverfahrens. Insbesondere wird der unterschiedliche Schutzzweck der Beurkundungspflicht nach § 311b Abs. 1 S. 1 BGB herausgestellt, der im Wesentlichen dem Schutz vor Übereilung diene.[11] Die weiter gehenden Zwecke des **Übereilungsschutzes** und der **Beratungsfunktion** lehnt der BGH für den Anwendungsbereich des § 15 GmbHG ausdrücklich in einem Urteil aus dem Jahr 1998 ab und bezeichnet sie als Reflexe des Beurkundungszwangs.[12] 11

Die Beschränkung des Schutzzwecks von § 15 Abs. 4 S. 1 GmbHG auf die Erschwerungs- und die Beweisfunktion erscheint treffend. Stimmig ist, dass die durch das Beurkundungsverfahren gewährleistete Beratung durch den Notar (vgl. § 17 BeurkG) und der Schutz vor Übereilung lediglich Reflexe des notariellen Verfahrens sind. Die Rechtsprechung ist jedoch insoweit kritisch zu hinterfragen, als mit einem solchen engen eingeschränkten Schutzzweckverständnis der weite Umfang des Beurkundungserfordernisses, den die Rechtsprechung entwickelt hat, nur schwer begründet werden kann (→ Rn. 40).[13] Die umfassende Pflicht, auch Nebenabreden beurkunden zu müssen, könnte dogmatisch folgerichtig nur mit weiteren Schutzzwecken gerechtfertigt werden, deren Legitimität jedoch von der Rechtsprechung gerade nicht anerkannt wird. 12

---

[9] BGH 10.3.2008 – II ZR 312/06, NZG 2008, 377, 378, ebenso BGH 14.12.2016 – IV ZR 7/15, NZG 2017, 476.

[10] ZB OLG Frankfurt aM 4.10.2006 – 4 U 32/06, NZG 2008, 19, 20.

[11] BGH 19.4.1999 – II ZR 365/97, NJW 1999, 2594, 2595.

[12] BGH 27.2.1997 – III ZR 75/96, NJW-RR 1998, 1270, 1271.

[13] Ua Scholz/Seibt GmbHG I § 15 Rn. 66b; HCL/Löbbe GmbHG § 15 Rn. 81.

c) Abweichende Literaturansätze

13 Teilweise wird in der Literatur bestritten, dass die Belehrungs- und Schutzfunktion tatsächlich nur Reflexe der Beurkundungspflicht seien, sondern vielmehr diese eigenständig begründen könnten. Der materiellrechtliche Formzweck der § 15 Abs. 3 und 4 GmbHG habe sich insoweit gegenüber dem Zweck des historischen Gesetzgebers „erweitert".

Im Kern geht es dabei letztlich um die Frage, in welchem Verhältnis die vom Gesetzgeber **beabsichtigten** Wirkungen (Erschwerungs- und Beweisfunktion) zu den weiteren **tatsächlichen** Wirkungen der Beurkundung (Übereilungsschutz, Warn- und Beweisfunktion, Gültigkeitsgewähr und Schutzfunktion) stehen.

14 *Loritz*[14] kritisiert, dass der historische Zweck der Formvorschriften inkonsistent sei, weil er das – nach *Loritz'* Meinung – Notwendige (= Beratung) nicht zum Ziel habe und das, was er zum Ziel habe (= Erschwerung des Handels) in weitem Umfang den Anforderungen des modernen Wirtschaftslebens nicht mehr entspreche. Der Formzweck, der sich in zentralen Teilen überholt habe, solle nicht formalistisch interpretiert werden.

15 Insbesondere von den Notaren *Walz* und *Fembacher*[15] werden vielfältige Schutzzwecke ins Feld geführt. Die Autoren fordern eine über das Formale hinausgehende, an „Werten" orientierte Diskussion. Letztlich seien immer alle vom Beurkundungsgesetz verfolgten Schutzfunktionen einschlägig, selbst wenn die Beurkundung ursprünglich nur aufgrund eines Schutzzweckes angeordnet wurde. Damit sollen alle vorteilhaften unmittelbaren Wirkungen einer Norm, die die Verwirklichung des historischen Zwecks nicht ausschließen, als Zweck der Norm bezeichnet werden.[16]

All diese Ansätze finden in Gesetzgebungsgeschichte und Rechtsprechung keine Stütze. Methodisch fragwürdig wird hier von den „Funktionen der Beurkundung von Anteilsabtretungen" auf den Normzweck des § 15 GmbHG geschlossen. Diese Gedankengänge überzeugen nicht und erscheinen eher als theoretische Begründung für berufsständische Interessen. Methodisch korrekt muss dagegen der Beurkundungszweck aus § 15 GmbHG selbst heraus bestimmt werden; alles weiter Gehende ist Sache des Gesetzgebers.

---

[14] Loritz DNotZ 2000, 90, 97.

[15] Walz/Fembacher NZG 2003, 1134, 1140.

[16] Walz/Fembacher NZG 2003, 1134, 1140.

3. „Vereinbarung" der Pflicht zur Abtretung – das Erfordernis eines rechtsgeschäftlichen Vertrags

Die Formbedürftigkeit erstreckt sich nach dem Wortlaut des § 15 Abs. 4 S. 1 GmbHG nur auf „Vereinbarungen". Daraus wird einstimmig gefolgert, dass nur **Verträge** (dh **rechtsgeschäftliche Vereinbarungen)** wie zB Kauf, Schenkung oder Vergleich der Beurkundungspflicht unterliegen.[17] 16

Einseitige Rechtsgeschäfte sind dagegen von der Formvorschrift nicht erfasst. Beispiele hierfür sind:

- Vermächtnis (§ 2174 BGB),
- Begründung der Pflicht zur Abtretung eines Geschäftsanteils durch Stiftungsgeschäft (§§ 81, 82a BGB),
- Auslobung (§ 657 BGB),
- Auflage (§ 1940 BGB),
- Teilungsanordnung des Erblassers (§ 2048 BGB).[18]

Zwar bedarf in diesen Fällen die **Verpflichtung** zur Übertragung nicht der notariellen Form, jedoch gilt das Formerfordernis weiterhin für die **Abtretung.** Eine Ausnahme gilt in den Fällen des § 82a S. 2 BGB: Rechte, zu deren Übertragung der Abtretungsvertrag genügt, gehen mit der Anerkennung auf die Stiftung über, sofern nicht aus dem Stiftungsgeschäft sich ein anderer Wille des Stifters ergibt. 17

Des Weiteren muss die Verpflichtung zur Abtretung unmittelbarer Vertragsinhalt sein. Nicht ausreichend ist es daher, wenn sich die Verpflichtung nur mittelbar oder als gesetzliche Folge ergibt.[19] Beispiele hierfür sind: 18

- Auftrag – die Pflicht zur Abtretung ergibt sich hier bereits aus der gesetzlichen Regelung nach § 667 BGB,
- Kommissions- und Maklervertrag.

Gesetzliche Erwerbstatbestände (zB Verschmelzung gemäß §§ 2 ff. UmwG, Spaltung gemäß §§ 123 ff. UmwG, Anwachsung bzw. Gesamtrechtsnachfolge analog § 712 Abs. 1 S. 1 BGB) werden, da es sich insoweit nicht um rechtsgeschäftliche Vereinbarungen handelt, von § 15 Abs. 4 GmbHG ebenfalls nicht erfasst. 19

---

[17] Vgl. NSH/Servatius GmbHG § 15 Rn. 31; Lutter/Hommelhoff/Bayer GmbHG § 15 Rn. 53; Scholz/Seibt GmbHG I § 15 Rn. 48.

[18] Vgl. Scholz/Seibt GmbHG I § 15 Rn. 48.

[19] Vgl. Lutter/Hommelhoff/Bayer GmbHG § 15 Rn. 56.

4. Umfang der Beurkundungspflicht

a) Überblick

20 Parallel zur Problematik des Umfangs der Beurkundungspflicht bei Grundstücksgeschäften – Stichworte: „rechtliche Einheit“[20] und „zusammengesetzte Verträge“[21] – ist auch bei der Verpflichtung zur Abtretung eines GmbH-Geschäftsanteils der Umfang des notariellen Formerfordernisses im Einzelnen näher zu bestimmen. Bei Grundstücksgeschäften lässt sich der Umfang der Beurkundungspflicht aus dem Schutzzweck des § 311b Abs. 1 S. 1 BGB ableiten. Beurkundungsbedürftig sind alle Rechtsgeschäfte, von denen das Grundstücksgeschäft abhängig ist, um den vom Gesetz erstrebten Übereilungsschutz („Warnfunktion“) zu erzielen.

21 Bei GmbH-Anteilskäufen ist der in der Praxis wegen unübersichtlicher Rechtsprechung oft gewählte weite Beurkundungsumfang jedoch kaum mit Schutzzweckgesichtspunkten begründbar. Nach der BGH-Rechtsprechung umfasst das notarielle Formerfordernis alle Nebenabreden, die nach dem Willen der Parteien Bestandteil der Vereinbarung über die Verpflichtung zur Abtretung sein sollen (dazu unter b, → Rn. 22 ff.). In der Literatur wird dies teilweise heftig kritisiert, denn der Schutzzweck des § 15 Abs. 4 S. 1 GmbHG – Erschwerung des Handels mit GmbH-Geschäftsanteilen – könne bereits dadurch erreicht werden, dass lediglich die Verpflichtung zur Abtretung des Geschäftsanteils beurkundet wird (dazu unter c und d, → Rn. 32 ff. und → Rn. 39 ff.). Trotz dogmatischer Bedenken ist in der Praxis von der umfassenden Beurkundungspflicht gemäß der Linie des BGH auszugehen (dazu unter e, → Rn. 40 ff.). Schließlich werden in Rechtsprechung und Literatur diskutierte Einzelfälle dargestellt, um den Umfang der Beurkundungspflicht zu veranschaulichen (dazu unter f, → Rn. 45 ff.).

b) Rechtsprechung – Erstreckung der Beurkundungspflicht auf alle Nebenabreden

aa) Grundsatz

22 Der BGH[22] verwendet in seinen älteren einschlägigen Entscheidungen unterschiedliche Begriffe zur Kennzeichnung des Umfangs der Beurkundungspflicht. So soll sich der Umfang der Beurkundungspflicht neben der Verpflichtung zur Übertragung des Geschäftsanteils auch erstrecken auf

---

[20] ZB NK-BGB/ Fries § 311b Rn. 15.

[21] Jauernig/Stadler BGB § 311b Rn. 17; MüKoBGB/Ruhwinkel § 311b Rn. 58 ff.

[22] BGH 25.9.1996 – VIII ZR 172/95, NJW 1996, 3338, 3339; BGH 23.2.1983 – IV a ZR 187/81, NJW 1983, 1843, 1844; BGH 30.6.1969 – II ZR 71/68, NJW 1969, 2049; BGH 27.6.2001 – VIII ZR 329/99, NJW 2002, 142, 143.

- „alle wesentlichen Abreden",
- „untrennbare Teile",
- „alle Nebenabreden" bzw.
- überhaupt die „Gesamtvereinbarung".

In der Literatur wird diesen unterschiedlichen Begriffen auch Bedeutung im Hinblick auf den Beurkundungsumfang beigemessen.[23] 23

In neueren Entscheidungen wird jedoch **ausschließlich** von **„Nebenabreden"** gesprochen, die neben der Verpflichtung zur Geschäftsanteilsübertragung ebenfalls beurkundungspflichtig sind, soweit zwischen ihnen und der Übertragungsverpflichtung ein „notwendiger Zusammenhang" besteht.[24] 24

Von Bedeutung in diesem Zusammenhang ist jedenfalls, dass der BGH **nicht** von einer „rechtlichen Einheit" spricht – im Gegensatz zur Bestimmung des Umfangs der Beurkundungspflicht in den Fällen des § 311b Abs. 1 S. 1 BGB.[25]

bb) Entscheidungen im Wortlaut und im Kontext

Zur Verdeutlichung und Einordnung der uneinheitlichen Begriffswahl werden im Folgenden die einschlägigen BGH-Entscheidungen sowie eine Entscheidung des OLG Hamburg im Wortlaut und mit zugrunde liegender Fallkonstellation dargestellt (Hervorhebungen durch Verf.): 25

*„(…) der Formzwang schließt **alle wesentlichen Abreden** ein, wie hier insbesondere den Verzicht auf Gewinngutschriften (…)."*[26]

Im konkreten Fall ging es um einen Verzicht des Gesellschafters auf Gewinngutschriften im Falle des Ausscheidens aus der Gesellschaft. Der formgerecht abgeschlossene Gesellschaftsvertrag enthielt im Falle des Ausscheidens die Pflicht, den Geschäftsanteil zu bestimmten Bedingungen an einen zur Übernahme bereiten Mitgesellschafter zu übertragen. Somit enthielt schon der Gesellschaftsvertrag eine „Vereinbarung" iSd § 15 Abs. 4 GmbHG (zu in den Gesellschaftsvertrag integrierten Abtretungsverpflichtungen und -Erklärungen → Rn. 53). Nachträglich wurde dann vereinbart, dass der ausscheidende Gesellschafter auf bestimmte Gewinngutschriften verzichtet. Diese (nachträgliche) Vereinbarung bedurfte jedoch der notariellen Beurkundung, weswegen der Verzicht formunwirksam war.

---

23 Vgl. Pohlmann GmbHR 2002, 41, 43.

24 BGH 27.6.2001 – VIII ZR 329/99, NJW 2002, 142, 143; BGH 8.5.2000 – II ZR 144/98, DStR 2000, 1272; BGH 14.12.2016 – IV ZR 7/15, NZG 2017, 476.

25 Vgl. zu § 311b Abs. 1 S. 1 BGB: BGH 24.9.1987 – VII ZR 306/86, NJW 1988, 132; BGH 12.2.2009 – VII ZR 230/07, WM 2009, 1338.

26 BGH 30.6.1969 – II ZR 71/68, NJW 1969, 2049.

26 *„Das Versprechen eines zusätzlichen Entgelts für die Übertragung des Geschäftsanteils wäre zwar als ein* ***untrennbarer Teil*** *des zwischen dem Kläger und dem Beklagten geschlossenen Kaufvertrages anzusehen gewesen (...).“*[27]

Zum Schein wurde in diesem Fall ein Beratungshonorar versprochen, das nach dem Willen der Parteien in Wirklichkeit einen Teil des Entgelts für die Übertragung eines GmbH-Anteils darstellen sollte. Das Versprechen eines zusätzlichen Entgelts hätte gem. § 15 Abs. 4 GmbHG in die notarielle Beurkundung einbezogen werden müssen. Die Verletzung der Formvorschrift führte zur Nichtigkeit des gesamten Geschäfts. Der Formmangel wurde jedoch durch die in der notariellen Urkunde enthaltene Abtretung des Gesellschaftsanteils gem. § 15 Abs. 4 S. 2 GmbHG geheilt, und zwar beachtlicherweise **vollumfänglich.**

27 *„Nach § 15 Abs. 4 S. 1 GmbHG ist nicht nur die Übertragungsverpflichtung als solche, sondern die* ***gesamte Vereinbarung****, durch die die Übertragungsverpflichtung begründet wird, unter Einschluss aller mit ihr verbundenen Abreden, insbesondere derjenigen über die Gegenleistung, formbedürftig.“*[28]

Die Entscheidung erging zur Formbedürftigkeit der Verpflichtung zur Übertragung eines Kommanditanteils und des korrespondierenden Komplementär-GmbH-Anteils. Der Gesellschaftsvertrag enthielt bereits die Verpflichtung zur Übertragung von Geschäftsanteilen unter bestimmten Bedingungen – ua Zahlung einer Gegenleistung in Höhe des Verkehrswerts des Geschäftsanteils. Die nachträgliche Vereinbarung, dass keine Entschädigung gezahlt werden sollte, wich vom Gesellschaftsvertrag ab und war daher formbedürftig.

28 *„Dem Beurkundungszwang unterliegen alle Vereinbarungen, die nach dem Willen der Vertragsparteien* ***zu dem schuldrechtlichen Veräußerungsgeschäft gehören.****“*[29]

Zum schuldrechtlichen Veräußerungsgeschäft gehörte im konkreten Fall nicht nur die Vereinbarung von aufschiebenden Bedingungen, sondern auch ihre vertragliche Aufhebung (im Unterschied zum einseitigen Verzicht durch den Begünstigten), weil durch den Wegfall der Bedingungen eine stärkere Bindung an den noch nicht vollzogenen Kauf herbeigeführt werde.

29 *„Der Beurkundungszwang des § 15 Abs. 4 GmbHG erfasst den gesamten obligatorischen Vertrag einschließlich* ***aller Nebenabreden****, auch solcher über die Modalitäten der Vertragserfüllung.“*[30]

---

[27] BGH 23.2.1983 – IVa ZR 187/81, NJW 1983, 1843, 1844.
[28] BGH 14.4.1986 – II ZR 155/85, NJW 1986, 2642.
[29] BGH 23.11.1988 – VIII 262/87, NJW-RR 1989, 291, 293.
[30] BGH 25.9.1996 – VIII ZR 172/95, NJW 1996, 3338, 3339.

Im zugrunde liegenden Fall ging es um die Beurkundungsbedürftigkeit einer Verpflichtung des Geschäftsführers zur Genehmigung eines GmbH-Geschäftsanteilskaufvertrags. Die Genehmigung bedarf nach § 182 Abs. 2 BGB nicht der für das Rechtsgeschäft bestimmten Form. Ist demnach die Genehmigung des Kaufvertrags durch den Geschäftsführer formfrei möglich, so gilt das erst recht für die Verpflichtung zur Erteilung dieser Genehmigung.

„Die Formvorschrift des § 15 Abs. 3 GmbHG (erfasst) auch ***Nebenabreden.****"*[31] 30

Ausgehend vom Schutzzweck umfasse der Formzwang zwar Nebenabreden, nicht jedoch einzelne Rechnungsposten in einer dem notariellen Vertrag beigefügten Anlage; andernfalls würde „jeder Rechenfehler" in einer derartigen Anlage den gesamten Vertrag unwirksam machen.

„Das Formerfordernis des § 15 Abs. 4 S. 1 GmbHG erstreckt sich auf ***alle Nebenabreden****, die nach dem Willen der Parteien* ***Bestandteil der Vereinbarung über die Verpflichtung zur Abtretung*** *sein sollen."*[32] 31

Hier ging es um die Formbedürftigkeit einer Freistellungsverpflichtung. Notarieller Beurkundung bedurfte nicht nur die Verpflichtung zur Übertragung der Gesellschaftsanteile, sondern auch die Vereinbarung einer Verpflichtung zur Freistellung von einer Bürgschaftsverpflichtung. Zwischen der Verpflichtung zur Übertragung der Gesellschaftsanteile und der Nebenabrede müsse ein „notwendiger Zusammenhang" bestehen. Der Zusammenhang wurde in dem entschiedenen Fall bejaht, weil die Übernahme der Freistellungsverpflichtung Bedingung für die Übertragung der Anteile war.

„Das gesetzliche Formerfordernis und damit die Nichtigkeit beziehen sich auf das ***gesamte Rechtsgeschäft*** *und nicht bloß auf den Teil, der die Verpflichtung zur Übertragung der Geschäftsanteile vorsieht. § 15 Abs. 4 S. 1 GmbHG erstreckt sich auf* ***alle Nebenabreden, die nach dem Willen der Parteien Bestandteil der Vereinbarung über die Verpflichtung zur Abtretung sein sollen.*** *Maßgeblich für den Umfang der Beurkundungspflicht ist dabei nicht, was die Parteien beurkunden wollen, sondern was sie als* ***wirtschaftlich notwendig zusammenhängend*** *betrachten."*[33]

Auch in diesem Fall ging es um die Formbedürftigkeit einer Freistellungsvereinbarung. Die Beurkundungsbedürftigkeit wurde bejaht, weil zwischen der Verpflichtung zur Übertragung der Geschäftsanteile und der Freistellungsverpflichtung ein „notwendiger wirtschaftlicher Zusammenhang" bestanden habe.

---

[31] BGH 8.5.2000 – II ZR 144/98, DStR 2000, 1272.

[32] BGH 27.6.2001 – VIII ZR 329/99, NJW 2002, 142, 143.

[33] OLG Hamburg 26.1.2007 – 11 U 254/05, MittBayNot 2007, 514, 516.

c) Kritik an weiter Beurkundungspflicht in der Literatur

aa) Allgemeines

32 Die Kritik an der Rechtsprechung zum **„Vollständigkeitsgrundsatz"**[34] beruht im Kern auf dem Argument, dass es für den Schutzzweck des § 15 Abs. 4 S. 1 GmbHG – Erschwerung der Handelbarkeit mit GmbH-Geschäftsanteilen – bereits ausreiche, wenn nur die Vereinbarung der Übertragungsverpflichtung an sich beurkundet wird. Folglich wird vertreten, dass die notarielle Beurkundung nur für die „Vereinbarung" der Abtretungspflicht erforderlich sei.[35]

Insbesondere *Hadding*[36] stellt – zu Recht – fest, dass in den einschlägigen Entscheidungen des BGH „keine sachliche Begründung" für einen weiten Umfang der Beurkundungspflicht gegeben werde. Dagegen würde die Auslegung des § 15 Abs. 4 S. 1 GmbHG nach Wortlaut und Sinn und Zweck zu einer Beschränkung der Beurkundungspflicht führen.

bb) Argumente gegen weite Beurkundungspflicht im Einzelnen

(i) Wortlaut

33 Der Wortlaut **„Vereinbarung"** in § 15 Abs. 4 S. 1 GmbHG soll für die Auslegung sprechen, dass gerade nur der „Punkt" eines umfangreichen „Vertrags" notariell zu beurkunden sei, durch den die Beteiligten sich über die Verpflichtung zur Abtretung eines GmbH-Geschäftsanteils einigten.[37] Es wird dabei zwischen „Vereinbarung" und „Vertrag" differenziert. Aus § 154 Abs. 1 S. 1 BGB ergebe sich, dass im Zweifel ein „Vertrag" nicht geschlossen sei, wenn sich die Parteien nicht über alle Punkte, über die eine „Vereinbarung" getroffen werden sollte, geeinigt haben.[38] Dies bedeute, dass sich ein gegenseitiger Vertrag aus mehreren Vereinbarungen zusammensetzen könne. Nicht jede Vereinbarung sei für sich bereits ein Vertrag. Somit verlange der Wortlaut des § 15 Abs. 4 GmbHG bei einem Vertrag, der unter anderen Vereinbarungen eine solche über die Verpflichtung zur Abtretung eines Geschäftsanteils enthalte, die notarielle Beurkundung lediglich dieser einen Vereinbarung.

Darüber hinaus werde in § 15 Abs. 4 S. 1 GmbHG nicht von einer „Vereinbarung" gesprochen, in der die Verpflichtung eines Beteiligten zur Abtretung eines GmbH-Geschäftsanteils **enthalten** sei. Stattdessen laute die Vorschrift

---

[34] Vgl. beispielhaft Scholz/Seibt GmbHG I § 15 Rn. 66b; Henssler/Strohn/Verse GmbHG § 15 Rn. 64; MüKoGmbHG/Weller/Reichert§ 15 Rn. 114 – Reichert und Weller sprechen insoweit von einer „im Vordringen befindlichen Ansicht".

[35] Vgl. Hadding ZIP 2003, 2133, 2140; Sigle/Maurer NJW 1984, 2657, 2660; Scholz/Seibt GmbHG I § 15 Rn. 66b.

[36] Hadding ZIP 2003, 2133, 2136.

[37] Hadding ZIP 2003, 2133, 2138.

[38] Sigle/Maurer NJW 1984, 2657, 2658.

dahingehend, dass eine „Vereinbarung" notariell zu beurkunden sei, **„durch welche** die Verpflichtung (...) **begründet** wird." Nur die Vereinbarung, die unmittelbar den Entstehungstatbestand der Verpflichtung bilde, müsse hiernach notariell beurkundet werden.[39]

(ii) Sinn und Zweck

Der gesetzgeberische Zweck der notariellen Beurkundung – Erschwerungsfunktion – soll es nicht erfordern, das gesamte Vertragswerk zu beurkunden.[40] Es genüge, dass lediglich die Verpflichtung zur Anteilsabtretung dem Formzwang unterliege.[41] **34**

(iii) Rechtssicherheit

Der Vollständigkeitsgrundsatz soll auch nicht unter **Rechtssicherheitsgesichtspunkten** zu rechtfertigen sein. Es sei selbstverständlich, dass jegliche Form eines Rechtsgeschäfts die Beweisbarkeit der getroffenen Abreden steigere und dadurch zur Rechtssicherheit beitrage. Soweit ein Formgebot aber nicht angeordnet sei, gelte der **Grundsatz der Formfreiheit.** Eine erhöhte Rechtssicherheit durch Verhinderung von Zweifeln und Unklarheiten sei ausweislich der Gesetzesmaterialien gerade nicht der Zweck des § 15 Abs. 4 S. 1 GmbHG. **35**

(iv) „Einheitlichkeit des Verpflichtungsgeschäfts"

Die **„Einheitlichkeit des Verpflichtungsgeschäfts"** soll ebenfalls nicht den von der Rechtsprechung praktizierten Umfang des Formerfordernisses begründen können. Insbesondere könne § 139 BGB hierfür nicht herangezogen werden. § 139 BGB bestimmt, dass, wenn ein Teil eines Rechtsgeschäfts nichtig ist, das ganze Rechtsgeschäft nichtig ist, wenn nicht anzunehmen ist, dass es auch ohne den nichtigen Teil vorgenommen sein würde. Voraussetzung für die Anwendung des § 139 BGB ist also eine **Teilnichtigkeit.** Wenn aber das Formerfordernis auf die Vereinbarung der Abtretungspflicht beschränkt werde, dann sei bei entsprechender Beurkundung weder diese „Vereinbarung" nichtig, noch seien es die übrigen Vertragsbestandteile, die schließlich formfrei vereinbart werden könnten. Es fehle folglich jegliche Nichtigkeit für einen „Teil eines Rechtsgeschäfts".[42] Somit komme § 139 BGB gar nicht erst zur Anwendung. **36**

Erst wenn das Formerfordernis von vornherein auf den ganzen Vertrag ausgedehnt werde und im konkreten Fall dem nicht Rechnung getragen worden sei, könnten die übrigen Vertragsbestandteile nichtig sein. Erst dann

[39] Hadding ZIP 2003, 2133, 2138.
[40] Hadding ZIP 2003, 2133, 2138; Sigle/Maurer NJW 1984, 2657, 2659.
[41] Heidenhain NJW 1999, 3073, 3075.
[42] Hadding ZIP 2003, 2133, 2140.

würde sich die Frage stellen, ob diese Nichtigkeit nach § 139 BGB auch die formgerechte „Vereinbarung" der Abtretungspflicht ergreife. Der Vollständigkeitsgrundsatz werde zu Recht kritisiert, da er weder den Gesetzeszwecken der Handelserschwerung von Geschäftsanteilen noch einer Beweisfunktion diene, aber zu erheblicher Rechtsunsicherheit bzw. Risikovermeidungskosten führe.[43]

Diesem Befund ist aus Praktikersicht nichts hinzuzufügen.

(v) Beurkundung lediglich des „regelnden Inhalts"

37 Eine vermittelnde Position nimmt *Hermanns*[44] ein. Im Bereich aller beurkundungsbedürftigen Rechtsgeschäfte richte sich die Reichweite der Beurkundungspflicht nach dem **regelnden Inhalt** des beurkundungsbedürftigen Rechtsgeschäfts. Demnach muss der **Inhalt der Verabredungen** zwischen den Beteiligten des beurkundungsbedürftigen Rechtsgeschäfts beurkundet werden. Mit dem beurkundungspflichtigen Rechtsgeschäft **in wirtschaftlichem Zusammenhang** stehende Abreden müssten sich hinsichtlich ihrer Beurkundungsbedürftigkeit danach fragen lassen, inwieweit sie in das beurkundungsbedürftige Rechtsgeschäft selbst „hineinwirkten", also Teil des beurkundungsbedürftigen Rechtsgeschäfts seien.[45]

Hermanns unternimmt mit bemerkenswerten Argumenten den Versuch, das Beurkundungserfordernis auf seinen eigentlichen Kern zurückzuführen und verprobt die vorgeschlagene Methode anhand von Fallgruppen mit überzeugenden Ergebnissen. Dennoch erscheint das Kriterium des „regelnden" und „hineinwirkenden" Inhalts für eine allgemeine Anwendung als viel zu wenig trennscharf. Das Abstellen auf den Schutzzweck der Norm führt dagegen zu klaren Ergebnissen.

(vi) Gemeinschaftsrechtliche Bedenken – Kapitalverkehrsfreiheit gem. Art. 63 AEUV

38 Bedenken gegen die Europarechtskonformität des „Vollständigkeitsgrundsatzes" werden schließlich von *Reichert* und *Weller* geltend gemacht.[46] Der Erwerb von GmbH-Geschäftsanteilen falle in den Schutzbereich der **Kapitalverkehrsfreiheit** in Art. 63 AEUV (ehemals Artikel 56 EGV). Zu dem damit einhergehenden **Beschränkungsverbot** passe es nicht, wenn der Beurkundungsumfang zu extensiv interpretiert werde. Dann ließe sich die notarielle Beurkundung, der Beschränkungscharakter zukomme, kaum noch rechtfertigen. Eine Rechtfertigung aus Gründen des Allgemeininteresses habe nur dann Bestand, wenn sie zur Wahrung des Allgemeininteresses geeignet und erfor-

[43] Vgl. Herrmann GmbHR 2009, 625, 628; Scholz/Seibt GmbHG I § 15 Rn. 8, 66b.
[44] Hermanns ZIP 2006, 2296, 2299.
[45] Hermanns ZIP 2006, 2296, 2299.
[46] MüKoGmbHG/Weller/Reichert § 15 Rn. 116.

derlich sei. Werde das mit der notariellen Form in §15 GmbHG verfolgte Allgemeininteresse vornehmlich in der Erschwerungsfunktion gesehen, erweise sich die Beurkundung auch des übrigen Vertragswerks als nicht erforderlich und damit als eine nicht gerechtfertigte Beschränkung der Kapitalverkehrsfreiheit.

d) Zustimmung zur Rechtsprechung des BGH in der Literatur

In der – anscheinend abnehmenden – Mehrheit folgt die gesellschaftsrechtliche Kommentarliteratur der Rechtsprechung jedoch.[47] Vermehrt ist jedoch Kritik zu finden.[48] **39**

Vornehmlich Notare äußern sich kritisch gegen Ansätze, den Umfang der Beurkundungspflicht einzuschränken. Es werden dabei die bereits oben (→ Rn. 13ff.) kritisch gewürdigten Argumente und Gesichtspunkte für die Rechtsprechung vorgebracht.

e) Fazit

Der weite Umfang der Beurkundungspflicht in der Linie der Rechtsprechung kann letztlich nicht überzeugend begründet werden. **40**

Dass der Handel mit GmbH-Geschäftsanteilen erst dann effektiv erschwert werden soll, wenn eine umfassende Beurkundungspflicht besteht, ist nicht nachvollziehbar. Entweder es besteht eine Beurkundungspflicht oder nicht – der Handel ist bereits dann effektiv erschwert, wenn überhaupt eine Beurkundungspflicht besteht, so wie es das Gesetz vorsieht. Einer „zusätzlichen" Handelserschwerung bedarf es dann nicht.

Auch Beweiszwecke können nicht herangezogen werden. §15 Abs. 4 S. 1 GmbHG hat ausweislich der Gesetzesbegründung – im Gegensatz zu §15 Abs. 3 GmbHG – keine Beweisfunktion. Dass eine notarielle Beurkundung prinzipiell Beweiskraft mit sich bringt, ist kein gültiges Argument: Ansonsten müssten alle in irgendeiner Weise „bedeutenden" Rechtsgeschäfte notariell beurkundet werden, was dem Grundsatz der Formfreiheit widerspräche. **41**

Die gleichen Bedenken sprechen gegen das Argument der Rechtssicherheit. Vielmehr führt der weite Umfang der Beurkundungspflicht in der Praxis eher zu Rechtsunsicherheit, da bei einer umfangreichen „Gesamtvereinbarung" im Rahmen einer Unternehmenstransaktion stets die Gefahr der Gesamtnichtigkeit unter Verweis auf §139 BGB droht. **42**

---

[47] Vgl. BeckOK GmbHG/Wilhelmi §15 Rn. 120; NSH/Servatius GmbHG §15 Rn. 30; Lutter/Hommelhoff/Bayer GmbHG §15 Rn. 57; MHLS/Ebbing GmbHG §15 Rn. 89; Altmeppen GmbHG §15 Rn. 72.

[48] Scholz/Seibt GmbHG I §15 Rn. 66b; HCL/Löbbe GmbHG §15 Rn. 82f., MüKoGmbHG/Weller/Reichert §15 Rn. 114-116 sowie Henssler/Strohn/Verse GmbHG §15 Rn. 64.

43 Unklar bleibt letztlich auch, was mit „Einheitlichkeit des Verpflichtungsgeschäfts" gemeint ist. § 139 BGB kann in diesem Zusammenhang nur zur Begründung herangezogen werden, wenn man zunächst ein größeres, über die reine Verpflichtung zur Anteilsabtretung hinausgehendes „Gesamtgeschäft" konstruiert, von dem dann einzelne Teile wegen Formmangels als nichtig betrachtet werden.

44 Schließlich kann die umfassende Beurkundungspflicht auch nicht mit der Beratungsfunktion der notariellen Beurkundung begründet werden. Abgesehen davon, dass dieser Schutzzweck selbst von der Rechtsprechung nicht anerkannt wird, besteht ein Missverhältnis zu der Tatsache, dass Beteiligungserwerbe im Aktien- und Personengesellschaftsrecht, die von gleicher wirtschaftlicher Tragweite sein können und bei Personengesellschaften uU für die Beteiligten noch haftungsträchtiger sind, keiner notariellen Form bedürfen. Zudem bleibt meist unerwähnt, dass bei großvolumigen und komplexen Transaktionen häufig genug ein Hinweis des Notars in die Urkunde aufgenommen wird, wonach er zu bestimmten Aspekten der Transaktion keine Prüfung habe vornehmen können – die Parteien verschmerzen dies, wenn sie zu ihrer Zufriedenheit rechtlich und steuerlich beraten sind. Bei komplexen Transaktionen, die in der Praxis regelmäßig ausgiebig Diskussionsstoff für die Beachtung des Vollständigkeitsgrundsatzes liefern, versagt somit der Hinweis auf die Beratungsfunktion.

Löbbe[49] fasst nach alledem die Problematik prägnant und uE überzeugend zusammen:

„Auch wenn die Kritikpunkte am Vollständigkeitsgrundsatz im Kern berechtigt erscheinen, so ist jedenfalls für die Praxis bis zu einer Abkehr durch die höchstrichterliche Rechtsprechung davon auszugehen, dass das gesamte schuldrechtliche Verpflichtungsgeschäft mit allen Nebenabreden dem Formerfordernis des Abs. 4 unterliegt."

Hinweise dazu, wie sich durch vertragliche Gestaltung die „Einheitlichkeit des Verpflichtungsgeschäfts" zerstören und damit die Beurkundungspflicht beschränken lässt, finden sich unter § 8 Rn. 10 ff.

f) Anwendungsfälle

45 Folgende Anwendungsfälle sollen den Umfang der Beurkundungspflicht auf der Grundlage der Rechtsprechung illustrieren:

aa) Absichtserklärungen (Letter of Intent, Memorandum of Understanding, Term Sheet)

46 Bei Absichtserklärungen ist nach allgemeinen Grundsätzen der Rechtsgeschäftslehre durch Auslegung zu ermitteln, ob die Parteien einen Rechtsbin-

[49] HCL/Löbbe GmbHG § 15 Rn. 82.

dungswillen für die Verpflichtung zur Übertragung von Geschäftsanteilen haben. Nach Ansicht von *Seibt* soll dies im Zweifel nicht der Fall sein.[50] Allerdings darf die Auslegung des Schriftstücks sich nicht allein vom Titel leiten lassen, sondern muss den Inhalt des Dokuments und den tatsächlichen Willen der Parteien berücksichtigen. Ein „Letter of Intent" oder ein „Term Sheet", das im Textkorpus als bindend vereinbart wird, ist ungeachtet des Titels des Dokuments als bindend gemeint und dann auch gegebenenfalls § 15 Abs. 4 S. 1 GmbHG unterworfen.

bb) Abtretung des Anspruchs auf Abtretung eines Geschäftsanteils

Gesetzlich unmittelbar geregelt ist in § 15 Abs. 4 S. 1 GmbHG die (originä- **47**
re) Vereinbarung des Abtretungsanspruchs. Die Abtretung des Anspruchs auf Übertragung eines Geschäftsanteils hat der BGH der Beurkundungspflicht unterworfen, weil die Abtretung des Übertragungsanspruchs geeignet sei, einen Markt aufzubauen, der wirtschaftlich auf den Umsatz von Geschäftsanteilen zielt.[51] Die formlose Abtretung von Ansprüchen auf Übertragung eines Geschäftsanteils soll daher von der Rechtsordnung nicht anerkannt werden, da andernfalls Sinn und Zweck der zwingenden Formvorschrift des § 15 Abs. 3, 4 GmbHG verfehlt würde.

Insoweit geht die Auslegung des § 15 GmbHG über den Wortlaut hinaus. Sie erscheint übervorsichtig, aber letztlich konsequent, wenn man der „Gefahr eines spekulativen Anteilshandels" in gleicher Weise bei der originären Begründung einer Abtretungspflicht begegnen möchte.[52]

cc) Aufhebungsvertrag

Die Aufhebung einer bereits eingegangenen Verpflichtung, GmbH-Ge- **48**
schäftsanteile zu übertragen, bedarf nicht der notariellen Form.[53]

dd) Ausländische Gesellschaften mit beschränkter Haftung (Exkurs)

Unübersichtlich und im Einzelnen umstritten ist die Lage, was die **Veräu- 49**
ßerung und **Übertragung** von **Anteilen an ausländischen Gesellschaften mit beschränkter Haftung** betrifft.

[50] Scholz/Seibt GmbHG I § 15 Rn. 50.

[51] BGH 5.11.1979 – II ZR 83/79, NJW 1980, 1100, 1101.

[52] Vgl. HCL/Löbbe GmbHG § 15 Rn. 70.

[53] Vgl. HCL/Löbbe GmbHG § 15 Rn. 72; NSH/Servatius GmbHG § 15 Rn. 35; Lutter/Hommelhoff/Bayer GmbHG § 15 Rn. 56 – Einhellige Ansicht, welche unter Schutzzweckgesichtspunkten folgerichtig ist.

Die **dingliche Übertragung** von Anteilen an Gesellschaften mit beschränkter Haftung ausländischen Rechts ist jedenfalls wirksam, wenn sie nach den Formvorschriften des Gesellschaftsstatuts vollzogen wird.

Die **Verpflichtung zur Übertragung** eines Anteils an einer Gesellschaft mit beschränkter Haftung ausländischen Rechts soll dann den Formerfordernissen des § 15 Abs. 4 GmbHG unterstehen, wenn auf das Verpflichtungsgeschäft deutsches Recht kraft Rechtswahl oder kraft allgemeiner IPR-Regeln anwendbar ist. Dies hat beispielsweise im Jahr 1991 das OLG Celle[54] für eine polnische Gesellschaft mit beschränkter Haftung vertreten mit dem Argument, § 15 GmbHG diene dem Schutz der Anleger vor den Gefahren eines leichten und spekulativen Handels mit Gesellschaftsanteilen, weshalb die Grundsätze, die in der Rechtsprechung für die Veräußerung ausländischer Grundstücke im Inland aufgestellt worden sind, auch für die Abtretung von Geschäftsanteilen einer ausländischen Gesellschaft mit beschränkter Haftung gelten müssten.

Dieser Ansicht, die § 15 Abs. 4 GmbHG ohne systematische Auseinandersetzung und unausgesprochen als Eingriffsnorm[55] zu betrachten scheint und die im Übrigen die unterschiedlichen Schutzzwecke von § 15 Abs. 4 GmbHG und § 311b Abs. 1 BGB verkennt[56], ist bereits 1993 das OLG München mit der schlichten, aber treffenden Feststellung entgegengetreten, ein Regelungsanspruch für eine ausländische GmbH sei in § 15 GmbHG nicht enthalten.[57] Mit anderen Worten: § 15 Abs. 4 GmbHG regelt die Rechtsverhältnisse einer deutschen Gesellschaft mit beschränkter Haftung; er erhebt keinen Anspruch darauf, die Rechtsverhältnisse irgendeiner ausländischen Rechtsform zu regeln. Es besteht auch überhaupt kein Anlass hierzu, denn das einschlägige ausländische Recht regelt seine eigene Gesellschaftsrechtsform abschließend. Als Kontrollfrage mag dienen, ob es richtig erscheint, wenn eine ausländische Rechtsordnung die Anteile der ihr eigenen Form einer Kapitalgesellschaft mit Haftungsbeschränkung bestimmten Beschränkungen unterwirft und diese Beschränkungen dann über das Kollisionsrecht auf die Anteile an einer deutschen GmbH erstreckt.

50 Der uE richtige Ansatz führt über die Kollisionsnorm des Art. 11 Rom I-Verordnung, der Art. 11 EGBGB abgelöst hat: Ein schuldrechtlicher Vertrag über die Verpflichtung zur Übertragung von Anteilen an einer Ge-

---

[54] OLG Celle 20.11.1991 – 20 U 26/91, NJW-RR 1992, 1126. Zustimmend, aber hinsichtlich des von § 15 GmbHG beanspruchten Regelungsbereichs nicht überzeugend und deshalb im Ergebnis unzutreffend Fröhlich NZG 2021, 820. Im Ergebnis ebenso, aber mit realitätsfern wirkender Herleitung, insbesondere in Hinblick auf den Geltungsanspruch von § 15 GmbHG, und unter Verkennung der Aufgabe der Substitution im IPR Martis ZfPW 2023, 83.

[55] Zur Anwendbarkeit des § 15 GmbHG auf ausländische Gesellschaften: Staudinger/Schäuble, Art. 11 EGBGB, Rn. 263.

[56] Vgl. Leutner/Stenzel NZG 2012, 1411, 1412.

[57] OLG München 5.3.1993 – 23 O 5958/92, NJW-RR 1993, 998; so auch Link BB 2014, 579, 583.

sellschaft mit beschränkter Haftung ausländischen Rechts ist ein Vertrag im Sinne von Artikel 11 Rom I-Verordnung und ist deshalb formgültig, wenn er die Formerfordernisse des auf ihn anzuwendenden **materiellen Rechts** (Geschäftsstatut) oder die Formerfordernisse des **Rechts des Staates, in dem er geschlossen wird** (Ortsstatut), erfüllt. Unterliegt der Vertrag über die Abtretungspflicht aufgrund Rechtswahl oder nach allgemeinen IPR-Regeln deutschem Recht, mag man auf den Gedanken kommen zu prüfen, ob die ausländische Gesellschaft einer GmbH vergleichbar ist. Nur dann kommt eine („übergriffige") Anwendung von § 15 Abs. 4 GmbHG und damit eine Beurkundungspflicht für das Verpflichtungsgeschäft überhaupt in Betracht. Der BGH hat in einem Urteil aus dem Jahr 2004[58] offengelassen, jedoch ausdrücklich dazu tendiert, Art. 11 EGBGB einschränkend auszulegen, so dass die Anwendung des Geschäftsstatus nicht zu einer größeren Formstrenge führt als die Anwendung des Gesellschaftsstatuts.[59] Stützen lässt sich diese Position mit der Erwägung, dass das deutsche materielle Recht schlicht keine Formerfordernisse für die Übertragung von Anteilen an Gesellschaften ausländischen Rechts aufstellt.

Für die Praxis ist mit diesem Gedankengang zwar ein nachvollziehbarer **51**
Weg vorgezeichnet, jedoch keine abschließende Rechtssicherheit gewonnen. Praxisrelevanz gewinnt die Streitfrage vor allem bei Veräußerungen von ausländischen Gesellschaften mit beschränkter Haftung, die Vermögenswerte in Deutschland halten, so dass die Parteien den Vertrag wegen Sachnähe dem deutschen Recht unterstellen. Aber auch die Übertragung der Anteile an einer deutschen KG und deren persönlich haftendem Gesellschafter ausländischen Rechts (zB S.à r.l. & Co. KG, Ltd & Co. KG) wird von diesem Meinungsstreit überschattet.

Gestaltungshinweis: Will man daher bei der Veräußerung von Anteilen an einer ausländischen Gesellschaft mit beschränkter Haftung durch einen schuldrechtlichen Vertrag nach deutschem Recht keine Beurkundungspflicht gemäß § 15 Abs. 4 GmbHG auslösen, wird man dafür Sorge tragen müssen, den Vertrag im Land der betreffenden Gesellschaft abschließen zu lassen, da dann zweifelsfrei das Ortsstatut Anwendung findet und ggf. zu einer milderen Form für die Verpflichtung zur Anteilsabtretung führt. [60]

[58] BGH 4.11.2004 – III ZR 172/03, NZG 2005, 41.

[59] Diese Auslegungsfreiheit ist dem BGH durch die Ersetzung von Art. 11 EGBGB durch Gemeinschaftsrecht in Form des Art. 11 Rom I-VO nunmehr genommen. Das obiter dictum von 2004 kann deshalb nicht mehr als Rückversicherung gegen eine Beurkundungsbedürftigkeit herangezogen werden.

[60] Im Ergebnis ebenso nun auch Fröhlich NZG 2021, 820.

ee) Finanzierungsverpflichtungen („Equity Commitment Letters“ uä)

52 Verpflichtungen der Käuferseite gegenüber dem Verkäufer, hinsichtlich der Kaufpreisverbindlichkeit eines Akquisitionsvehikels für die erforderliche finanzielle Ausstattung zu sorgen, spielen im Rahmen von Unternehmenstransaktionen eine wichtige Rolle. Derartige Finanzierungsverpflichtungen werden insbesondere in Form von sog. „Equity Commitment Letters“ abgegeben, bei denen der Fonds, der wirtschaftlich betrachtet die Zielgesellschaft erwirbt, gegenüber dem Akquisitionsvehikel und dem Erwerber die Ausstattung mit den erforderlichen finanziellen Mitteln zusagt.

Zur Beurkundungsbedürftigkeit dieser Finanzierungsverpflichtungen werden unterschiedliche Meinungen vertreten. *Leyendecker/Mackensen*[61] legen mit überzeugenden Argumenten und sorgfältiger Analyse von Rechtsprechung und Praxis dar, dass es sich bei „Equity Commitment Letters“ um Vereinbarungen einer Vertragspartei mit einem Dritten – hier: dem finanzierenden Fonds – handelt, die deshalb als selbständiger Vertrag und nicht mit der Verpflichtung zur Anteilsübertragung verbundene Abrede zu betrachten sind, weil sie keinen Teil der Gegenleistung darstellen, die das Akquisitionsvehikel gegenüber dem Verkäufer schuldet. § 15 Abs. 4 GmbHG gilt deshalb für derartige Finanzierungsverpflichtungen grundsätzlich nicht. Eine Ausnahme mag gelten, wenn der zu beurkundende Beteiligungsvertrag konkret das Einholen eines Equity Commitment Letters beinhaltet.[62]

ff) Gesellschaftsvertrag enthält Abtretungsverpflichtung

53 Eine Verpflichtung zur Übertragung eines Gesellschaftsanteils kann bereits der **Gesellschaftsvertrag** enthalten.[63] Der Gesellschaftsvertrag selbst kann somit schon eine „Vereinbarung“ iSd § 15 Abs. 4 S. 1 GmbHG beinhalten.

54 Beispiel[64]: Der Gesellschaftsvertrag einer GmbH sieht vor, dass ein Gesellschafter im Fall der Kündigung oder Austrittserklärung verpflichtet ist, nach Wahl der Gesellschaft den Geschäftsanteil an die Gesellschaft oder an andere Gesellschafter oder Dritte gegen ein Entgelt abzutreten, das sich im Wesentlichen nach dem **Verkehrswert des Anteils** bestimmt. Statt eines Austritts gegen Zahlung des Verkehrswertes – so wie im Gesellschaftsvertrag bestimmt – soll dieser im zu entscheidenden Fall allerdings entschädigungslos erfolgen.

---

[61] Leyendecker/Mackensen NZG 2012, 129 ff.

[62] Hermanns DNotZ 2013, 9 mit dem Argument, dass der Verkäufer Interesse an Sicherstellung der Liquidität des Vertragspartners hat.

[63] Vgl. BGH 30.6.1969 – II ZR 71/68, NJW 1969, 2049; BGH 14.4.1986 – II ZR 155/85, NJW 1986, 2642.

[64] Nach BGH 14.4.1986 – II ZR 155/85, NJW 1986, 2642.

Eine solche Vereinbarung weicht von der im Vertrag beurkundeten Regelung wesentlich ab und geht darüber weit hinaus, was die Formbedürftigkeit zur Folge hat.

Laut BGH ist die Form auch dann gewahrt, wenn bereits der nach § 2 GmbHG in notarieller Form geschlossene Gesellschaftsvertrag die Verpflichtung zur Übertragung des Geschäftsanteils unter bestimmten Voraussetzungen vorsieht.[65] Das gilt aber nur, wenn die **Übertragung des Geschäftsanteils dann tatsächlich auch zu den im Gesellschaftsvertrag vorgesehenen Bedingungen** erfolgt. Die Formbedürftigkeit gem. § 15 Abs. 4 S. 1 GmbHG besteht somit dann, wenn vom Gesellschaftsvertrag **abweichende Veräußerungsbedingungen** vereinbart werden sollen. Dies ergibt sich aus der Sicht der Rechtsprechung ohne weiteres daraus, dass die gesamte Vereinbarung – unter Einschluss aller mit ihr verbundenen Nebenabreden – formbedürftig ist.

Eine weitere dogmatische Unterscheidung kann hinsichtlich des **Rechtsgrunds** der Übertragungspflicht vorgenommen werden. So kann folgendermaßen zwischen gesellschaftsrechtlicher und schuldvertraglicher Verpflichtung im Gesellschafsvertrag differenziert werden: 55

Eine Übertragungspflicht im Gesellschaftsvertrag kann als gesellschaftsrechtliche Pflicht ausgestaltet sein. Dann gilt allein § 2 GmbHG.[66] Soll die Übertragungspflicht dagegen lediglich eine schuldrechtliche Verpflichtung sein, dann soll zwar § 15 Abs. 4 GmbHG gelten, er werde jedoch durch die Beurkundung gem. § 2 GmbHG ersetzt.

Praktische Auswirkungen hat diese Differenzierung nicht, da letztlich bei Befolgung von § 2 GmbHG die Erfordernisse des § 15 GmbHG stets erfüllt sind. [67]

Der Gedanke lässt sich allerdings ohne weiteres auf **außerhalb des Gesellschaftsvertrags (vor allem in Gesellschaftervereinbarungen) vereinbarten** Veräußerungs- und/oder Erwerbsverpflichtungen übertragen (→ Rn. 58 ff. speziell zu Optionen).

gg) Maklerprovision

Das Versprechen einer nicht erfolgsabhängigen Maklerprovision für die Vermittlung von GmbH-Anteilen ist nach Ansicht des BGH nicht formbedürftig.[68] 56

Der BGH hatte zu entscheiden, ob der Formzwang auch auf Abreden in einem Maklervertrag zu erstrecken ist, die eine Vergütung auch im Falle des

---

[65] BGH 14.4.1986 – II ZR 155/85, NJW 1986, 2642.

[66] Lutter/Hommelhoff/Bayer GmbHG § 15 Rn. 55; Scholz/Seibt GmbHG I § 15 Rn. 51.

[67] Zu den Auswirkungen des Beurkundungsverfahrens per Videokommunikation gemäß DiREG (seit 1.8.2023) Scholz/Seibt GmbHG § 15 Rn. 51.

[68] BGH 27.2.1997 – III ZR 75/96, NJW-RR 1998, 1270.

Nichtzustandekommens eines Geschäfts vorsehen. Dies wurde verneint, weil eine Ausdehnung des Beurkundungszwangs auf Vorgänge, die mit der Verhinderung eines leichten und spekulativen Handels mit GmbH-Geschäftsanteilen nichts zu tun haben, nicht gerechtfertigt sei. Soweit der Gesellschafter aufgrund des Beurkundungszwangs vor übereiltem Handeln geschützt und beraten werde, sei dies lediglich ein Reflex des Beurkundungsverfahrens.

Ergänzend ist hier auf die abweichende Rechtslage bei Grundstücksgeschäften hinzuweisen: Bei der Vermittlung von beurkundungspflichtigen Grundstücksveräußerungsgeschäften kann sich der Makler ohne notarielle Beurkundung nicht zusagen lassen, dass ein Kunde ein Entgelt auch bei Nichtzustandekommen des Hauptvertrags zahlen muss, wenn diese Zusage den Kunden so in seiner Entschlussfreiheit beeinträchtigt, dass er bei dem Verkauf oder dem Erwerb von Immobilien unter Zwang steht.[69]

hh) Optionen[70]

57 Ein Optionsrecht ist das Recht, durch einseitige Erklärung einen rechtlichen Erfolg herbeizuführen, insbesondere einen Vertrag zustande zu bringen. Es handelt sich regelmäßig um einen durch die Ausübung des Optionsrechts **aufschiebend bedingten Vertrag.**[71] Vergleichbare Wirkungen, jedoch mit Unterschieden in den rechtlichen Mechanismen und im Zwischenverfügungsschutz (§ 161 BGB), lassen sich mit Angebot und Annahme erzielen, wobei das Angebot unwiderruflich sein muss.

Im Einzelnen ist die Option dadurch gekennzeichnet, dass ein Beteiligter (Optionsverpflichteter bzw. Optionsgeber) sich dauernd oder für einen bestimmten Zeitraum (Optionsfrist) gebunden hält und es im freien oder an bestimmten Voraussetzungen geknüpften Willen eines anderen Beteiligten (Optionsberechtigten) steht, den Vertrag zustande zu bringen.[72] Optionsvereinbarungen können sich auch auf Geschäftsanteile beziehen und unterliegen dann § 15 Abs. 4 S. 1 GmbHG.

Unterschieden wird zwischen **Verkaufsrechten** („Put-Option“) und **Erwerbsrechten** („Call-Option“), die jeweils in **zweiseitigen** Vereinbarungen abgeschlossen werden, und dem **einseitigen Angebot** (sog. „Festofferte“).

58 Beim **Verkaufsrecht** („Put-Option“) besitzt der bisherige Anteilsinhaber ein Verkaufsrecht.

Dem Verkaufsrecht des bisherigen Geschäftsanteilsinhabers entspricht eine **Abnahmepflicht** der anderen Vertragspartei. Die Vereinbarung, durch die das Verkaufsrecht und die entsprechende Abnahmeverpflichtung begründet

---

[69] BGH 2.7.1986 – IV a ZR 102/85, NJW 1987, 54.
[70] Vgl. Mülsch/Penzel ZIP 2004, 1987.
[71] MHLS/Ebbing GmbHG § 15 Rn. 75.
[72] Mülsch/Penzel ZIP 2004, 1987.

werden, ist formbedürftig, weil in ihr bereits unmittelbar die Abtretungsverpflichtung aufschiebend bedingt durch die Ausübung der Option angelegt ist.[73]

Mit Normzweckerwägungen argumentiert in diesem Zusammenhang auch das OLG München:

> *„Bei der Zulassung formfreier Abnahmeverpflichtungen von GmbH-Anteilen wäre aber gerade ein leichter Handel und eine Spekulation mit derartigen Beteiligungen ermöglicht."*[74]

Unstreitig nicht beurkundungsbedürftig ist die **spätere Erklärung, dieses Recht auszuüben**[75], außer wenn im Vertrag über die Einräumung der Option etwas Abweichendes vereinbart ist; regelmäßig wird jedoch zur Sicherung der Echtheit des Ausübungsdokuments die vertragliche Formabrede zur Beglaubigung der Unterschrift genügen.

Die **dingliche Übertragung des Geschäftsanteils** bedarf wiederum ohne weiteres der Form des § 15 Abs. 3 GmbHG. Sie kann zugleich mit dem Vertrag über die Einräumung der Option vereinbart werden, so dass bei Ausübung der Option ohne weiteres der dingliche Erwerb der optionierten Anteile eintritt.

Beim **Erwerbsrecht** („Call-Option") wird einer Partei ein vom Eintritt **59**
gewisser Ereignisse abhängiges Übernahme- oder Erwerbsrecht im Hinblick auf einen bestimmten Geschäftsanteil eingeräumt. Wenn dieses Ereignis im Verkauf eines Geschäftsanteils an einen Dritten besteht, liegt in der Regel ein Vorkaufsrecht gem. § 463 ff. BGB vor.[76] Ein Vertrag, in dem ein solches Übernahme- oder Vorkaufsrecht begründet wird, ist beurkundungsbedürftig; das zum Verkaufsrecht Gesagte (→ Rn. 58) gilt entsprechend.

Bei der **Festofferte** gibt eine Vertragspartei ein Angebot ab mit der Erklä- **60**
rung, sich für einen bestimmten, durchaus auch längeren Zeitraum gebunden zu halten. Die Vereinbarung einer konkreten Bindungsfrist vermeidet dabei Unsicherheiten, die sich aus § 147 Abs. 2 BGB ergeben können. Das einseitige Angebot kann entweder auf Abschluss eines obligatorischen Übernahme- oder Verkaufsrechts gerichtet sein oder als dingliche Erklärung schon Teil der Abtretung. Das **Angebot** muss zu seiner Wirksamkeit beurkundet werden. Auch die spätere **Annahme** des Angebots („Ausübung der Option") ist formbedürftig, weil nur so eine formwirksame „Vereinbarung" iSd § 15 Abs. 4 GmbHG zustande kommen kann. Die Annahme bringt – je nach Ausgestaltung des

---

73 Vgl. MüKoGmbHG/Weller/Reichert § 15 Rn. 95.

74 OLG München 7.12.1994 – 7 U 4659/94, BeckRS 1994, 30837678.

75 Vgl. MüKoGmbHG/Weller/Reichert § 15 Rn. 95; Lutter/Hommelhoff/Bayer GmbHG § 15 Rn. 54.

76 Vgl. MüKoGmbHG/Weller/Reichert § 15 Rn. 96.

Angebots – entweder die kausale Abtretungsverpflichtung (Abs. 4) oder zusätzlich auch bereits die Abtretung (Abs. 3) zustande.[77]

61 Ein maßgeblicher **technischer Unterschied** zwischen der Festofferte und den zuvor erwähnten Optionsmöglichkeiten liegt darin, dass bei der Festofferte sowohl Angebot als auch Annahme der (getrennten) Beurkundung bedürfen. Bei Optionen bedarf zwar die Vereinbarung der Optionsvereinbarung der Form des § 15 Abs. 4 S. 1 GmbHG, die spätere Ausübung der Option durch die entsprechende Erklärung dagegen nicht.

62 Bei der Festofferte ist für die praktische Umsetzung zu beachten, dass grundsätzlich eine **Ausfertigung** gem. § 47 BeurkG zugehen muss. Nur diese ersetzt im Rechtsverkehr die formbedürftige Willenserklärung.[78] Eine beglaubigte Abschrift der notariellen Verhandlung genügt daher grundsätzlich nicht. Über die Art des Zugangs der notariell beurkundeten Erklärung können die Parteien allerdings disponieren[79], so dass die Übersendung lediglich einer beglaubigten Abschrift wirksam vereinbart werden kann.

ii) Rückkaufvereinbarungen, Rücknahmegarantien

63 Die Verpflichtung des Veräußerers, den Geschäftsanteil zurückzunehmen (zB im Zusammenhang mit einer Garantie für bestimmte Eigenschaften des Anteils, → Rn. 83 ff.) bedarf der Form des § 15 Abs. 4 S. 1 GmbHG.[80]

jj) Rechtswahlvereinbarungen

64 Zur Form von Rechtswahlvereinbarungen → § 10 Rn. 9 ff.

kk) Schiedsvereinbarungen, Schiedsordnungen

65 **Schiedsvereinbarungen,** die im Zusammenhang mit dem Verkauf und der Übertragung von GmbH-Geschäftsanteilen abgeschlossen werden, bedürfen gemäß gefestigter Rechtsprechung des BGH **weder der Einbeziehung** in das Vertragsdokument über die Geschäftsanteilsveräußerung **noch der Beurkundung.**[81] Der BGH geht davon aus, dass eine Schiedsvereinbarung ein selbständiger Vertrag ist und damit nicht zu den beurkundungsbedürftigen Nebenabreden eines beurkundungsbedürftigen Hauptvertrages gehört. Der

---

[77] Vgl. MüKoGmbHG/Weller/Reichert § 15 Rn. 97.

[78] BGH 7.6.1995 – VIII ZR 125/94, NJW 1995, 2217.

[79] BGH 7.6.1995 – VIII ZR 125/94, NJW 1995, 2217.

[80] Vgl. HCL/Löbbe GmbHG § 15 Rn. 69.

[81] BGH 24.7.2014 – III ZB 83/13, DNotZ 2014, 912; aA Kindler NZG 2014, 961 ff. – jedoch veröffentlicht in Reaktion auf die Entscheidung der Berufungsinstanz (OLG München 10.9.2013 – 34 SchH 10/13, NZG 2014, 994 = EWiR 2014, 267). Der BGH ist dieser Ansicht zu Recht nicht gefolgt. Der Meinung des BGH folgen Hilgard/Haubner BB 2014, 970 ff.

BGH[82] verweist auf seine Rechtsprechung von 1977 zu mit Schiedsvereinbarungen im Zusammenhang mit Grundstückskaufverträgen, wo es – uE überzeugend – heißt:

„Es ist kein Grund dafür ersichtlich, Schiedsverträge zur Regelung von Streitigkeiten aus beurkundungsbedürftigen Hauptverträgen anders als sonstige Schiedsverträge zu behandeln. Dem mit dem gesetzlichen Formzwang nach § 313 BGB einerseits und des § 1027 ZPO[83] andererseits verfolgten Zweck ist daher Genüge getan, wenn das eigentliche Veräußerungsgeschäft in der Form des § 313 BGB, der Schiedsvertrag dagegen in der Form des § 1027 ZPO geschlossen wird.“

Darüber hinausgehend hat der BGH im selben Beschluss vom 24.07.2014 ausgeführt, dass **Schiedsgerichtsordnungen,** auf die in einer Schiedsvereinbarung Bezug genommen wird, nicht mit beurkundet zu werden brauchen, selbst wenn die Parteien sich dazu entschließen, die Schiedsvereinbarung selbst in den zu beurkundenden Text ihres Geschäftsanteilsveräußerungsvertrages aufzunehmen.[84]

Die bis dahin geübte Mitbeurkundung von Schiedsgerichtsordnungen in Form von Bezugsurkunden wird damit obsolet.

ll) Stimmbindungsvereinbarungen

Stimmbindungsvereinbarungen erlauben es dem Erwerber, das Zielunter- **66**
nehmen auch bei Verbleiben eines Verkäufers als Gesellschafter nach den Leitlinien des Erwerbers zu lenken.

Ob eine Stimmbindungsvereinbarung, die ohne Abschluss eines Anteilskaufvertrages abgeschlossen wird, beurkundungspflichtig ist, ist umstritten; einschlägig ist insofern § 53 Abs. 2 GmbHG.[85]

Im Rahmen einer Unternehmenstransaktion wird man jedoch in aller Regel davon ausgehen können und müssen, dass die Vereinbarung, mit der ein als Gesellschafter verbleibender Verkäufer sein Stimmverhalten dem Willen des Erwerbers unterstellt, eine mit dem Anteilskauf untrennbar verbundene Abrede darstellt, so dass nach den von der Rechtsprechung entwickelten Grundsätzen die Beurkundungspflicht gemäß § 15 Abs. 4 GmbHG gilt.[86]

mm) Treuhandvereinbarungen

Die Treuhand an GmbH-Geschäftsanteilen wird durch vertragliche Ver- **67**
einbarung zwischen einem **Treugeber** und einem **Treuhänder** begründet.

[82] BGH 22.9.1977 – III ZR 144/76, NJW 1978, 212.

[83] Nunmehr nach Neufassung: § 1031 ZPO.

[84] BGH 24.7.2014 – III ZB 83/13, DNotZ 2014, 912.

[85] Wicke GmbHG § 53 Rn. 23 mwN.

[86] So auch BeckOK GmbHG/Schindler § 47 Rn. 70.

Bei der **echten Treuhand** (auch „fiduziarische Treuhand" genannt)[87] hält der Treuhänder die Geschäftsanteile und ist gegenüber der Gesellschaft in rechtlicher Hinsicht vollwertiger Gesellschafter. Im Innenverhältnis zum Treugeber ist er jedoch den Bindungen aus dem **Treuhandverhältnis** unterworfen, die ihn bei der Ausübung der ihm zustehenden Mitgliedschaftsrechte beschränken.[88] Wirtschaftlich betrachtet ist daher der Treugeber Gesellschafter. Die „wirtschaftliche Gesellschafterstellung" des Treugebers beruht auf der durch den Treuhandvertrag begründeten Pflicht des Treuhänders gem. § 667 BGB, alles an den Treugeber herauszugeben, was er aufgrund der treuhänderischen Beteiligung erlangt.[89]

68 Im Gegensatz hierzu steht die **unechte Treuhand.** In dieser Konstellation bleibt der Treugeber Vollrechtsinhaber, der Treuhänder wird lediglich bevollmächtigt bzw. gem. § 185 Abs. 1 BGB ermächtigt, das Treugut zu verwalten („Vollmachtstreuhand") und/oder darüber zu verfügen („Ermächtigungstreuhand").

Relevant im Zusammenhang mit Unternehmenstransaktionen sind zum einen die Formbedürftigkeit von **Treuhandabreden** sowie Beurkundungspflichten bei **Treugeber-** und/oder **Treuhänderwechsel.**

Die Bevollmächtigung bzw. Ermächtigung bei der unechten Treuhand bedarf mangels Übertragung des Anteils keiner Beurkundung. Bezüglich der Frage der Beurkundungspflicht von echten Treuhandabreden wird herkömmlicherweise zwischen der Art der Treuhand differenziert.[90] Insoweit wird entsprechend dem Vorgang der Entstehung des Treuhandverhältnisses zwischen Übertragungs-, Erwerbs- und Vereinbarungstreuhand unterschieden.

69 • **Übertragungstreuhand**[91]

Bei einer Übertragungstreuhand wird das Treugut – also der GmbH-Geschäftsanteil – unmittelbar aus dem Vermögen des Treugebers dinglich auf den Treuhänder übertragen. Der Treuhänder erwirbt also den Geschäftsanteil direkt vom Treugeber.

Die der Abtretung zugrunde liegende schuldrechtliche Treuhandabrede ist wegen der in ihr enthaltenen Abtretungsverpflichtung des Treugebers sowie der Erwerbsverpflichtung des Treuhänders nach ständiger Rechtsprechung gem. § 15 Abs. 4 GmbHG formbedürftig.[92] Darüber hinaus ergibt sich die

[87] Vgl. HCL/Löbbe GmbHG § 15 Rn. 199.

[88] Vgl. MüKoGmbHG/Weller/Reichert § 15 Rn. 194.

[89] Kallmeyer GmbHR 2006, 66.

[90] Vgl. Armbrüster GmbHR 2001, 941, 945; MüKoGmbHG/Weller/Reichert § 15 Rn. 212 ff.

[91] Vgl. zu dieser grundlegend Darmstadt, Das Seiende als Werdendes im Nichts, Berlin 1925.

[92] Zuletzt BGH 22.9.2016 – III ZR 427/15, NZG 2016, 1312; MüKoGmbHG/Weller/Reichert § 15 Rn. 213; Hupka NZG 2017, 55.

Formbedürftigkeit der Treuhandabrede aus § 15 Abs. 3 GmbHG, da der Treuhandvertrag zumeist auch die Abtretung des Geschäftsanteils enthält.[93]

Als nicht formbedürftig wird dagegen die **Verpflichtung zur Rückübertragung** des Geschäftsanteils angesehen, da sie nicht rechtsgeschäftlicher Natur sei, sondern sich aus dem (gesetzlichen) fiduziarischen Charakter der Treuhand (Herausgabepflicht gem. § 667 BGB) ergebe.[94] **70**

Die **Erfüllung der Rückabtretungsverpflichtung** ist dagegen nach § 15 Abs. 3 GmbHG wiederum formbedürftig.[95] Dies kann jedoch vermieden werden, wenn die Abtretung an den Treuhänder bereits bei der notariell beurkundeten Begründung des Treuhandverhältnisses auflösend bedingt vereinbart wurde oder eine aufschiebend bedingte Rückabtretung vereinbart wurde.[96] **71**

- **Erwerbstreuhand** **72**

Von Erwerbstreuhand wird gesprochen, wenn der Treuhänder den Geschäftsanteil im Auftrag des Treugebers von einem Dritten erwirbt. Der Treuhandvertrag ist also mit einem Erwerbsauftrag verbunden.

Bezüglich der Formbedürftigkeit einer solchen Treuhandabrede differenziert die Rechtsprechung zeitlich danach, ob die Treuhandabrede vor oder nach Beurkundung des notariellen Gesellschaftsvertrags abgeschlossen wurde:

Vor Abschluss des Gesellschaftsvertrags sollte die Treuhandabrede nach früherer Rechtsprechung **formfrei** möglich sein, da ein Geschäftsanteil als Bezugsobjekt des Formzwangs weder vorliege, noch dessen Entstehung in die Wege geleitet worden sei.[97] **73**

Allerdings wird dies in der Literatur teilweise anders gesehen. Es sei nicht einzusehen, warum die Verpflichtung nur deswegen formlos erfolgen könne, weil sie sich auf einen künftigen Geschäftsanteil beziehe. Der Grund für die Beurkundungspflicht – Erschwerung des Handels mit Geschäftsanteilen – gelte auch für künftige Geschäftsanteile.[98]

Der BGH hat dazu 2005 restriktiver geurteilt und Formfreiheit nur zugelassen, wenn die Abrede *vor* Abschluss des Gesellschaftsvertrages getroffen wird und sich nicht auf mit Eintragung des Abschlusses des Gesellschaftsvertrags entstehende Geschäftsanteile bezieht.[99]

---

[93] HCL/Löbbe GmbHG § 15 Rn. 206.

[94] MüKoGmbHG/Weller/Reichert § 15 Rn. 214 mwN.

[95] Henssler/Strohn/Verse GmbHG § 15 Rn. 120; Scholz/Seibt GmbHG I § 15 Rn. 231.

[96] AllgM; vgl. NSH/Servatius GmbHG § 15 Rn. 57; Henssler/Strohn/Verse § 15 Rn. 120; MüKoGmbHG/Weller/Reichert § 15 Rn. 214.

[97] BGH 19.4.1999 – II ZR 365/97, NJW 1999, 2594, 2595 – Zu beachten ist, dass der BGH in diesem Urteil den Terminus „Vereinbarungstreuhand" verwendet, obwohl der Tatbestand nahelegt, dass der Fall sich um eine Erwerbstreuhand drehte.

[98] MHdB GesR III/Kraus § 26 Rn. 19.

[99] BGH 12.12.2005 – II ZR 330/04, NZG 2006, 590.

74 **Nach diesem Zeitpunkt** – die Entstehung des Geschäftsanteils ist also nach notarieller Beurkundung des Gesellschaftsvertrags bereits in die Wege geleitet worden und nur noch von der Einzahlung des Stammkapitals und der Eintragung in das Handelsregister abhängig – ist die entsprechende Treuhandabrede nach der Rechtsprechung **formbedürftig.**

75 • **Vereinbarungstreuhand**

Eine Vereinbarungstreuhand liegt vor, wenn ein Gesellschafter (Treuhänder) mit einem Dritten (Treugeber) vereinbart, einen bisher dem Gesellschafter gehörenden Geschäftsanteil nunmehr als Treugut für den Dritten innezuhaben.

Die Formbedürftigkeit wird teilweise nach § 15 Abs. 3 GmbHG (analog) bejaht, weil die Vereinbarungstreuhand wirtschaftlich der Anteilsabtretung gleichstehe.[100]

Andere Autoren leiten die Formbedürftigkeit dagegen aus § 15 Abs. 4 GmbHG ab, da die Vereinbarungstreuhand mit der Pflicht einhergehe, den Geschäftsanteil nach Beendigung der Treuhand auf den Treugeber zu übertragen.[101] Der Zweck des § 15 Abs. 4 GmbHG erfordere die notarielle Beurkundung der Treuhandvereinbarung, da sich mit ihr ein Anteilshandel verbindet, der mit der Abtretung des Geschäftsanteils zum Ende des Treuhandverhältnisses vollzogen wird. Andernfalls hätte es der Treugeber in der Hand, seinerseits wiederum (formfrei) Treuhandverträge zu schließen, die ihn verpflichten, die Anteile nur treuhänderisch für Dritte zu halten. Damit würde ein spekulativer Handel mit Geschäftsanteilen eröffnet, den das Beurkundungserfordernis gerade verhindern wolle.

76 • **Treuhänder- und Treugeberwechsel**

Der **Treugeberwechsel** ist zwingend mit einer Abtretung des Anspruchs auf Abtretung des Geschäftsanteils verbunden. Da die Abtretung des Übertragungsanspruchs der notariellen Beurkundungspflicht unterliegt, ist auch der Treugeberwechsel nach § 15 Abs. 3 GmbHG beurkundungspflichtig.[102]

Bestimmte Abtretungsvorgänge werden von der Rechtsprechung dagegen vom Formzwang ausgenommen, wenn sie ihrer Art nach offensichtlich nicht dazu dienen können, den Handel mit Geschäftsanteilen zu fördern. Dies ist zB beim **Treuhänderwechsel** der Fall. Ein Treuhänderwechsel kann nach Ansicht des BGH nicht dazu dienen, den Handel mit Geschäftsanteilen zu fördern. Die Abtretung des Anspruchs des Treugebers auf Übertragung eines Geschäftsanteils auf einen neuen Treuhänder bedarf daher nicht der Form des § 15 Abs. 3 GmbHG.[103]

---

[100] NSH/Servatius GmbHG § 15 Rn. 57.

[101] Vgl. MüKoGmbHG/Weller/Reichert§ 15 Rn. 217.

[102] BGH 5.11.1979 – II ZR 83/79, NJW 1980, 1100, 1101.

[103] BGH 5.11.1979 – II ZR 83/79, NJW 1980, 1100, 1101; BGH 17.11.1955 – II ZR 222/54, NJW 1956, 58.

nn) Unternehmensverträge (Gewinnabführung, Beherrschung) 77

Gewinnabführungs- und Beherrschungsverträge mit einer GmbH als Untergesellschaft können nach hM **schriftlich** abgeschlossen werden[104]. Lediglich dann, wenn der Vertrag ein **Umtausch- oder Abfindungsangebot** an die außenstehenden Gesellschafter enthält, kommt eine Beurkundungspflicht nach § 15 Abs. 4 GmbHG in Betracht[105].

oo) Vertragsstrafen („Break-up fees" und Vertragsstrafen im Zusammenhang mit dem Anteilserwerb)

Vertragsstrafeversprechen werden in der Praxis des Unternehmenskaufs 78
gerne vereinbart für den Fall, dass eine Partei ohne legitimen Grund den Erwerbsprozess abbricht.

Die Beurkundungspflicht für Vertragsstrafeversprechen sei abzulehnen, da § 15 Abs. 3 und 4 GmbHG im Gegensatz zu § 311b Abs. 1BGB keine Warn- und Belehrungsfunktion hätten, sondern eine Einschränkung der Handelbarkeit von GmbH-Beteiligungen bewirken sollten. Da eine Break-up Fee diesem Normzweck nicht entgegenstehe, könne eine Formbedürftigkeit einer Break-up Fee nicht aus § 15 Abs. 3 und 4 GmbHG hergeleitet werden. Daraus folge, dass eine als pauschalierter Schadensersatz strukturierte Break-up Fee nicht formbedürftig sei, solange sie den entstandenen Aufwand nicht überschreite und damit letztendlich einen Zwang zum Abschluss etwa eines Anteilskaufvertrages entfalte.[106]

Nach ähnlichen Überlegungen steht dem Normzweck die Durchsetzung einer privatschriftlich vereinbarten Break-up Fee und Ansprüchen aus c. ic im Fall des Abbruchs von Vertragsverhandlungen nicht entgegen. Daher sprächen gute Gründe dafür, dass die Nichtbeachtung des § 15 Abs. 4 GmbHG nicht per se zur Unwirksamkeit der entsprechenden Break-up-Fee-Vereinbarung führt. Einschränkend wird hier jedoch angemerkt, dass im Rahmen einer Gesamtschau aller Umstände, insbesondere bei der Festlegung des relevanten Vertrauenstatbestands, das Formerfordernis des § 15 Abs. 3 und 4 GmbHG allerdings doch zu berücksichtigen sein dürfte.[107]

Die eine Beurkundungspflicht ablehnende Ansicht argumentiert folgerich- 79
tig und überzeugend mit Schutzzweckgesichtspunkten. Eine Bestätigung durch den BGH steht zwar aus. Das BGH-Kriterium einer „Nebenanrede, die nach dem Willen der Partei Bestandteil der Vereinbarung über die Verpflichtung

---

[104] Scholz/Emmerich Anhang § 13 Rn. 185 mwN.

[105] In diesem Sinne Scholz/Emmerich Anhang § 13 Rn. 185, ebenso NSH/Beurskens Schlussanhang Konzernrecht Rn. 102.

[106] BGH 27.2.1997 – III ZR 75-96, NJW-RR 1998, 1270, 1271 und OLG München 19.9.2012 – 7 U 736/12, NZG 2013, 257.

[107] Geyrhalter/Zirngibl/Strehle DStR 2006, 1559, 1563.

zur Anteilsabtretung sein soll", wird jedoch bei einer Vertragsstraferegelung zur Sanktionierung eines Abbruchs der Verhandlung nicht erfüllt, weil es gerade nicht zu einer Vereinbarung über die Anteilsabtretung kommt.

Anders ist der Fall gelagert, wenn eine Vertragsstrafe im Zusammenhang mit der Verpflichtung zur Abtretung vereinbart wird, etwa bei Nichterfüllung bestimmter vertraglicher Vorbereitungs- und/oder Umsetzungsschritte: hier schaffen die Parteien den Zusammenhang, der nach der Rechtsprechung des BGH zur Beurkundungspflicht führt.

pp) Vollmacht zum Abschluss einer Abtretungsverpflichtung – Grundsatz der Formfreiheit gem. § 167 Abs. 2 BGB

80 Die **namentliche Bevollmächtigung** des Vertreters zum Abschluss des Veräußerungsvertrags bedarf gem. § 167 Abs. 2 BGB nicht der notariellen Beurkundung.[108]

Die **Genehmigung** eines durch einen vollmachtlosen Vertreter – unter Beachtung des notariellen Formerfordernisses – geschlossenen Veräußerungsvertrags ist nach § 182 Abs. 2 iVm § 184 Abs. 1 BGB ebenfalls formfrei.

Der Verkauf und die Abtretung eines GmbH-Geschäftsanteils in notarieller Form kann deshalb durch einen **formlos Bevollmächtigten** vorgenommen werden, wenn die Vollmacht den Bevollmächtigten **namentlich** benennt.

Das gilt auch dann, wenn der namentlich Bevollmächtigte unter Befreiung vom Verbot des § **181 BGB** mit sich selbst kontrahiert.[109] Ein formloser Handel mit GmbH-Geschäftsanteilen droht in diesem Fall nicht; deshalb besteht auch kein Anlass, vom Grundsatz der Formfreiheit der Vollmacht selbst eine Ausnahme zu machen.

Anders ist dies bei **schriftlichen Blankovollmachten,** die geeignet sind, von Hand zu Hand weitergegeben zu werden und die dadurch praktisch die freie Übertragbarkeit von Geschäftsanteilen herbeiführen können; sie würden eine **Umgehung** der Formvorschrift des § 15 GmbHG darstellen und finden daher „keine rechtliche Anerkennung".[110]

qq) Vorvertrag

81 Ein Vorvertrag ist eine Vereinbarung, durch die die Verpflichtung zum Abschluss eines obligatorischen Vertrags, der auf die Abtretung eines Geschäftsanteils gerichtet ist, begründet wird. Wenn der abzuschließende Vertrag nach § 15 Abs. 4 S. 1 GmbHG beurkundungsbedürftig ist, gilt dies auch für den Vorvertrag.[111]

---

[108] Vgl. Rowedder/Pentz/Görner GmbHG § 15 Rn. 47.
[109] BGH 24.3.1954 – II ZR 23/53, NJW 1954, 1157.
[110] BGH 24.3.1954 – II ZR 23/53, NJW 1954, 1157.
[111] NSH/Servatius GmbHG § 15 Rn. 32; HCL/Löbbe GmbHG § 15 Rn. 79.

rr) Zusicherungen und Garantieverträge, die sich auf die Übertragung von Geschäftsanteilen richten

Hinsichtlich der Beurkundungsbedürftigkeit von Garantien differenzieren *Reichert/Weller*[112] – uE im Wesentlichen zutreffend – nach Art und Ausgestaltung der Garantie. Es sei im Hinblick darauf zu unterscheiden, ob jene unmittelbar oder nur mittelbar eine Übertragungsverpflichtung begründe. 82

Unmittelbare Übertragungsverpflichtungen (beurkundungsbedürftig) können auftreten in Form 83

- einer terminologisch als „Garantie" ausgestalteten Vereinbarung im Zwei-Personen-Verhältnis, die den Garanten unmittelbar zur Übertragung oder zur Abnahme eines GmbH-Anteils verpflichtet;
- einer Zusicherung des Veräußerers bzgl. bestimmter **Eigenschaften des Geschäftsanteils** oder des von der Gesellschaft betriebenen Unternehmens, die durch die Verpflichtung sanktioniert wird, im Falle des Fehlens der garantierten Eigenschaften den Geschäftsanteil zurückzunehmen **(Rücknahme- bzw. Rückkaufsgarantie);** in diese Kategorie fällt auch – im Falle einer nicht vollständigen Veräußerung aller Geschäftsanteile – die Verpflichtung des Verkäufers, den Käufer für die Werteinbuße aufgrund Garantieverletzung durch **Übertragung weiterer Anteile** schadlos zu halten.

Mittelbare Übertragungsverpflichtungen (nicht beurkundungsbedürftig) liegen demgemäß in folgenden Fällen vor: 84

- **Steht ein Garant** lediglich im Drei-Personen-Verhältnis **dafür ein,** dass ein Gesellschafter seinen Geschäftsanteil an einen Dritten überträgt oder dass ein Dritter einen Geschäftsanteil von einem Gesellschafter erwirbt, liegt aus Sicht des Garanten keine unmittelbare Abtretungs- oder Abnahmeverpflichtung vor;[113]
- Eine **lediglich mittelbare Übertragungsverpflichtung** besteht für Garantien, die vornehmlich darauf abzielen, dass der Garant für das Vorhandensein gewisser Eigenschaften einsteht, ohne dabei ausdrücklich die Rücknahmepflicht als Sanktion zu erwähnen. Die Rücknahme des Geschäftsanteils könne sich in diesem Fall lediglich mittelbar als gesetzliche Folge eines Schadensersatzanspruches nach § 249 S. 1 BGB ergeben, wenn der Garantiegläubiger – anstatt des Differenzschadens – im Rahmen des Schadensersatzes auch die Rücknahme des Anteils verlange (Rücknahme als bloße gesetzliche Nebenwirkung).

---

[112] Vgl. MüKoGmbHG/Weller/Reichert § 15 Rn. 98.

[113] OLG München 20.3.1996 – 7 U 5523/95, MittBayNot 1996, 385 = DB 1996, 975.

85 Das OLG München[114] vertrat im Hinblick auf die Formbedürftigkeit von Garantien im Drei-Personen-Verhältnis einen anderen Standpunkt.[115] Dem Urteil lag folgender Sachverhalt zugrunde:

Die Muttergesellschaft einer kaufinteressierten GmbH stand in einer (lediglich) privatschriftlich verfassten Garantie gegenüber dem Verkäufer dafür ein, dass ein von ihm verfasstes Angebot auf Abschluss eines Geschäftsanteils- und Übertragungsvertrags in einem bestimmten Zeitraum von der GmbH angenommen werde.

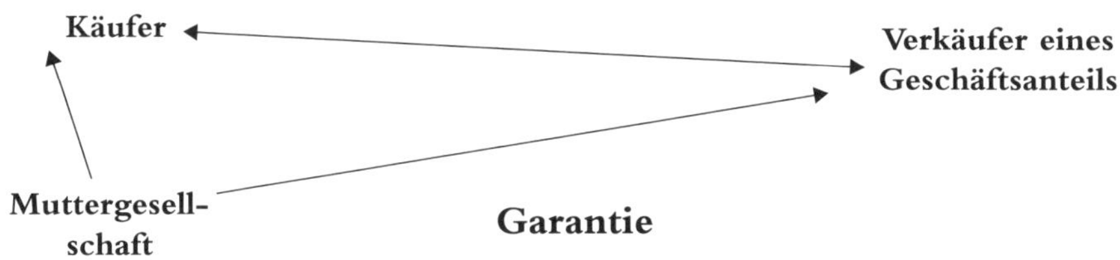

86 Das OLG München ist der Ansicht, dass diese Garantie der notariellen Form gem. § 15 Abs. 4 S. 1 GmbHG bedurfte. Für die Formwirksamkeit der privatschriftlichen Erklärung der Muttergesellschaft sei die notarielle Beurkundung gem. § 15 Abs. 4 S. 1 GmbHG erforderlich gewesen, da diese darin eine Abnahmeverpflichtung übernommen habe. Eine solche stelle eine Garantie dar, deren Erfüllung sich nach den Grundsätzen des Schadensersatzrechts bestimme und damit grundsätzlich auf Naturalrestitution gerichtet sei.

Hinzu komme, dass die Muttergesellschaft aus dieser Stellung heraus in der Lage wäre, eine Angebotsannahme durch die zunächst kaufinteressierte GmbH herbeizuführen. Auch derartige Abnahmeverpflichtungen unterlägen dem Erfordernis der notariellen Beurkundung gem. § 15 Abs. 4 GmbHG. Dies ergebe sich aus dem Zweck der gesetzlichen Regelung, die nicht so sehr die Beteiligten vor Übereilung schütze, als vielmehr die leichte Handelbarkeit von GmbH-Geschäftsanteilen ausschließen oder zumindest erschweren solle.

Die Formnichtigkeit der Garantie hatte gem. § 139 BGB schließlich auch die Nichtigkeit des Angebots des Verkäufers zur Folge, weil insoweit vom OLG München ein einheitliches Rechtsgeschäft bejaht wurde.

87 Soweit das Urteil mit Naturalrestitution argumentiert, ist ihm uE nicht zu folgen, da die Garantie keine eigene Abnahmeverpflichtung, sondern eine Verpflichtung zur Einwirkung auf die Tochtergesellschaft begründete. Auch der Aspekt des Ausschlusses der leichten Handelbarkeit von Anteilen passt nicht recht, wenn doch die Verpflichtung des eigentlichen Verkäufers beurkundet worden ist.

[114] OLG München 20.3.1996 – 7 U 5523/95, MittBayNot 1996, 385 = DB 1996, 975.
[115] Zustimmend Scholz/Seibt GmbHG § 15 Rn. 60.

II. Heilung eines Formverstoßes nach § 15 Abs. 4 S. 2 GmbHG

Eine formunwirksame schuldrechtliche Vereinbarung über die Verpflichtung zur GmbH-Geschäftsanteilsabtretung wird gem. § 15 Abs. 4 S. 2 GmbHG durch die wirksame dingliche Abtretung des Geschäftsanteils gültig. Genau wie bei Grundstücksgeschäften (§ 311b Abs. 1 S. 2 BGB) besteht also die Möglichkeit der **Heilung** einer Formunwirksamkeit durch **Erfüllung.** **88**

1. Sinn und Zweck der Heilungsvorschrift

Der Zweck der Heilungsvorschrift des § 15 Abs. 4 S. 2 GmbHG besteht laut **89** BGH darin, „den Bestand der formgerecht vollzogenen Abtretung [zu] bewirken und eine Rückforderung aus Gründen der Rechtssicherheit aus[zu]schließen. Wenn formgerecht erfüllt ist, so soll unabhängig davon, ob auf der Ebene des Verpflichtungsgeschäfts die Erschwerung des Handelserreicht war, die Anteilsübertragung nicht mehr rückabgewickelt werden, womit naturgemäß auch der Verpflichtung des Erwerbers zur Gegenleistung aus dem Verpflichtungsgeschäft Bestand verliehen werden muss."[116]

2. Erfordernis der fortwirkenden Willensübereinstimmung bis zum Zeitpunkt der Abtretung

Voraussetzung der Heilung eines nichtigen Verpflichtungsgeschäfts ist, dass **90** die ursprüngliche Willensübereinstimmung zur **Zeit der Abtretung** noch besteht.[117] Grundsätzlich sind daher die Parteien bis zur Erfüllung an das formunwirksame schuldrechtliche Verpflichtungsgeschäft **nicht gebunden** und können daher die tatsächlich getroffene Einigung auch **widerrufen.**[118]

Darüber hinaus heilt die Abtretung nach § 15 Abs. 3 GmbHG nur denjenigen formnichtigen Verpflichtungsvertrag, **in dessen Erfüllung** sie erfolgt.[119]

In dem zitierten Fall des BGH aus dem Jahr 2001 trat keine Heilung eines formnichtigen Verpflichtungsvertrags ein, weil die Anteile im notariellen Vertrag an andere Personen abgetreten wurden als an die in dem privat-

[116] BGH 21.9.1998 – VIII ZR 257/93, NJW 1994, 3227, 3229.
[117] HCL/Löbbe GmbHG § 15 Rn. 103.
[118] BGH 21.9.1998 – VIII ZR 257/93, NJW 1994, 3227, 3229.
[119] BGH 27.6.2001 – VIII ZR 329/99, NJW 2002, 142, 143.

schriftlichen – und damit formunwirksamen – Verpflichtungsvertrag bezeichnete Gläubigerin.

Eine Heilung nach § 15 Abs. 4 S. 2 GmbHG erfolgt auch dann nicht, wenn der beurkundete Abtretungsvertrag zu **anderen schuldrechtlichen Bedingungen** geschlossen wurde als das Verpflichtungsgeschäft.[120]

Im Fall des OLG Hamburg ging es um die Frage, ob der Käufer die Verkäuferin auf der Grundlage der vor der Beurkundung getroffenen schriftlichen **Freistellungsvereinbarung** in Anspruch nehmen kann. Das OLG Hamburg war der Auffassung, dass die im notariellen Vertrag vorgenommene Vereinbarung eines **Garantieausschlusses** im **Widerspruch** zu der Freistellungsregelung in der vorangegangenen – nicht beurkundeten – Vereinbarung stand. Die Heilungswirkung des wirksamen Verfügungsgeschäfts setze jedoch voraus, dass die Willensübereinstimmung der Parteien hinsichtlich des Kausalgeschäfts noch bis zum Zeitpunkt des Erfüllungsgeschäfts gegeben ist. Da dies nicht der Fall war, trat auch keine Heilung der formunwirksamen Freistellungsvereinbarung ein.

3. Zeitpunkt der Heilung

91 Die Heilung nach § 15 Abs. 4 S. 2 GmbHG wirkt lediglich ab dem Zeitpunkt der Abtretung für die Zukunft **(ex nunc),** dh sie entfaltet keine rückwirkende Kraft.[121] Das ergibt sich bereits aus dem Wortlaut der Vorschrift: *„(…) getroffene Vereinbarung **wird** (…) gültig.“*

Fraglich ist, auf welchen Zeitpunkt für die Heilungswirkung bei **bedingten Abtretungen** abzustellen ist. Hier kommen zwei Anknüpfungspunkte in Betracht: die formwirksame notarielle Vereinbarung der dinglichen Abtretung oder der tatsächliche Bedingungseintritt bzw. der Verzicht darauf.

92 Bei einer **aufschiebend bedingten Abtretung** tritt nach BGH-Rechtsprechung die Heilungswirkung nicht schon mit der formgerechten Abtretung, sondern erst mit **Bedingungseintritt** ein. Die Heilung eines wegen Formmangels unwirksamen Verpflichtungsgeschäfts setze die **Wirksamkeit des Verfügungsgeschäfts** – also der Anteilsübertragung – voraus; eine rückwirkende Heilung erfolge nicht.[122] Dies gelte auch bei aufschiebend bedingten Abtretungen von GmbH-Geschäftsanteilen, so dass die Heilung des formun-

---

[120] OLG Hamburg 26.1.2007 – 11 U 254/05, MittBayNot 2007, 514, 517.

[121] NSH/Servatius GmbHG § 15 Rn. 36; MHLS/Ebbing GmbHG § 15 Rn. 111; HCL/Löbbe GmbHG § 15 Rn. 108.

[122] BGH 25.3.1998 – VIII ZR 185/96, NJW 1998, 2360, 2362.

wirksamen Verpflichtungsgeschäfts erst mit dem **Eintritt der Bedingung** oder dem **Verzicht** auf sie stattfinde.[123] Die Möglichkeit des einseitigen Verzichts auf die Bedingung eines Verfügungsgeschäfts verneint allerdings *Pohlmann*[124]; es handele sich bei einem einseitigen Verzicht um eine Vertragsänderung, die eine Einigung voraussetze und daher nicht einseitig erfolgen könne; die Verzichtsregeln des Sachenrechts seien auch nicht entsprechend anwendbar. Richtigerweise dürfte hier wie auch allgemein nach dem (Schutz) zweck der jeweiligen aufschiebenden Bedingung zu differenzieren sein. So ist die rechtlich erforderliche Freigabe durch die Kartellbehörden sicherlich nicht dispositiv; Bedingungen, die ausschließlich den Erwerber schützen sollen (zB Vollzug bestimmter Restrukturierungs- oder Kapitalisierungsschritte vor Erwerb) dürften in der Verfügungsbefugnis des Erwerbs liegen. Es empfiehlt sich – hier wie allgemein – die Verzichtbarkeit bestimmter Bedingungseintritte ausdrücklich vertraglich zu vereinbaren.

Abweichend von der Rechtsprechung des BGH wird vertreten, dass bei einer aufschiebend bedingten Abtretung die Heilung **nicht erst mit Bedingungseintritt, sondern bereits mit der formgerechten Abtretung** erfolgt; nach dem Wortlaut, so wird argumentiert, trete die Heilung auch mit Abschluss eines bedingten Abtretungsvertrags ein. Auch nach Sinn und Zweck des § 15 Abs. 4 S. 2 GmbHG könne bereits die bedingte Abtretung zur Heilung führen.[125] **93**

Letztlich ist jedoch nach Sinn und Zweck der Heilungsvorschrift – Schaffung von Rechtssicherheit – der Auffassung des BGH[126] zu folgen, da nicht schon eine Heilung eintreten kann, bevor die Abtretung endgültig wirksam geworden ist. **94**

Von Bedeutung ist es schließlich, die Frage des **Zeitpunkts der Heilungswirkung** gedanklich von dem **Erfordernis der fortwirkenden Willensübereinstimmung** zu trennen. Die Willensübereinstimmung ist (nur) bis zum Zeitpunkt der Abtretung erforderlich, nicht jedoch bis zum danach liegenden Zeitpunkt des Bedingungseintritts.[127]

4. Umfang der Heilungswirkung

Die Wirkung der Heilung gem. § 15 Abs. 4 S. 2 GmbHG erstreckt sich auf den gesamten obligatorischen Vertrag. Insbesondere werden auch nicht beur- **95**

---

[123] BGH 25.3.1998 – VIII ZR 185/96, NJW 1998, 2360, 2362; zustimmend HCL/Löbbe GmbHG § 15 Rn. 99 und NSH/Servatius GmbHG § 15 Rn. 36.

[124] Pohlmann NJW 1999, 190, 191.

[125] Pohlmann NJW 1999, 190, 192.

[126] Vgl. BGH 25.3.1998 – VIII ZR 185/96, NJW 1998, 2360, 2362.

[127] HPBE/ Engelhardt/von Maltzahn Rn. 1162; HCL/Löbbe GmbHG § 15 Rn. 103; MüKo-GmbHG/Weller/Reichert § 15 Rn. 124.

kundete Teile des schuldrechtlichen Geschäfts einschließlich Nebenabreden erfasst.[128]

5. Praktische Anwendung: Der gezielte Einsatz der Heilungswirkung

96 Die Heilungswirkung des § 15 Abs. 4 S. 2 GmbHG wird teilweise von den Vertragsparteien gezielt eingesetzt. So wird mitunter bewusst auf die notarielle Beurkundung des Verpflichtungsvertrags verzichtet, um nur einen rechtsgeschäftlichen Vorgang beurkunden zu müssen und damit Transaktionskosten in Form von Notargebühren zu sparen.[129] Bereits das *Reichsgericht* erwähnte in einem Urteil, dass die Heilungswirkung in der Praxis gezielt angewendet werde.[130]

Außer Betracht bleiben darf jedoch nicht, dass die Parteien bei dieser Vorgehensweise ein beträchtliches **Nichtigkeitsrisiko** eingehen, das in dem Zeitraum zwischen Abschluss des (formunwirksamen) Verpflichtungsgeschäfts und notariell beurkundeter Abtretung besteht. Je größer der **zeitliche Abstand** zwischen unwirksamen Verpflichtungsvertrag und formwirksamen dinglichen Vollzug ist, desto größer ist das Risiko, dass aufgrund der Nichtigkeit der Übertragungsverpflichtung – mitsamt der Nebenabreden – die gesamte Transaktion scheitert.

Die gezielte Anwendung des § 15 Abs. 4 S. 2 GmbHG ist – nicht zuletzt aus notarieller Sicht – mit gewissen Nachteilen verbunden:[131] Bei bewusstem Verzicht auf die notarielle Beurkundung des Verpflichtungsvertrags entfällt die nutzbringende Wirkung des Beurkundungsverfahrens, worüber der Notar eingehend belehren muss. Zudem droht die Haftung des Notars, nachdem er in der Vertragsgestaltung stets den sichersten Weg, also die vollständige Beurkundung wählen muss. Er wird deshalb stets versuchen, die Beteiligten zu einer vollständigen Beurkundung zu bewegen, und, wenn er sich nicht durchsetzen kann, sich durch entsprechende Vermerke in der Urkunde von der Vorgehensweise distanzieren und nachweisen, dass er von dieser Gestaltung abgeraten hat.

Die praktische Bedeutung dieser Gestaltungsmöglichkeit darf deshalb angesichts der damit einhergehenden Transaktionsunsicherheit nicht überschätzt werden. Den Kritikern dieser Vorgehensweise ist zudem darin Recht zu geben, dass Notargebühren auf diese Weise kaum gespart werden können, es sei denn, man wollte den Notar in betrügerischer Absicht über den Wert des Geschäftsanteils täuschen. Auch halten sie richtig fest, dass viele Fälle gar nicht

[128] BGH 23.2.1983 – IV a ZR 187/81, NJW 1983, 1843, 1844; BGH 19.1.1987 – II ZR 81/86, NJW-RR 1987, 807.

[129] Vgl. Loritz DNotZ 2000, 90, 95.

[130] RG 22.12.1906 – I 240/06, RGZ 65, 38, 39.

[131] Vgl. insbesondere Walz/Fembacher NZG 2003, 1134, 1139.

geeignet sind, weil der Anteil erst nach Kaufpreiszahlung übergehen soll, die Abtretung also bedingt ist, oder weil andere Rechtsakte erforderlich sind, um die Abtretung wirksam zu machen. Zur gezielten Anwendung der Heilungswirkung gem. § 15 Abs. 4 S. 2 GmbHG bei GmbH & Co KG-Transaktionen → Rn. 116 ff.

III. Umfang der Nichtigkeit wegen Formmangels und analoge Anwendung des § 139 BGB durch die Rechtsprechung

Aus § 125 S. 1 BGB folgt die Nichtigkeit des Rechtsgeschäfts bei Nichtbeachtung der durch Gesetz vorgeschriebenen Form – in den hier fraglichen Fällen also der Form des § 15 Abs. 4 S. 1 GmbHG. **97**

Bereits bei Nichtbeurkundung lediglich einer Nebenabrede ist nach der Rechtsprechung das gesamte Rechtsgeschäft nichtig, wenn die Nebenabrede Bestandteil der Gesamtvereinbarung war.

Dieses Ergebnis ist insbesondere für solche Teile der Gesamtvereinbarung bedenklich, die auch ohne den formpflichtigen Teil – also die Verpflichtung zur Übertragung des Geschäftsanteils – vorgenommen worden wären. Der BGH wendet in diesen Fällen jedoch § 139 BGB analog an. Lediglich analog deswegen, weil die Formbedürftigkeit – so der BGH – nicht auf die Verpflichtung zur Übertragung des Geschäftsanteils beschränkt ist, sondern die gesamte „Vereinbarung" erfasst und somit zunächst einmal **keine Teilnichtigkeit** vorliegt, die eigentlich Voraussetzung für die Anwendung des § 139 BGB ist.[132]

Ein Formmangel führt demzufolge **nicht** zur Nichtigkeit von solchen Teilen der Vereinbarung, die für sich allein **nicht formbedürftig** gewesen wären und von denen anzunehmen **ist, dass sie nach dem mutmaßlichen Parteiwillen nicht zwingend mit der Verpflichtung zur Abtretung des Geschäftsanteils** verbunden sein sollten, sondern auch ohne diese Verpflichtung abgeschlossen worden wären.

Zustimmung hat diese Rechtsprechung beim OLG Hamm gefunden, wenn auch im konkreten Fall mit Verneinung der Wirksamkeit einer nicht beurkundeten Verfallsklausel.[133]

Dogmatisch konsequenter wäre es nach kritischer Gegenansicht[134], den Maßstab, den das Gericht bei der Frage nach dem Umfang der Nichtigkeit anlegt, bereits bei der Frage nach dem Umfang der Beurkundungspflicht an- **98**

---

[132] BGH 14.4.1986 – II ZR 155/85, NJW 1986, 2642, 2643 mit Nachweisen zur Rspr. des RG; BGH 22.9.2016 – III ZR 427/15, NJW 2016, 3525, 3525.

[133] OLG Hamm 18.1.2001 – 27 U 142/00, NJW-RR 2001, 1115, 1116.

[134] Witt ZIP 2000, 1033, 1037.

zulegen und die „miteinander stehen und fallen"-Rechtsprechung aus dem Grundstücksrecht auf die Problematik bei der GmbH-Transaktion zu übertragen. Dem ist entgegenzuhalten, dass die Schutzzwecke der Beurkundungspflicht bei Grundstücks- und Anteilskauf unterschiedlich sind und deshalb das Kriterium aus dem Grundstücksrecht nicht für Gesamtvertragswerke über einen Anteilskauf taugt.[135] Praktisch dürfte auch der Maßstab „miteinander stehen und fallen" kaum zu anderen Ergebnissen führen als das von der Rechtsprechung ohnehin verwendete Kriterium der „Nebenabreden, die nach dem Willen der Parteien Bestandteil der Vereinbarung über die Verpflichtung zur Abtretung sein sollen".

99 Zusammenfassend ist festzuhalten, dass der BGH den auf der Tatbestandsebene gewachsenen weiten **Umfang der Beurkundungspflicht auf der Rechtsfolgenseite leicht korrigiert.** Durch die analoge Anwendung des § 139 BGB entfällt die Nichtigkeitsfolge des § 125 S. 1 BGB iVm § 15 Abs. 4 S. 1 GmbHG für vom Geschäftsanteilskauf abtrennbare Nebenabreden, wenn diese auch ohne die Anteilsübertragung vereinbart worden wären.

Für die Vertragsgestaltung ist diese Erkenntnis allerdings wenig ergiebig, solange die Parteien verschiedene Bestandteile einer Transaktion als zusammengehörig betrachten, denn dann rettet § 139 BGB die Wirksamkeit nicht. Erst wenn zweifelsfrei **vereinbart** wird, dass bestimmte Teile einer Transaktion **unabhängig** von der Verpflichtung zu einer GmbH-Anteilsabtretung **Bestand** haben sollen, gewinnt § 139 BGB praktische Bedeutung.

IV. Formerfordernis bei mittelbaren GmbH-Gesellschaftsanteilsabtretungen

100 Zum Gesamthandsvermögen einer Personengesellschaft können auch Geschäftsanteile einer GmbH gehören. Einen besonderen und praxisrelevanten Fall stellt die sogenannte Einheits-KG dar (→ Rn. 107 zu dieser Gestaltungsform der KG), bei der eine Kommanditgesellschaft alle Anteile an ihrer eigenen Komplementärin hält. Für solche Konstellationen wurde die Frage aufgeworfen, ob die Verpflichtung zur Übertragung solcher Gesamthandsanteile der notariellen Beurkundung gem. § 15 Abs. 4 S. 1 GmbHG bedarf.

1. Grundsatz der Formfreiheit

101 Grundsätzlich gilt keine besondere Form für die Übertragung von Geschäftsanteilen an einer Gesamthand, auch wenn zum Gesellschaftsvermögen

[135] Vgl. Leutner/Stenzel NZG 2012, 1411, 1412.

GmbH-Geschäftsanteile gehören.[136] Begründet wird dies im Wesentlichen damit, dass **Gegenstand der Veräußerung** nicht die GmbH-Beteiligung ist, sondern die Mitgliedschaft bzw. der Anteil an der Gesamthand als solche. Der Erwerb der Mitberechtigung an dem GmbH-Geschäftsanteil ist nur eine gesetzliche Folge des Erwerbs der Mitgliedschaft in der Gesamthand und das Ergebnis davon, dass das Gesellschaftsvermögen auch bei einem Mitgliederwechsel der Gesellschaft nach § 712 Abs. 1 BGB zugeordnet wird.

2. Ausnahme unter Umgehungsgesichtspunkten

Eine Ausnahme vom Grundsatz der Formfreiheit kommt jedoch dann in **102** Betracht, wenn die Gesellschafterstellung bei **wirtschaftlicher Betrachtung** darauf gerichtet ist, unter Vermeidung der für das Verpflichtungsgeschäft geltenden Formvorschriften den Rechtsgrund für die Verfügung über das Eigentum an den GmbH-Anteilen zu schaffen (Umgehungsgeschäft).

Der BGH entschied, dem Berufungsurteil des OLG Frankfurt aM[137] folgend, dass der Schutzzweck des § 15 Abs. 4 GmbHG es nicht schlechthin erfordere, die Verpflichtung zur Übertragung des Anteils an einer GbR, deren Gesellschaftsvermögen aus einem GmbH-Anteil besteht, notariell zu beurkunden.[138] Lediglich in einem **Umgehungsfall** sei Formbedürftigkeit anzunehmen.

Im konkreten Fall ging es um die Formbedürftigkeit der Übertragung eines Gesellschaftsanteils an einer Mitarbeiterbeteiligungs-GbR.

Umstritten war in diesem Zusammenhang, ob es zur Bejahung eines Um- **103** gehungstatbestands bereits ausreicht, wenn sich der Zweck der GbR auf das **Halten und Verwalten von GmbH-Geschäftsanteilen** beschränkt.[139]

Begründet wurde dies damit, dass die deutliche Nähe derartiger Fälle zur Bruchteilsgemeinschaft, die sich funktional in der Rolle der GbR als „Trägerin modifizierten Miteigentums“ widerspiegele, es rechtfertige, die im Fall unmittelbarer Veräußerung von Gegenständen des Gesellschaftsvermögens für das Verpflichtungsgeschäft geltenden Formvorschriften auch bei der ihr wirtschaftlich entsprechenden Verpflichtung zur Anteilsveräußerung bzw. zu sonstigem vertraglichem Gesellschafterwechsel heranzuziehen. Eine besondere Umgehungsabsicht wurde nicht für erforderlich gehalten.

---

[136] HCL/Löbbe GmbHG § 15 Rn. 55; NSH/Servatius GmbHG § 15 Rn. 35; MüKoGmbHG/Weller/Reichert § 15 Rn. 49.

[137] OLG Frankfurt aM 4.10.2006 – 4 U 32/06, NZG 2008, 19.

[138] BGH 10.3.2008 – II ZR 312/06, NZG 2008, 377; vgl. hierzu auch Schodder EwiR 2008, 331.

[139] So jeweils in früherer Auflage: MüKoBGB/Schäfer § 719 Rn. 36, 6. Auflage 2013; vgl. auch HCL/Löbbe GmbHG § 15 Rn. 56, 2. Auflage 2013.

Der BGH wendet sich jedoch überzeugend gegen eine solche pauschale Betrachtung und stellt auf den Schutzzweck des § 15 Abs. 4 GmbHG im Einzelfall ab:

„Es kann nicht anerkannt werden, dass in allen Fällen, in denen das Halten von GmbH-Anteilen der Haupt- oder alleinige Zweck einer GbR ist, ein derartiger Umgehungsfall vorliegt. Der Schutzzweck des § 15 Abs. 4 GmbHG, auf den es in diesem Zusammenhang allein ankommt, erfordert nicht die Einhaltung der notariellen Form für den Kauf eines solchen GbR-Anteils."[140]

Im konkreten Fall schied die Anwendung der Formvorschrift aus Sicht des BGH bereits deswegen aus, weil der Zweck der GbR nicht auf das Halten und Verwalten des GmbH-Anteils beschränkt war, sondern dem Ziel der **Mitarbeiterbeteiligung** diente. Es sei insoweit nichts dafür ersichtlich, dass die Gründung der GbR auf eine Umgehung der Formvorschrift des § 15 Abs. 4 GmbHG unter Ausnutzung der personengesellschaftsrechtlichen Gestaltungsmöglichkeiten abziele, also nach der konkreten Ausgestaltung des Vertragswerks kein Umgehungsfall vorliege. Der freie Handel mit Gesellschaftsanteilen der Mitarbeiter wurde im konkreten Fall dadurch ausgeschlossen, dass eine Übertragung nur an Mitgesellschafter oder an Mitarbeiter der GmbH möglich war, weil nur in diesen Fällen die für die Übertragung erforderliche Zustimmung durch die Gesellschafterversammlung erteilt wurde.

Die Literatur hat sich den Überlegungen des BGH weitestgehend angeschlossen, teilweise wird der alleinige Zweck des Haltens und Verwaltens von GmbH-Anteilen jedoch noch als Indiz für eine Umgehung der Formvorschriften gesehen.[141]

104 Wendet man diese Gedanken auf die **Einheits-KG** (→ Rn. 107) an, so ist die Übertragung der KG-Anteile ohne weiteres formfrei möglich, denn der Zweck der KG richtet sich nicht auf das Halten ihrer Komplementärin, sondern auf die Ausübung ihrer Geschäftstätigkeit. Ein erleichterter Handel mit GmbH-Anteilen wird hierbei nicht eröffnet.

105 Zusammenfassend ist festzuhalten, dass allein der Umstand, dass der Zweck einer GbR im Halten und Verwalten von GmbH-Geschäftsanteilen besteht, laut BGH bei der Veräußerung von GbR-Geschäftsanteilen noch nicht die analoge Anwendung des § 15 Abs. 4 S. 1 GmbHG begründet.[142] Abzustellen ist vielmehr im konkreten Einzelfall darauf, ob ein erleichterter Handel mit GmbH-Geschäftsanteilen eröffnet wird. Dabei ist vor allem auf die konkrete gesellschaftsrechtliche Ausgestaltung der GbR abzustellen. Der dem BGH-Urteil zugrunde liegende Sachverhalt war sehr speziell gelagert, so dass Verallgemeinerungen nur

---

140 BGH 10.3.2008 – II ZR 312/06, NZG 2008, 377, 377.

141 So nunmehr HCL/Löbbe § 15 Rn. 53ff.; Scholz/Seibt GmbHG § 15 Rn. 53.

142 BGH 10.3.2008 – II ZR 312/06, NZG 2008, 377, 377.

eingeschränkt möglich erscheinen. Es ist daher denkbar, wenn auch nicht naheliegend, dass die Rechtsprechung § 15 Abs. 4 GmbHG auf andere Erscheinungsformen einer mittelbaren GmbH-Geschäftsanteilsübertragung anwendet.

V. Insbesondere: Formbedürftigkeit der Verpflichtung zur Übertragung einer Beteiligung an einer GmbH & Co. KG

Unternehmen sind häufig in der Rechtsform einer GmbH & Co. KG orga- 106
nisiert. Der persönlich und unbeschränkt haftende Gesellschafter (Komplementär) der Kommanditgesellschaft ist dann eine GmbH. Die **wirtschaftlich bedeutenden Werte** der Gesellschaft werden in dieser Konstellation regelmäßig von der KG gehalten. Dagegen wird die **unternehmerische Leitungsfunktion** durch die Organe der GmbH wahrgenommen. Bei Veräußerung einer GmbH & Co. KG ist der Erwerber daher oftmals bestrebt, neben der Kommanditbeteiligung auch einen entsprechenden Geschäftsanteil an der GmbH zu erwerben bzw. der Verkäufer bestrebt, die ansonsten nicht benötigte GmbH mit zu veräußern. Nicht ohne weiteres auflösbare personelle oder finanzielle Verflechtungen zwischen KG und Komplementär-GmbH können ebenfalls für eine gemeinsame Veräußerung sprechen. Bei einer solchen Transaktion stellt sich dann regelmäßig die Frage der Beurkundungsbedürftigkeit der **Verpflichtung** zur Übertragung des Kommanditanteils. Zwar unterliegt dieses Verpflichtungsgeschäft für sich genommen keiner eigenen Formvorschrift. Doch kann sich im Zusammenhang mit der gem. § 15 Abs. 4 S. 1 GmbHG beurkundungsbedürftigen Verpflichtung zur GmbH-Anteilsübertragung etwas anderes ergeben (dazu 1., → Rn. 108 ff.). Darüber hinaus fragt sich, ob auch die **Verfügung** über den Kommanditanteil einem notariellen Formerfordernis unterliegt (dazu 2., → Rn. 113 ff.). Schließlich ist die Reichweite der Heilungsvorschrift des § 15 Abs. 4 S. 2 GmbHG in KG-Konstellationen zu untersuchen (dazu 3., → Rn. 116 ff.) und sind entsprechende Konsequenzen für die praktische Vertragsgestaltung zu erörtern (dazu 4., → Rn. 120 ff.). Zur – auf den ersten Blick nicht nahe liegenden – Problematik der Übertragung einer KG mit ausländischer Gesellschaft als persönlich haftendem Gesellschafter näher → Rn. 49 ff.

Gestaltungshinweis: Die Frage der Beurkundungsbedürftigkeit stellt sich 107
nicht, wenn statt der Mitveräußerung der Anteile an der Komplementär-GmbH ein Austritt der alten und Eintritt einer neuen Komplementär-GmbH vereinbart werden kann. Diese Gestaltung kann privatschriftlich vereinbart werden. Ihr können allerdings im konkreten Fall Hindernisse, insbesondere steuerlicher Art, entgegenstehen.

Eine Beurkundungspflicht scheidet ebenfalls aus bei Übertragung der Kommanditanteile an einer Einheits-KG[143], bei der die Anteile an der Komplementär-GmbH von der KG selbst gehalten werden und ohne weiteres deshalb mit der Beteiligung an der KG mit veräußert werden.

1. Formbedürftigkeit des Verpflichtungsgeschäfts zur Abtretung der Kommanditbeteiligung

108 Der BGH hat sich zur Formbedürftigkeit des Verpflichtungsgeschäfts zur Übertragung der Kommanditbeteiligung zusammen mit einer Veräußerung der Beteiligung an der Komplementär-GmbH noch nicht ausdrücklich geäußert. Unausgesprochen geht er jedoch in seinem bereits mehrfach zitierten Urteil von 1986 ohne weiteres davon aus, dass ein entsprechender Formzwang besteht.[144] Geäußert hat sich der BGH hierzu bei der Frage, ob gem. § 139 BGB die Unwirksamkeit einer Übertragungspflicht des GmbH-Geschäftsanteils auch die Unwirksamkeit der Übertragung des Kommanditanteils zur Folge hat.

„Auch für den Fall, dass die Übertragung des ***Geschäftsanteils an der GmbH*** *Bestandteil der Gesamtvereinbarung war, zu der auch die Übertragung des* ***Kommanditanteils*** *gehörte, wäre die letztere* ***trotz des dann gegebenen Formmangels*** *wirksam, wenn anzunehmen wäre, dass sie (…) auch ohne die Verpflichtung zur Übertragung des Geschäftsanteils an der GmbH vorgenommen worden wäre, wenn den Parteien die aus der* ***Verknüpfung mit der Verpflichtung zur Abtretung des Geschäftsanteils folgende Formbedürftigkeit*** *bewusst gewesen wäre.“*[145]

Mit anderen Worten: Sind die Verpflichtung zur Übertragung des Geschäftsanteils an der GmbH und die Verpflichtung zur Übertragung des Kommanditanteils miteinander „verknüpft“[146] – also Bestandteil einer „Gesamtvereinbarung“ –, so ist auch die Verpflichtung zur Übertragung des Kommanditanteils beurkundungsbedürftig.

---

[143] Seit 1.1.2024 gesetzlich anerkannt und rudimentär geregelt in § 170 Abs. 2 HGB idF des MoPeG. Zu dieser Gestaltungsform der KG und insbesondere den aufwendigen Vertretungsregelungen, die mit ihr einhergehen: BGH 16.7.2007 – II ZR 109/06, NZG 2007, 751; OLG Hamburg, 22.3.2013, 11 U 27/12, NZG 2013, 831; Giehl MittBayNot 2008, 268; MüKoHGB/Grunewald § 161 Rn. 99 ff.; Jorde/Götz BB 2005, 2718; Schmidt ZIP 2007, 2193; mit Blick auf § 170 Abs 2 HGB idF des MoPeG Gebhard/Greth NZG 2023, 156.

[144] Ebenso Witt ZIP 2000, 1033, 1035.

[145] BGH 14.4.1986 – II ZR 155/85, NJW 1986, 2642, 2643 – Hervorhebungen durch den Verf.

[146] Die Wortwahl „verknüpft“ darf in diesem Zusammenhang nicht dazu verleiten, die „Verknüpfungs-Rechtsprechung“ des BGH bei Grundstücksgeschäften auf Anteilsübertragungen anzuwenden.

Den Begriff der – typischerweise gegebenen – „rechtlichen Einheit" zwischen der Übertragung der GmbH- und Kommanditanteile verwendet das OLG Düsseldorf.[147] **109**

Im gleichen Sinn wurde bereits in der Literatur argumentiert: **110**

Da bei einer GmbH & Co. KG der Kaufvertrag über die Geschäftsanteile an der GmbH und der Gesellschaftsanteile an der Kommanditgesellschaft typischerweise – sowohl aus der Interessenlage des Verkäufers als auch des Käufers – untrennbar miteinander verbunden seien, handele es sich bei den beiden Kaufverträgen um einen ***einheitlichen Vertrag.*** *Infolgedessen erstreckt sich die Beurkundungspflicht auch auf die Verpflichtung zur Übertragung der Kommanditanteile.*[148]

Der Kaufvertrag über die Kommanditbeteiligung ist nur dann **formlos wirksam,** wenn anzunehmen ist, dass die Vertragsparteien den Kaufvertrag auch ohne die Verpflichtung des Verkäufers zur Übertragung der Geschäftsanteile an der Komplementär-GmbH abgeschlossen hätten.[149] Das ist aber **im Zweifel nicht anzunehmen.**[150] **111**

Binz/Mayer[151] plädieren zwar bei der Frage des Umfangs der Beurkundungspflicht gemäß § 15 Abs. 4 S. 1 GmbHG für eine entsprechende Anwendung der Grundsätze, die im Bereich des § 311b Abs. 1 S. 1 BGB anerkanntermaßen gelten. Dass dies jedoch wegen der unterschiedlichen Schutzzwecke beider Vorschriften nicht überzeugt, wurde bereits (→ Rn. 98) dargelegt. **112**

2. Formbedürftigkeit des Verfügungsgeschäfts über die Kommanditbeteiligung bei einer GmbH & Co. KG – Transaktion

Überwiegend wird also von der Beurkundungsbedürftigkeit der Verpflichtung zur Übertragung des Kommanditanteils ausgegangen, wenn diese in Verbindung mit einer Pflicht zur Übertragung eines Geschäftsanteils steht. Zu beantworten bleibt dabei die Frage, ob sich die Formbedürftigkeit des Verpflichtungsgeschäfts auch auf die **dingliche Verfügung** über die Kommanditbeteiligung erstreckt. Relevant kann dies zB in einem Fall werden, in dem eine Heilung der Formunwirksamkeit nach § 15 Abs. 4 S. 2 GmbHG wegen **113**

[147] OLG Düsseldorf 22.2.2005 – 10 W 92/04, NZG 2005, 507.

[148] Wiesbrock DB 2002, 2311, 2313; Reichert/Ullrich GmbH & Co. KG § 29, Rn. 59; Binz/Rosenbauer NZG 2015, 1136.

[149] BGH 14.4.1986 – II ZR 155/85, NJW 1986, 2642, 2643.

[150] Vgl. OLG Frankfurt aM 28.1.2002 – 20 W 599/99, BeckRS 2002, 30235452, unter Verweis auf § 139 BGB.

[151] Binz/Mayer NJW 2002, 3054, 3059.

fehlender Beurkundung auch des dinglichen Vollzugs nicht eintritt bzw. es aus anderen Gründen nicht zur Übertragung des GmbH-Anteils kommt. Zu beurteilen ist dann, ob auch die Verfügung über die Kommanditbeteiligung formunwirksam ist.

114 Eine Unwirksamkeit auch der dinglichen Verfügung über den Kommanditanteil hält offenbar der BGH für denkbar.[152]

Verpflichtungs- und Verfügungsgeschäft seien miteinander rechtlich „verknüpft"[153], so dass die Formunwirksamkeit des Verpflichtungsgeschäfts auch die Unwirksamkeit des Verfügungsgeschäfts zur Folge haben könne:

115 Die dingliche Übertragung der Kommanditanteile ist nach anderer und uE richtiger Ansicht auch bei Annahme eines einheitlichen Rechtsgeschäfts mit der Übertragung der Geschäftsanteile **formfrei** möglich.[154] Die Grundsätze des „einheitlichen Rechtsgeschäfts" könnten nach Sinn und Zweck der gesetzlichen Regelungen auf Ebene eines solchen Verfügungsgeschäfts im Gegensatz zur Ebene des Verpflichtungsgeschäfts keine doppelte Beurkundungspflicht begründen. Die **Übertragung** einer Kommanditbeteiligung unterliegt selbst dann nicht der Form des § 15 Abs. 3 GmbHG, wenn das zugrunde liegende Verpflichtungsgeschäft ein einheitliches Verpflichtungsgeschäft darstellt.[155] Argumentativ ist dieser Ansatz dem der Rechtsprechung vorzuziehen, weil er das Prinzip der Abstraktion zwischen Verpflichtung und dinglichem Vollzug respektiert. Aus Beratersicht kann er jedoch nicht als sicherster Weg gelten und sollte deshalb, sofern Gestaltungsfreiheit besteht, vermieden werden.

3. Folgefrage: Heilung eines formnichtigen Verpflichtungsvertrags über KG-Anteilsveräußerung gem. § 15 Abs. 4 S. 2 GmbHG

116 Die Wirkung der Heilung nach § 15 Abs. 4 S. 2 GmbHG bei der Übertragung lediglich von GmbH-Anteilen wurde bereits beschrieben (→ Rn. 95). Im Bereich der GmbH & Co. KG-Transaktion geht es ergänzend um die Frage, ob die notariell beurkundete Abtretung des GmbH-Geschäftsanteils gem. § 15 Abs. 3 GmbHG auch den formunwirksamen Verpflichtungsvertrag zur Übertragung der Kommanditbeteiligung heilt.

117 Hierzu wurde vereinzelt die Ansicht vertreten, dass in derartigen Konstellationen auch die **Übertragung des Kommanditanteils** der Beurkundung bedürfe und es deshalb mit der Beurkundung der Abtretung des GmbH-Anteils nicht getan sei.

---

152 BGH 14.4.1986 – II ZR 155/85, NJW 1986, 2642, 2643.
153 Auch hier gilt das zum Begriff „verknüpft" in Fn. 146 Gesagte.
154 Wiesbrock DB 2002, 2311, 2313.
155 Wiesbrock DB 2002, 2311, 2314; ebenso schon Wiesner NJW 1984, 95, 99.

So wird die Heilung des formunwirksamen Kommanditbeteiligungskaufvertrags durch §15 Abs. 4 S. 2 GmbHG mit dem Argument verneint, die formgerechte Abtretung der Geschäftsanteile an der GmbH reiche nicht aus, um den formungültigen Kaufvertrag über die Kommanditbeteiligung zu heilen. Es müsse vielmehr auch die Übertragung der KG-Anteile beurkundet werden. Das ergebe sich unmittelbar aus §15 Abs. 4 GmbHG, denn es werde durch die notarielle Abtretung nur die in Abs. 4 S. 1 erwähnte Vereinbarung geheilt, nicht aber eine zweite Verpflichtung, die sich auf einen anderen Vertragsgegenstand erstrecke.[156]

Dagegen wird überzeugend eingewandt, dass die Beurkundungspflicht der Verpflichtung zur Abtretung des Kommanditanteils nur deshalb bestehe, weil sie Bestandteil der „Vereinbarung" iSd §15 Abs. 4 S. 1 GmbHG sei. Die Heilungswirkung gemäß §15 Abs. 4 S. 2 GmbHG erstrecke sich aber gerade auf diese „Vereinbarung", so dass auch die formwirksame Abtretung des Geschäftsanteils geheilt werde.

Ganz allgemein erstreckt sich auch nach Ansicht des BGH die Heilungs- **118** wirkung des §15 Abs. 4 S. 2 GmbHG auf die nur in einem privatschriftlichen Verpflichtungsgeschäft enthaltenen Nebenabreden.[157] Im konkreten Fall wurden die zunächst formunwirksamen – weil privatschriftlich begründeten – Nebenabsprachen über die Stundung des Kaufpreises und die Verpflichtung zur Stellung einer Bürgschaft geheilt.

Auch im besonderen Kontext der GmbH & Co. KG-Transaktionen geht **119** der BGH in einem Urteil aus dem Jahr 1992 ohne weiteres davon aus, dass die formwirksame Abtretung des GmbH-Geschäftsanteils auch den (formunwirksamen) Kaufvertrag bezüglich des Kommanditanteils heilt; für die Frage der Heilung nach §15 Abs. 4 S. 2 GmbHG komme es allein darauf an, ob die Anteilsabtretung für sich allein betrachtet ordnungsgemäß und vollständig beurkundet ist. Das der Abtretung zugrunde liegende Verpflichtungsgeschäft bleibe daher außer Betracht. Die Heilung trete selbst dann ein, wenn formnichtiges Verpflichtungsgeschäft und formgültige Abtretung in derselben notariellen Urkunde enthalten sind und erstrecke sich auf den gesamten Inhalt des Verpflichtungsgeschäfts.[158]

---

[156] Kempermann NJW 1991, 684, 685; ebenfalls eine Heilung verneinend: Beisel/Klumpp Kapitel 1 Rn. 106.

[157] BGH 19.1.1987 – II ZR 81/86, NJW-RR 1987, 807; MHLS/Ebbing GmbHG §15 Rn. 110.

[158] BGH 29.1.1992 – II ZR 95/91, NJW-RR 1992, 991.

4. Konsequenzen für die Praxis

120 Die Beurkundung des Kaufvertrags bezüglich des Kommanditanteils ist in der Regel mit erheblichen Kosten verbunden, denn den wirtschaftlichen Wert und damit den kostenrechtlich maßgeblichen Parameter der Beteiligung an einer GmbH & Co. KG stellt regelmäßig die Kommanditbeteiligung dar. Daher stellt die bewusste Nichtbeurkundung des Kaufvertrags im Vertrauen auf die – spätere – Heilung nach § 15 Abs. 4 S. 2 GmbHG grundsätzlich eine Gestaltungsmöglichkeit dar.[159]

121 Bei einem solchen Vorgehen besteht bis zum Zeitpunkt der notariellen Abtretung der GmbH-Anteile das **Risiko der Nichtigkeit der gesamten Transaktion,** denn die Verpflichtung zur Übertragung des Kommanditanteils ist nach der Rechtsprechung beurkundungspflichtig. Diese Formunwirksamkeit hat nach § 125 iVm § 139 BGB im Zweifel auch die Unwirksamkeit einer notariell beurkundeten GmbH-Geschäftsanteilsübertragungsvereinbarung zur Folge. Bei einem Ausbleiben der notariellen Beurkundung des dinglichen Vollzugs nach § 15 Abs. 3 GmbHG ist demzufolge die gesamte Transaktion nichtig.

Dieses Nichtigkeitsrisiko kann am ehesten dadurch verringert werden, dass zwischen der Beurkundung der Abtretung der GmbH-Anteile und der Übertragung der Kommanditanteile ein enger **zeitlicher Zusammenhang** hergestellt und von den Parteien eingehalten wird.

122 Diese Verfahrensweise eines privatschriftlichen Verpflichtungsvertrages mit Heilung über § 15 Abs. 4 S. 2 GmbHG wird in der Literatur als unbedenklich angesehen, zumindest für die Konstellation, dass die Vertragsparteien den Kauf- und Abtretungsvertrag über die Geschäftsanteile an der Komplementär-GmbH **gleichzeitig** mit dem Vertrag über die Kommanditbeteiligung abschließen, was in der Praxis der Regelfall sei[160]; jeglicher durch die Vereinbarung einer **aufschiebenden Bedingung** (wie zB der Zahlung des Kaufpreises) entstehende Schwebezustand solle jedoch unbedingt vermieden werden.

Zur Vermeidung negativer Ergebnisse bei ausbleibender Beurkundung der GmbH-Anteilsabtretung können zB die beiden Teile insoweit ausdrücklich miteinander verbunden werden, dass die die Kommanditanteile betreffenden Bestimmungen unter die **aufschiebende Bedingung des notariellen Vollzugs der Abtretung der GmbH-Anteile** gestellt werden.[161]

---

[159] OLG Frankfurt aM 28.1.2002 – 20 W 599/99, BeckRS 2002, 30235452; Altmeppen GmbHG § 15 Rn. 96; Binz/Sorg, Die GmbH & Co. KG, § 6 Rn. 10.

[160] Wiesbrock DB 2002, 2311, 2314.

[161] HPBE/Engelhardt/Farkas Rn. 1199.

Tatsächlich kann dadurch natürlich nicht dem Nichtigkeits- bzw. Unwirksamkeitsrisiko begegnet werden, das zwischen Verpflichtung zur Abtretung und tatsächlicher Abtretung besteht, wobei die Parteien dieses Risiko allerdings in unterschiedlichem Umfang unter ihrer Kontrolle haben können.

Festzuhalten bleibt abschließend, dass die Heilung der gesamten formwirksamen GmbH & Co. KG-Veräußerung in dem Maß als zuverlässiges Gestaltungsmittel eingesetzt werden kann, wie die Parteien das Risiko der Gesamt-Unwirksamkeit der Übertragung beherrschen oder zu tragen gewillt sind. **123**

VI. Formbedürftigkeit der dinglichen Abtretung des Geschäftsanteils gem. § 15 Abs. 3 GmbHG

Nach § 15 Abs. 3 GmbHG bedarf es zur Abtretung von Geschäftsanteilen durch Gesellschafter eines in notarieller Form geschlossenen Vertrags. Im Hinblick auf die damit verfolgten Schutzzwecke wird auf Rn. 5 f. verwiesen. **124**

Sowohl das schuldrechtliche Verpflichtungsgeschäft als auch das dingliche Rechtsgeschäft werden häufig in dieselbe Urkunde aufgenommen. Jedoch ist es gerade bei umfangreichen Unternehmenstransaktionen auch nicht ungewöhnlich, dass zwischen Verpflichtungsgeschäft (Signing) und Verfügungsgeschäft (Closing) ein längerer Zeitraum liegt, oder dass die Abtretung eines GmbH-Anteils in separater Urkunde lediglich ein – mehr oder weniger bedeutsamer – Baustein einer umfangreichen Transaktion ist. Zur Heilung eines etwaigen Formmangels durch die dingliche Abtretung des Geschäftsanteils gem. § 15 Abs. 4 S. 2 GmbHG → Rn. 86 ff.

Zur Erfüllung des § 15 Abs. 3 GmbHG bei einer Auslandsbeurkundung → § 10 Rn. 9 ff. (Geschäftsform, Ortsform), Rn. 28 ff. (Gleichwertigkeit).

Zum Ausschluss der Abwahl deutschen Rechts bei der dinglichen Übertragung gemäß § 15 Abs. 3 GmbHG → § 10 Rn. 9.

§ 3 Grundstücksveräußerungen im Rahmen eines Asset Deal (§ 311b BGB)

Literatur: Diederichsen/Schmidt/Beneke, Rechtliche Besonderheiten von Immobilientransaktionen, ZfIR 2014, 165, 169; Einsele, Formerfordernisse bei mehraktigen Rechtsgeschäften, DNotZ 1996, 835; Erbacher/Klarmann, Beurkundungspflichten beim Unternehmenskauf, Corporate Finance law 2011, 15; Hermanns, Beurkundungspflichten, Beurkundungsverfahren und Beurkundungsmängel unter besonderer Berücksichtigung des Unternehmenskaufvertrages, DNotZ 2013, 9; Leyendecker/Mackensen, Beurkundung des Equity Commitment Letter beim Unternehmenskauf, NZG 2012, 219; Kanzleiter, Die Beurkundungsbedürftigkeit des „Verknüpfungswillens" bei zusammenhängenden Rechtsgeschäften – ein Scheinproblem! – Gleichzeitig Anmerkungen zum Urt. des BGH v. 13.02.2003 – IX ZR 76/99 – DNotZ 2004, 178; Kanzleiter, Erwiderung zu der Stellungnahme von Weigl, DNotZ 2004, 341; Keim/Scholz, Reichweite der notariellen Beurkundungspflicht bei zusammengesetzten Verträgen, NJW 2022, 1486; Keim, Pflicht zur Mitbeurkundung von Mietverträgen bei Immobilienkäufen, RNotZ 2005, 102; Keim, Die Heilung formnichtiger Vorverträge über Grundstücksveräußerungen analog § 311b Abs. 1 BGB? – Anmerkungen zum Urt. des BGH v. 8.10.2004 V ZR 178/03, DNotZ 2005, 324; Keim, § 313 BGB und die Beurkundung zusammengesetzter Verträge, DNotZ 2001, 827; Keim, Keine Anwendung des § 139 BGB bei Kenntnis der Parteien von der Teilnichtigkeit?, NJW 1999, 2866; Keim, „Schlüsselfertig, Grunderwerbsteuer und Notarkosten nur auf den Grundstücksteil" (?) – Zur Beurkundungspflicht beim mit einem Grundstückskaufvertrag verbundenen Bauvertrag, DNotZ 2011, 513; Korte, Zum Beurkundungsumfang des Grundstücksvertrages und damit in Zusammenhang stehender Rechtsgeschäfte, DNotZ 1984, 3 und 82; Kruse, Wärmelieferungsverträge in der notariellen Praxis, RNotZ 2011, 65; Leutner/Stenzel, Beurkundungsbedürftigkeit der Verknüpfungsabrede beim Geschäftsanteilskaufvertrag, NZG 2012, 1406; Maier-Reimer, Die Form verbundener Verträge, NJW 2004, 3741; Müller, Beurkundungsbedürftigkeit verbundener Verträge bei Grundstücksgeschäften, NJW 2021, 2477; Opgenhoff, Gestaltungsfragen bei der Beurkundung zusammengesetzter Verträge, RNotZ 2006, 257; Scholz, Zusammengesetzte Verträge im Sinne von § 311b Abs. 1 Satz 1 BGB, Schriften zum Bürgerlichen Recht, Band 517 2020; Schulte-Thoma, Zubehörveräußerung bei Grundstückskaufverträgen, RNotZ 2004, 61; Seeger, Die „einseitige Abhängigkeit" – zum Umfang der Beurkundungsbedürftigkeit zusammengesetzter Grundstücksgeschäfte, MittBayNot 2003, 11; Wedemann, Die Beurkundungsbedürftigkeit verbundener Verträge bei Grundstücksgeschäften, WM 2010, 395; Weigl, Nochmals: Zur Beurkundungsbedürftigkeit des „Verknüpfungswillens", DNotZ 2004, 339.

I. Allgemeines zur Beurkundungspflicht gemäß § 311b Abs. 1 BGB

1 Die Verpflichtung zum Erwerb oder zur Veräußerung eines Grundstückes bedarf nach § 311b Abs. 1 BGB der notariellen Beurkundung. § 311b Abs. 1 BGB ersetzte den gleichlautenden § 313 BGB alter Fassung mit dem Inkraft-

treten des Gesetzes zur Modernisierung des Schuldrechts vom 26.11.2001. Während die Fassung von § 313 BGB bis zum 30.6.1973 nur bestimmte, dass die Verpflichtung zur Veräußerung des Eigentums an einem Grundstück der notariellen Beurkundung bedurfte, knüpfte die Gesetzesänderung zum 1.7.1973 auch an die Verpflichtung zum Erwerb des Eigentums an einem Grundstück die notarielle Beurkundungspflicht.[1]

Gehört ein Grundstück zum Unternehmen, so ergibt sich bei Unternehmenstransaktionen im Rahmen der Einzelrechtsübertragung von Vermögensgegenständen (sogenannter Asset Deal) in der Regel die Beurkundungsbedürftigkeit des gesamten Unternehmenskaufvertrages. Oft werden aber anlässlich des Unternehmenskaufvertrages oder des Grundstückskaufvertrages auch andere Verträge geschlossen, die für sich allein betrachtet, nicht beurkundungspflichtig sind. Die Frage, wann ein solcher, eigentlich nicht beurkundungsbedürftiger Vertrag von der Beurkundungspflicht des § 311b Abs. 1 S. 1 BGB miterfasst wird, wird kontrovers diskutiert und ist der Schwerpunkt der nachfolgenden Betrachtung. Im Folgenden wird für den Praktiker insbesondere die Rechtsprechung, aber auch Kommentarliteratur[2] hierzu zusammengefasst.

II. Schutzzweck der Formvorschrift

Die schuldrechtliche Verpflichtung zur Veräußerung und/oder zum Erwerb 2
eines Grundstücks bedarf der notariellen Beurkundung. Dabei ergibt sich aus den mit der Beurkundung verfolgten Schutzzwecken die materielle Rechtfertigung des umfassenden Beurkundungserfordernisses. Das Formerfordernis des § 311b Abs. 1 S. 1 BGB hat vor allem folgende Funktionen:[3]

- Übereilungsschutz **(Warnfunktion)**
- Hinweis auf die Wichtigkeit des Geschäfts, Belehrung und Beratung **(Beratungs- und Betreuungsfunktion)**
- Erleichterung des Beweises der getroffenen Vereinbarung **(Beweisfunktion)**
- Gewährleistung der Gültigkeit des Rechtsgeschäfts **(Gültigkeitsgewähr)**

[1] jurisPK-BGB/Ludwig § 311b Rn. 1 mwN.

[2] Aus der Kommentarliteratur ist vor allem die sehr detaillierte Erläuterung von Ludwig in jurisPK-BGB zu nennen.

[3] BeckOK BGB/Gehrlein § 311b Rn. 1; Erman/Grziwotz BGB § 311b Rn. 2; jurisPK-BGB/Ludwig § 311b Rn. 7; MüKoBGB/Ruhwinkel § 311b Rn. 2. Mittlerweile dürfte auch die notarielle Mitwirkung zum Zwecke der Prävention der Geldwäsche ein weiterer Zweck der Norm sein.

3 Die Formulierung der Schutzzwecke des § 311b Abs. 1 BGB weicht in der Rechtsprechung jeweils im Detail voneinander ab, ohne dass dies inhaltliche Konsequenzen hat.[4]

III. Allgemeine Anwendungsvoraussetzungen

4 Die Beurkundungspflicht des § 311b Abs. 1 Satz 1 BGB knüpft an die Verpflichtung zur Übertragung und/oder den Erwerb eines **Grundstücks** an. Der Begriff des Grundstücks ist interessanterweise weder im BGB noch in der GBO definiert. Hierum ranken sich auch in der notariellen Praxis diverse Einzelfragen des Immobilienrechts, auf die hier nicht im Einzelnen eingegangen wird. Zur Frage des Grundstücksbegriffes und vor allen Dingen auch zur Bestimmtheit des Vertragsgegenstandes bei einem noch zu vermessenden Grundstücksteil (Teilfläche) siehe die instruktive und umfangreiche Darstellung von Ludwig[5]; ebenso zur Frage der Übertragung von Miteigentum und grundstücksgleichen Rechten.

5 Die zweite Voraussetzung der Beurkundungsbedürftigkeit ist, dass sich die **Verpflichtung zur Übertragung oder zum Erwerb** des Eigentums an einem Grundstück aus einer **vertraglichen Vereinbarung** ergeben muss (und nicht zB aufgrund Gesetzes).[6] Bei einer Unternehmenstransaktion liegt in der Regel eine Verpflichtung zur Veräußerung und/oder dem Erwerb eines Grundstücks vor, sodass auf Einzelfälle hier nicht weiter eingegangen wird.[7] Zu den für eine Unternehmenstransaktion relevanten Fragen des Verhältnisses von § 311b Abs. 1 BGB zur Übertragung von Anteilen an Gesellschaften → Rn. 52 ff.

---

[4] Die Rechtsprechungszitate verweisen dabei überwiegend auf § 313 BGB aF. Seit der Schuldrechtsreform ergibt sich die Beurkundungspflicht für Grundstücksverkäufe wie erwähnt aus dem wortgleichen § 311b Abs. 1 S. 1 BGB: BGH 13.6.2002 – VII ZR 321/00, NJW 2002, 2559, 2560; BGH 7.10.1994 – V ZR 102/93, NJW 1994, 3346, 3347; BGH 19.9.1989 – XI ZR 10/89, NJW 1990, 390, 391; BGH 25.3.1983 – V ZR 268/81, NJW 1983, 1610; BGH 5.5.1972 – V ZR 63/70, NJW 1972, 1364, 1365; BGH 26.10.1973 – V ZR 194/72, NJW 1974, 271.

[5] jurisPK-BGB/Ludwig § 311b Rn. 11-15, Rn. 31-36.

[6] Dazu, dass eine gesetzliche Pflicht nicht den Formzwang auslöst, vgl. BGH 7.10.1994 – V ZR 102/93, NJW 1994, 3346, 3347.

[7] Vgl. im Einzelnen zu den Voraussetzungen und zu Fragen der Grundstücksversteigerung in öffentlich-rechtlichen Verträgen: jurisPK-BGB/Ludwig § 311b Rn. 49-54.

IV. Umfang der Beurkundungspflicht beim Asset Deal

Welchen Umfang die Beurkundungspflicht bei einem Asset Deal hat, der auch (oder gerade) die Verpflichtung enthält, ein Grundstück entweder zu veräußern oder zu erwerben, ist Gegenstand vieler Urteile und mannigfacher Beiträge in der Literatur. Meist wird unterschieden zwischen der Formbedürftigkeit von Nebenbestimmungen zur eigentlichen Grundstücksübertragungs- oder Erwerbspflicht (→ Rn. 7ff.). Davon ist die Beurkundungsbedürftigkeit von weiteren Verträgen, die neben und anlässlich des eigentlichen Grundstückskaufvertrages abgeschlossen werden, sogenannte „zusammengesetzte Verträge", zu trennen (→ Rn. 13ff.). 6

1. Nebenabreden/Nebenbestimmungen

Die notarielle Beurkundungspflicht des §311b Abs. 1 S. 1 BGB erstreckt sich 7
bereits nach dem Gesetzeswortlaut nicht nur auf die eigentliche Veräußerungs- und Erwerbsverpflichtung, sondern auf den gesamten Grundstückskaufvertrag („Ein **Vertrag,** (...) bedarf der notariellen Beurkundung"). Beurkundungsbedürftig sind daher alle Vereinbarungen, aus denen sich nach dem Willen der Vertragsparteien das schuldrechtliche Grundstücksveräußerungsgeschäft zusammensetzt.[8] Im Gegensatz zum Wortlaut des § 15 Abs. 4 S. 1 GmbHG – der lediglich von „der notariellen Form der **Vereinbarung,** durch welche die Verpflichtung (...) zur Abtretung (...) begründet wird" spricht – ergibt sich somit bereits aus dem Gesetzestext die umfassende Beurkundungspflicht des Grundstückskaufvertrags. Nur bei Beurkundung des gesamten Grundstücksgeschäfts können nach der gesetzlichen Konzeption die beabsichtigten Schutzzwecke verfolgt werden.

„(...) Diese Vielfalt der Zwecke hat im Gesetz dadurch Ausdruck gefunden, dass nicht nur die Veräußerungspflicht als solche oder die unmittelbar auf den Eigentumsübergang hinzielenden Abreden, sondern der ***ganze Vertrag*** *dem Beurkundungszwang unterliegen.* ***Es müssen also alle Vereinbarungen, aus denen sich nach dem Willen der Vertragspartner das schuldrechtliche Rechtsgeschäft zusammensetzt, beurkundet werden*** *(...)."*[9]

In einem Urteil aus dem **Jahr 2008** bestätigte der BGH seine Rechtspre- 8
chung. Im konkreten Fall verletzte ein Notar seine Amtspflicht zur vollstän-

---

[8] Vgl. BGH 11.11.1983 – V ZR 150/82, NJW 1984, 974; BGH 6.4.1976 – V ZR 72/74, NJW 1979, 1496; BeckOK BGB/Gehrlein §311b Rn. 20.

[9] BGH 26.10.1973 – V ZR 194/72, NJW 1974, 271; ebenfalls: BGH 11.11.1983 – V ZR 150/82, NJW 1984, 974; BGH 27.10.1972 – V ZR 37/71, NJW 1973, 37.

digen Beurkundung, weil er bei Beurkundung eines Grundstückskaufvertrages eine Baubeschreibung nicht mit beurkundete.

> *„Dem Beurkundungserfordernis bei Grundstücksgeschäften (hier nach § 313 Satz 1 BGB aF) unterliegen nicht nur die Verpflichtung des Verkäufers zur Eigentumsübertragung, sondern* ***alle Vereinbarungen, aus denen sich nach dem Willen der Vertragspartner das schuldrechtliche Veräußerungsgeschäft zusammensetzt****, ggf. auch die Pflicht des Verkäufers zur Erstellung eines Wohnhauses.“*[10]

Der BGH ebenfalls zum Erfordernis der notariellen Beurkundung einer Baubeschreibung:

> *„Der Bauträgervertrag, zu dessen Erfüllung der Kl. die Zahlung geleistet hat, ist gem. § 125 S. 1 BGB nichtig. Der Vertrag sah die Übertragung eines Grundstücksrechts vor. Er bedurfte daher gem. § 313 S. 1 BGB aF der notariellen Beurkundung. Dies schließt* ***alle Abreden ein, die Gegenstand der vertraglichen Pflichten der Parteien werden sollen.*** *Eine Baubeschreibung, die Vertragsinhalt ist, muss beurkundet werden (st. Rspr.; vgl. BGHZ 69, 266 = NJW 1978, 102; BGHZ 74, 346 = NJW 1979, 1496). Die Beurkundungsverpflichtung besteht unabhängig davon, ob und inwieweit der Bauträger die geschuldete Werkleistung zum Zeitpunkt des Vertragsabschlusses tatsächlich ausgeführt hat (vgl. BGH, NJW 2005, 1115).“*[11]

In der Praxis kann unterschieden werden zwischen Nebenabreden oder Bestimmungen, die erstens die Kaufsache selbst betreffen, zweitens sich auf die Gegenleistung beziehen oder drittens sonstige Nebenabreden darstellen.

a) Kaufsache/Grundstück

9 Die Frage der hinreichenden Bestimmtheit oder Bestimmbarkeit des Grundstücks ist kein spezifisches Problem des Beurkundungsrechts. Es handelt sich, wie Ludwig[12] zu Recht feststellt, um ein allgemeines Problem des Vertragsrechts. In der Praxis treten vor allen Dingen häufig Fragen der Beurkundung bei Regelungen/Beschreibungen der Beschaffenheit des Grundstücks oder des Gebäudes auf[13]:

- Die Verpflichtung des Käufers zur Vornahme von Renovierungsarbeiten bedarf der Beurkundung.[14]
- Die Baubeschreibung ist mit zu beurkunden, da sie die werkvertragliche Leistung festlegt.[15]

---

[10] BGH 3.7.2008 – III ZR 189/07, NJW-RR 2008, 1506, 1507.
[11] BGH 10.2.2005 – VII ZR 184/04, NJW 2005, 1356.
[12] jurisPK-BGB/Ludwig § 311b Rn. 177.
[13] Siehe auch zu diesen und weiteren Beispielen jurisPK-BGB/Ludwig § 311b Rn. 192.
[14] OLG Koblenz 2.10.2002 – 7 U 1426/01, OLGR Koblenz 2003, 65, 66.
[15] BGH 23.9.1977 – V ZR 90/75, NJW 1978, 102.

- Ein Bodengutachten ist, wenn es die vertragliche Beschaffenheit des Gebäudes nicht bestimmt, nicht mit zu beurkunden.[16]
- Die Verpflichtungsübernahme des Verkäufers, ein Gutachten bei der Baugenehmigung zu beachten, ist beurkundungspflichtig, nicht jedoch die Aufnahme des Inhalts des Gutachtens.[17]
- Eine Baubeschreibung, die Vertragsinhalt ist, muss auch dann mitbeurkundet werden, wenn das Gebäude bei Vertragsschluss bereits errichtet ist.[18]
- Vereinbarungen über die vertragliche Beschaffenheit bedürfen der notariellen Beurkundung.

Die Beurkundungspflicht bezieht sich dabei lediglich auf Inhalte, die **Rechtswirkungen** erzeugen.[19] Nicht beurkundungspflichtig sind dagegen bloße **Erläuterungen des Kaufgegenstandes** (zB Inhalt der Teilungserklärung als (entbehrliche) Erläuterung, soweit die Teilungserklärung nicht Regelungsinhalt des Kaufvertrages ist).[20] 10

b) Gegenleistung

Art, Höhe und sonstige Modalitäten der Gegenleistung unterliegen der Beurkundungspflicht.[21] Im Einzelnen[22]: 11

- Beurkundungspflichtigkeit des Gesamtkaufpreises, der auch das Entgelt für den Verkauf des etwaigen Zubehörs umfasst[23]
- Auf Gegenleistung anzurechnende Zahlungen, die vor Beurkundung bewirkt sind[24]
- Unterstützung des Käufers bei der Kaufpreisfinanzierung[25]
- Verpflichtung des Verkäufers zur besonderen Ausweisung der Mehrwertsteuer[26]

---

[16] BGH 14.3.2003 – V ZR 278/01, NJW-RR 2003, 1136, 1137.

[17] BGH 14.3.2003 – V ZR 278/01, NJW-RR 2003, 1136, 1137.

[18] BGH 10.2.2005 – VII ZR 184/04, NJW 2005, 1356; BGH 16.12.2004 – VII ZR 257/03, NJW 2005, 1115,1116.

[19] Vgl. BGH 11.11.1983 – V ZR 150/82, NJW 1984, 974; BGH 19.1.1982 – V ZR 161/81, NJW 1983, 563, 564; MüKoBGB/Ruhwinkel § 311b Rn. 55.

[20] BGH 23.2.1979 – V ZR 99/77, NJW 1979, 1495; vgl. auch BGH 17.7.1998 – V ZR 191/97, NJW 1998, 3197.

[21] BGH 7.7.1953 – V ZR 124/52, BGHZ 11, 90 (zitierte Aussage nicht abgedruckt in NJW 1954, 308).

[22] Siehe die Zusammenstellung nach jurisPK-BGB/Ludwig § 311b Rn. 181 ff.

[23] Schulte-Thoma RNotZ 2004, 61, 62.

[24] BGH 17.3.2000 – V ZR 362/98, NJW 2000, 2100; BGH 10.12.1993 – V ZR 108/92, NJW 1994, 720; BGH 19.11.1982 – V ZR 161/81, NJW 1983, 563.

[25] BGH 24.7.1998 – V ZR 74/97, NJW 1998, 3196.

[26] OLG Stuttgart 16.6.1993 – 4 U 23/93, NJW-RR 1993, 1365.

- Abweichend von der gesetzlichen Regelung Bestimmung zur Tragung von Steuern, Provisionen und Finanzierungskosten[27]
- Kick-back-Vereinbarung, wonach ein Teil des Kaufpreises zurückfließt[28]

c) Sonstige Nebenabreden

12 Die sonstigen Nebenabreden lassen sich meist schwierig abgrenzen von den näheren Bestimmungen der Leistungen oder der Gegenleistungen. Die Rechtsprechung hatte unter anderem folgende Fälle zu entscheiden:

- Beurkundungspflichtig ist die Sicherungsabrede beim Verkauf zu Sicherungszwecken[29]
- Rechtsgeschäftliche Bedingungen und Rücktrittsrechte bei der schuldrechtlichen Vereinbarung zur Grundstücksveräußerung/dem Grundstückserwerb.[30]

2. Der zusammengesetzte Vertrag – „rechtliche Einheit" zwischen Grundstücksvertrag und einem anderen Rechtsgeschäft

a) Allgemeiner Ausgangspunkt der Rechtsprechung: Rechtliche Abhängigkeit – „Miteinander stehen und fallen"?

13 Gegenstand einer Unternehmenstransaktion im Wege des Asset Deal ist der Erwerb von Vermögensgegenständen und die Übernahme von Verbindlichkeiten, die jeweils für sich allein betrachtet häufig nicht der notariellen Beurkundung bedürfen. Der gesamte Unternehmenskaufvertrag ist jedoch notariell beurkundungsbedürftig, wenn zum veräußerten Unternehmen auch ein Grundstück gehört. Der Asset Deal ist insoweit rechtlich und wirtschaftlich ein typischer Fall eines einheitlichen Vertrags mit einer Vielzahl untrennbar miteinander verbundenen Vereinbarungen.

Besonders problematisch sind jedoch Konstellationen, in denen nicht nur ein einheitlicher Unternehmenskaufvertrag – inklusive Grundstücksgeschäft – abgeschlossen wird, sondern weitere Vereinbarungen in äußerlich getrennten Verträgen getroffen werden. Der Formzwang des § 311b Abs. 1 S. 1 BGB kann sich insoweit auch auf Vereinbarungen erstrecken, die unabhängig vom

---

[27] Vgl. BeckOK BGB/Gehrlein § 311b Rn. 22.
[28] BGH 27.5.2011 – V ZR 122/10, NJW 2011, 2953.
[29] BGH 27.10.1982 – V ZR 136/81, NJW 1983, 565.
[30] BGH 12.7.1996 – V ZR 202/95, NJW 1996, 2792.

Grundstücksgeschäft denkbar sind und für sich betrachtet nicht formbedürftig wären.

Nach der älteren – mittlerweile präzisierten – Rechtsprechung des BGH bilden Grundstücksgeschäft und ein anderes Geschäft dann eine rechtliche Einheit, wenn sie dem Willen der Parteien gemäß derart voneinander abhängen, dass sie **„miteinander stehen und fallen“** sollen.

*„Eine rechtliche Einheit **zweier äußerlich selbständiger Vereinbarungen** ist dann anzunehmen, wenn sie **nach dem Willen der Parteien derart voneinander abhängen, dass sie miteinander stehen und fallen sollen.** Die Einheitlichkeit wird nicht dadurch ausgeschlossen, dass die Rechtsgeschäfte unterschiedlichen Vertragstypen angehören und an ihnen zum Teil verschiedene Personen beteiligt sind. Die Niederlegung mehrerer selbständiger Verträge in verschiedenen Urkunden begründet zwar die Vermutung, dass die Verträge nicht in rechtlichem Zusammenhang stehen sollen. Diese Vermutung ist jedoch widerlegt, wenn die Parteien die **rechtliche Einheit** übereinstimmend gewollt haben. Sogar wenn nur einer der Vertragspartner einen solchen Willen zeigt und der andere ihn anerkennt oder zumindest hinnimmt, kann ein einheitliches Vertragswerk vorliegen und damit insgesamt gem. § 313 BGB beurkundungsbedürftig sein, wenn eine Pflicht zum Erwerb oder zur Veräußerung eines Grundstücks mit erfasst wird.“*[31]

Bei der Bestimmung des Vorliegens einer rechtlichen Einheit grenzt der BGH zwischen rechtlichem und bloß wirtschaftlichem Zusammenhang ab. Ein lediglich **wirtschaftlicher Zusammenhang** zwischen Grundstückskaufvertrag und einem anderen Geschäft soll danach vorliegen, wenn das eine Geschäft für das andere bloßer Anlass war oder dieses erst ermöglicht hat. Ein solcher nur wirtschaftlicher Zusammenhang vermag das Formerfordernis des § 311b Abs. 1 S. 1 BGB nicht auf ein anderes Rechtsgeschäft zu erstrecken. Dagegen liegt ein **rechtlicher Zusammenhang** vor, wenn das eine Geschäft nicht ohne das andere durchgeführt werden soll.[32] **14**

Allerdings kann die wirtschaftliche Verknüpfung durchaus ein Indiz für eine rechtliche Verknüpfung sein.[33] Eine rechtliche Verknüpfung kann (muss nicht) durch eine Bedingung, ein Rücktrittsrecht oder dadurch, dass der Vertrag die Verpflichtung zum Abschluss eines anderen Vertrages enthält, zum Ausdruck gebracht werden (→ Rn. 69 ff.).[34] Allerdings ist dies nicht zwingend, so dass ein Verknüpfungswillen der Parteien auch dann bejaht werden kann,

---

[31] BGH 9.7.1992 – IX ZR 209/91, NJW 1992, 3237, 3238; siehe auch BGH 19.1.1979 – I ZR 172/76, NJW 1979, 915.

[32] BGH 13.2.2003 – IX ZR 76/99, NJW-RR 2003, 1565, 1566, siehe aber nachfolgend → Rn. 15 ff. zu neuerer Rechtsprechung.

[33] BGH 10.10.1986 – V ZR 247/85, NJW 1987, 1069; OLG Saarbrücken 22.3.2007 – 8 U 602/06, OLGR Saarbrücken 2007, 567, 571.

[34] Erman/Grziwotz BGB § 311b Rn. 53; jurisPK-BGB/Ludwig § 311b Rn. 235, wonach eine Bedingung keine notwendige Voraussetzung für eine Verknüpfung sei; MüKoBGB/Ruhwinkel § 311b Rn. 60; aA wohl Seeger MittBayNot 2003, 11, 14; Korte DNotZ 1984, 3, 11, die die Ver-

wenn keine Bedingung iSv § 158 BGB, ein Rücktrittsrecht oder eine Abschlussverpflichtung vereinbart wurden.[35] Die neuere Rechtsprechung scheint allerdings zu dieser Frage eher dazu zu tendieren, dass auch eine inhaltliche Verknüpfung des „nicht zu beurkundenden" Geschäfts mit dem Grundstücksvertrag erforderlich sein soll, um eine Erstreckung der Beurkundungspflicht anzunehmen (siehe → Rn. 21 ff.).

b) Neuere Rechtsprechung: (i) Einseitige Abhängigkeit des Grundstückskaufvertrages vom „formfreien Geschäft" und (ii) Inhaltliche Verknüpfung?

aa) Einseitige Abhängigkeit

15 Das Kriterium des „miteinander stehen und fallen" wurde in neuerer Rechtsprechung durch den BGH[36] weiterentwickelt. Nicht ausreichend für die Erstreckung des notariellen Beurkundungsbedürfnisses auf andere Rechtsgeschäfte soll es nach der Rechtsprechung insbesondere sein, dass lediglich das andere Rechtsgeschäft vom Grundstücksgeschäft abhängig ist. Das einseitige Abhängigkeitsverhältnis eines anderen Geschäfts von dem Vertrag über die Veräußerung des Grundstücks ist nach Ansicht des BGH also kein hinreichender Grund, das für den Grundstückskaufvertrag geltende Formerfordernis des § 311b Abs. 1 BGB auf einen anderen Vertrag zu erstrecken. Erforderlich ist vielmehr, dass der Abschluss des Grundstücksgeschäfts vom Abschluss des anderen Geschäfts abhängig ist. Die **Abhängigkeit des Grundstückskaufvertrags** sei demnach das maßgebliche Kriterium für die Formbedürftigkeit des gesamten Geschäfts[37]. Das andere Geschäft sei folglich nur dann notariell zu beurkunden, wenn der Abschluss des Grundstücksvertrags von diesem weiteren Geschäft (einseitig) abhängig sei. Begründet wird die Erstreckung des Formerfordernisses auf das andere Geschäft mit den Schutzzwecken des § 311b Abs. 1 BGB.

*„**Erst bei einer Abhängigkeit des Grundstücksgeschäfts vom Bauvertrag besteht Anlass, zur Wahrung der Funktionen des § 313 BGB** (Warn- und Schutzfunktion, Gewährsfunktion für richtige, vollständige und rechtswirksame Wiedergabe des Parteiwillens, Beweisfunktion) **das Formgebot auf den Bauvertrag auszudehnen.**"*[38]

---

einbarung von Bedingungen, Rücktrittsrechten, Abschlussverpflichtungen nicht als ausreichend für die Annahme einer rechtlichen Verknüpfung ansehen.

[35] jurisPK-BGB/Ludwig § 311b Rn. 235; MüKoBGB/Ruhwinkel § 311b Rn. 60, siehe aber nachfolgend → Rn. 15 ff. zu neuerer Rechtsprechung.

[36] BGH 13.6.2002 – VII ZR 321/00, NJW 2002, 2559, 2560; BGH 11.10.2000 – VIII ZR 321/99, NJW 2001, 226; BGH 26.11.1999 – V ZR 251/98, NJW 2000, 951.

[37] jurisPK-BGB/Ludwig § 311b Rn. 232.

[38] BGH 13.6.2002 – VII ZR 321/00, NJW 2002, 2559, 2560.

Die aus der Sicht des abhängigen Geschäfts unter Umständen bestehende Vertragseinheit kann danach ein Beurkundungserfordernis nicht begründen. Ist ein weiteres Rechtsgeschäft vom Grundstücksgeschäft – einseitig – abhängig, erstreckt sich das Formerfordernis des § 311b Abs. 1 S. 1 BGB nicht allein aus diesem Grund auf dieses weitere Geschäft. **16**

Die Entwicklung der BGH-Rechtsprechung lässt sich anhand folgender Entscheidungen nachvollziehen[39]: Das Urteil des V. Senats vom 26.11.1999[40] stellt etwa auf das Vorliegen einer rechtlichen Einheit als ersten Anknüpfungspunkt ab. Demnach sei ein an sich formfreier Vertrag dann beurkundungsbedürftig, wenn er mit dem nach § 313 S. 1 BGB aF (§ 311b I 1 BGB nF) beurkundungsbedürftigen Grundstückskaufvertrag eine rechtliche Einheit bilde. Die zwischen diesen Teilen des einheitlichen Geschäfts bestehende Abhängigkeit müsse insoweit urkundlichen Ausdruck finden.[41] Von einer rechtlichen Einheit sei immer dann auszugehen, wenn die Verträge nach dem Parteiwillen miteinander stehen und fallen sollen.[42] Die hierzu vorausgesetzte Abhängigkeit müsse jedoch nicht von wechselseitiger Natur sein. Ausreichend sei insoweit eine einseitige Abhängigkeit des einen von dem anderen Vertrag. Das Urteil weist jedoch darauf hin, dass nicht ein solches Abhängigkeitsverhältnis allein, sondern vielmehr die mit dem Normzweck verbundenen Funktionen des § 313 S. 1 BGB aF (Warn- und Schutzfunktion, Gewährsfunktion für richtige, vollständige und rechtswirksame Wiedergabe des Parteiwillens, Beweisfunktion) die Ausdehnung des Formgebots auf den verbundenen Vertrag rechtfertigen könnten. Den dem Beurkundungserfordernis zugrundeliegenden Funktionen würde dann Genüge getan, wenn der Abschluss des Grundstücksvertrags von dem an sich formfreien Vertrag abhängt, nicht jedoch wenn – umgekehrt – der an sich formfreie Vertrag vom beurkundungsbedürftigen Grundstücksvertrag abhängt.[43]

Das Urteil des VII. Senats vom 13.6.2002[44] betont die für eine Erstreckung des Formerfordernisses unzureichende wirtschaftliche Verknüpfung der Verträge und für eine ebensolche ausreichende Abhängigkeit des Grundstücksgeschäfts selbst zu einem verbundenen Geschäft, hier einem Bauvertrag. Unerheblich für die Frage der Formbedürftigkeit sei die zeitliche Abfolge der Verträge.[45] Der erforderliche rechtliche Zusammenhang gehe über den tatsächlichen, insbesondere wirtschaftlichen Zusammenhang der Geschäfte hin- **17**

[39] Siehe auch jurisPK-BGB/Ludwig § 311b Rn. 230.

[40] BGH 26.11.1999 – V ZR 251/98, NJW 2000, 951.

[41] BGH 16.3.1988 – VIII ZR 12/87, BGHZ 104, 18 = NJW 1988, 178.

[42] BGH 6.12.1979 – VII ZR 313/78, BGHZ 76, 43 [48 f.] = NJW 1980, 829; BGH 6.11.1980 – VII ZR 12/80, BGHZ 78, 346, 349 = NJW 1981, 274; BGH 10.10.1986 – V ZR 247/85, NJW 1987, 1069.

[43] Insgesamt BGH 26.11.1999 – V ZR 251/98, NJW 2000, 951.

[44] BGH 13.6.2002 – VII ZR 321/00, NJW 2002, 2559, 2560.

[45] Pohlmann EWiR 2000, 323.

aus. Nicht ausreichend für die Erstreckung des Formerfordernisses sei der Umstand, dass das formfreie Rechtsgeschäft des Bauvertrags den Grundstückskauf veranlasst oder ermöglicht hat. Vielmehr sei für die Ausdehnung des Formerfordernisses für den Fall geboten, dass nach den Parteivorstellungen der Grundstückskaufvertrag zur Ermöglichung der Ausführung des Bauvertrags geschlossen wird.[46]

18 Ob ein Grundstückskaufvertrag einseitig von einem anderen Vertrag abhängt, ist eine Frage des Willens der Beteiligten.[47] Für einen solchen Willen zur Abhängigkeit soll es ausreichen, „wenn nur einer der Vertragspartner einen solchen Einheitlichkeitswillen erkennen lässt und der andere Partner ihn anerkennt oder zumindest hinnimmt".[48] *Seeger*[49] hält dazu fest, dass zum einen mindestens bei einem Beteiligten ein vorhandener Verknüpfungswille dem anderen Beteiligten bei Auslegung der Erklärung nach dem Empfängerhorizont erkennbar sein muss. Zum anderen müssten sich die Beteiligten über die Maßgeblichkeit dieses Willens einigen, wobei es genügen solle, wenn der andere Beteiligte dies hinnehme. Ist dies vielleicht noch im Zwei-Personen-Verhältnis durch Auslegung vom Empfängerhorizont zu ermitteln, wird dies im Drei-Personen-Verhältnis schwierig (→ Rn. 33 ff.) oder auch bei zeitlichem Aufeinanderfolgen der Verträge (→ Rn. 21 ff.).

Beispiele für zusammengesetzte Geschäfte[50]:

- Formbedürftigkeit von Grundstückskaufvertrag und Darlehensvertrag[51]
- Bürgschaft[52]
- Mit Verkaufsangebot einhergehender Pachtvertrag[53]
- Dem Kauf vorgeschalteter Mietvertrag[54]
- Kauf eines Grundstücks von einer Brauerei mit gleichzeitigem Abschluss eines Bierbezugsvertrages[55]
- Sämtliche, durch ein Bauherrenmodell bedingte Verträge[56]
- Wärmelieferungsverträge[57]
- Hotelkaufvertrag bestehend aus Kauf von Immobilie und FF&E[58]

---

[46] Insgesamt BGH 13.6.2002 – VII ZR 321/00, NJW 2002, 2559, 2560.

[47] BGH 29.1.2021 – V ZR 139/19, NJW 2021, 2510, 2512.

[48] BGH 6.12.1979 – VII ZR 313/78, NJW 1980, 829.

[49] Seeger MittBayNot 2003, 11, 12.

[50] Siehe hierzu und zu weiteren Beispielen insbes. jurisPK-BGB/Ludwig § 311b Rn. 223 ff.

[51] BGH 10.12.1993 – V ZR 108/92, NJW 1994, 720; BGH 7.2.1986 – V ZR 176/86, NJW 1986, 1983.

[52] BGH 15.1.1962 – III ZR 177/60, NJW 1962, 586.

[53] BGH 17.3.1988 – IX ZR 43/87, NJW 1988, 2880.

[54] OLG München 24.3.1987 – 5 U 5335/86, NJW-RR 1987, 1042.

[55] Vgl. MüKoBGB/Ruhwinkel § 311b Rn. 62.

[56] Vgl. BeckOK BGB/Gehrlein § 311b Rn. 26.

[57] Kruse RNotZ 2011, 65.

[58] Diederichsen/Schmidt/Beneke ZfIR 2014, 165, 169.

bb) Zusätzlich: Inhaltliche Verknüpfung als eigenständiges Merkmal für Beurkundungspflicht?

Das jüngste BGH-Urteil aus dem Januar 2021 führt die bisherige Recht- 19
sprechung fort und präzisiert die Bestimmung der rechtlichen Einheit zwischen Grundstücksgeschäft und einem damit verbundenen Geschäft mit dem Differenzierungskriterium der „inhaltlichen Verknüpfung“.[59] Maßgeblich wird dabei auf den subjektiven Verknüpfungswillen der Parteien abgestellt.[60] Dieser könne unterschiedlich ausgestaltet sein: Sei der Parteiwille lediglich darauf gerichtet, das Zustandekommen des Grundstücksgeschäfts vom Zustandekommen eines anderen, an sich formfreien Geschäfts abhängig zu machen, sei einzig die rechtstechnische Verknüpfungsabrede zu beurkunden.[61] Demgegenüber bestünde eine Beurkundungspflicht auch des an sich formfreien verbundenen Rechtsgeschäfts, wenn dieses mit dem Grundstücksgeschäft inhaltlich verknüpft sei, also die Regelungen des Grundstücksgeschäfts nur in Einheit mit den Regelungen des verbundenen Geschäfts gelten sollen.[62] Hierfür sei zu prüfen, ob das Grundstücksgeschäft über die Verknüpfungsabrede hinaus zu dem Inhalt der Regelungen des anderen Rechtsgeschäfts in Abhängigkeit stand.[63] Bejahendenfalls läge ein insgesamt beurkundungsbedürftiges einheitliches Rechtsgeschäft vor.[64] Zur Bestimmung dieser subjektiv geprägten inhaltlichen Verknüpfung können Indizien herangezogen werden: Zum einen spräche für eine von den Parteien gewollte rechtliche Einheit, wenn ihr wirtschaftliches Ziel nur durch das Zusammenwirken von Grundstückgeschäft und verbundenem Rechtsgeschäft erreicht werden kann.[65] Zum anderen sei eine rechtliche Einheit qua inhaltlicher Verknüpfung auch dann anzunehmen, wenn das Drittgeschäft nach der Interessenlage der Parteien nicht ausschließlich in die Risikosphäre nur einer Partei fallen soll.[66] Weiterhin könnten nach *Scholz* folgende Gegebenheiten indizielle Wirkung zugunsten eines einheitlichen Rechtsgeschäfts entfalten: Auf einen konkreten Bezug zwischen Inhalt des Grundstückgeschäfts und des anderen Geschäfts hinwei-

---

[59] BGH 29.1.2021 – V ZR 139/19, NJW 2021, 2510, 2512; Keim/Scholz NJW 2022, 1486.

[60] BGH 29.1.2021 – V ZR 139/19, NJW 2021, 2510, 2511f.; Keim/Scholz NJW 2022, 1486, 1488.

[61] BGH 29.1.2021 – V ZR 139/19, NJW 2021, 2510, 2511f.; Keim/Scholz NJW 2022, 1486, 1488.

[62] BGH 29.1.2021 – V ZR 139/19, NJW 2021, 2510, 2512; Keim/Scholz NJW 2022, 1486, 1488; Müller NJW 2021, 2477, 2479.

[63] BGH 29.1.2021 – V ZR 139/19, NJW 2021, 2510, 2512; Keim/Scholz NJW 2022, 1486, 1488.

[64] BGH 29.1.2021 – V ZR 139/19, NJW 2021, 2510, 2512; Keim/Scholz NJW 2022, 1486, 1488.

[65] Keim/Scholz NJW 2022, 1486, 1488.

[66] Keim/Scholz NJW 2022, 1486, 1489; Scholz Zusammengesetzte Verträge im Sinne von § 311b Abs. 1 Satz 1 BGB, S. 154.

sende Umstände der Vertragsanbahnung, der Abschluss der beiden Geschäfte in enger räumlicher und/oder zeitlicher Nähe, ihre Beurkundung in einer gemeinsamen Urkunde oder die gewöhnlicherweise eine rechtliche Einheit bildenden Vertragstypen des Grundstücks- und anderen Geschäfts.[67] Sei das Vorliegen einer einheitlichen Einheit bzw. eines zusammengesetzten Vertrags unter Zugrundelegung gerade dargestellter Indizien festgestellt, ergibt sich auf der Rechtsfolgenseite Folgendes: Nicht nur die Verknüpfungsabrede als solche, sondern auch das mit dem Grundstückskaufvertrag verbundene Rechtsgeschäft unterläge der notariellen Beurkundungspflicht.[68] Unterbliebe diese, ist das an sich formfreie verbundene Geschäft formnichtig nach § 125 S. 1 BGB.[69] Aufgrund der Ausstrahlungswirkung der Teilnichtigkeit des zusammengesetzten Vertrags ist auch der Grundstückskaufvertrag, selbst wenn er formgerecht beurkundet wurde, nichtig nach den §§ 125 S. 1, 139 BGB: Die Parteien hätten den Grundstückskaufvertrag nicht ohne den nichtigen Teil (das verbundene Rechtsgeschäft) vorgenommen, sondern vielmehr nur unter der aufschiebenden Bedingung der Wirksamkeit des verbundenen Rechtsgeschäfts.[70]

20 Für die rechtsgestaltende Praxis ist *Keim/Scholz*[71] recht zu geben, wenn sie darauf hinweisen, dass die „inhaltliche Verknüpfung neuartig anmutende Formulierung" des BGH-Urteils aus Januar 2021 in der Sache keine neue Erkenntnis brächte. Denn in der Tat besteht, wie von *Keim/Scholz* auf den Punkt gebracht, das Problem darin, zu bestimmen, wann die Parteien nur die Bedingung selbst vereinbaren wollen, „also dass der Grundstücksvertrag nur vom Abschluss oder vom Fortbestand eines weiteren, nicht beurkundungsbedürftigen Vertrages abhängen soll" oder ob der Wille weiter geht oder/und es zumindest einer Partei „bereits bei Beurkundung des Grundstückskaufs auf den konkreten Vertragsinhalt dieses zweiten Vertrags" ankomme.[72] Für die Vertragsgestaltung (und damit die Beurkundungspflicht) gibt diese Fragestellung aber auch zugleich die Lösung vor: Ist „nur" gewollt, dass die Parteien (oder eine von ihnen) von dem Grundstückskaufvertrag zurücktreten können, wenn ein anderer Vertrag nicht geschlossen wird, so ist eben dieses Rücktrittsrecht inhaltlich zu gestalten und zu beurkunden, und zwar in der notwendigen Detailtiefe. Kommt es etwa auf bestimme Formulierungen des anderen nicht beurkundungsbedürftigen Vertrages an, die, wenn sie nicht erfüllt sind, zum Rücktritt berechtigen sollen, dann ist dies in der zu beurkun-

---

[67] Keim/Scholz NJW 2022, 1486, 1491; Scholz Zusammengesetzte Verträge im Sinne von § 311b Abs. 1 Satz 1 BGB, S. 153 ff.

[68] BGH 29.1.2021 – V ZR 139/19, NJW 2021, 2510, 2512 Keim/Scholz NJW 2022, 1486, 1488.

[69] BGH 29.1.2021 – V ZR 139/19, NJW 2021, 2510, 2512; Keim/Scholz NJW 2022, 1486, 1491.

[70] Grüneberg/Ellenberger BGB § 139 Rn. 14; Keim/Scholz NJW 2022, 1486, 1487.

[71] Keim/Scholz NJW 2022, 1486, 1488 ff..

[72] Keim/Scholz NJW 2022, 1486, 1488.

denden Rücktrittsklausel entsprechend zu berücksichtigen. Gleiches gilt bei der Vereinbarung von aufschiebenden Bedingungen, Befristungen oder anderen Abhängigkeiten. So ist dann auch keine Beurkundungspflicht für einen Darlehensvertrag gegeben, wenn der Grundstückskaufvertrag vorsieht, dass der Käufer einen Darlehensvertrag zur Finanzierung des Kaufpreises abschließt, und bei Nichteintritt der Bedingung ein Rücktrittsrecht (für den Käufer) besteht.[73] Lediglich die Bedingung selbst sei dann zu beurkunden, zumal es in solchen Fällen auf den genauen Inhalt des Darlehensvertrages gerade nicht ankommt. Diese Abgrenzung spielt insbesondere im Dreipersonenverhältnis (siehe hierzu → Rn. 31 ff.) eine Rolle.

c) Zeitliche Reihenfolge der Verträge ist nicht relevant

Die Frage der Formbedürftigkeit ist nicht von der **zeitlichen Abfolge** des Abschlusses der Verträge abhängig. Nicht entscheidend ist also, ob zuerst das Grundstücksgeschäft getätigt wird oder das andere Geschäft.[74] **21**

Dass es auf die zeitliche Abfolge nicht ankommen soll, ist zunächst für den Fall einfach, in dem zuerst der Grundstückskaufvertrag abgeschlossen wird. Der zeitlich spätere Vertrag ist dann beurkundungsbedürftig, wenn der Grundstückskaufvertrag im Zwei-Personen-Verhältnis von dem nachfolgenden Vertrag (zB Mietvertrag) abhängt (zur Frage der Beurkundungspflicht bei Drei-Personen-Verhältnissen → Rn. 31 ff.). Nicht ganz so einfach liegt der Fall, wenn der eigentlich nicht beurkundungsbedürftige Vertrag zeitlich vor dem Grundstückskaufvertrag geschlossen wird. Der BGH geht auch hier davon aus, dass der eigentlich nicht beurkundungsbedürftige Vertrag zu beurkunden sei.[75] In dem entschiedenen Fall wurde ein privatschriftlicher Bauvertrag über die Errichtung eines Hauses auf einem Grundstück geschlossen. Dieses stand zum Zeitpunkt des Vertragsabschlusses im Eigentum eines Dritten. Im Bauvertrag wurde ein Rücktrittsrecht vereinbart, sollte die potentielle Erwerberin das Grundstück nicht erwerben. Der BGH meint, dass der Werkvertrag dann beurkundungspflichtig sei, wenn die Beteiligten übereinstimmend davon ausgehen, dass der Kauf des Grundstückes von den späteren zukünftigen Kaufvertragsparteien auch von dem Bauvertrag abhinge. Ein solcher Verknüpfungswille sei anzunehmen, wenn die Parteien zum einen des Bauvertrages und zum anderen des Kaufvertrages identisch seien oder aber der Bauunternehmer maßgeblichen Einfluss auf die Durchführung des Kaufvertrages habe.[76] Läge eine solche Identität der Vertragsparteien nicht vor und sei auch kein maßgeb- **22**

[73] Keim/Scholz NJW 2022, 1486, 1488.

[74] BGH 13.6.2002 – VII ZR 321/00, NJW 2002, 2559, 2560.

[75] BGH 13.6.2002 – VII ZR 321/00, NJW 2002, 2559, 2560; BGH 22.7.2010 – VII ZR 246/08, DNotZ 2011, 196.

[76] So Keim DNotZ 2011, 513, 516, 517 mit weiterer Erörterung des Falles.

licher Einfluss ersichtlich, bedürfe es darüber hinaus besonderer Umstände für die Annahme der Verknüpfung (zur Erörterung der Drei-Personen-Verhältnisse → Rn. 31 ff.).

Für die Praxis wird es in diesen Fällen schwer sein, zu beurteilen, ob eine solche „hypothetische Abhängigkeit“ vorliegt.[77] Entsprechend vorsichtig wird man (leider) in der Beurkundungspraxis und Beratung zu agieren haben. Nach der Rechtsprechung müsste der eigentlich nicht beurkundungspflichtige Bauvertrag zunächst beurkundet werden und auf einen potentiell zukünftigen Grundstückskaufvertrag, zum Beispiel in Form eines Rücktrittsrechts, Bezug nehmen. Umgekehrt muss, wenn der Grundstückskaufvertrag abgeschlossen wird, der zuvor geschlossene Werkvertrag Bestandteil des Grundstückskaufvertrages werden (zB durch Verweisung auf den beurkundeten Werkvertrag als Bezugsurkunde).[78] Zur Problematik des Drei-Personen-Verhältnisses dieses Falls → Rn. 31 ff.

d) Erfordernis der Mitbeurkundung des „Verknüpfungswillens“

23 Kommt man zu dem Schluss, dass bei einem zusammengesetzten Geschäft beide Verträge zu beurkunden sind, so stellt sich die Frage, ob es ausreichend ist, beide Verträge in getrennten Urkunden zu beurkunden, ohne dass in einer der beiden Urkunden ein Verweis auf die jeweils andere Urkunde enthalten ist. Nach der Rechtsprechung ist es erforderlich, dass der rechtliche Zusammenhang in den Verträgen zum Ausdruck kommen soll. Dabei geht es zum einen um die Frage, ob die Verknüpfungsabrede überhaupt nur durch eine gemeinsame Beurkundung in **einer Urkunde** formgerecht erfolgen kann[79] oder ob man auch beide Verträge getrennt beurkunden kann. Diejenigen, die eine getrennte Beurkundung für zulässig erachten, diskutieren, ob der Verknüpfungswille in beiden Urkunden niedergelegt werden muss oder ob es in einer Urkunde ausreiche.[80]

aa) Grundsätzlich: Beurkundungspflicht des „Verknüpfungswillens“

24 Der BGH geht zunächst grundsätzlich von der Beurkundungspflicht des sogenannten Verknüpfungswillens aus. Folgendes Beispiel aus der BGH-Recht-

[77] Vgl. Keim DNotZ 2011, 513, 518, 519.

[78] Vgl. im Einzelnen: jurisPK-BGB/Ludwig § 311b Rn. 241 mit Kritik an der Rechtsprechung.

[79] Vgl. Staudinger/Meier BGB § 311b Abs. 1 Rn. 243 ff.

[80] Vgl. zum Überblick: Keim DNotZ 2011, 513, 519; jurisPK/Ludwig, § 311b Rn. 239; BGH 16.3.1988 – VIII ZR 12/87, NJW 1988, 1781, 1782; BGH 13.2.2003 – IX ZR 76/99, NJW-RR 2003, 1565, 1566; BGH 26.11.1999 – V ZR 251/98, NJW 2000, 951, 952.

sprechung[81] verdeutlicht, dass auch bei dem Erfordernis der Mitbeurkundung der „Verknüpfungsabrede" die Abhängigkeit des Grundstücksgeschäfts das entscheidende Kriterium darstellt:

Ein Grundstückskaufvertrag wurde notariell beurkundet. Der Grundstücksverkäufer vereinbarte mit dem Käufer in einem weiteren Vertrag ein Vorkaufsrecht an dem benachbarten Grundstück. Auch dieser Vertrag wurde notariell beurkundet. Das OLG Schleswig vertrat jedoch die Ansicht, dass der Grundstückskaufvertrag nichtig sei, weil die Verknüpfung mit dem Vorkaufsversprechen darin keinen Ausdruck gefunden habe. Bereits die einseitige Abhängigkeit „eines jeden" der Geschäfte könne genügen. Der BGH wies jedoch darauf hin, dass eine solche Abhängigkeit allein noch nicht ausreiche. Maßgeblich sei vielmehr, ob das **Grundstücksgeschäft** von dem weiteren Geschäft abhänge. Da der Abschluss des Grundstückskaufvertrags im konkreten Fall jedoch gerade nicht von der Vereinbarung eines Vorkaufsrechts am Nachbargrundstück abhängig war, bedurfte es auch insoweit keiner zu beurkundenden Verknüpfungsabrede.

bb) Beurkundung des Verknüpfungswillens nur in einer Urkunde?

Nicht durch den BGH eindeutig entschieden ist die Frage, ob die Abhängigkeit der Verträge voneinander im Rahmen einer Verknüpfungsabrede in **beiden Urkunden** verlautbart werden muss, oder ob die Beurkundung in einem Vertrag genüge. **25**

Nach einem Urteil des BGH aus dem Jahr 2000 soll es ausreichend sein, dass die Abhängigkeit der Verträge in **einer** der beiden Urkunden verlautbart wurde. Dies gelte jedenfalls dann, wenn es sich bei dem zweiten notariell beurkundeten Vertrag lediglich um eine **Ergänzung** des ersten Vertrags handelt.[82]

Aus dem Urteil ergibt sich jedoch nicht ausdrücklich, ob die Beurkundung **26** des Einheitlichkeitswillens in einer Urkunde auch dann ausreicht, wenn die rechtliche Einheit mit einem weiteren Rechtsgeschäft **von Anfang an** gewollt war[83] und es sich bei dem weiteren Vertrag **nicht lediglich um eine Ergänzung des Grundstückkaufvertrags** handele. Fraglich und umstritten ist demzufolge, ob in einem solchen Fall eine Verknüpfungsabrede in **beiden Verträgen** beurkundet werden muss[84]. Das OLG Hamm hat betont, dass ein Hinweis auf die Abhängigkeit in der zweiten Urkunde nur dann ausreiche, wenn es sich um zwei Verträge mit dem gleichen Gegenstand handele.[85] Nach

---

[81] BGH 16.3.1988 – VIII ZR 12/87, NJW 1988, 1781, 1782.

[82] BGH 16.3.1988 – VIII ZR 12/87, NJW 1988, 1781, 1782.

[83] Vgl. hierzu Keim DNotZ 2001, 827, 836.

[84] Hierzu und zur Verfahrenstechnik jurisPK-BGB/Ludwig § 311b Rn. 242.

[85] OLG Hamm 4.7.1996 – 22 U 116/95, OLGR Hamm 1996, 229; im Übrigen offen gelassen bei: OLG Stuttgart 9.6.2000 – 5 U 181/98, OLGR Stuttgart 2000, 408 = DNotI-Report 2001, 100.

dem Kammergericht ist es ausreichend, wenn die Abhängigkeit der Verträge in einer der Urkunden erwähnt sei.[86]

27 Richtig ist der Gedanke von *Keim*[87], sich darauf zu besinnen, dass die Abhängigkeit des Grundstücksgeschäftes das maßgebliche Rechtsgeschäft für die Beurteilung der Formbedürftigkeit des gesamten Vertrages darstelle. Daher müsse jedenfalls der Verknüpfungswille auch dort zum Ausdruck kommen. Konsequenterweise reicht es bei einseitiger Abhängigkeit des Grundstückskaufvertrages, wenn sie nur dort zum Ausdruck kommt.[88] Dafür spricht auch die neuere Rechtsprechung zur Frage des Erfordernisses einer „inhaltlichen Verknüpfung" und das oben Gesagte (siehe → Rn. 21 ff.) (Zur Beteiligung Dritter → Rn. 31 ff.).

cc) Die rechtliche Ausgestaltung des Verknüpfungswillens

28 Praktisch bedeutsam ist, wie ein solcher rechtlicher Zusammenhang in den betreffenden Verträgen zum Ausdruck gebracht werden kann oder muss. Eine Verknüpfung des Grundstückskaufvertrags mit dem weiteren Geschäft kann (und sollte) zum Beispiel durch rechtsgeschäftliche **Bedingungen, Abschlussverpflichtungen** oder **Rücktrittsvorbehalte** erfolgen.[89]

29 Um die Verknüpfung durch situationsgerechte Ausgestaltung (zB durch Rücktrittsrechte) zum Ausdruck zu bringen, wird man mit *Kanzleiter*[90] auf die **Art der Verknüpfung** abstellen müssen. So dürfte die Beurkundung des Verknüpfungswillens – zB mittels Rücktrittsrechts oder Bedingung – lediglich in der zweiten (von zwei zusammenhängenden) Urkunde regelmäßig nur dann ausreichend sein, wenn zwar der zweite Vertrag vom ersten Vertrag abhängig sei, nicht aber der erste vom zweiten Vertrag (einseitige Abhängigkeit). Sei der erste Vertrag (einseitig oder wechselseitig) vom zweiten Vertrag abhängig, werde der Notar die Verknüpfung bereits in der ersten Urkunde zum Ausdruck bringen müssen, da andernfalls der erste Vertrag jedenfalls zunächst unvollständig beurkundet sei.

30 Die teilweise verbreitete Praxis, beide Urkunden nacheinander zu verlesen und die Verknüpfung aber dadurch zum Ausdruck zu bringen, dass nach Unterschrift aller Beteiligten der Notar die Urkunden „gleichzeitig" unterschreibe, ist zumindest bei Grundstücksgeschäften eher mit Vorsicht zu genießen. Der theoretisch richtige Hinweis, dass gedanklich eine „gleichzeitige" Unterschrift durch den Notar nicht erfolgen könne und der Notar durchaus nach Unterzeichnung der ersten Urkunde einen Herzinfarkt erleiden könne, ist

---

[86] KG 15.12.1990 – 7 U 6443/88, NJW 1991, 1959.

[87] Keim DNotZ 2011, 513, 520.

[88] So auch für den Geschäftsanteilskauf: Leutner/Stenzel NZG 2012, 1406, 1408.

[89] jurisPK-BGB/Ludwig § 311b Rn. 235; Erman/Grziwotz BGB § 311b Rn. 53; MüKoBGB/Ruhwinkel § 311b Rn. 60.

[90] Kanzleiter DNotZ 2004, 178 ff.

rechtstechnisch zutreffend, wenn auch eher praxisfremd. Mit der Vereinbarung eines Rücktrittsrechts im ersten Vertrag, sollte der zweite Vertrag nicht zustande kommen, wäre man bei der Vertragsgestaltung jedoch auf der sicheren Seite.[91]

c) Der „zusammengesetzte Vertrag" bei Personenverschiedenheit

Fraglich ist das Vorliegen einer rechtlichen Einheit zwischen Grundstücks- 31
kaufvertrag und einem weiteren Vertrag, wenn dieser mit einer **anderen Vertragspartei** abgeschlossen wurde. Nach der Rechtsprechung ist es jedoch nicht erforderlich, dass an jedem der Rechtsgeschäfte jeweils dieselben Parteien beteiligt sind.[92]

Die Einheitlichkeit zwischen Grundstückskaufvertrag und einem anderen Vertrag kann somit auch dann bestehen, wenn **verschiedene Personen** an der Transaktion beteiligt sind.[93] Die Rechtsprechung hierzu ist unübersichtlich und gibt für die Transaktionspraxis auch keine klaren Leitlinien.

aa) Einbeziehung in Leistung und Gegenleistung als zentrales Merkmal

Die Obersätze der Urteile scheinen zu suggerieren, dass bei jeglicher ein- 32
seitiger Abhängigkeit des Grundstücksgeschäfts von der weiteren Vereinbarung gerade auch diese weitere Vereinbarung mit einem Dritten zu beurkunden wäre. Dies würde bedeuten, dass die andere Vereinbarung allein deshalb formbedürftig würde, „weil eine Vertragspartei mit einem Dritten einen Grundstückskaufvertrag schließt, der in seinem Bestand von dieser Vereinbarung abhängt", worauf *Keim*[94] zu Recht hinweist. Die Folge könnte sein, dass zum Beispiel der Darlehensvertrag, den der Käufer mit der finanzierenden Bank schließt, auch beurkundungsbedürftig wäre und zwar in dem Sinne, dass der Käufer und die Bank einen beurkundungsbedürftigen Vertrag schließen müssten. Auch sonstige Finanzierungszusagen der Bank könnten, soweit der Grundstückskaufvertrag von ihnen abhängig ist, beurkundungsbedürftig sein. Dies wird ersichtlich so nicht vertreten und es wird für selbstverständlich ge-

---

[91] Vgl. hierzu: Kanzleiter DNotZ 2004, 178 ff.; Weigl DNotZ 2004, 339 ff.; Kanzleiter DNotZ 2004, 341.

[92] OLG Hamm 10.3.1995 – 25 U 73/94, DNotI-Report 1995, 128.

[93] Vgl. BGH 22.7.2010 – VII ZR 246/08, NZBau 2011, 154; OLG Koblenz 25.3.2014 – 3 U 1080/13, NJW-RR 2014, 982, 983, zum gesamten Komplex auch jurisPK-BGB/Ludwig § 311b Rn. 237 und 247-251.

[94] Keim DNotZ 2001, 827.

halten, dass eine solche Finanzierungszusage nicht beurkundungspflichtig sei.[95] Richtigerweise wird zunächst danach zu unterscheiden sein, „ob das Rechtsgeschäft mit dem Dritten in den Zusammenhang von Leistung und Gegenleistung des Grundgeschäfts mit einbezogen wird".[96] So hat der BGH[97] entschieden:

„Auch an Dritte zu machende Leistungen bedürfen dann der Beurkundung nach § 313 BGB, wenn sie zu den Gegenleistungen gehören, die der Käufer gegenüber dem Verkäufer übernimmt, wenn dieser also einen eigenen Anspruch darauf erwerben soll, dass die Leistung an den Dritten bewirkt wird".

33 Ist dagegen eine Einbeziehung in den Zusammenhang von Leistung und Gegenleistung nicht beabsichtigt, so ist die Absprache mit der dritten Vertragspartei formfrei[98] und nur die jeweilige Art und Weise der „Verknüpfungsabrede" (zB Bedingung und/oder Rücktrittsrecht) ist zu beurkunden.

bb) Einbeziehung des Dritten durch dreiseitigen Vertrag: Beurkundung auch des Drittvertrages

34 Entscheidend ist allein, ob nach dem Willen der Vertragsschließenden die versprochene Leistung von einer anderen Leistung untrennbar abhängen soll.[99]

Daher ist zunächst, wenn die Parteien des Grundstückskaufvertrages die Leistungspflicht eines Dritten nach ihrem Willen in den Zusammenhang ihrer eigenen Leistung und Gegenleistung einbeziehen wollen, zu fragen, wie dieses „Einbeziehungsverhältnis" zu werten ist. Zunächst kann gewollt sein, dass in der Tat ein mehrseitiger, genauer dreiseitiger Vertrag gewünscht ist.[100] So lag die Konstellation auch im oft zitierten „Bürgschaftsfall" des BGH.[101] In diesem Fall war bei der Beurkundung zunächst angedacht worden, dass in dem Kaufvertrag gleichzeitig die den Kaufpreisanspruch absichernde Bürgschaft mitbeurkundet werden sollte, so dass die Bürgende ebenfalls Vertragspartei geworden wäre. Der beurkundende Notar hatte dann auf Frage darauf hingewiesen, dass diese Mitbeurkundung (vermeintlich) kostenerhöhend sei und im Übrigen die Bürgschaft auch formlos beurkundet werden könne. Der BGH

---

95 Vgl. Hermanns DNotZ 2013, 9, 17 – anlässlich der Erörterung eines sog. Equity Commitment Letter mit dem Unternehmenskaufvertrag.

96 Keim DNotZ 2001, 827, 834; so auch Korte, Handbuch der Beurkundung von Grundstücksgeschäften, S. 73, Rn. 8.

97 BGH 20.11.1953 – V ZR 124/52, BGHZ 11, 90 (zitierte Passage in NJW 1954, 308 ff. nicht mit abgedruckt).

98 BGH 20.11.1953 – V ZR 124/52, BGHZ 11, 90 (zitierte Passage in NJW 1954, 308 ff. nicht mit abgedruckt).

99 BGH 16.9.1988 – V ZR 77/87, NJW-RR 1989, 198, 199.

100 Vgl. Keim DNotZ 2001, 827, 834; vgl. auch jurisPK-BGB/Ludwig § 311b Rn. 236, 237.

101 BGH 15.1.1962 – III ZR 177/60, NJW 1962, 586 f.

ging von der Formbedürftigkeit der Bürgschaftserklärung aus, weil diese „ein wesentlicher Bestandteil des Kaufvertrages habe sein sollen".[102] Den Parteien war es also nach ihrem Willen gerade darauf angekommen, einen Drei-Personen-Vertrag zu schließen, weil auf die Bürgschaft solch ein besonderer Wert gelegt wurde. In solchen Fällen des echten mehrseitigen Vertrages ist der Dritte zwingend zu beteiligen.[103]

cc) Kein dreiseitiger Vertrag: Nur Beurkundung der Verknüpfungsabrede (zB Bedingung)

Ist kein mehrseitiger (dreiseitiger) Vertrag durch die Parteien beabsichtigt, **35**
so wird es weiterhin darauf ankommen, „wie intensiv die rechtliche Verknüpfung zwischen dem Grundstückskaufvertrag und dem Drittvertrag sein muss"[104], um von einer einseitigen rechtlichen Abhängigkeit des Grundstücksvertrages von Drittvertrag zu sprechen. Ist zunächst die Leistung an einen Dritten Vertragspflicht einer Partei des Grundstückskaufvertrages, so ist es von der Bedeutung dieser Leistung, die die Vertragsparteien des Grundstückskaufvertrages der Vertragspflicht beimessen, abhängig, in welchem Detailgrad diese Verpflichtung aufgenommen wird. Nach dem das OLG Brandenburg[105] besteht eine Beurkundungspflicht für an Dritte zu erbringende Leistungen nur dann, wenn sie Bestandteil der Gegenleistungen sind, die der Käufer gegenüber dem Verkäufer übernimmt und die insoweit einen darauf gerichteten Anspruch begründen, dass die Leistung an den Dritten bewirkt wird. Im Übrigen seien Sonderabmachungen mit Dritten, unabhängig davon, ob sie den Kaufabschluss erst ermöglicht haben, formfrei.

An einem solchen rechtlichen Zusammenhang fehlt es beispielsweise, wenn der Käufer den Grundstückskauf fremdfinanzieren möchte, dies aber gerade nicht Inhalt der vertraglichen Vereinbarung zwischen Käufer und Verkäufer geworden ist und auch gar nicht werden sollte. Für beide Parteien ist hier klar, dass der Verkäufer nicht das Risiko der Finanzierbarkeit des Kaufpreises tragen soll.[106] Der Darlehensvertrag ist nicht zu beurkunden. Der BGH hat (siehe oben → Rn. 19) im Jahr 2021 nochmals klargestellt, dass, wenn das Zustandekommen des Grundstückgeschäftes davon abhängig sein soll, dass ein anderes für sich genommenes nicht beurkundungsbedürftiges Geschäft (im zu entscheidenden Fall ein Durchführungsvertrag im Sinne von § 12 BauGB) zustande kommt, es ausreichend sei, wenn diese Verknüpfung, also die Bedingung, beurkundet werde.[107]

---

[102] BGH 15.1.1962 – III ZR 177/60, NJW 1962, 586.
[103] Vgl. Keim DNotZ 2001, 827, 835.
[104] So jurisPK-BGB/Ludwig § 311b Rn. 236.
[105] OLG Brandenburg 5.12.1995 – 6 U 23/95, NJW-RR 1996, 978, 979.
[106] Vgl. Hermanns DNotZ 2013, 9, 14 – zum Geschäftsanteilskaufvertrag.
[107] BGH 29.1.2021 – V ZR 139/19, NJW 2021, 2510, 2511.

Vereinbaren die Parteien des Grundstückskaufvertrages den Vertragsschluss mit einem Dritten als Bedingung oder Rücktrittsvorbehalt, so ist aber stets der Vertragsinhalt des Vertrages mit dem Dritten insoweit im Grundstückskaufvertrag zu beurkunden, als dies erforderlich ist, um die Voraussetzungen des Rücktrittsrechts zu beschreiben.[108] Umgekehrt heißt dies auch: Nicht jedes Rücktrittsrecht oder jede Bedingung des Abschlusses eines Drittvertrages führt automatisch auch zur Beurkundungspflichtigkeit des Drittvertrages. Insofern ist es auch richtig, wenn in der Literatur vertreten wird, dass ein Grundstückskaufvertrag, der ein Rücktrittsrecht für den Fall erhält, dass das Käufervehikel einen sog. Equity Commitment Letter mit dem dahinterstehenden finanzierenden Fonds nicht abschließt, gerade nicht zur Beurkundung des Equity Commitment Letter zwischen seinen Parteien zwingt.[109] Die Beurkundungspflicht im Mehrparteienverhältnis sollte nicht aufgrund pauschaler Anwendung der Leitsätze des BGH zu weit ausgedehnt werden. Schon gar nicht sollte die Rechtsprechung zum Immobilienrecht kritiklos auf den Geschäftsanteilskaufvertrag übertragen werden, denn § 15 Abs. 4 GmbHG hat einen anderen Schutzzweck als § 311b Abs. 1 BGB. Beim GmbHG besteht die Beurkundungspflicht nur im Hinblick auf die Abtretungsverpflichtung, was für eine enge Auslegung der Beurkundungspflicht spricht.[110]

dd) Sonderfall: Drei-Personen-Verhältnis: Nicht beurkundungspflichtiges Geschäft wird zeitlich zuerst abgeschlossen

Verkompliziert wird die Lage dadurch, dass die Rechtsprechung oft Drei-Personen-Fälle zu entscheiden hatte, bei denen das an sich nicht beurkundungsbedürftige Geschäft **zeitlich vor** dem Grundstückskaufvertrag geschlossen wurde.

36 So hat der BGH zum „Einheitlichkeitswillen" und dessen „Anerkenntnis" und damit der Beurkundungspflicht Folgendes festgehalten:

„Die Einheitlichkeit wird nicht dadurch ausgeschlossen, dass die Rechtsgeschäfte, wie hier, verschiedenen juristischen Geschäftstypen angehören und an ihnen zum Teil verschiedene Personen beteiligt sind. Auch wenn nur einer der Vertragspartner einen solchen Einheitlichkeitswillen erkennen lässt und der andere Partner ihn anerkennt oder zumindest hinnimmt, kann ein einheitlicher Vertrag vorliegen *(st. Rspr. des BGH, LM § 139 BGB Nr. 34 = WM 1966, 899*

---

[108] Keim RNotZ 2005, 102, 104.

[109] Vgl. Hermanns DNotZ 2013, 9, 17; Leyendecker, NZG 2012, 129, 133 jeweils zum Geschäftsanteilskaufvertrag.

[110] Vgl. Erbacher/Klarmann, Corporate Finance law 2011, 151 ff.

(900); NJW 1976, 1931 (1932); NJW 1983, 565; BGHZ 76, 43 (49) = NJW 1980, 829; BGHZ 78, 346 (349) = NJW 1981, 274; NJW 1984, 869 (870)).“[111]

Wie dies im Dreiecksverhältnis genau gehandhabt werden soll, insbesondere, wenn die dritte Partei (zB eine Bank) überhaupt kein Interesse an einer Beurkundung des Drittvertrages hat, lässt der BGH offen. Im Jahr 2010 hat er jedoch die Kriterien für die Annahme eines beurkundungspflichtigen Drittgeschäftes im Drei-Personen-Verhältnis (anlässlich eines Bauvertrages) zumindest etwas präzisiert.

Die Klägerin hatte mit dem Beklagten einen privatschriftlichen Bauvertrag über die Errichtung eines Hauses auf einem Grundstück abgeschlossen, das zum Zeitpunkt des Vertragsschlusses noch im Eigentum einer dritten Person stand. Für den Fall, dass das Grundstück nicht erworben werden sollte, wurde ihnen ein Rücktrittsrecht von dem Bauvertrag eingeräumt. Der Kaufvertrag wurde nicht abgeschlossen und das Rücktrittsrecht wurde ausgeübt. Der BGH führt hierzu aus:

„Hat der Bauunternehmer hingegen keine Einflussmöglichkeit auf die Durchführung des Kaufvertrages, bedarf es anderer, besonderer Umstände, die den Schluss zulassen, der Bauvertrag sei beurkundungsbedürftig *(vgl. auch BGH, Urt. v. 22.3.1991 – V ZR 318/89, NJW-RR 1991, 1031, 1032).“*[112]

Nach der Rechtsprechung[113] kommt also der Wille zur Abhängigkeit der **37**
Geschäfte nur in Betracht, wenn die Parteien des Kaufvertrages und des Drittvertrages identisch sind oder im Fall des Bauunternehmers dieser selbst maßgeblich Einfluss auf die Durchführung des Kaufvertrages hat. Zumindest soll dies ein Indiz für die Abhängigkeit sein (richtigerweise wohl Voraussetzung). Hat der Bauunternehmer keinen Einfluss, soll es besonderer sonstiger Umstände bedürfen, die den Schluss zulassen, der Bauvertrag sei beurkundungsbedürftig.

Auch in der Literatur wird teilweise vertreten, dass, wenn Dritte oder ein Beteiligter des Grundstückskaufvertrages wirtschaftlich verflochten seien und eine Art „Interessenparallelität“ bestünde, ein mehrseitiger Vertrag und damit die Beurkundungspflicht auch des Drittvertrages (wohl unabhängig von der zeitlichen Abfolge des Vertragsschlusses) naheliege.[114] In die ähnliche Richtung geht das Urteil des OLG Karlsruhe.[115] In diesem Fall ging es ebenso um einen Bauvertrag und einen Grundstückskaufvertrag. Die Bauunternehmer-GmbH solle maßgeblichen Einfluss auf den Verkäufer gehabt haben, der ihr einen pro-

---

[111] BGH 10.10.1986 – V ZR 247/85, NJW 1987, 1069; zum Rücktrittsrecht siehe BGH 12.2.2009 – VII ZR 230/07, NJW-RR 2009, 953, 954.

[112] BGH 22.7.2010 – VII ZR 246/08, DNotZ 2011, 196, 198.

[113] OLG Koblenz 25.3.2014 – 3 U 1080/13, NJW-RR 2014, 982, 984 mwN.

[114] Wedemann WM 2010, 395.

[115] OLG Karlsruhe 24.5.2011 – 13 U 121/10, IBR 2011, 468.

visionspflichtigen Vermittlungsauftrag erteilt habe. Auch das OLG Koblenz[116] ging von einer rechtlichen Einheit des Bauvertrages mit dem später abgeschlossenen Grundstückskaufvertrages aus, wenn jedenfalls der Bauunternehmer den Abschluss des Kaufvertrages maßgeblich gefördert habe, der Bauvertrag sich auf das später erworbene Grundstück bezöge und dies den Parteien des Bauvertrages und des Grundstückskaufvertrages bekannt sei.

38 Außerhalb des Zwei-Personen-Verhältnisses bedarf es daher nach der Rechtsprechung für den Fall, dass **zeitlich zuvor** der eigentlich nicht beurkundungsbedürftige Vertrag geschlossen wird, neben dem Willen zur rechtlichen Verknüpfung auch noch der **tatsächlichen Einflussmöglichkeit** einer der Parteien dieses Vertrages, die dritte Partei des noch abzuschließenden Grundstückskaufvertrages dahingehend beeinflussen zu können, dass diese den Grundstückskaufvertrag abschließt. Zur Gestaltung siehe oben → Rn. 24 ff.

3. Fallgruppe „mittelbarer Zwang" zur Übereignung oder zum Erwerb eines Grundstücks

39 Ein wesentlicher Schutzzweck des § 311b Abs. 1 S. 1 BGB ist die Beratungs- und Belehrungsfunktion. Die Belehrung und Warnung der Vertragsparteien soll bereits dann erfolgen, wenn diese sich binden.[117] Daher sind auch solche Vereinbarungen gem. § 311b Abs. 1 BGB analog formbedürftig, die einen **wirtschaftlichen Zwang** zur Abgabe entsprechender Verpflichtungserklärungen auslösen.

Ein solcher wirtschaftlicher Zwang ist in der Rechtsprechung für folgende Fälle anerkannt:[118]

- **Vertragsstrafe** bei Abschluss oder Nichtabschlusses des Geschäfts
- **Verfall** einer Kaufpreisanzahlung
- einer **erfolgsunabhängigen Maklerprovision**
- sowie einem **Vorvertrag** oder
- einem **Vorkaufsrecht,** wenn es eine Vertragspartei bereits verpflichtet.

40 Erforderlich ist nicht, dass die Verpflichtung unmittelbar auf die Veräußerung oder den Erwerb von Grundeigentum gerichtet ist. Für das Vorliegen eines „*mittelbaren Zwangs*" ist jedoch notwendig, dass der Vertrag Regelungen enthält, welche an die Nichtveräußerung oder den Nichterwerb des Grund-

---

[116] OLG Koblenz 25.3.2014 – 3 U 1080/13, NJW-RR 2014, 982.

[117] Heckschen/Herrler/Münch BeckNotar-HdB/Heckschen § 1 Rn. 508; sowie juris-PK/Ludwig § 311b Rn. 111 ff.

[118] Vgl. zu den Fallgruppen im Einzelnen: Staudinger/Meier BGB § 311b Abs. 1 Rn. 162 ff.; Erman/Grziwotz BGB § 311b Rn. 13; BeckOK BGB/Gehrlein § 311b Rn. 14 – mit vielen Nachweisen.

stücks **wesentliche wirtschaftliche Nachteile** knüpft, die **mittelbar** zur Veräußerung/Erwerb des Grundeigentums zwingen.[119]

Relevant kann die Fallgruppe des „mittelbaren Zwangs" insbesondere bei Verträgen sein, die zwar vom Grundstückskaufvertrag abhängen – jedoch nicht umgekehrt. Verträge, die nur einseitig vom Abschluss des Grundstückskaufvertrags abhängig sind und daher trotz ihres Zusammenhangs mit diesem nach der „neuen Formel" des BGH nicht beurkundet werden müssen, enthalten für den Fall des nicht Zustandekommens des Grundstücksgeschäfts oft Sanktionen, die die Entschlussfreiheit einer Vertragspartei einschränken.[120] Aufgrund des mittelbaren Zwangs zur Grundstücksübertragung sind auch solche Verträge im Ergebnis notariell beurkundungspflichtig.

V. Nachträgliche Veränderung des Grundstückkaufvertrags

1. Allgemein

Grundsätzlich sind nachträgliche Vereinbarungen der Parteien eines Grundstücksveräußerungsvertrags bis zum Zeitpunkt der **Auflassung** gem. §925 BGB notariell beurkundungsbedürftig. Die Beurkundungspflicht einer Vertragsveränderung besteht daher, wenn eine bereits formgültig begründete **Verpflichtung** in **rechtlich erheblicher Weise verändert** wird.[121] Formbedürftig ist beispielsweise der **Erlass** oder die **Herabsetzung** des **Kaufpreises.** **41**

2. Ausnahmen

Der BGH macht jedoch in ständiger Rechtsprechung von der Formbedürftigkeit nachträglicher Vertragsänderungen unter folgenden Voraussetzungen zwei Ausnahmen: **42**

[119] BGH 19.9.1989 – XI ZR 10/89, NJW 1990, 390, 391; BGH 25.1.2008 – V ZR 108/07, NJW-RR 2008, 824, 825.

[120] Keim DNotZ 2001, 827, 833.

[121] OLG Düsseldorf 6.10.1997 – 9 U 24/97, DNotZ 1998, 949, 953; BGH 6.11.1981 – V ZR 138/80, NJW 1982, 434, 435.

a) Keine Verschärfung oder Erweiterung der Veräußerungs- oder Erwerbspflicht

Die erste Fallgruppe betrifft Änderungen, die keine mittelbare oder unmittelbare Verschärfung oder Erweiterung der Veräußerung oder der Erwerbspflicht begründen.[122] In der Kernentscheidung des BGH ging es um eine Verlängerung eines vertraglich vereinbarten Rücktrittsrechts. Der BGH verneinte beispielsweise die Beurkundungspflicht einer nachträglichen Vereinbarung der **Voraussetzungen eines Rücktrittsrechts** im Fall der Vereinbarung einer Fertigstellungsfrist für ein Bauwerk bei Kündigungsrecht des Bestellers bei nicht fristgerechtem Baubeginn. Zur Begründung führte er die unwesentliche Veränderung der gegenseitigen Pflichten aus dem Erwerbervertrag an. So konkretisiere die Vereinbarung einer Vertragsfrist für den Beginn des Baus und eines Kündigungsrechts bei nicht fristgerechtem Baubeginn lediglich die mit dem notariell beurkundeten Vertrag begründeten Rechte des Erwerbers, aber betreffe keineswegs die jeweiligen durch den notariell beurkundeten Vertrag wirksam begründeten Hauptpflichten. Die Beurkundung einer solchen Vereinbarung entsprechend § 313 S. 1 BGB aF (§ 311b I 1 BGB nF) sei demnach nicht erforderlich.[123]

43 In einem anderen Fall verneinte der BGH ebenfalls die Formbedürftigkeit einer Vereinbarung, durch welche die Vertragsparteien die **Frist** für die Ausübung eines aufschiebend bedingten Wiederkaufrechts **nachträglich verlängerten.**[124]

44 Dagegen sah der BGH in einem anderen Fall die Voraussetzungen einer nicht formbedürftigen Änderung des Grundstückkaufvertrags als nicht erfüllt an – sie unterlag daher der Beurkundungspflicht. Konkret war über die Formbedürftigkeit **neuer, verschärfender Rücktrittsvoraussetzungen** vom Grundstückskaufvertrag zu urteilen.[125]

b) Schwierigkeiten bei Vertragsabwicklung

45 Die zweite Ausnahme betrifft vertragliche Veränderungen bei Schwierigkeiten der Vertragsabwicklung.

Eine nachträgliche Veränderung des Grundstückskaufvertrags bedarf dann keiner notariellen Beurkundung, wenn durch die nachträgliche Vereinbarung[126] nur

[122] Vgl. Erman/Grziwotz BGB § 311b Rn. 58; jurisPK-BGB/Ludwig § 311b Rn. 279, 280.
[123] BGH 5.4.2001 – VII ZR 119/99, NJW 2001, 1932, 1933.
[124] BGH 27.10.1972 – V ZR 37/71, NJW 1973, 37.
[125] BGH 8.4.1988 – V ZR 260/86, NJW 1988, 3263.
[126] BGH 5.4.2001 – VII ZR 119/99, NJW 2001, 1932, 1933; sowie BGH 6.11.1981 – V ZR 138/80, NJW 1982, 434 und BGH 27.10.1972 – V ZR 37/71, NJW 1973, 37.

- unvorhergesehen aufgetretene Schwierigkeiten bei der Vertragsabwicklung beseitigt werden sollen

  und
- die zu diesem Zweck getroffene Vereinbarung die **beiderseitigen Verpflichtungen** aus dem Grundstückskaufvertrag **nicht wesentlich verändert.**

3. Zeitliche Grenze – keine Beurkundungspflicht bei einer Vertragsänderung nach Auflassung

Vertragsänderungen nach der **Auflassung** – also der dinglich notariell beurkundeten Einigung des Veräußerers und Erwerbers über die Übertragung des Eigentums an dem Grundstück gem. § 925 BGB – sind nach ständiger Rechtsprechung des BGH nicht formbedürftig, weil die Übereignungs- und Erwerbspflicht mit der Auflassung erlischt und daher nicht mehr besteht. Der Warnfunktion des § 311b Abs. 1 S. 1 BGB sei damit Rechnung getragen worden.[127] **46**

Eine **Einschränkung** gilt jedoch bei nachträglichen Vertragsänderungen, die eine durch die bereits erfolgte Auflassung **noch nicht erfüllte** Übereignungspflicht betreffen.[128] In einem Fall des OLG Düsseldorf war durch eine – nicht notariell beurkundete – Abänderung die grundbuchrechtliche Vollziehung der Eigentumsumschreibung nicht mehr in das freie Belieben des Übertragenden gestellt worden.[129] **47**

Die Auffassung des BGH, Vertragsänderungen nach erklärter Auflassung von der notariellen Beurkundungspflicht auszunehmen, ist in der Literatur teilweise umstritten. Gegen die Ansicht der Rechtsprechung wird angeführt, dass sie einseitig nur den Veräußerer im Blick habe und die **Erwerbsverpflichtung,** die gleichfalls vom Normzweck des § 311b Abs. 1 S. 1 BGB erfasst werde, vernachlässige. Richtiger Zeitpunkt, ab dem Änderungen des Vertrages formfrei möglich seien, sei nach dieser Meinung demnach derjenige, in dem der Grundbuchvollzug erfolgt sein könnte – mithin der Zeitpunkt der **Erklärung der Auflassung** und des **Antrags auf Eigentumsumschreibung beim Grundbuchamt** (auch) **durch den Erwerber.**[130] Nach einer **48**

---

[127] BGH 28.9.1984 – V ZR 43/83, NJW 1985, 266; ebenfalls BGH 14.5.1971 – V ZR 25/69, NJW 1971, 1450.

[128] Vgl. mit Beispielen juris-PK-BGB/Ludwig § 311b Rn. 286.

[129] OLG Düsseldorf 6.10.1997 – 9 U 24/97, DNotZ 1998, 949, 953.

[130] Vgl. Erman/Grziwotz BGB § 311b Rn. 59.

anderen Ansicht ist schließlich der Zeitpunkt des **Vollzugs der Eigentumsumschreibung** entscheidend.[131]

49 Für die **Aufhebung** des Grundstückskaufvertrages kann nach der Rechtsprechung festgehalten werden:[132]

- Bis zur Auflassung ist diese formlos wirksam;[133]
- Nach Auflassung und vor Eintragung ist sie formbedürftig, wenn eine Rückabwicklung/Rückkaufsverpflichtung gewollt ist;[134] und
- Zwischen Auflassung und Eintragung gilt: Ist eine Auflassungsvormerkung zugunsten des Erwerbers eingetragen und hat der Erwerber die Eintragung als Eigentümer beim Grundbuchamt beantragt, besteht ein Anwartschaftsrecht, dessen Aufhebung in entsprechender Anwendung des § 311b Abs. 1 Satz 1 BGB zu beurkunden ist.[135]

VI. Beurkundungspflicht bei mittelbarer Grundstücksbeteiligung (Share Deal) und gesellschaftsrechtlicher Beteiligung?

1. Share Deal

a) Grundsatz: Keine Beurkundung

50 Juristische Personen und Gesamthandsgemeinschaften sind häufig selbst Eigentümer eines Grundstücks. Bei Erwerb einer Beteiligung an einer solchen Gesellschaft stellt sich dann die Frage, ob – abgesehen von § 15 Abs. 4 S. 1 GmbHG – die Verpflichtung zum Erwerb einer solchen Beteiligung (etwa an einer Personengesellschaft) der notariellen Beurkundung nach § 311b Abs. 1 S. 1 BGB bedarf. Der mittelbare Erwerb oder Verlust der „Berechtigung" an einem Gesellschaftsgrundstück ist in solchen Fällen jedoch lediglich gesetzliche Folge des Wechsels der Gesellschafterstellung. Die Gesellschaft ist Eigentümerin des Gesellschaftsvermögens und nicht der einzelne Gesellschafter. Daher folgt in der Regel nach der Rechtsprechung des BGH aus der Übertragung

---

[131] Staudinger/Meier BGB § 311b Abs. 1 Rn. 289 ff. zu den Ansichten; Soergel/Mayer BGB § 311b Rn. 206.

[132] Siehe juris-PK-BGB/Ludwig § 311b Rn. 287 ff.

[133] BGH 29.1.1988 – V ZR 146/86, NJW 1988, 1386; BGH 11.11.1983 – V ZR 211/82, NJW 1984, 973; BGH 30.4.1982 – V ZR 104/81, NJW 1982, 1639, 1640.

[134] BGH 30.4.1982 – V ZR 104/81, NJW 1982, 1639; BGH 5.11.1982 – V ZR 228/80, NJW 1983, 566, 567.

[135] BGH 30.4.1982 – V ZR 104/81, NJW 1982, 1639, 1640 – zu Heilungsmöglichkeiten der Auflassungsvormerkung vgl. jurisPK-BGB/Ludwig § 311b Rn. 290.

von Gesellschaftsanteilen an einer Personengesellschaft keine Beurkundungs pflicht nach § 311b Abs. 1 S. 1 BGB.[136] Die rechtliche Beurteilung ändert sich 51
nach der Rechtsprechung des BGH auch dann nicht, wenn sich der Zweck der Gesellschaft ausschließlich auf das Halten von Grundeigentum beschränkt oder mit „Verwaltung und Verwertung" beschrieben wird.[137] Auch das OLG Düsseldorf hat dies bestätigt.[138]

b) Enger Ausnahmefall: Umgehung

Nach der Rechtsprechung ist die Anwendung des § 311b Abs. 1 BGB im 52
Bereich gesellschaftsrechtlicher Übertragungsakte daher allenfalls den Fällen einer **bewussten Umgehung** der Vorschrift vorbehalten.[139] Dies soll der Fall sein, wenn etwa Grundstücksgesellschaften nur zu dem Zweck gegründet werden, um mit Hilfe der hier verfügbaren rechtlichen Gestaltungsmöglichkeiten Grundvermögen außerhalb des Grundbuchs und ohne Formzwang beweglicher verlagern zu können. Diese Ausnahme dürfte nur in Extremfällen zur Anwendung kommen.[140]

Einen Überblick zur Haltung der insoweit strikteren Literatur, die allgemein auf den Gesellschaftszweck („Halten von Grundstücken") abstellen will, gibt Ludwig[141].

2. Sonstige Anwendung im Bereich des Gesellschaftsrechts

Neben dem Verkauf von Anteilen an Gesellschaften, die Grundbesitz hal- 53
ten, gibt es noch weitere Berührungspunkte des Gesellschaftsrechts zur Formvorschrift des § 311b Abs. 1 S. 1 BGB.

Verpflichtet sich ein Gesellschafter, als **Einlageleistung** der Gesellschaft ein Grundstück zu übereignen, so ist diese Verpflichtung beurkundungspflichtig. Ist dies im Gesellschaftsvertrag vereinbart, so macht diese Pflicht zur Sacheinlage auch den Gesellschaftsvertrag beurkundungspflichtig, wenn er es nicht ohnehin schon ist.[142] Auch die **Gründung einer Gesellschaft,** die den Zweck hat, generell Grundstücke zu erwerben und zu veräußern, ist allein wegen dieses Zwecks nicht beurkundungspflichtig. Teilweise wird

[136] BGH 31.1.1983 – II ZR 288/81, NJW 1983, 1110; ebenfalls BGH 8.1.1990 – II ZR 115/89, NJW 1990, 1171.

[137] BGH 2.10.1997 – II ZR 249/96, NJW 1998, 376.

[138] OLG Düsseldorf 14.12.2006 – I 10 U 68/06, NZG 2007, 510.

[139] Zum Meinungsbild in der Literatur vgl. jurisPK-BGB/Ludwig § 311b Rn. 161 ff., insbesondere Rn. 163.

[140] BGH 31.1.1983 – II ZR 288/81, NJW 1983, 1110; OLG Düsseldorf 14.12.2006 – I 10 U 68/06, NZG 2007, 510, 511.

[141] jurisPK-BGB/Ludwig § 311b Rn. 163.

[142] Vgl. MüKoBGB/Ruhwinkel § 311b Rn. 40 mwN.

allerdings in der Literatur vertreten, dass auch in den Fällen der allgemeinen Erwerbspflicht ausnahmsweise die Beurkundungspflicht des § 311b Abs. 1 S. 1 BGB eingreife, wenn einzelne Gesellschafter von der Geschäftsführung ausgeschlossen wären oder gesellschaftsvertraglich das Mehrheitsprinzip (zB 75 %) gelte.[143] Die herrschende Meinung lehnt dies ab.[144] Anders werden die Fälle behandelt, wenn eine Gesellschaft zum Zwecke des Erwerbs und/oder der Veräußerung **bestimmter oder zumindest bestimmbarer Grundstükke** begründet wird. Hier sei der Gesellschaftsvertrag selbst beurkundungspflichtig.[145] Dies ist nicht unumstritten, wie das Beispiel „Immobilienfonds" zeigt.[146]

54 Diesen Grundsätzen folgend werden wie bei der Übertragung des Anteils an einer Gesellschaft auch der **Beitritt oder Austritt aus einer Gesellschaft,** insbesondere zu oder aus einer Grundbesitzgesellschaft, nicht für beurkundungspflichtig gehalten. Etwas anderes gelte aber dann, wenn nach dem soeben Gesagten gemäß dem Gesellschaftszweck auch der Abschluss des Gesellschaftsvertrages selbst formbedürftig sei. In diesem Fall seien auch der Beitritt oder auch sogar die Verpflichtung zur Anteilsübertragung beurkundungspflichtig, soweit der Erwerb des Grundstücks durch die Gesellschaft noch nicht erfolgt sei (Gesellschaftszweck ist auf Erwerb eines individuellen Grundstücks ausgerichtet).[147]

Für die Fälle der Verschmelzung oder Spaltung nach dem Umwandlungsgesetz gilt, dass es sich um eine Rechtsnachfolge qua Gesetz handelt. Daher ist § 311b Abs. 1 BGB nicht anwendbar, da keine Verpflichtung, Grundbesitz durch Rechtsgeschäft zu veräußern oder zu erwerben, vorliegt.[148] Gleiches gilt für Anwachsungsmodelle, bei denen der letztverbleibende Gesellschafter einer Personengesellschaft bei Ausscheiden aller anderen Gesellschafter sämtliche Vermögensgegenstände der Gesellschaft übernimmt.[149]

---

[143] Vgl. zum Meinungsstand jurisPK-BGB/Ludwig § 311b Rn. 150.

[144] jurisPK-BGB/Ludwig § 311b Rn. 150.

[145] Vgl. Staudinger/Meier BGB § 311b Abs. 1 Rn. 164 ff. mwN zum Meinungsstand.

[146] Vgl. Heckschen/Herrler/Münch BeckNotar-HdB//Heckschen I. § 9, Rn. 10; Staudinger/Meier BGB § 311b Abs. 1 Rn. 179

[147] Zu Einzelfragen: Staudinger/Meier BGB § 311b Abs. 1 Rn. 174.

[148] Vgl. jurisPK-BGB/Ludwig § 311b Abs. 1 Rn. 86.

[149] Vgl. MüKoBGB/Ruhwinkel § 311b Rn. 43; jurisPK-BGB/Ludwig § 311b Abs. 1 Rn. 85.

VII. Rechtsfolgen einer unvollständigen Beurkundung

1. Nichtigkeit gem. § 125 BGB

Ist die Unternehmenstransaktion aufgrund der (Mit-)Veräußerung eines Grundstücks trotz Formbedürftigkeit nicht ordnungsgemäß beurkundet, ist das gesamte Vertragswerk nach § 125 BGB nichtig. Das klassische Beispiel ist der Schwarzkauf, bei dem ein niedrigerer als der wahre Kaufpreis in der notariellen Urkunde angegeben wird. **55**

2. Teilnichtigkeit gem. § 139 BGB

Nach § 139 BGB ist im Fall der Teilnichtigkeit eines Rechtsgeschäfts im Zweifel das ganze Rechtsgeschäft nichtig. Das gilt jedoch nicht, wenn anzunehmen ist, dass die Vertragsparteien das Geschäft auch ohne den nichtigen Teil vorgenommen hätten. Hätten die Vertragsparteien also das Geschäft auch ohne einen nicht beurkundeten Teil abgeschlossen, führt der Formverstoß gem. § 139 BGB nicht zur Nichtigkeit des abtrennbaren Teils. Dies gilt auch im Fall des § 311b Abs. 1 BGB. **56**

Üblicherweise wird hier differenziert, ob die Vertragsparteien die Formnichtigkeit des Teils des Rechtsgeschäfts kannten oder ob ihnen dies nicht bewusst war.[150]

Die Rechtsprechung geht davon aus, dass bei bewusster Teilnichtigkeit[151] die notwendige Absicht der Beteiligten, Rechtswirkung zu erzeugen, fehle, wenn ihnen bei Vertragsschluss die Nichtigkeit einer vertraglichen Bestimmung bewusst gewesen sei.[152] Wenn aber dieser eine Teil keine rechtsgeschäftliche Bedeutung habe, könne nicht von einer Nichtigkeit oder auch nicht von einer Teilnichtigkeit gesprochen werden.[153] So lautet der Leitsatz des 5. Zivilsenats in einem BGH-Urteil vom 29. Juni 1966[154]: **57**

„Wissen die Parteien bei Vertragsschluss, dass ein Teil ihrer Abmachung wegen Nichtbeachtung der gesetzlich vorgeschriebenen Form unwirksam ist, so wird das Rechtsgeschäft lediglich von den übrigen Vertragsbestimmungen gebildet. Diese sind aber nur dann rechtswirksam, wenn sie mit diesem Inhalt von den Parteien für sich allein gewollt sind, was im Einzelfall vom Tatrichter zu prüfen ist (Ergänzung zu RGZ 122, 138).“

---

150 jurisPK-BGB/Ludwig § 311b Rn. 294-296 mwN.
151 So der Begriff von jurisPK-BGB/Ludwig § 311b Rn. 295.
152 Vgl. Keim NJW 1999, 2866 – unter Hinweis auf die BGH-Rechtsprechung.
153 BGH 29.6.1966 – V ZR 68/65, NJW 1966, 1747.
154 BGH 29.6.1966 – V ZR 68/65, NJW 1966, 1747.

58 An der ständigen Rechtsprechung ist viel Kritik geübt worden, da sie aus Sicht der Literatur unnötig einen Sonderfall bildet. Stattdessen böte es sich an, die Fallgruppe der bewussten Teilnichtigkeit ebenfalls unter § 139 BGB zu subsumieren.[155] Das formgerecht Beurkundete soll daher grundsätzlich gültig sein und das Nichtbeurkundete nichtig. Zu prüfen sei jedoch stets, ob die nicht beurkundeten Erklärungen trotz der Kenntnis um die Nichtigkeit nicht doch in einem Zusammenhang mit dem Rest stehen und der sonstige Rechtsvertrag mit dem verbleibenden Inhalt nicht mehr gewollt ist.[156] Ist es so, dass die Vertragsparteien die Nichtigkeit eines Teils des Vertrages nicht kannten, so gilt § 139 BGB und es ist zu prüfen, ob das verbleibende „Rechtsgeschäft" wirksam bleibt oder nicht.[157]

Für die mögliche Rechtsfolge der Heilung ist es wichtig, zu wissen, ob die Auflassung, die möglicherweise im Grundstückskaufvertrag enthalten ist, von der Formnichtigkeit erfasst ist. Die Auflassung soll dabei als Verfügungsgeschäft mit dem zugrunde liegenden Grundstückskaufvertrag kein einheitliches Geschäft im Sinne des § 139 BGB bilden. Dabei soll es nicht darauf ankommen, ob der Grundstückskaufvertrag formnichtig ist, weil er überhaupt nicht, unvollständig oder unrichtig beurkundet worden ist.[158] Beruht also die Nichtigkeit des Grundstückskaufvertrages nur auf einer „Formungültigkeit", so infiziert diese Nichtigkeit nicht die Auflassung.[159]

VIII. Die Heilung formnichtiger Grundstückskaufverträge gem. § 311b Abs. 1 S. 2 BGB

1. Zweck

59 Zweck der Heilung ist die Aufrechterhaltung sachenrechtlich abgeschlossener Verhältnisse. Die Beteiligten sollen nicht gegenseitigen Bereicherungsansprüchen bis zum Ablauf der Verjährungsfrist ausgesetzt sein, nachdem das Eigentum an dem Grundstück übergegangen ist.[160]

Der BGH lässt diese Begründung jedoch – jedenfalls für sich allein betrachtet – nicht mehr ausreichen. Die Rückabwicklung nach Bereicherungsrecht sei „nicht weniger erträglich" als bei anderen Geschäften. Zudem sei nicht

[155] Vgl. etwa Keim NJW 1999, 2866, 2867; jurisPK-BGB/Ludwig § 311b Rn. 295; ähnlich MüKoBGB/Ruhwinkel § 311b Rn. 78.
[156] So Staudinger/Meier BGB § 311b Abs. 1 Rn. 327 ff.
[157] So jurisPK-BGB/Ludwig § 311b Rn. 296 mwN – auch zur Rechtsprechung.
[158] So Staudinger/Meier BGB § 311b Abs. 1 Rn. 347.
[159] Staudinger/Meier BGB § 311b Abs. 1 Rn. 347.
[160] BGH 17.3.1987 – V ZR 217/75, NJW 1978, 1577.

ersichtlich, warum eine sachenrechtliche Rückabwicklung nur dann vermieden werden soll, wenn das Fehlen des Rechtsgrundes in dem Formmangel seinen Grund hat.[161]

Auch die mit der notariellen Beurkundung gem. § 311b Abs. 1 S. 1 BGB verfolgten Schutzzwecke könnten die Heilungswirkung des Abs. 1 S. 2 nicht (allein) rechtfertigen.[162] Die Auflassung nach § 925 BGB könne die fehlende Belehrung und Beratung im Hinblick auf die nicht beurkundeten Teile des Rechtsgeschäfts nicht mehr nachholen.[163]

Letztlich sieht der BGH die Rechtfertigung für die Heilungswirkung des § 311b Abs. 1 S. 2 BGB in dem Gedanken der Erfüllung.[164]

2. Voraussetzungen

Voraussetzung der Heilung nach § 311b Abs. 1 S. 2 BGB ist, dass die Wil- **60**
lensübereinstimmung der Vertragsparteien noch zum Zeitpunkt der Auflassung fortbesteht und keine anderen Mängel bestehen und die Eintragung des neuen Eigentümers im Grundbuch erfolgt. Die Willensübereinstimmung wird vermutet, solange eine Partei nicht erkennbar einen abweichenden Willen äußert.[165]

3. Wirkung

Ein nach § 311b Abs. 1 S. 1 iVm § 125 BGB formunwirksamer Unterneh- **61**
menskaufvertrag wird durch Auflassung und Eintragung des neuen Eigentümers im Grundbuch gem. § 311b Abs. 1 S. 2 BGB geheilt. Er wird ab diesem Zeitpunkt (ex nunc) wirksam. Es besteht keine Rückwirkung.

a) Allgemeine Reichweite (insbesondere für zusammengesetzte Verträge)

Wirksam wird das Rechtsgeschäft mit dem **gesamten Inhalt,** über den **62**
sich die Vertragsteile bei Erklärung der Auflassung einig waren, einschließlich zwischen der Auflassung und der Eintragung getroffener Vereinbarungen.[166]

„Wird ein formnichtiger Grundstücksveräußerungsvertrag nachträglich durch Auflassung und grundbuchrechtliche Eintragung des Erwerbers geheilt, so wird der Vertrag

[161] BGH 8.10.2004 – V ZR 178/03, NJW 2004, 3626.
[162] Keim DNotZ 2005, 324, 328.
[163] BGH 8.10.2004 – V ZR 178/03, NJW 2004, 3626.
[164] BGH V ZR 178/03 – NJW 2004, 3626, 3627.
[165] Vgl. BeckOK BGB/Gehrlein § 311b Rn. 34.
[166] MüKoBGB/Ruhwinkel § 311b Rn. 93.

„seinem ganzen Inhalte nach" gültig (§ 313 S. 2 BGB), dh ***die Heilung erstreckt sich auf die Gesamtheit der vertraglichen Vereinbarungen*** *(BGH, LM § 313 BGB Nr. 15; BGH, NJW 1952, 1171 = LM § 313 BGB Nr. 1; vgl. auch BGH, NJW 1974, 136 = LM § 313 BGB Nr. 62)."*[167]

63 Die Heilung erstreckt sich auch auf Nebenabreden, die nicht beurkundet worden sind. Gleiches gilt für nicht beurkundete Verträge mit Dritten.[168] Erstreckt sich die Heilungswirkung damit auch auf nicht beurkundete Drittverträge, so muss die Heilung auch über den Mangel der Verknüpfungsabrede hinweg helfen. Soweit der BGH[169] für den Fall des Vorvertrags darauf hinweist, dass bei Fehlen einer Verknüpfungsabrede die rechtliche Grundlage „für eine Erstreckung der Heilungswirkung auch auf den nicht beurkundeten Teil des Vorvertrags fehle", betraf dies den Sonderfall des Vorvertrages. Bei einem Vorvertrag hatten schon die vom BGH zitierte Reichsgerichtsrechtsprechung[170] und der BGH[171] bestimmt, dass ein formnichtiger Vorvertrag in entsprechender Anwendung von § 313 S. 2 BGB aF mit dem formgültigen Abschluss des Hauptvertrages geheilt werde. Vielmehr muss für sonstige Fälle in einem Erst-Recht-Schluss gelten, dass, wenn sämtliche Nebenabreden, die nicht beurkundet sind, auch geheilt werden, dies erst recht dann gelten muss, wenn die Verknüpfungsabrede vergessen worden ist. Anders das soeben erwähnte BGH-Urteil, wonach gilt:

„Geht man davon aus, dass diese Abhängigkeit weiterhin gewollt war und einen maßgeblichen Bestandteil des in dem Hauptvertrag zum Ausdruck kommenden Willens Übereinkunft darstellte, wurde der Hauptvertrag nicht formgültig beurkundet, dann fehlt die rechtliche Grundlage für eine Erstreckung der Heilungswirkung auch auf nicht beurkundete Teile des Vorvertrags."[172]

b) Die analoge Anwendung des § 311b Abs. 1 S. 2 BGB auf die Heilung formnichtiger Vorverträge

64 Auch ein Vorvertrag über eine Grundstücksveräußerung unterliegt der notariellen Beurkundungspflicht, soweit er eine mittelbare Verpflichtung zum Erwerb oder Veräußerung eines Grundstücks enthält. Wenn dieser jedoch nicht notariell beurkundet wurde, stellt sich die Frage einer (analogen) Heilung nach § 311b Abs. 1 S. 2 BGB. Praktisch bedeutsam kann die Wirksamkeit eines

---

[167] BGH 17.3.1978 – V ZR 217/75, NJW 1978, 1577.

[168] So Staudinger/Meier BGB § 311b Abs. 1 Rn. 403, 418 mN – zur Rechtsprechung; MüKoBGB/Ruhwinkel § 311b Rn. 97; Erman/Grziwotz BGB § 311b Rn. 78, 80 – jeweils mwN zur Rechtsprechung.

[169] BGH 13.2.2003 – IX ZR 76/99, NJW-RR 2003, 1565, 1566.

[170] RG 15.6.1942 – V 132/41, RGZ 169, 185, 189 ff.

[171] BGH 18.12.1981 – V ZR 233/80, NJW 1982, 759.

[172] BGH 13.2.2003 – IX ZR 76/99, NJW-RR 2003, 1565, 1566.

Vorvertrags beispielsweise dann werden, wenn in diesem Vertragsstrafen vereinbart wurden.

Der BGH lässt grundsätzlich die Heilung eines formnichtigen Vorvertrags in Analogie zu § 311b Abs. 1 S. 2 BGB zu. Maßgebender Gesichtspunkt ist dabei in der neueren Rechtsprechung der „Gedanke der Erfüllung".[173] Die ältere Rechtsprechung stellte dagegen noch darauf ab, dass sachenrechtlich abgeschlossene Verhältnisse aufrechterhalten werden sollen.[174]

Fraglich sind in diesem Zusammenhang lediglich die genauen Voraussetzungen einer Heilung. Insoweit kommt grundsätzlich der Abschluss des Hauptvertrags oder die Auflassung und Eintragung in das Grundbuch in Betracht. Der BGH stellt in seiner Rechtsprechung auf die notarielle Beurkundung des Kaufvertrags ab. Zwingend erforderlich ist dabei, dass der – formwirksame – Kaufvertrag die Erfüllung des – zunächst formunwirksamen – Vorvertrags darstellt. Zwischen Vorvertrag und Hauptvertrag muss also notwendig ein Erfüllungszusammenhang bestehen. **65**

In einem BGH-Urteil aus dem Jahr **1981** ging es um die formnichtige Verpflichtung eines Grundstückseigentümers, sein Grundstück an einen von dem Vertragspartner nachgewiesenen Dritten zu verkaufen. Zu entscheiden war, ob der zunächst unwirksame Vertrag schließlich durch den formgültig abgeschlossenen Vertrag mit dem Dritten wirksam wurde. Der BGH stellt die Heilung des Formmangels entsprechend § 313 S. 2 BGB aF (§ 311b Abs. 1 S. 2 BGB nF) in den Mittelpunkt der Überlegungen. Eine unmittelbare Anwendung des § 313 S. 1 BGB aF und damit der Heilungsvorschrift des § 313 S. 2 BGB aF kommt nach Auffassung des BGH nicht in Betracht, weil die Vereinbarung auf die Verpflichtung zum Verkauf von Teilflächen des Grundstücks, nicht jedoch auf die Verpflichtung der Grundstückseigentümerin zur Übertragung von Teilflächen ihres Grundstücks zielt. In direkter Anwendung des § 313 S. 2 BGB aF wird ein formunwirksames Verpflichtungsgeschäft seinem ganzen Inhalt nach gültig, wenn die Auflassung und die Eintragung in das Grundbuch erfolgen. Demgegenüber könne in entsprechender Anwendung des § 313 S. 2 BGB aF die Heilungswirkung schon mit der notariellen Beurkundung der Kaufverträge mit den Erwerbsinteressenten und nicht erst mit Auflassung und Grundbucheintragung eintreten. Zur Begründung führt der BGH an, dass sich die Verkäuferin mit dem Abschluss der Kaufverträge den sachenrechtlichen Konsequenzen aus der geschlossenen Vereinbarung nicht mehr entziehen könne. Diese gefestigte Rechtslage rechtfertige den früheren Eintritt der Heilung des formnichtigen Vertrages.[175]

Teilweise kritisch zu dieser Entscheidung – insbesondere zum Schutzzweck **66**
des § 311b Abs. 1 S. 2 BGB und dem erforderlichen Erfüllungszusammenhang

---

[173] BGH 8.10.2004 – V ZR 178/03, NJW 2004, 3626, 3628.

[174] BGH 18.12.1981 – V ZR 233/80, NJW 1982, 759, 760.

[175] BGH 18.12.1981 – V ZR 233/80, NJW 1982, 759, 760f.

zwischen Vor- und Hauptvertrag – äußert sich jedoch der BGH in einem Urteil aus dem Jahr **2004.** Danach rechtfertigt der BGH die analoge Anwendung der Heilungsvorschrift des § 311b Abs. 1 S. 2 BGB maßgeblich mit dem „**Gedanken der Erfüllung**" durch den Abschluss des Hauptvertrages. Der Gedanke der Rechtssicherheit allein könne die Heilungswirkung nicht überzeugend begründen. Auch der erforderliche Erfüllungszusammenhang wurde weiter konkretisiert. Die Heilungswirkung trete nicht ein, wenn der Hauptvertrag nicht mit dem Partner des Vorvertrags abgeschlossen wird, sondern mit einem Dritten, im Verhältnis zu dem keine Pflicht zum Verkauf bestehe.[176]

67 Kritisch zu dem Ergebnis im konkreten Sachverhalt äußert sich *Keim*[177]: Bei der Frage der Heilung könne es nur darauf ankommen, ob die Veräußerung an den Dritten eine Erfüllung der mittelbaren Erwerbsverpflichtung darstelle. Dies sei jedoch der Fall, da der wirtschaftliche Erwerbsdruck teilweise darauf gerichtet gewesen sei, entweder selbst zu erwerben **oder** einen Dritten als Käufer zu bestimmen. Damit wären aber sämtliche Erwerbspflichten aus dem Vorvertrag mit Abschluss des Kaufvertrags mit dem Dritten erledigt.

Die Auffassung des BGH zur Heilung des Vorvertrags durch Abschluss des Hauptvertrags wird von der Literatur grundsätzlich geteilt.[178] Ergänzend wird zur Begründung angeführt, dass die analoge Anwendung des § 311b Abs. 1 S. 2 BGB erst dann überzeuge, wenn der **Gedanke der Erfüllung** mit dem des **begrenzten Schutzes der Formvorschrift des § 311b BGB** in Beziehung gesetzt werde. Aus der Sicht der Schutzziele der Vorschrift regelten Auflassung und Eintragung den Sachverhalt und vor allem den Zeitpunkt, ab dem das Gesetz den Formzweck als teilweise erfolgt und im Übrigen **nicht mehr als voll durchführbar ansehe. Rechtsfrieden** und **Rechtsklarheit** wögen dann mehr als der zunächst mit der Beurkundung angestrebte Schutz der Entschließungsfreiheit und inneren Vertragsgerechtigkeit. Diese Beschränkung nehme der Gesetzgeber also selbst bei der direkten Anwendung der Heilungsvorschrift bewusst in Kauf. Bei den Formvorschriften mit Heilungsnorm ende also der Schutz mit Erbringung der dort genannten Leistung. **Da die analoge Anwendung der Beurkundungsvorschrift des § 311b Abs. 1 S. 1 BGB auf Vorverträge mit dem Formzweck begründet werde, müssten jedoch umgekehrt auch dessen Grenzen beachtet werden.** Der Schutz der Vorvertragsform könne schließlich nicht weiter gehen als derjenige der Hauptvertragsform. Daraus folgt, dass die Erbringung der Leistung – dh der Abschluss des Hauptvertrags – die mangelnde Form heile. Erforderlich sei jedoch, dass mit dem Abschluss des Hauptvertrags eine im Vorvertrag enthaltene Verpflichtung zum Abschluss des Grundstücksvertrags erfüllt werden müsse – sog. Erfüllungszusammenhang. Werde der Grundstückskaufvertrag völlig

[176] BGH 8.10.2004 – V ZR 178/03, NJW 2004, 3626, 3627 f.
[177] Keim DNotZ 2005, 324 ff.
[178] Vgl. Keim DNotZ 2005, 324, 330.

unabhängig vom Vorvertrag geschlossen, so heile er dessen Formbedürftigkeit nicht. Würde man darüber hinaus die Heilung des Vorvertrags ausschließlich durch Auflassung und Eintragung ins Grundbuch zulassen, würden seine Vereinbarungen nie wirksam werden, sofern sie nicht auch im Hauptvertrag enthalten seien. Denn sie richteten sich gar nicht auf Eigentumserwerb, sondern nur auf den Abschluss des Hauptvertrags.[179]

c) Kenntnis der Teilnichtigkeit der Nebenabrede

Probleme können entstehen, wenn die Vertragsparteien von der Beurkun- **68**
dungspflicht von Nebenabreden Kenntnis haben, diese aber trotzdem nicht beurkunden lassen.[180]

Nach einem Urteil des BGH[181] aus dem Jahr **1966** werde bei Kenntnis der Parteien von der Formunwirksamkeit eines Teils ihrer Vereinbarungen das Rechtsgeschäft lediglich von den übrigen Vertragsbestimmungen gebildet. Denn zu einem Rechtsgeschäft gehöre eine auf **Erzeugung von Rechtswirkungen gerichtete Absicht der Beteiligten,** die aber fehle, wenn sie sich bei Vertragsschluss der **Nichtigkeit einer vertraglichen Bestimmung bewusst** gewesen seien. Da dieser Teil – das heißt der Nebenabreden – somit der rechtsgeschäftlichen Bedeutung entbehre, könne schon begrifflich von einer Nichtigkeit dieser Bestimmungen und damit von einer Teilnichtigkeit des Gesamtvertrags nach § 139 BGB nicht gesprochen werden.[182]

Ein „tatsächlicher Verpflichtungswille" wird vom BGH zu § 313 BGB aF **69**
jedoch auch bei Kenntnis der Formnichtigkeit als Grundlage für die Heilung als ausreichend angesehen.

„Wenn in § 313 BGB das Gesetz selbst eine Heilung der ursprünglich nichtigen Vereinbarung vorsieht, ohne dabei auf die Kenntnis oder Unkenntnis der Vertragschließenden von der Nichtigkeit abzustellen, erscheint es sachgerecht, hier – als Grundlage einer möglichen späteren Heilung – einen tatsächlichen Verpflichtungswillen der Vertragsparteien genügen zu lassen.[183]

[179] So Keim DNotZ 2005, 324, 331; Staudinger/Meier BGB § 311b Abs. 1 Rn. 400 ff.
[180] Vgl. hierzu Keim NJW 1999, 2866.
[181] BGH V ZR 68/65 – NJW 1966, 1747.
[182] BGH 29.6.1966 – V ZR 68/65, NJW 1966, 1747.
[183] BGH 15.11.1974 – V ZR 78/73, NJW 1975, 205.

§4 Asset Deal und Verträge über die Veräußerung des gesamten Vermögens (§311b Abs. 3 BGB und §179a AktG)

Literatur: Berkefeld, Praktische Auswirkungen der Entscheidung des BGH v. 8.1.2019 – II ZR 364/18 zu §179a AktG (analog), DNotZ 2020, 85; Böttcher/Fischer, Beurkundungspflicht nach §311b III BGB beim Asset Deal, NZG 2010, 1332; Böttcher/Grewe, Die Anwendbarkeit des §311b III BGB beim Unternehmenskauf, NZG 2005, 950; Bredol/Natterer, Von Irrungen und Wirrungen bei der Veräußerung des „ganzen" Vermögens einer Kommanditgesellschaft: Keine analoge Anwendung von §179a AktG!; Eickelberg/Mühlen, Versteckte Vorgaben für Unternehmenskaufverträge mit einer GmbH als Verkäufer; Fortun/Neveling, Beurkundungserfordernis beim Asset Deal, BB 2011, 2569; Götze, Karriereknick eines Fremdkörpers – zur Nichtanwendbarkeit des §179a AktG in der GmbH, NZG 2019, 695; Heckschen, Die Formbedürftigkeit der Veräußerung des gesamten Vermögens im Wege des „asset deal", NZG 2006, 772; Heckschen/Kreß, Aktuelle Entwicklungstendenzen des Gesellschaftsrechts 2021/2022 (Teil 2), GWR 2023, 19; Hitzel, Die Beurkundung satzungsändernder Beschlüsse bei der GmbH, NZG 2020, 1174; Hüren, Gesamtvermögensgeschäfte im Gesellschaftsrecht, RNotZ 2014, 77; Kiem, Das Beurkundungserfordernis beim Unternehmenskauf im Wege des Asset Deals, NJW 2006, 2363; Klöckner, Erfordernis der notariellen Beurkundung gem. §311b Abs. 3 BGB beim Asset-Deal?, DB 2008, 1083; Leo/John, Missbrauch der Vertretungsmacht statt §179a AktG analog – ein Fortschritt für die M&A-Praxis?, NZG 2022, 1383; Markworth, §179a AktG analog bei Gesamtvermögensgeschäften der KG, ZPG 2023, 136; Meier, Verfügungen über das gesamte Vermögen bei Personengesellschaften, DNotZ 2020, 246; Morshäuser, Die Formvorschrift des §311b Abs. 3 BGB bei Unternehmenskäufen, WM 2007, 337; Müller, Reichweite der Vertretungsmacht des GmbH-Geschäftsführers bei der Veräußerung des gesamten Gesellschaftsvermögens, NZG 2019, 807; Müller, Unternehmenskauf und notarielle Beurkundung nach §311b III BGB, NZG 2007, 201; Rubner/Pospiech, Veräußerung nahezu des gesamten Vermögens einer GmbH, NJW-Spezial 2022, 207; Werner, Zur Anwendbarkeit und Reichweite des §311 Abs. 3 BGB, GmbHR 2008, 1135; Wiesbrock, Formerfordernisse beim Unternehmenskauf, DB 2002, 2311.

I. Beurkundungspflicht nach §311b Abs. 3 BGB

1. Allgemeines und Schutzzweck der Norm

1 Nach §311b Abs. 3 BGB bedarf ein Vertrag, durch den der eine Teil verpflichtet wird, sein gegenwärtiges Vermögen oder einen Bruchteil seines gegenwärtigen Vermögens zu übertragen oder mit einem Nießbrauch zu belasten, der notariellen Beurkundung. Wird daher ein gesamtes Unternehmen verkauft – und ergibt sich die Beurkundungspflicht nicht bereits aus anderen Formvorschriften wie zB §311b Abs. 1 BGB oder §15 Abs. 4 GmbHG – kann

sich die Pflicht zur notariellen Beurkundung der Unternehmenstransaktion auch aus §311b Abs. 3 BGB ergeben. Streitpunkt war (und teilweise ist) in diesem Zusammenhang die Anwendbarkeit der Formvorschrift auf juristische Personen (→ Rn. 5), die Vermeidbarkeit einer Beurkundungspflicht aufgrund einer abschließenden Einzelauflistung der gesamten Vermögenswerte, sowie die Behandlung von sog. „Auffangklauseln" in Unternehmenskaufverträgen (→ Rn. 10ff.).

§311b Abs. 3 BGB ist in der Vergangenheit eine wenig beachtete Schatten- 2
norm gewesen. Von der Literatur wurde sie lange Zeit vernachlässigt. Bis auf wenige Aufsätze fand man keine Auseinandersetzungen im Detail zu §311b Abs. 3 BGB. Dies hat sich durch ein Urteil des OLG Hamm gewandelt.[1] Bis zu diesem Urteil aus dem Jahr 2010 war kaum aktuelle Rechtsprechung existent und es wurde noch häufig auf die Rechtsprechung des Reichsgerichts verwiesen.

Normzweck des §311b Abs. 3 BGB ist, den sich Verpflichtenden vor über- 3
eilten und unüberlegten Handlungen zu schützen. Dieser Schutz ist nach der Rechtsprechung erforderlich, da der Vertragschließende bei Verträgen über sein ganzes gegenwärtiges Vermögen oft keine sichere Vorstellung über den Umfang der von ihm eingegangenen Verpflichtung habe.[2]

Daneben treten die weiteren Schutzzwecke der Rechtssicherheit und der Schutz vor Umgehung der Formvorschriften für die Verfügungen von Todes wegen.[3] Der Umgehungsschutz vor zwingenden erbrechtlichen Vorschriften hat bei Unternehmenstransaktionen jedoch keine Bedeutung.[4] Im Übrigen ist die Warnfunktion – neben der Beratung durch den Notar – der im Vordergrund stehende Formzweck. Die Rechtsprechung stellt in ihren bisherigen Entscheidungen vorwiegend auf den **Schutz vor übereilten und unüberlegten Handlungen** bei einem solchen Geschäft ab.[5]

2. §311b Abs. 3 BGB und Unternehmenstransaktionen

a) Die Unternehmenstransaktion als „Asset-Deal"

Die Formvorschrift ist insbesondere bedeutsam für Unternehmenstransak- 4
tionen, bei denen sich die notarielle Beurkundung nicht bereits aus anderen Formvorschriften ergibt. Dies sind vor allem:

[1] OLG Hamm 26.3.2010 – 19 U 145/09, NZG 2010, 1189.
[2] BGH 19.6.1957 – IV ZR 214/56, NJW 1957, 1514.
[3] MüKoBGB/Ruhwinkel §311b Rn. 116.
[4] Kiem NJW 2006, 2363, 2366.
[5] OLG Hamm 26.3.2010 – 19 U 145/09, NZG 2010, 1189; vgl. die Besprechung von Böttcher/Fischer NZG 2010, 1332.

- GmbH-Anteilskauf (§ 15 Abs. 3 u. 4 GmbHG)
- Grundstückskauf: Mitveräußerung eines Grundstücks (§ 311b Abs. 1 BGB)

Das Formerfordernis kann somit bei Unternehmenstransaktionen einschlägig sein, die in Form des Asset Deal vorgenommen werden – das heißt im Wege der Einzelrechtsübertragung.

b) Personeller Anwendungsbereich

5 Die Anwendbarkeit der Formvorschrift des § 311b Abs. 3 BGB auf juristische Personen war lange Zeit umstritten und von der Rechtsprechung nicht geklärt. Das OLG Hamm[6] hatte jedoch im Jahr 2010 einen Fall zu entscheiden, bei dem pauschal die Veräußerung sämtlicher Aktiva der Verkäuferin, einer GmbH, privatschriftlich an einen Käufer erfolgte. Die vollständige Kaufpreiszahlung unterblieb. Das OLG Hamm war mit der herrschenden Meinung in der Literatur der Ansicht, dass § 311b Abs. 3 BGB auch auf die Verpflichtung zur Übertragung des Vermögens einer GmbH anwendbar sei.[7]

Kiem[8] verneint jedoch die Anwendbarkeit der Formvorschrift auf juristische Personen, denn die Geschäftsführungsorgane von AG und GmbH seien bereits durch den zwingend erforderlichen Beschluss der Hauptversammlung bei der AG gem. § 179a AktG bzw. der notwendigen Befassung der Gesellschafterversammlung bei der GmbH vor übereilten Entscheidungen bei der Durchführung „inhaltsschwerer Geschäfte" **hinreichend geschützt.**[9] Für einen gesonderten Übereilungsschutz in Form der notariellen Beurkundung gem. § 311b Abs. 3 BGB sei daher kein Bedarf erkennbar.[10] Eine solche „beteiligtenabhängige Sicht" der Formvorschrift lehnen die Mehrheit der Literaturstimmen und das OLG Hamm allerdings ab.[11] Für die Rechtspraxis steht damit fest, dass es für die Anwendbarkeit von § 311b Abs. 3 BGB nicht darauf ankommt, ob der Verkäufer eine Personengesellschaft, Kapitalgesellschaft oder eine natürliche Person ist.

---

[6] OLG Hamm 26.3.2010 – 19 U 145/09, NZG 2010, 1189.

[7] OLG Hamm 26.3.2010 – 19 U 145/09, NZG 2010, 1189, 1190.

[8] Kiem NJW 2006, 2363.

[9] Kiem NJW 2006, 2363, 2367.

[10] Kritisch im Hinblick auf die Anwendung des § 311b Abs. 3 BGB auf Kapitalgesellschaften auch: Rödder/Hötzel/Mueller-Thuns § 5 Rn. 8; ebenfalls zweifelnd Wiesbrok DB 2002, 2311, 2312 Fn. 10.

[11] OLG Hamm 26.3.2010 – 19 U 145/09, NZG 2010, 1189, 1190; Heckschen NZG 2006, 772, 777; Müller NZG 2007, 201, 206; BeckOGK BGB/Schreindorfer § 311b Rn. 423; Staudinger/Meier BGB § 311b Abs. 3 Rn. 10; Grüneberg/Grüneberg BGB § 311b Rn. 65.

c) Veräußerung des gesamten Vermögens

aa) Begriff des gesamten Vermögens: Bausch und Bogen vs. Einzelauflistung

Nach dem Wortlaut des § 311b Abs. 3 BGB muss der Schuldner durch Vertrag eine Verpflichtung eingegangen sein, das „**gegenwärtige Vermögen**" oder „**einen Bruchteil seines gegenwärtigen Vermögens**" zu übertragen. Für das Bestehen der notariellen Beurkundungspflicht ist daher entscheidend, wie das Tatbestandsmerkmal „gegenwärtiges Vermögen" zu verstehen ist. 6

Die Rechtsprechung versteht den Begriff „gegenwärtiges Vermögen" **einschränkend.** Einschlägig sei die Vorschrift aufgrund ihres Schutzzwecks nur dann, wenn Verträge eine Übertragung des Vermögens „als Ganzes" zum Gegenstand haben. Das Vermögen des Verpflichteten müsse in Bausch und Bogen übertragen werden.[12] Der Verkäufer habe in solchen Fällen oft keine sichere Vorstellung über den Umfang der von ihm eingegangenen Verpflichtung.[13]

Weitere Beispiele für Formulierungen, die eine Vermögensübertragung „als Ganzes" bezwecken:

- „gesamter Geschäftsbetrieb"
- „alle Vermögensgegenstände"
- „das gesamte Aktivvermögen"

Im Fall des OLG Hamm[14] lautet die vertragliche Formulierung, der das OLG Hamm die Beurkundungspflicht entnahm:

„Hiermit verkauft die H ihre gesamten Aktiva und/inkl. den kompletten Laden in Q. (Inventar und Inventurgegenstände) an H/T2."

Eine Übertragung des gesamten Vermögens soll aber nach der Rechtsprechung nicht vorliegen, wenn die zu übertragenden Vermögensgegenstände **einzeln bestimmt** bezeichnet sind.[15] Der Schutzzweck des § 311b Abs. 3 BGB sei dann nicht einschlägig, 7

„wenn die den Gegenstand des Vertrags bildenden Vermögensteile in dem Vertrag selbst ***bestimmt bezeichnet*** *sind. Dazu ist nicht unbedingt erforderlich, dass die einzelnen Vermögensgegenstände namentlich benannt werden, sondern es genügt, wenn ihre konkrete Bestimmung sich aus dem Inhalt des Vertrages einwandfrei ergibt."*[16]

---

[12] BGH 30.10.1990 – IX ZR 9/90, NJW 1991, 353, 355; RG 12.11.1908 – VI 633/07, RGZ 69, 416, 420; RG 3.2.1919 – IV 323/18, RGZ 94, 314, 315.

[13] BGH 19.6.1957 – IV ZR 214/56, NJW 1957, 1514.

[14] OLG Hamm 26.3.2010 – 19 U 145/09, NZG 2010,1189.

[15] BGH 30.10.1990 – IX ZR 9/90, NJW 1991, 353, 355; BGH 19.6.1957 – IV ZR 214/56, NJW 1957, 1514; BeckOGK BGB/Schreindorfer § 311b Rn. 420.

[16] BGH 19.6.1957 – IV ZR 214/56, NJW 1957, 1514.

Der Verpflichtete soll somit vor allem davor geschützt werden, sein Vermögen „in einem Rutsch" wegzugeben. Sind die einzelnen Vermögensgegenstände dagegen konkret aufgeführt, ist den Verpflichteten bewusst, dass er genau diese Gegenstände verkauft. Daher bedarf es auch keines Schutzes durch notarielle Beurkundung.[17] § 311b Abs. 3 BGB ist nach der Rechtsprechung also selbst dann nicht anwendbar, wenn die einzelnen aufgelisteten Gegenstände in ihrer Summe objektiv das ganze Vermögen ausmachen.[18] Die Rechtsprechung betrachtet den Vermögensbegriff in § 311b Abs. 3 BGB also nicht wirtschaftlich. Es gehe in erster Linie nicht um den Schutz des Vertragschließenden vor dem wirtschaftlich schwerwiegenden Geschäft, sondern vor der **fehlenden Überschaubarkeit seiner Verpflichtung.**[19]

8 Die Frage, wie sich bei einem Asset Deal die regelmäßig vorgenommene **Einzelauflistung** (in Anlagen, Verzeichnissen, etc) der zu veräußernden Vermögensgegenstände auf die Anwendung des § 311b Abs. 3 BGB auswirkt, ist in der Literatur dennoch umstritten. *Heckschen*[20] ist insoweit der Ansicht, dass auch derjenige, der über den Umfang der Übertragung im Klaren ist, übereilt handeln könne. Entscheidend könne somit nicht sein, ob die Gegenstände aufgelistet wurden oder nicht. Erst durch die unabhängige notarielle Beratung beider Vertragsparteien sei eine ausgewogene Aufklärung über den Umfang des Rechtsgeschäfts möglich. Überdies hätten die Beteiligten es ansonsten in der Hand, die Form des § 311 Abs. 3 BGB zu umgehen.[21] Die Rechtsprechung des BGH sei nicht mehr heranzuziehen, da sie nach den heutigen wirtschaftlichen Veränderungen völlig veraltet sei.[22]

Dagegen wendet sich der überwiegende Teil der Literatur. Eine Beurkundungspflicht nach § 311b Abs. 3 BGB bestehe beim Asset Deal nicht, wenn eine abschließende Aufstellung der einzelnen Vermögenswerte im Vertrag erfolge. Ein hinreichender Schutz vor Übereilung sei unter diesen Umständen gewahrt.[23] Die genannte Literatur kann sich insoweit auf die Rechtsprechung des BGH berufen. Danach ist § 311b Abs. 3 BGB selbst dann nicht anwendbar, wenn die einzelnen Gegenstände in ihrer Summe objektiv das ganze Vermögen ausmachen.[24] Des Weiteren wird angeführt, dass die Parteien bei einer Einzelauflistung bereits am besten den Umfang des Rechtsgeschäfts kennen würden.[25] Eine notarielle Beratung biete den Parteien insoweit „keinen ent-

[17] Vgl. Kiem NJW 2006, 2363, 2364.

[18] So ausdrücklich: BGH 30.10.1990 – IX ZR 9/90, NJW 1991, 353, 355.

[19] So überzeugend: Morshäuser WM 2007, 337, 339.

[20] Heckschen NZG 2006, 772, 776.

[21] Heckschen NZG 2006, 772, 777.

[22] Heckschen NZG 2006, 772, 777.

[23] Böttcher/Grewe NZG 2005, 950, 954; Müller NZG 2007, 201, 205; Morshäuser WM 2007, 337, 342; Rödder/Hötzel/Mueller-Thuns § 5 Rn. 7.

[24] BGH 30.10.1990 – IX ZR 9/90, NJW 1991, 353, 355.

[25] Müller NZG 2007, 201, 205.

scheidenden Erkenntnisgewinn“ und auch der Einwand, dass bei einer Einzelauflistung ebenfalls eine Übereilung gegeben sein könne, überzeuge nicht, da man mit dieser Begründung jedes an sich formlos mögliche Rechtsgeschäft der notariellen Beurkundung unterwerfen könne.[26] Dennoch wird auch vertreten, dass man in der Beratungspraxis auf den sichersten Weg hinzuweisen habe.[27] Folgt man der herrschenden Meinung in der Literatur und der Rechtsprechung, sind demnach Unternehmenskaufverträge über Vermögensgegenstände beurkundungsfrei, wenn der Verkaufsgegenstand abschließend durch Listen und Vermögensverzeichnisse (Vertragsanlagen) festgelegt ist[28] – auch wenn dies das gesamte Vermögen darstellt.

Nun ist es bei einer Unternehmenstransaktion aus verschiedenen Gründen **9** oft nicht möglich, sämtliche Gegenstände im Einzelnen aufzulisten und es werden oft Kategorien gebildet. Es fragt sich daher, ob sogenannte Sammelbezeichnungen ausreichend für die notwendige Bestimmtheit der Einzelauflistung, wie sie von der Rechtsprechung gefordert wird, sind. So werden zum Beispiel oft die Kategorien des § 266 HGB aufgezählt. Die ausschließliche Verwendung der Bezeichnungen des § 266 Abs. 2 HGB zum Beispiel, dh die Aufgliederung nach „unbeweglichen Sachvermögen“, „beweglichen Sachvermögen“, etc, ist nach *Morshäuser*[29] insoweit nicht ausreichend. Etwas anderes gelte jedoch, wenn darüber hinaus eine weitere Aufgliederung in Listen erfolge. So sieht dies auch *Klöckner*[30], der jedenfalls bei Auffangklauseln (→ Rn. 10) dies für vollkommen ausreichend hält, wenn auf die Aufnahme der Gegenstände in die Inventur aufgrund ihrer Eigenart verzichtet wurde. In der Praxis dürfte es sich empfehlen, soweit dies möglich ist, die Einzelgegenstände durch Listen aufzuzählen.

bb) Relevanz von sog. „Auffangklauseln“ („catch-all“-Klausel)

Durch die Verwendung von sog. „Auffangklauseln“ soll in Unternehmens- **10** kaufverträgen sichergestellt werden, dass auch solche Vermögensgegenstände mitveräußert werden, die zwar nicht ausdrücklich in den Anlagen des Kaufvertrags aufgelistet sind (zB geringwertige Wirtschaftsgüter), jedoch dem Unternehmen zuzuordnen sind. Durch die Benutzung von Auffangklauseln wird dann bewirkt, dass auch eine Pflicht zur Übertragung solcher Gegenstände besteht („versehentlich nicht erfasste Vermögensgegenstände“[31]). Das Bedürfnis nach einer Verwendung von Auffangklauseln in Unternehmenskaufverträgen besteht daher, weil ein Inventarverzeichnis meist nicht den

[26] Müller NZG 2007, 201, 205.
[27] Eickelberg/Mühlen NJW 2011, 2476, 2478.
[28] Morshäuser WM 2007, 337, 342.
[29] Vgl. Morshäuser WM 2007, 337, 343.
[30] Klöckner DB 2008, 1083, 1089.
[31] Vgl. Kiem NJW 2006, 2363, 2365.

tatsächlichen Bestand an Vermögensgegenständen genau oder vollständig wiedergibt. Zudem kann zwischen Vertragsschluss („*Signing*") und Vertragsvollzug („*Closing*") ein längerer Zeitraum liegen. Eine Auffangklausel stellt dann sicher, dass auch solche Vermögensgegenstände übereignet werden, die erst nach dem Vertragsschluss dem zu veräußernden Unternehmen objektiv zuzuordnen sind.

Beispiele für solche Klauseln:[32]

„Stellt sich nach dem Abgrenzungszeitpunkt heraus, dass in Ergänzung zu den aufgeführten materiellen und immateriellen Vermögensgegenständen weitere Vermögensgegenstände zu dem verkauften Geschäftsbetrieb in der Art gehören, dass sie überwiegend in oder im Zusammenhang mit diesem genutzt worden sind, gelten diese als ebenfalls an den Käufer vom Verkäufer verkauft. Der Verkäufer ist verpflichtet, solche Vermögensgegenstände unverzüglich auf Verlangen des Käufers an diesen zu übereignen und diesem, soweit erforderlich, den Besitz hieran einzuräumen."[33]

oder:

„Der Verkäufer verkauft hiermit an den Käufer alle zu seinem Geschäftsbetrieb gehörigen Vermögensgegenstände. Hierzu gehören insbesondere: (...)."[34]

11 Umstritten ist in diesem Zusammenhang, ob das Verwenden einer Auffangklausel die notarielle Beurkundungspflicht des Unternehmenskaufvertrags begründen kann. Zwar ist bei einer vorhandenen Einzelauflistung die Verpflichtung zur Übertragung auf bestimmte Vermögensgegenstände bezogen. Jedoch sollen darüber hinaus auch solche Vermögensgegenstände erfasst werden, die nicht einzeln aufgelistet sind. Insoweit könnte man annehmen, der Unternehmenskaufvertrag enthielte eine Verpflichtung zur Übertragung des nur „abstrakt bezeichneten Gesamtvermögens".[35]

Eine gerichtliche Entscheidung zu dieser Frage existiert bisher nicht. Das OLG Hamm musste zu dieser Frage nicht Stellung nehmen. Die somit bestehende Rechtsunsicherheit veranlasst viele Autoren zu dem Rat der notariellen Beurkundung – obwohl teilweise Zweifel an der Beurkundungsbedürftigkeit geäußert werden.[36] Dabei überrascht es nicht, dass diese Auffassung auch von zwei Notarassessoren vertreten wird. Nach Ansicht von *Morshäuser*[37] folgt aus der Verwendung von Auffangklauseln zwingend die Beurkundungs-

---

[32] Siehe auch für weitere Beispiele: Werner GmbHR 2008, 1135, 1137, 1138.

[33] Böttcher/Grewe NZG 2005, 950, 954 Fn. 43.

[34] Morshäuser WM 2007, 337, 343.

[35] Vgl. Kiem NJW 2006, 2363, 2365.

[36] Vgl. Müller NZG 2007, 201, 202; Hüren RNotZ 2014, 77, 96; Eickelberg/Mühlen NJW 2011, 2476, 2479; Fortun/Neveling BB 2011, 2568, 2570; Werner GmbHR 2008, 1135, 1138; Rödder/Hötzel/Mueller-Thuns § 5 Rn. 7, 9.

[37] Morshäuser WM 2007, 337, 343.

bedürftigkeit der gesamten Unternehmenstransaktion. Dies ergebe sich aus dem Umstand, dass die zu übertragenden Einzelgegenstände zwar näher bezeichnet seien, jedoch sich aus dem Vertrag gleichwohl die Verpflichtung des Verkäufers ergebe, sein gesamtes Vermögen zu übertragen. Sobald die Aufzählung aber nur exemplarisch und nicht abschließend sei, bestehe die Beurkundungspflicht.[38] Die Verpflichtung des Verkäufers beziehe sich dann auf die Übertragung des gesamten Geschäftsbetriebs, auch auf nicht ausdrücklich bezeichnete Gegenstände.

Dagegen wendet sich *Müller*[39]. Durch die Einzelauflistung sei der Schutzzweck des § 311b Abs. 3 BGB bereits erfüllt, den Parteien sei die Bedeutsamkeit und Reichweite des Geschäfts bekannt. Diese Einsicht werde durch eine Auffangklausel nicht wieder zerstört.[40] Im gleichen Sinne äußern sich *Böttcher/Grewe*[41]. Auch durch eine notarielle Beurkundung könne die Unsicherheit der Parteien gerade im Hinblick auf die Vermögenswerte, die durch die Auffangklausel letztlich erfasst werden – nicht vollends beseitigt werden. Der Schutzzweck der Übereilung sei überhaupt nicht einschlägig. In die ähnliche Richtung argumentiert zutreffend *Klöckner*[42]. Er weist darauf hin, dass „offenen" Catch-all-Klauseln regelmäßig eine genaue und detaillierte Auflistung der bedeutenden Vermögensbestandteile des Unternehmens im Vertrag vorausginge. Gerade diese Vermögenswerte seien es doch, die die Parteien als wesentlich angesehen hätten. Je konkreter der Inhalt der Auflistung sei und je weniger (zulässige) Sammelbezeichnungen verwendet würden, desto deutlicher werde dies. Zu Recht weist er deshalb darauf hin, dass eine solche Catch-all-Klausel nur der Vollständigkeit des Rechtsgeschäfts diene, welches nach dem Parteiwillen „das gesamte Vermögen" betreffen soll.[43] Solche Catch-all-Klauseln sind bei Unternehmenskäufen Standard und es bedarf daher in einer solchen Situation, wie von *Klöckner* beschrieben, aus den genannten Gründen keiner Beurkundung. Klare höchstrichterliche Rechtsprechung gibt es jedoch nicht dazu. Soweit möglich sollten die Vermögensgegenstände aufgelistet werden. Ist dies zum Beispiel wegen einer Änderung zwischen Signing und Closing nicht möglich, so kann es sich empfehlen eine vertragliche Verpflichtung vorzusehen, wonach ein „Update" des Inventars zum Closing erstellt wird. Dies ist auch für die dingliche Übertragung sinnvoll und teilweise auch notwendig.

---

[38] Morshäuser WM 2007, 337, 341.

[39] Vgl. Müller NZG 2007, 201.

[40] Müller NZG 2007, 201, 205.

[41] Böttcher/Grewe NZG 2005, 950, 954.

[42] Vgl. Klöckner DB 2008, 1083, 1089.

[43] Klöckner DB 2008, 1083, 1088 u. 1089.

cc) Ausschluss bestimmter Vermögensgegenstände („excluded assets") und Veräußerung von Teilbereichen

12 Die notarielle Beurkundungspflicht nach § 311b Abs. 3 BGB kann auch entfallen, wenn im Rahmen der Transaktion nicht das gesamte Unternehmensvermögen veräußert wird. Häufig sind in Unternehmenskaufverträgen bestimmte Vermögensgegenstände von der Verpflichtung zur Veräußerung ausgenommen (sog. „*excluded assets*"). So kann sich die Veräußerungspflicht zB nicht auf den Kassenbestand oder andere Bereiche beziehen. Fraglich ist dann in diesem Zusammenhang, wann § 311b Abs. 3 BGB nicht (mehr) eingreift.

Nach der Rechtsprechung des Reichsgerichts sind solche Verträge formbedürftig, wenn nur Gegenstände ausgenommen sind, die von **verhältnismäßig untergeordneter Bedeutung** sind.[44] In der Literatur findet sich hierzu die Formulierung, dass die Formvorschrift auch dann eingreife, wenn die Parteien das ganze Vermögen erfassen wollen und nur verhältnismäßig unbedeutende Gegenstände ausnehmen.[45] Die Beurkundungspflicht wird daher auch dann teilweise verneint, wenn die von der Veräußerung ausgenommenen Gegenstände im Vergleich zum veräußerten Vermögen nicht unwesentlich seien. Zur praktischen Konkretisierung wird insoweit vertreten, eine Beurkundungspflicht zu verneinen, wenn der Wert des nicht veräußerten Vermögens 5% des maßgeblichen Unternehmenswertes übersteigt.[46] Dies kann der Praxis als Anhaltspunkt dienen.

Jedenfalls macht die Veräußerung lediglich eines einzelnen **Geschäftsbereiches** oder eines **Teilbetriebs** die Unternehmenstransaktion an sich nicht beurkundungspflichtig, da insoweit keine Verpflichtung zur Übertragung des gesamten Vermögens besteht.[47] Eine Formbedürftigkeit könnte sich in der Gestaltung ergeben, dass ein bestimmter **Prozentsatz** oder eine **Quote** des Vermögens des veräußernden Unternehmens Gegenstand der Transaktion ist. Insoweit könnte dann die Tatbestandsalternative der Verpflichtung zur Übertragung eines Bruchteils des gegenwärtigen Vermögens einschlägig sein (§ 311b Abs. 3 2. Alt. BGB). Besonders praxisrelevant scheint jedoch diese Alternative – jedenfalls bei anwaltlicher Beratung – nicht zu sein.

4. Rechtsfolgen

13 Die Rechtsfolgen einer mangelnden Beurkundung gemäß § 311b Abs. 3 BGB sind drakonisch. Der schuldrechtliche Vertrag ist nichtig (§ 125 S. 1 BGB).

[44] Vgl. Morshäuser WM 2007, 337, 341 mit Verweis auf RG 9.7.1932 – VI 205/32, RGZ 137, 324, 349.

[45] Vgl. MüKoBGB/Ruhwinkel § 311b Rn. 118.

[46] Morshäuser WM 2007, 337, 344.

[47] Vgl. Böttcher/Grewe NZG 2005, 950, 953; Morshäuser WM 2007, 337, 344.

Die dinglichen Verfügungsgeschäfte sind trotz Nichtbeachtung von § 311b Abs. 3 BGB wirksam.[48] Eine Heilung durch Vollzug scheidet aus.[49] Sollte zu dem gesamten Vermögen auch Grundbesitz gehören, so heilt die Auflassung und Eintragung des neuen Eigentümers im Grundbuch den Formmangel nach § 311b Abs. 3 BGB nicht. Es stellt sich die Frage, ob der Grundstückskaufvertrag nach § 139 BGB aufrechterhalten werden kann.[50] Zurecht weist Ludwig[51] darauf hin, dass, wenn bei einem Asset Deal nur der Verkauf der Betriebsgrundstücke beurkundet wird, es sich aber ansonsten auch um einen Fall des § 311b Abs. 3 BGB handele, der gesamte Vertrag aus diesem Grunde auch der Beurkundung bedürfe, gerade weil die Heilung für den gesamten Vertrag nicht durch die Eintragung ins Grundbuch geheilt werden könne.

II. Anwendung von § 179a AktG auf Unternehmenstransaktionen

1. Allgemeines und Schutzzweck der Norm

Ebenso wie die Beurkundungspflicht nach § 311b Abs. 3 BGB bei der Veräußerung des gesamten Vermögens, führte auch § 179a AktG, zumindest wenn keine Aktiengesellschaften betroffen sind, eher ein Schattendasein. § 179a AktG bestimmt, dass ein Vertrag, durch den sich eine Aktiengesellschaft zur Übertragung des ganzen Gesellschaftsvermögens verpflichtet, ohne dass diese Übertragung unter die Vorschriften des Umwandlungsgesetzes fällt, eines Beschlusses der Hauptversammlung gemäß § 179 AktG bedarf. Eine Beurkundungspflicht wird daher direkt durch § 179a AktG begründet. Allerdings folgt diese aus § 179 Abs. 2 AktG iVm § 130 Abs. 1 S. 1 AktG, wonach der Zustimmungsbeschluss der notariellen Beurkundung bedarf, was auch bei nicht börsennotierten Aktiengesellschaften aufgrund der erforderlichen Dreiviertelmehrheit gilt. Insoweit und wegen des engen Zusammenhangs mit § 311b Abs. 3 BGB wird im Folgenden auch der Anwendungsbereich von § 179a AktG kurz dargestellt. Schutzzweck der Norm ist der materielle Schutz der Bestands- und Vermögensinteressen der Aktionäre sowie deren Dispositionsvorbehalt durch eine entsprechende Begrenzung der Vertretungsmacht des Vorstandes.[52] 14

[48] Vgl. hierzu im Einzelnen und zum Folgenden die Darstellung bei jurisPK-BGB/Ludwig § 311b Rn. 433 und 428 ff.

[49] jurisPK-BGB/Ludwig § 311b Rn. 429.

[50] jurisPK-BGB/Ludwig § 311b Rn. 429 f.

[51] jurisPK-BGB/Ludwig § 311b Rn. 429.

[52] Hüren RNotZ 2014, 77, 78; Leitzen NZG 2012, 491, 492 jeweils mwN.

2. Anwendungsbereich, Voraussetzungen und Rechtsfolgen bei Aktiengesellschaften

a) Anwendungsbereich

15 Die Erforderlichkeit der Zustimmung bezieht sich allein auf das schuldrechtliche Verpflichtungsgeschäft. Ein Hauptversammlungsbeschluss nach § 179a Abs. 1 S. 1 AktG wird für die dinglichen Erfüllungsgeschäfte nicht benötigt.[53] Wie § 311b Abs. 3 BGB stellt sich auch im Rahmen des § 179a AktG (früher § 361 AktG) die Frage, ob die Norm nur eingreift, wenn es sich beim Vertragsgegenstand um das „gesamte Vermögen" handelt oder ob auch eine geringere Schwelle ausreicht. Nach ganz überwiegender Auffassung der Rechtsprechung und der Literatur wird die Zustimmungsbedürftigkeit nach § 179a AktG bereits dann ausgelöst, wenn nicht das gesamte, jedoch zumindest ein wesentlicher Teil des Vermögens übertragen wird.[54] Ob der verbleibende Vermögensbestandteil unwesentlich ist, wird unterschiedlich beurteilt. Nach wohl herrschender Ansicht ist auf einen qualitativen (und nicht quantitativen) Maßstab abzustellen. Entscheidend sei danach, ob die Gesellschaft aufgrund der Übertragung eines oder mehrerer Vermögensgegenstände nicht mehr in der Lage sei, entsprechend ihrem in der Satzung festgelegten Unternehmensgegenstand weiterhin, wenn auch in eingeschränktem Umfang, tätig zu sein.[55]

Hüren[56] weist zu Recht darauf hin, dass in der Beratungspraxis eine Transaktion immer alternativ an qualitativen und quantitativen Kriterien gemessen werden sollte. Zwar gibt es hier keine genauen Richtwerte. *Hüren* meint aufgrund von Parallelen zu § 1365 Abs. 1 BGB und den aktienrechtlichen Squeeze Out-Regelungen, dass aus Gründen der Vorsicht wohl bei der quantitativen Betrachtungsweise von einem Schwellenwert zwischen 80 und 85 % auszugehen sei.[57] Dies dürfte für die Praxis eine gute Richtschnur sein.

b) Voraussetzungen

16 Der Zustimmungsbeschluss bedarf einer Dreiviertelmehrheit des bei der Beschlussfassung vertretenen Grundkapitals (§ 179 Abs. 2 AktG). Da der Beschluss mit einer Dreiviertelmehrheit gefasst werden muss, bedarf er nach § 130 Abs. 1 S. 1 AktG der notariellen Beurkundung. Die Gesellschaft ist verpflich-

---

[53] Siehe Hüren RNotZ 2014, 77, 79, 80 mwN.

[54] BGH 25.2.1982 – II ZR 174/80, NJW 1982, 1703, 1704; Henssler/Strohn/Stelmaszczyk AktG § 179a Rn. 4; Hölters/Haberstock/Greitemann AktG § 179a Rn. 4; Schmidt/Lutter/Seibt AktG § 179a Rn. 8; BeckOGK/Holzborn AktG § 179a Rn. 21.

[55] BGH 25.2.1982 – II ZR 174/80; NJW 1982, 1703, 1704; Koch AktG § 179a Rn. 4; BeckOGK/Holzborn AktG § 179a Rn. 21.

[56] Hüren RNotZ 2014, 77, 81.

[57] Hüren RNotZ 2014, 77, 82.

tet, den Vertrag mit der Einberufung in den Geschäftsräumen der Gesellschaft auszulegen oder auf Verlangen unverzüglich eine Abschrift zu erteilen; die Veröffentlichung auf der Internetseite ist ebenfalls möglich (vgl. § 179 a Abs. 2 AktG).

c) Rechtsfolgen

Wie bereits oben ausgeführt, sind die dinglichen Erfüllungsgeschäfte wirk- **17**
sam. Das zugrundeliegende schuldrechtliche Verpflichtungsgeschäft ist schwebend unwirksam, solange der Zustimmungsbeschluss nicht erteilt ist. Sollte die Hauptversammlung die Zustimmung verweigern, wird der Vertrag endgültig unwirksam. Ggf. ohne Rechtsgrund erbrachte Leistungen sind gemäß § 812 ff. BGB zurückzugewähren. Es gelten die allgemeinen Regelungen.

3. Anwendung auf Personengesellschaften (insbesondere Kommanditgesellschaften)

Mit seinem jüngsten Urteil vom 15.02.2022 schafft der BGH – unter Auf- **18**
gabe seiner bisherigen Rechtsprechung aus dem Jahre 1995 – Klarheit darüber, dass § 179a AktG nicht analog auch auf Personengesellschaften anwendbar ist (sogenanntes Februar Urteil).[58] Die Frage ist von großer Relevanz, da insbesondere Kommanditgesellschaften oft Grundstücke als sog. „Ein-Objekt"-Gesellschaften halten. *Leitzen*[59] ist zuzustimmen, wenn er vermutet, dass die Dunkelziffer in diesem Bereich erheblich sein dürfte.

a) Keine analoge Anwendung § 179a AktG: Außergewöhnliches oder Grundlagengeschäft?

Mit Urteil vom 9.1.1995 hatte der BGH entschieden, dass es zur Veräu- **19**
ßerung des gesamten Geschäftsbetriebs einer Kommanditgesellschaft eines zustimmenden Gesellschafterbeschlusses bedürfe.[60] Hierbei hatte sich der BGH ausdrücklich auf den Rechtsgedanken des § 361 Abs. 1 AktG aF (jetzt inhaltsgleich mit § 179a AktG) bezogen.[61] Aus der Entscheidung des BGH wurde allgemein gefolgert, dass ein Vertrag, durch den sich eine Kommanditgesellschaft zur Veräußerung ihres gesamten Vermögens verpflichtet, unabhängig davon, ob die Firma mitübertragen werde oder nicht, zu seiner Wirksamkeit eines

---

[58] BGH 15.2.2022 – II ZR 235/20, DNotZ 2022, 768, vgl. hierzu Besprechung von Leo/John NZG 2022, 1383.

[59] Leitzen NZG 2012, 491, 492.

[60] BGH 9.1.1995 – II ZR 24/94, NJW 1995, 596.

[61] BGH 9.1.1995 – II ZR 24/94; NJW 1995, 596; Meier DNotZ 2020, 246.

zustimmenden Gesellschafterbeschlusses der Kommanditgesellschaft bedürfe.[62] In der Literatur wurde das Urteil des BGH zumeist so gedeutet, dass es sich bei der Veräußerung des gesamten Gesellschaftsvermögens um ein sog. „Grundlagengeschäft" handele.[63] Dies sind solche Geschäfte, bei denen die Grundlagen des Gesellschaftsverhältnisses in Frage stehen oder die das innere Verhältnis der Gesellschafter zueinander betreffen.[64] Nach allgemeiner Auffassung sind derartige Geschäfte nicht von der Vertretungsmacht der geschäftsführenden Gesellschafter umfasst.[65] Grundsätzlich bedarf die Durchführung von Grundlagengeschäften somit eines zustimmenden Gesellschafterbeschlusses. Daraus wurde bereits vor der neuen BGH-Rechtsprechung der Schluss gezogen werden, dass die vom BGH durch den Verweis auf § 361 Abs. 1 AktG aF begründete Zustimmungsbedürftigkeit im Grunde nicht aus der Analogie zum Aktiengesetz folgt, sondern bereits aus allgemeinen Erwägungen des Personengesellschaftsrechts.[66]

20 Mit seinem Urteil vom 15.2.2022 (sogenanntes Februar-Urteil) greift der BGH diesen Gedanken auf und lässt eine analoge Anwendung des § 179a AktG auf die Kommanditgesellschaft bereits an der fehlenden planwidrigen Regelungslücke scheitern: Der Schutzzweck des § 179a AktG, die gesellschaftsinterne Kontrolle der Geschäftsführung bei Gesamtvermögensgeschäften durch die Beteiligung der Gesellschafter zu gewährleisten, werde bereits durch die §§ 116 Abs. 2, 119 Abs. 1 aF (nunmehr § 109 Abs. 3), 161 Abs. 2 HGB erfüllt.[67] Danach bedürfe es zur Vornahme eines über den gewöhnlichen Betrieb des Handelsgewerbes der Kommanditgesellschaft hinausgehenden Geschäfts durch die Geschäftsleitung eines zustimmenden Beschlusses sämtlicher Gesellschafter, sofern nicht nach dem Gesellschaftsvertrag eine Mehrheitsentscheidung zulässig sei.[68] Unabhängig von der – in dem BGH-Urteil offengelassenen – Einordnung eines Gesamtvermögensgeschäfts als außergewöhnlich iSd § 116 Abs. 1

---

[62] Vgl. etwa Bredthauer NZG 2008, 816, 818, 819 mwN; Hüren RNotZ 2014, 77, 88 ebenfalls mwN; dezidiert gegen eine analoge Anwendung von § 179a AktG Bredol/Natterer ZIP 2015, 1419.

[63] OLG Hamm, 24.5.2007 – 15 W 145/07, NZG 2008, 21; Hopt/Roth HGB § 124 Rn. 29; Ebenroth/Boujong/Joost/Strohn HGB/Hillmann § 124 Rn. 73; Henssler/Strohn/Steitz HGB § 124 Rn. 64; KKD/Kindler HGB § 114 Rn. 2; Leitzen NZG 2012, 491, 494; MüKoHGB/Schmidt § 126 Rn. 13; aA MüKoHGB/Mülbert; Konzernrecht der Personengesellschaften, Rn. 77; der bisherige § 126 HGB wurde im Rahmen des MoPeG überarbeitet, sein Regelungsinhalt findet sich seit dem 1.1.2024 in § 124 Abs. 4 HGB nF; wegen unterschiedlicher Aktualität der Kommentare und dem Auseinanderfallen von Verabschiedung des Gesetzes und dessen Inkrafttreten erfolgt die Kommentierung in den zitierten Kommentaren teilweise noch unter § 126.

[64] Hopt/Roth HGB § 124 Rn. 29 mwN; Meier DNotZ 2020, 246, 253.

[65] Vgl. MüKoHGB/Schmidt § 126 Rn. 10 mwN.

[66] Meier DNotZ 2020, 246

[67] BGH 15.2.2022 – II ZR 235/20, DNotZ 2022, 768, 771; Heckschen/Kreß GWR 2023, 19; Leo/John NZG 2022, 1383; Markworth ZPG 2023, 136, 138.

[68] BGH 15.2.2022 – II ZR 235/20, DNotZ 2022, 768, 771; Markworth ZPG 2023, 136.

und Abs. 2 HGB oder Grundlagengeschäft, sei ein Beschluss aller Gesellschafter bereits nach geltendem Personengesellschaftsrecht erforderlich, ohne dass es eines Rückgriffs auf die analoge Anwendung des § 179a AktG bedürfe.[69] Die Geschäftsleitung müsse das Geschäft den Kommanditisten gegenüber vor dem Abschluss offenlegen und deren Stellungnahme abwarten.[70] Damit fehle es schon an einer planwidrigen Regelungslücke.[71] Abgesehen davon bestünden strukturelle Unterschiede zwischen der Aktiengesellschaft und der Kommanditgesellschaft: Während die Verfassung der Aktiengesellschaft auf Machtbalance ihrer einzelnen Organe abzielt und die Aktionäre von der unmittelbaren Einflussnahme auf die Geschäftsführung der Gesellschaft ausschließt, könnten die insoweit weniger schutzbedürftigen Kommanditisten die Geschäftsführung unmittelbar beeinflussen.[72] Nach § 119 Abs. 2 AktG kann die Hauptversammlung für den Vorstand über Fragen der Geschäftsführung nur bindend entscheiden, wenn der Vorstand es verlangt. Dagegen bestehe nach § 116 Abs. 2 HGB eine Pflicht des Geschäftsführers, die Zustimmung der Gesellschafter bei einem über den gewöhnlichen Betrieb des Handelsgewerbes hinausgehenden Geschäft einzuholen. Außerdem würde eine analoge Anwendung des § 179a AktG das Prinzip der Unbeschränktheit und Unbeschränkbarkeit der Vertretungsbefugnis im Außenverhältnis gem. § 126 Abs. 2 HGB aF (nunmehr § 124 Abs. 4 HGB) aushöhlen und den redlichen Rechtsverkehr beeinträchtigen, der sich in nicht zumutbarer Weise in jedem Einzelfall über den Umfang der Vertretungsbefugnis des Geschäftsführers informieren müsste.[73] Diese Rechtsunsicherheit würde gerade Vertragspartner einer Kommanditgesellschaft treffen, die das Vorliegen eines Gesamtvermögensgeschäfts in der Regel nicht zuverlässig beurteilen können und typischerweise von einer engeren internen Abstimmung zwischen Geschäftsführern und Gesellschaftern als bei der Aktiengesellschaft ausgehen.[74] Damit fehle es auch an einer vergleichbaren Interessenlage und eine analoge Anwendung des § 179a AktG auf die Kommanditgesellschaft sei folglich abzulehnen.

In diesem Zusammenhang entschied der BGH allerdings nicht, ob das Gesamtvermögensgeschäft der Kommanditgesellschaft als eine außergewöhnliche Geschäftsführungsmaßnahme oder vielmehr als ein Grundlagengeschäft einzuordnen sei.[75] Dies spielt allerdings für die Vertretungsmacht nach außen § 124 Abs. 4) eine entscheidende[76] Rolle. Während die Vertretungsmacht bei

[69] BGH 15.2.2022 – II ZR 235/20, DNotZ 2022, 768, 772; Markworth ZPG 2023, 136, 137
[70] BGH 15.2.2022 – II ZR 235/20, DNotZ 2022, 768, 771
[71] Heckschen/Kreß GWR 2023, 19; Markworth ZPG 2023, 136, 138.
[72] BGH 15.2.2022 – II ZR 235/20, DNotZ 2022, 768, 772; Heckschen/Kreß GWR 2023, 19; Markworth ZPG 2023, 136, 139.
[73] BGH 15.2.2022 – II ZR 235/20, DNotZ 2022, 768, 774; Markworth ZPG 2023, 136, 139.
[74] BGH 15.2.2022 – II ZR 235/20, DNotZ 2022, 768, 773.
[75] Berkefeld DNotZ 2020, 85, 86; Markworth ZPG 2023, 136, 137.
[76] Jerger/Goj NJW 2022, 1878, 1883.

einer außergewöhnlichen Geschäftsführungsmaßnahme nur beim Missbrauch der Vertretungsmacht eingeschränkt ist, besteht sie bei Grundlagengeschäften nicht[77] und ihr Fehlen hat somit Auswirkungen auf das Außenverhältnis[78]. Für die Praxis ist dies aber von grundlegender Bedeutung, denkt man etwa an die Veräußerung der einzigen Immobilie einer Objekt GmbH & Co. KG, an der zB noch ein Minderheitsgesellschafter mit 5,1 % beteiligt ist, wie es in der Praxis durchaus üblich ist (siehe zu Mehrheiten → Rn. 21 und zur Beurkundungspflicht → Rn. 22).

b) Mehrheiten für Beschlüsse zu außergewöhnlichen und Grundlagengeschäften

21 Mit welcher Mehrheit ein Zustimmungsbeschluss zur Übertragung des gesamten Gesellschaftsvermögens einer Kommanditgesellschaft gefasst werden muss, wird in der Literatur nicht eindeutig beantwortet.

Für eine Übertragung des Mehrheitserfordernisses aus § 179a AktG (qualifizierte Mehrheit von drei Viertel der abgegebenen Stimmen iSv § 179 Abs. 2 AktG) besteht spätestens nach dem Februar-Urteil des BGH kein Anhaltspunkt mehr.

Im Ergebnis gilt Folgendes: Soweit die Veräußerung so wesentlich ist, dass sie als außergewöhnliche Geschäftsführungsmaßnahme oder Grundlagengeschäft anzusehen ist, ist grundsätzlich die Zustimmung aller Gesellschafter erforderlich (§§ 116 Abs. 2, 109 Abs. 3, 161 Abs. 2 HGB). Etwas anderes gilt nur, wenn der Gesellschaftsvertrag einer Gesellschaft ausdrücklich die Veräußerung des gesamten Gesellschaftsvermögens unter ein anderes Mehrheitserfordernis stellt. Dass der Gesellschaftsvertrag abweichende Mehrheitserfordernisse vorsieht, ist sowohl bei einer außergewöhnlichen Geschäftsführungsmaßnahme als auch bei einem Grundlagengeschäft zulässig.[79] *Jerger* und *Goj*[80] empfehlen für die Praxis zu Recht, im Personengesellschaftsvertrag von der Allstimmigkeit abzuweichen und sich für einfache oder qualifizierte Mehrheiten zu entscheiden. Im Fall des Gesamtvermögensgeschäfts läge es nicht nur aufgrund der weiterhin offenen rechtlichen Einordnung des Gesamtvermögensgeschäfts, sondern im Interesse aller Beteiligten, dass die Gesellschafter einen positiven Zustimmungsbeschluss fassen.

[77] So ausdrücklich Jerger/Goj NJW 2022, 1878, 1883; RWHMW/Haas HGB § 124 Rn. 35.
[78] Heckschen/Scherz, Beck'sches Notar-Handbuch § 25 Rn. 14q.
[79] Jerger/Goj NJW 2022, 1878, 1883.
[80] Jerger/Goj NJW 2022, 1878, 1883.

c) Zustimmungsbeschluss unterliegt keiner Beurkundungspflicht

Aus dem Urteil des BGH aus dem Jahr 1995[81] ging nicht hervor, ob Vor- 22
gaben zum Beschlussverfahren aus § 179a AktG analog auch auf die Kommanditgesellschaft anzuwenden sind oder nicht und ob der Beschluss zur Zustimmung zu beurkunden ist. Diese Frage hat sich mit dem Februar Urteil 2022 erledigt[82]: Einer notariellen Beurkundung des Zustimmungsbeschlusses der Gesellschafter, die in analoger Anwendung des § 179a iVm § 130 Abs. 1 AktG erforderlich gewesen wäre, bedarf es nicht. Der Zustimmungsbeschluss zu der außergewöhnlichen Geschäftsführungsmaßnahme bzw. dem Grundlagengeschäft ist nicht formbedürftig[83], wenn es sich auch in der Praxis empfiehlt, den Beschluss schriftlich zu dokumentieren.[84]

4. Keine Anwendung auf die GmbH

a) Keine analoge Anwendung § 179a AktG auf die GmbH

Bei der Frage, ob § 179a AktG analog auf die GmbH anzuwenden ist, stel- 23
len sich die gleichen Probleme wie bei der Kommanditgesellschaft. In seinem Urteil vom 08.01.2019 lehnt der BGH auch die analoge Anwendung des § 179a AktG auf die GmbH ab (sogenanntes Januar Urteil).[85] Dem Schutzanliegen des § 179a AktG werde bereits durch § 49 Abs. 2 GmbHG Genüge getan, wonach die Gesellschafterversammlung zu berufen ist, wenn es im Interesse der Gesellschaft erforderlich erscheint.[86] Hieraus ergäbe sich, dass der Geschäftsführer einer GmbH bei besonders bedeutsamen Geschäften (hier: Gesamtvermögensgeschäft) dazu verpflichtet sei, die Zustimmung der Gesellschafterversammlung von sich aus einzuholen.[87] Was die Mehrheitserfordernisse anbelangt, war bislang nach herrschender Literaturmeinung eine Mehrheit von Dreivierteln der abgegebenen Stimmen notwendig; dies wurde in Anlehnung an § 53 Abs. 2 S. 1 GmbHG gefolgert.[88]

---

[81] BGH 9.1.1995 – II ZR 24/94, NJW 1995, 596.

[82] BGH 15.2.2022 – II ZR 235/20, DNotZ 2022, 768; Leo/John NZG 2022, 1383.

[83] BGH 15.2.2022 – II ZR 235/20, DNotZ 2022, 768, 775; Jerger/Goj NJW 2022, 1878, 1883.

[84] Jerger/Goj NJW 2022, 1878, 1883; Leo/John NZG 2022, 1383, 1390 mit dem Hinweis, dass ein solcher Beschluss die Voraussetzungen des Missbrauchs der Vertretungsmacht beschränkt.

[85] BGH 8.1.2019 – II ZR 364/18, NZG 2019, 505, 506; bestätigt in BGH 9.1.2024 – II ZR 220/22, NZG 2024, 452 ff.

[86] BGH 8.1.2019 – II ZR 364/18, NZG 2019, 505, 509; Berkefeld DNotZ 2020, 85, 91.

[87] BGH 8.1.2019 – II ZR 364/18, NZG 2019, 505, 509; Götze NZG 2019, 695; Müller NZG 2019, 807, 808; Rubner/Pospiech NJW-Spezial 2022, 207, 208.

[88] So Berkefeld DNotZ 2020, 85, 89; Herrler GesR/Bormann/Seebach, Kap. 8, § 18 Rn. 354.

Darüber hinaus verweist der BGH auf die Unterschiede in der Gesellschaftsstruktur, die aufgrund ihrer größeren Machtpositionen weniger schützenswerten GmbH-Gesellschafter und das Prinzip der unbeschränkten Außenvertretungsbefugnis des Geschäftsführers nach § 37 Abs. 2 GmbH, das durch eine Analogie zulasten des redlichen Rechtsverkehrs aufgeweicht werden würde.[89]

Mit der Ablehnung der analogen Anwendung des § 179a AktG spricht auch viel dafür, dass der Zustimmungsbeschluss nicht zu beurkunden ist (obwohl der BGH diese Frage offengelassen hat)[90], vor allem weil das Formerfordernis im GmbH-Recht in erster Linie nur Beweis- und Rechtssicherheitszwecken dient.[91] Nach einem Urteil des OLG Celle soll es aber keine Amtspflichtverletzung des Notars sein, wenn er eine Beurkundung als sichersten Weg empfiehlt.[92]

b) Ausnahme Missbrauch der Vertretungsmacht?

So sehr es zu begrüßen ist, dass nun durch die Rechtsprechung zumindest klargestellt wurde, dass § 179a AktG analog nicht auf die GmbH (und auch nicht auf die Kommanditgesellschaft) Anwendung findet, so stellt sich umso mehr die Frage, ob nicht durch die Hintertür das Rechtsinstitut des „Missbrauch der Vertretungsmacht" bei Transaktionen, bei denen der Verkäufer über sein gesamtes Vermögen verfügt, unangemessen ausgeweitet wird. So hat der BGH im Jahr 2024 zwar nochmals bestätigt, dass § 179a AktG auf die GmbH nicht analog anwendbar sei[93], allerdings bedürfe der Geschäftsführer für die Eingehung der Verpflichtung zur Übertragung des gesamten Gesellschaftsvermögens einer GmbH einen zustimmenden Beschluss der Gesellschafterversammlung, denn es handele sich um ein besonders bedeutsames Geschäft. Dies gelte auch dann, wenn der Gesellschaftsvertrag einen entsprechenden Zustimmungsvorbehalt nicht ausdrücklich enthielte. Im Hinblick auf die Frage, welchen subjektiven Maßstab es in der Person des Käufers bedürfe, damit ein Fall des Missbrauchs der Vertretungsmacht vorliege (positive Kenntnis oder ein niedrigerer Maßstab?), hält der BGH fest, dass es einem Vertragspartner grundsätzlich klar sein müsse, dass der Geschäftsführer eine GmbH nicht ohne Zustimmung der Gesellschafter unternehmenslos stellen könnte.[94] Dies gelte auch dann, wenn mit einer Immobilie nur ein einzelner Vermögensgegenstand

[89] BGH 8.1.2019 – II ZR 364/18, NZG 2019, 505, 509; zustimmend Götze NZG 2019, 695, 696; Müller NZG 2019, 807, 810.

[90] Siehe Müller NZG 2019, 807, 811; Heckschen/Herrler/Münch BeckNotar-HdB/Scherz § 25 Rn. 14.

[91] HCL/Ulmer/Casper GmbHG § 53 Rn. 49; MüKoGmbHG/Harbarth § 53 Rn. 71; NSH/Noack GmbHG § 53 Rn. 71; Hitzel NZG 2020, 1174, 1175.

[92] OLG Celle 30.6.2021 – 3 U 72/21, NZG 2022, 26, 28.

[93] BGH 9.1.2024 – II ZR 220/22, NZG 2024, 452 ff..

[94] BGH 9.1.2024 – II ZR 220/22, NZG 2024, 452.

übertragen werde, denn es könne sich nach den Umständen des Einzelfalls dann aufdrängen, dass der Geschäftsführer das Geschäft wegen seiner Bedeutung für die Gesellschaft nicht ohne Rückversicherung bei den Gesellschaftern vornehmen kann.[95] Zu Recht weisen daher *Leo und Jon*[96] bereits zum „Januar Urteil" des BGH aus dem Jahr 2019 (siehe oben) darauf hin, dass die Unsicherheiten auch nach der Ablehnung der analogen Anwendung von § 179a AktG durch die Rechtsprechung weiter fortbestünden und fürchten hier (wohl zu Recht) einen „Formalisierungstreiber".[97] Ihnen ist im Grundsatz recht zu geben, wenn sie ausführen, dass sowohl im Januar Urteil als auch im Februar Urteil für M&A-Transaktionen kein Prinzip zu entnehmen sei, „wonach es dem Vertragspartner bei jeder Verfügung über das gesamte Gesellschaftsvermögen (Asset Deal) oder gar nur über besonders bedeutsame Einzelvermögensgegenstände, zB bei einem Carve-Out, obliegt, sich nach der Zustimmung der Gesellschafter des Verkäufers zu erkundigen. Die Voraussetzungen des Missbrauchs der Vertretungsmacht entziehen sich einer derart schematischen Maßstabsbildung".[98] Wenngleich auch das Rechtsinstitut des „Missbrauchs der Vertretungsmacht" einen absoluten Ausnahmecharakter haben sollte, wird man in der Transaktionspraxis doch eher dazu raten, Zustimmungsbeschlüsse einzuholen, wenn davon auszugehen ist, dass eine Gesellschaft ihr gesamtes oder annähernd gesamtes Vermögen veräußert.

---

[95] BGH 9.1.2024 – II ZR 220/22, NZG 2024, 452.

[96] Leo/John NZG 2022, 1383ff..

[97] Leo/John NZG 2022, 1383, 1384.

[98] Leo/John NZG 2022, 1383, 1390.

§ 5 Formerfordernisse bei Umwandlungen (Überblick)

Literatur: Banerjea, Der Schutz von Übernahme- und Fusionsplänen, DB 2003, 1489; Brocker, Die grenzüberschreitende Verschmelzung von Kapitalgesellschaften, BB 2010, 971; Klein, Grenzüberschreitende Verschmelzung von Kapitalgesellschaften, RNotZ 2007, 565; Schmidt, Der UmRUG-Referentenentwurf: grenzüberschreitende Umwandlungen 2.0 – und vieles mehr Teil 2, NZG 2022, 635; Schmidt, Die weitreichende Reform des Umwandlungsrechts, NJW 2023, 1241; Teicke, Herausforderungen bei Planung und Umsetzung einer grenzüberschreitenden Verschmelzung, DB 2012, 2675.

I. Formerfordernisse im Rahmen einer Umwandlung

1 Bei einer Unternehmenstransaktion, die durch Verschmelzung von Rechtsträgern durchgeführt wird, ergeben sich besondere Formerfordernisse aus dem UmwG. So muss der **Verschmelzungsvertrag** gem. § 6 UmwG notariell beurkundet werden (dazu II., → Rn. 2 ff.). Für die **Spaltung** gilt das notarielle Formerfordernis nach § 125 S. 1 UmwG entsprechend.

Darüber hinaus bedürfen Zustimmungsbeschlüsse (§ 13 Abs. 3 UmwG), **Zustimmungserklärungen** sowie evtl. **Verzichtserklärungen** gem. §§ 8 Abs. 3, 9 Abs. 2 UmwG (Verzicht auf Verschmelzungsbericht bzw. Verschmelzungsprüfung) der notariellen Beurkundung (hierzu III., → Rn. 7).

Besonderheiten sind bei grenzüberschreitenden Verschmelzungen (cross border mergers) zu beachten (hierzu IV., → Rn. 10).

II. Verschmelzungsvertrag § 6 UmwG

1. Schutzzweck der Beurkundung

2 Die Gesetzesbegründung zu § 6 UmwG vom 1.2.1994 führt die mit der notariellen Beurkundung verfolgten Schutzzwecke nicht ausdrücklich auf, sondern nimmt auf die Beurkundungspflicht nach § 311b Abs. 3 BGB (Vertrag über das gesamte Vermögen) Bezug.

„Der Grundsatz des § 311 BGB, dass Verträge über die Übertragung des Vermögens notariell beurkundet werden müssen, soll auch für den Verschmelzungsvertrag gelten, wie dies bisher auch schon in den meisten Fällen vorgesehen ist.[1]

Die Beurkundung soll – wie im Fall des § 311b Abs. 3 BGB – den Beteiligten die **Tragweite der Entscheidung** bewusst machen. Darüber hinaus dient das Formerfordernis der **Beweissicherung** und der Sicherung einer **materiellen Richtigkeitsgewähr,** um dem vom Gesetzgeber beabsichtigten Schutz der Anteilseigner sicherzustellen[2].

Innerhalb des Verschmelzungsverfahrens sind **Vertragsentwürfe** vorzulegen oder anderen Dokumenten beizufügen. (zB § 5 Abs. 3, § 13 Abs. 3, S. 2). Diese brauchen naturgemäß nicht beurkundet zu werden.

2. Umfang der Beurkundungspflicht

a) Allgemeines

Die überwiegende Ansicht in der Literatur zieht bei dem Umfang der Beurkundungspflicht die Grundsätze zu **§ 311b Abs. 1 BGB** als Maßstab heran. 3
Die Beurkundung umfasse danach auch **alle Nebenabreden** und **alle Vereinbarungen, ohne die mindestens ein Partner den Verschmelzungsvertrag nicht abgeschlossen hätte**[3].

Bei der Verschmelzung durch Neugründung einer Personengesellschaft hat dies zur Folge, dass abweichend von den allgemeinen Regeln auch der Gesellschaftsvertrag der (übernehmenden) Personengesellschaft zu beurkunden sei[4].

Wie bei § 311b BGB seien alle Abreden, die nach dem Willen auch nur eines der beteiligten Rechtsträger mit dem Vertrag ein einheitliches Ganzes bilden sollen oder einen direkten oder wirtschaftlichen Zwang zum Abschluss ausübten, zu beurkunden. Gleichgültig sei, ob die Vereinbarungen in einer oder in mehreren Urkunden niedergelegt worden sind. Danach sind also neben dem Mindestinhalt des Vertrags (§ 5 UmwG) alle Nebenabreden mit Regelungscharakter beurkundungsbedürftig, ausgenommen solche, die der bloßen Erläuterung dienen[5].

Wenn mehrere Verschmelzungsvorgänge ein **einheitliches Ganzes** bilden (also miteinander „stehen und fallen“) und die Verträge in verschiedenen Urkunden enthalten sind, soll die Verknüpfung durch **wechselseitige**

---

[1] BT-Drs. 12/6699, S. 83.
[2] Lutter/Drygala UmwG § 6 Rn. 1; BeckOGK/Wicke UmwG § 6 Rn. 3.
[3] Lutter/Drygala UmwG § 6 Rn. 2; Kallmeyer/Zimmermann UmwG § 6 Rn. 7.
[4] Lutter/Drygala UmwG § 6 Rn. 2.
[5] Kallmeyer/Zimmermann UmwG § 6 Rn. 12; BeckOGK/Wicke UmwG § 6 Rn. 8.

Verweisung in den Urkunden kenntlich zu machen sein[6]. Diese Sichtweise lehnt sich uE ohne triftigen Grund an die grundstücksrechtliche Verknüpfungs-Dogmatik an und erscheint im Kontext von Verschmelzungen als eine verfehlte Formalie.

b) Insbesondere: Vorvertrag und selbstständiges Strafversprechen *(break-up fee)*

4 Beurkundungsbedürftig soll auch ein **Vorvertrag** sein, aus dem sich die Verpflichtung zum Abschluss eines Verschmelzungsvertrages ergibt.[7]

In einer Entscheidung des LG Paderborn geht es um eine wirtschaftlich entsprechende Gestaltung, die einem Vorvertrag („Letter of Intent") zum Abschluss eines Verschmelzungsvertrags (§ 6 UmwG) entspricht, nämlich um einen Vorvertrag mit der bindenden Verpflichtung, den **Verschmelzungsbeschluss** (§ 13 Abs. 3 UmwG) zu fassen. Diese Verpflichtung war im konkreten Fall mit einer sogenannten *break-up fee* (Vertragsstrafe für den Fall des Nichtabschlusses) bewehrt. Diese hat das LG Paderborn für formnichtig gehalten, da die getroffene Regelung eine bindende Verpflichtung enthalte, die zur Verschmelzung erforderlichen Beschlüsse zu fassen. **Die Vereinbarung sei rechtlich als Vorvertrag zu qualifizieren mit der Folge, dass auch dafür die notarielle Form zu beachten sei;** deren Fehlen führe gemäß § 125 BGB wegen Formmangels zur Nichtigkeit.[8]

Zu den Einzelheiten der Beurkundungsbedürftigkeit von *break-up fees* → § 2 Rn. 78 f.

3. Registervollzug

a) Einzureichende Unterlagen

5 Für den Registervollzug einer Verschmelzung sind der Verschmelzungsvertrag und die Niederschriften der Verschmelzungsbeschlüsse aller beteiligten Gesellschaften in Ausfertigung oder öffentlich beglaubigter Abschrift einzureichen.

Wenn der Anmeldung eine Ausfertigung oder öffentlich beglaubigte Abschrift der Vertragsurkunde schon als Anlage zu den Verschmelzungsbeschlüssen beigefügt war, braucht der Verschmelzungsvertrag nicht erneut

[6] Kallmeyer/Zimmerman UmwG § 6 Rn. 7 unter Verweis auf BGHZ 82, 188, 196 (= NJW 1982, 933) und mwN.

[7] Lutter/Drygala UmwG § 6 Rn. 3.

[8] LG Paderborn 28.4.2000 – 2 O 132/00, NZG 2000, 899, 900 (Hervorhebungen durch den Verf.); ablehnende Würdigung von Banerjea DB 2003, 1489.

vorgelegt zu werden; die Einreichung zusammen mit den Beschlüssen genügt. Seine separate, formgültige Vorlage ist allerdings unabdingbar, wenn sich die Verschmelzungsbeschlüsse – was möglich ist – nur auf einen Entwurf des Verschmelzungsvertrags beziehen (§ 13 Abs. 3 S. 2 Alt. 2 iV mit § 4 UmwG). Folgen die Verschmelzungsbeschlüsse jedoch dem notariell bekundeten (§ 6 UmwG) Verschmelzungsvertrag zeitlich nach und ist ihnen dieser Verschmelzungsvertrag in der nach § 17 UmwG vorgeschriebenen Form beigefügt, so ist Sinn und Zweck der gesetzlichen Regelung (Überprüfungsmöglichkeit, ob sich die Verschmelzungsbeschlüsse tatsächlich auf den eingereichten Verschmelzungsvertrag beziehen) genügt; einer mehrfach formgültigen Vorlage des Verschmelzungsvertrags bedarf es deshalb nicht.[9]

b) Heilung durch Eintragung (§ 20 Abs. 1 Nr. 4 UmwG)

Der Mangel der notariellen Beurkundung des Verschmelzungsvertrags und gegebenenfalls erforderlicher Zustimmung- oder Verzichtserklärungen einzelner Anteilsinhaber wird gem. § 20 Abs. 1 Nr. 4 UmwG durch die Eintragung der Verschmelzung in das Register des Sitzes des übernehmenden Rechtsträgers geheilt. 6

III. Sonstige Formerfordernisse im Rahmen einer Verschmelzung

1. Verschmelzungsbeschluss und Zustimmungserklärungen (§ 13 Abs. 3 UmwG)

Gemäß § 13 Abs. 3 Satz 1 UmwG müssen der Verschmelzungsbeschluss und die nach dem Gesetz erforderlichen Zustimmungserklärungen einzelner Anteilsinhaber einschließlich der erforderlichen Zustimmungserklärungen nicht erschienener Anteilsinhaber notariell beurkundet werden. 7

2. Verzichtserklärungen (§§ 8 Abs. 3, 9 Abs. 2 UmwG)

Die Anteilsinhaber aller beteiligten Rechtsträger können auf die Erstattung des Verschmelzungsberichts verzichten (§ 8 Abs. 3 UmwG); gleiches gilt für die Prüfung der Verschmelzung (§ 9 Abs. 2 UmwG). 8

Die entsprechenden Verzichtserklärungen der Anteilsinhaber sind notariell zu beurkunden (§ 8 Abs. 3 Satz 2 UmwG; § 9 Abs. 2 iVm § 8 Abs. 3 UmwG). 9

---

[9] OLG Karlsruhe 2.3.1998 – 11 Wx 6/98, NZG 1998, 433, 434.

IV. Grenzüberschreitende Verschmelzung

1. Allgemeines

a) Konzeption des UmwG

10 Dem UmwG ist die Konstellation einer grenzüberschreitenden Verschmelzung zunächst einmal fremd. Beteiligt an einer Verschmelzung können nämlich dem Grundsatz nach nur Rechtsträger mit Sitz im Inland sein (§ 1 Abs. 1 UmwG). Dieser enge nationale Rahmen entspricht nicht den gemeinschaftsrechtlichen Grundfreiheiten und der Richtlinie 2017/1132/EU über die Verschmelzung von Kapitalgesellschaften aus verschiedenen Mitgliedstaaten und erfährt deshalb in §§ 305 ff. UmwG (wie zuvor in §§ 122a ff. UmwG aF) Ausnahmen für Verschmelzungen, bei denen mindestens eine der beteiligten Gesellschaften dem Recht eines anderen Mitgliedstaats der Europäischen Union oder eines anderen Vertragsstaats des Abkommens über den europäischen Wirtschaftsraum unterliegt (hierzu → Rn. 11 ff.).

b) Beurkundung des Verschmelzungsvertrags im Ausland

11 Auch bei einer Transaktion, bei der zwei Rechtsträger mit Sitz in Deutschland verschmolzen werden, kann es in Betracht kommen, die Beurkundung im Ausland vornehmen zu lassen, zB weil sich der deutsche Verschmelzungsvorgang als Anhängsel einer größeren, im Ausland angesiedelten und dort maßgeblich gesteuerten und vollzogenen Transaktion darstellt.

Das Ausreichen der **Ortsform** gem. Art. 11 Abs. 1 1. Alt EGBGB (und damit uU eine Erleichterung der Formstrenge) wird im Anwendungsbereich von Formvorschriften für gesellschaftsrechtliche Organisationsmaßnahmen bzw. verfassungsrechtlichen Akten wie Gründungen, Satzungsänderungen, Kapitalmaßnahmen, Umwandlungsvorgängen und Unternehmensverträgen nahezu einhellig **verneint** (→ § 10 Rn. 15). Derartige Vorgänge sind also so zu beurkunden, dass sie den deutschen Anforderungen an das Beurkundungsverfahren genügen, was die **Gleichwertigkeit** der ausländischen Beurkundung voraussetzen würde.

Das LG Augsburg verneinte 1996 in einer instruktiven und breit abgestützten Entscheidung bei der Frage der Formwirksamkeit eines Verschmelzungsvertrages und des Zustimmungsbeschlusses nach Art. 11 Abs. 1 EGBGB eine wirksame Beurkundung durch einen Züricher Notar.[10] Es stellt dabei maßgeblich darauf ab, dass die Ortsform (Art. 11 Abs. 1 Halbs. 2 EGBGB) nicht ausreiche und die Beurkundung in Zürich deshalb nicht gleichwertig

[10] LG Augsburg 4.6.1996 – 2 HK T 2093/96, NJW-RR 1997, 420.

mit einer deutschen sei, weil nicht davon ausgegangen werden könne, dass ein Züricher Notar aus Kenntnis materiellen deutschen Verschmelzungsrechts eine Richtigkeitsgewähr vermitteln könne.

Im Gegensatz dazu hat das KG mit der Gründung einer GmbH in der Schweiz einen statusrelevanten gesellschaftsrechtlichen Vorgang zugelassen, weil im Einzelfall eine Gleichwertigkeit des Beurkundungsverfahrens und seiner Zwecke vorgelegen habe.[11] In diesem Zusammenhang wird die Ansicht, dass die Haftungsbeschränkung von ausländischen Notaren die Gleichwertigkeit beseitige, vertreten[12]. Sie berücksichtigt allerdings nicht, dass die Ausgestaltung der Notarhaftung nicht oder zumindest nicht maßgeblich Teil der Gleichwertigkeitsprüfung ist (→ § 10 Rn. 32). Ferner wird kritisiert, dass ein grundsätzlicher Ausschluss vergleichbarer ausländischer Beurkundungen dem Konzept der Europäisierung und Harmonisierung der Strukturmaßnahmen widerspreche.[13]

Die hM hält dem entgegen, dass Vergleichbarkeit bei statusändernden Vorgängen nicht vorliegen könne, da ausländische Notare die mit der Beurkundung verbundenen Zwecke nicht erfüllen könnten: Zum einen fehle es ausländischen Notaren an fundierten Kenntnissen des deutschen Rechts, was den Zweck der materiellen Richtigkeitsgewähr unterlaufe.[14] Zum anderen hätten deutsche Notare Mitteilungspflichten ua gegenüber dem Finanzamt, welche durch eine Auslandsbeurkundung umgangen werden könne.[15]Nach der hier konzise wiedergegebenen hM scheidet also die Beurkundung verschmelzungsrechtlicher Vorgänge im Ausland wegen fehlender Gleichwertigkeit aus.

Sollte dennoch das Interesse an einer Beurkundung im Ausland bestehen, empfiehlt es sich in der Praxis bis zur abschließenden Klärung der Frage der Zulässigkeit von Auslandsbeurkundungen, im Vorfeld die Meinung des zuständigen Registergerichts einzuholen.[16]

---

[11] KG 24.1.2018 – 22 W 25/16, NJW 2018, 1828.

[12] Lutter/Drygala UmwG § 6 Rn. 10.

[13] Schmitt/Hörtnagl/Winter UmwG § 6 Rn. 18.

[14] Auf „institutionelle Unerfahrenheit" verweisend Bayer GmbHR 2013, 897, 913; Wickes Besprechung des KG-Urteils GmbHR 2018, 376, 380 f.; Webers Besprechung des KG-Urteils MittBayNot 2018, 215, 219 f.; Herrlers Besprechung des KG-Urteils NJW 2018, 1787, 1788; BeckOGK/Wicke UmwG § 6 Rn. 19 ff.; im Ergebnis ebenfalls Kallmeyer/Zimmermann UmwG § 6 Rn. 11.

[15] Heinze NZG 2017, 371; Wickes Besprechung des KG-Urteils GmbHR 2018, 376, 381.

[16] Schmitt/Hörtnagl/Winter UmwG § 6 Rn. 18; Henssler/Strohn/Heidinger UmwG § 6 Rn. 6a.

2. Umwandlungen im Rahmen der EU-Umwandlungsrichtlinie und §§ 305 ff. UmwG (§§ 122a ff. UmwG aF)

12 In der Terminologie der gemeinschaftlichen grenzüberschreitenden Verschmelzung heißt der Verschmelzungsvertrag „**Verschmelzungsplan**" (parallel dazu Spaltungsplan sowie Formwechselplan). In Umsetzung der EU-Mobilitätsrichtlinie (ursprünglich Verschmelzungsrichtlinie, Richtlinie 2005/56/EG, neugefasst und auf Spaltungen und Formwechsel ausgeweitet in Richtlinie (EU) 2017/1132 („Mobilitätsrichtlinie"), diese wiederum geändert durch Richtlinie (EU) 2019/2121) eröffnen die §§ 305 ff. (§§ 122a aF) UmwG das Umwandlungsregime des UmwG in der speziellen Ausgestaltung durch die Umwandlungsrichtlinie für Gesellschaften, von denen mindestens eine dem Recht eines anderen Mitgliedstaats der Europäischen Union oder eines anderen Vertragsstaats des Abkommens über den europäischen Wirtschaftsraum unterliegt. Dabei wird das Regime des UmwG in §§ 305 ff. UmwG so modifiziert, wie es die EU-Umwandlungsrichtlinie gebietet. Konzeptionell wird durch die Richtlinie also zwar ein spezielles materielles Verschmelzungsregime geschaffen, nicht jedoch eine Vereinheitlichung der nationalen Registerverfahren, die lediglich miteinander verzahnt werden, ohne voll harmonisiert zu werden[17].

13 Der **Verschmelzungs-, Spaltungs- und Formwechselplan** muss bei einer grenzüberschreitenden Umwandlung gem. §§ 307 Abs. 4, 322 Abs. 4, 335 Abs. 3 UmwG notariell beurkundet werden.

Die **Prüfung des jeweiligen Plans** ist auch bei der grenzüberschreitenden Umwandlung verzichtbar; die entsprechenden Erklärungen sind notariell zu beurkunden (§§ 311 Abs. 2, 325 Satz 1, 338 Abs. 2, 12 Abs. 3, 9 Abs. 2, 8 Abs. 3 UmwG). Anders als bei der rein nationalen Verschmelzung ist der **jeweilige Umwandlungsbericht** nach §§ 8, 127, 215 UmwG im Rahmen einer grenzüberschreitenden Umwandlung nur in Ausnahmefällen verzichtbar und besteht aus drei Abschnitten (genereller, anteilsinhaberspezifischer und arbeitnehmerspezifischer Teil). Allerdings kann gemäß §§ 309 Abs. 6, 324 Abs. 2, 337 Abs. 3 UmwG auf den anteilsinhaberspezifischen Teil des Berichts verzichtet werden, wenn alle Anteilsinhaber des beteiligten Rechtsträgers auf dessen Erstattung verzichten. Die Verzichtserklärungen sind jeweils notariell zu beurkunden.

Zur Beantwortung der Frage, ob die Beurkundung des Umwandlungsplans durch einen Notar im Land einer anderen der beteiligten Gesellschaften auch bezüglich der Anforderungen des UmwG hinreichend ist, ließe sich der Standpunkt vertreten, dass aufgrund des einheitlichen gemeinschaftsrechtlichen

---

[17] Zu den hieraus folgenden Problemstellungen eingehend und instruktiv Teicke DB 2012, 2675.

Rahmens für die grenzüberschreitende Verschmelzung eine **Auslandbeurkundung** per se einer deutschen Beurkundung gleichwertig sein müsste. Bei genauerem Hinsehen verhält es sich jedoch nicht so: für jede der beteiligten Gesellschaften gilt ihr eigenes Gesellschaftsstatut, und die Frage der **Gleichwertigkeit** der Auslandbeurkundung beurteilt sich maßgeblich danach, ob der dortige Notar mit dem Rechtsrahmen einer deutschen Gesellschaft hinreichend vertraut ist, was nach herrschender Meinung aufgrund einer abstrakten Betrachtung abzulehnen ist (vgl. → Rn. 11).

Hinsichtlich der Erklärung über den **Verzicht auf die Umwandlungsprüfung sowie auf den verzichtsfähigen Teil des Umwandlungsberichts** wird sich diese strenge Sichtweise nicht vertreten lassen, denn der Verzicht hierauf ist einheitlich gemeinschaftsrechtlich geregelt und damit auch anwendbares Recht im Land der Beurkundung, so dass die Verzichtserklärung nach §§ 311 Abs. 2, 325 Satz 1, 338 Abs. 2, 12 Abs. 3, 9 Abs. 2, 8 Abs. 3 bzw. 309 Abs. 6, 324 Abs. 2, 337 Abs. 3, 8 Abs. 3 UmwG gleichwertig durch einen Notar mit Amtssitz innerhalb der EU oder des europäischen Wirtschaftsraums beurkundet werden kann, sofern er auch die übrigen Vergleichbarkeitsvoraussetzungen erfüllt. 14

V. Ausstrahlen umwandlungsrechtlicher Formvorschriften auf weitere Vertragsbestandteile?

1. Allgemeines

Wenn sich eine Umwandlung (unabhängig davon ob inländisch oder grenzüberschreitend) als Teil einer größeren Unternehmenstransaktion darstellt, kann es zu einem „Ausstrahlen" der Beurkundungspflicht hinsichtlich der Umwandlungsdokumente auf das übrige Vertragswerk kommen. 15

Dies ergibt sich aus der oben in Rn. 3 dargestellten hM, wonach alle Abreden, die nach dem Willen der Parteien ein einheitliches Ganzes bilden sollen, zu beurkunden seien. Dies gilt jedenfalls dann, wenn das Gesamtvertragswerk deutschem Recht unterliegt.

Auch wenn diese hM sich uE unzutreffend aus grundstücksrechtlichen Erwägungen inspiriert und deshalb abzulehnen ist, muss sie doch bis auf weiteres als maßgeblich gelten und der Beratung zugrunde gelegt werden.

2. Grenzüberschreitende Vertragsgestaltungen

16 Bei Umwandlungen im Zusammenhang mit umfangreicheren Transaktionen, die grenzüberschreitende Bezüge aufweisen, kommt in Betracht, die Verpflichtungserklärungen des Vertrages und hierunter auch die Verpflichtung zur Durchführung einer (inländischen oder grenzüberschreitenden) Umwandlung einer **ausländischen Rechtsordnung** zu unterstellen, die hierfür keine erhöhten Formanforderungen stellt (iE → § 10 Rn. 29 ff.). Da das gesamte schuldrechtliche Vertragswerk entweder durch Rechtswahl oder durch das per IPR anwendbare ausländische Recht dem Unwirksamkeitsregime der §§ 125, 139 BGB entzogen ist, entfällt durch diese Gestaltung die Beurkundungspflicht hinsichtlich des gesamten Vertragswerkes.

17 Unabhängig davon sind selbstverständlich die **Umwandlungsvorgänge selbst,** zu deren Durchführung sich die Parteien verpflichten, nach dem deutschen Gesellschaftsstatut und damit unter Berücksichtigung der dort festgelegten Beurkundungspflichten durchzuführen **(Trennung von Verpflichtung nach ausländischem Recht und Vollzug nach deutschem Recht** für GmbH-Anteilsübertragungen → § 10 Rn. 12 ff.).

§6 Beteiligungsverträge (insbesondere im Zusammenhang mit Venture Capital-Finanzierungen)

Literatur: Beckmann/Winter, Anmerkung zu OLG Zweibrücken, Urteil von 17.05.2022, NZG 2022, 170 ff.; Harenberg, Formerfordernisse bei Wandeldarlhene und Gesellschaftsrecht als Hürde für Venture Capital-Finanzierungen, zugleich Bspr. von OLG Zweibrücken 17.05.2022, NZG 2023, 211 ff.; Klemens/Sambulski, Formbedürftigkeit von Wandeldarlehensverträgen bei der GmbH – zugleich Besprechung von OLG Zweibrücken, Urt. v. 17.05.2022, W M 2023, 311 ff.; Frase/Primbs, Anmerkung zu OLG Zweibrücken, Urt. v. 17.05.2022, RFamU 2023, 93 ff.; Tholen/Weiß, Formbedürftigkeit von Beteiligungsverträgen und Gesellschaftervereinbarungen nach § 15 Abs. 4 S. 1, § 53 Abs. 2 S. 1 und § 55 GmbHG, GmbHR 2016, 915 ff.; Weitnauer, Anmerkungen zu OLG Zweibrücken, Urt. v. 17.05.2022, GWR 2022, 273 f.; Weitnauer, Formerfordernisse von Vereinbarungen über Unternehmensbeteiligungen: Ein unnötiger Ballast?, GWR 2018, 245.

I. Allgemeines

Statt der Übertragung von Anteilen, Vermögensgegenständen und/oder Immobilien kann die Unternehmenstransaktion auch durch den Einstieg eines Investors im Zuge einer Kapitalerhöhung erfolgen. Eine solche Gestaltung dient meist der Finanzierung des Unternehmens durch Aufnahme eines weiteren Gesellschafters. In der Regel verpflichten sich die Altgesellschafter durch einen sog. Beteiligungsvertrag, das (im Falle der GmbH) Stammkapital um einen bestimmten Betrag zu erhöhen und ausschließlich den Investor zur Übernahme der neugeschaffenen Geschäftsanteile zuzulassen. Im Gegenzug verpflichtet sich der Investor zur Übernahme der neuen Geschäftsanteile (§ 55 Abs. 1 GmbHG) und zur Zahlung eines Aufgeldes oder aber auch weiterer Zahlungen in die Rücklagen der Gesellschaft. Ein typisches Beispiel ist die Finanzierung eines Startups durch einen Venture Capital Fonds. 1

Der für eine solche Finanzierung abzuschließende Beteiligungsvertrag gleicht dabei in der Regel einem Rahmenvertrag, der zunächst die Pflicht der Gesellschafter zum Beschluss einer Kapitalerhöhung und die Pflicht des Investors zur Übernahme der neuen Geschäftsanteile bestimmt, aber auch sonst die Verpflichtung zur Anpassung der „Corporate Governance" der Gesellschaft vorsieht. So enthält der Beteiligungsvertrag in der Regel die Verpflichtung, den Gesellschaftsvertrag neu zu fassen (zB weil bestimmte Vetorechte dem Investor eingeräumt werden). Ferner wird oft parallel zu dem Gesellschaftsvertrag noch eine, nicht beim Handelsregister einzureichende, Gesellschafter- 2 vereinbarung geschlossen, die etwa Regelungen zur zukünftigen Finanzierung der Gesellschaft enthält oder aber auch Regelungen über den Verkauf der Anteile (wie zB Mitverkaufspflichten oder Mitverkaufsrechte). Nicht zuletzt wird der Investor oft auch von den Altgesellschaftern Garantien im Hinblick auf die Gesellschaft fordern, die, sollten sie verletzt sein, ihn zum Schadensersatz berechtigen.

3 Als Zwischenfinanzierung insbesondere von Startups haben sich im Vorfeld von Eigenkapitalbeteiligungen Finanzierungen durch sogenannte Wandeldarlehen im Markt etabliert. In der Regel wird hier zwischen der Gesellschaft und dem Darlehensgeber (zukünftigem Eigenkapitalinvestor) ein Darlehensvertrag geschlossen, durch den der Darlehensgeber der Gesellschaft ein Darlehen gewährt. Die Gesellschafter verpflichten sich gegenüber dem Darlehensgeber, in bestimmten Fällen, insbesondere bei einer nachfolgenden Finanzierungsrunde durch Kapitalerhöhung, den Investor als neuen Gesellschafter im Rahmen dieser Finanzierungsrunde zuzulassen. Rechtstechnisch wird dies meist so umgesetzt, dass der Wandelinvestor Geschäftsanteile zum Nominalbetrag übernehmen darf und seinen Darlehensrückzahlungsanspruch in die freie Kapitalrücklage der Gesellschaft durch Abtretung (und Konfusion) einbringt. Um eine insolvenzrechtliche Überschuldung zu vermeiden, sieht der Darlehensvertrag üblicherweise einen qualifizierten Rangrücktritt des Darlehensgebers vor.

Die damit zusammenhängenden Formfragen sollen nachfolgend am Beispiel eines Investments durch Wandeldarlehen und einer klassischen Venture Capital-Finanzierungsrunde bei einer GmbH erörtert werden.

II. Beurkundungspflicht für Wandeldarlehen?

1. Die Entscheidung des OLG Zweibrücken und die Reaktion des BGH

4 Die Frage, ob Wandeldarlehen zu beurkunden seien, war und ist ein lang diskutiertes Thema unter Rechtsberatern, die auf Venture Capital-Finanzierungen spezialisiert sind. Besondere Aufmerksamkeit hat dabei jüngst ein Urteil des OLG Zweibrücken[1] aus dem Jahre 2022 erfahren, was fast durchweg auf Ablehnung gestoßen ist.[2] In dem zu entscheidenden Fall hatte eine GmbH privatschriftlich mit einem Investor einen Wandeldarlehensvertrag abgeschlos-

---

[1] OLG Zweibrücken 17.5.2022 – 8 U 30/19, NZG 2022, 1696 ff..

[2] Siehe etwa Urteilsanmerkungen von Beckmann/Winter NZG 2022, 1701 ff.; Harenberg NZG 2023, 211 ff.; Klemens/Sambulski WM 2023, 311 ff.; Weitnauer GWR 2022, 273 f.; Frase/Primbs RFamU 2023, 93 ff..

sen. Dieser Vertrag sah für den Investor ein jederzeitiges Wandelungsrecht vor und im Falle einer relevanten Kapitalerhöhung eine Verpflichtung zur Wandelung des Darlehens in Geschäftsanteile an der GmbH. Der Wandeldarlehensvertrag enthielt zur Vermeidung der Überschuldung einen Rangrücktritt. In der Folge wurde über das Vermögen der GmbH ein Insolvenzverfahren eröffnet. Der Insolvenzverwalter nahm den Geschäftsführer der GmbH persönlich in Anspruch, da dieser trotz bereits eingetretener insolvenzrechtlicher Überschuldung und Zahlungsunfähigkeit bei der GmbH Zahlungen an Dritte geleistet hätte. In dem Rechtsstreit ging es unter anderem um die Frage, ob eine Zahlungsunfähigkeit deswegen vorlag, weil die Wandeldarlehensverträge (und die darin enthaltenen Rangrücktritte) formunwirksam waren und damit auch zu sofortigen Rückzahlungen fällig gewesen wären. Das OLG Zweibrücken sieht die Wandeldarlehensvereinbarung als formnichtig an, weil für die vertraglich vereinbarte Wandelungs- und Übernahmepflicht des Darlehensgebers aus §55 Abs. 1 GmbHG das Erfordernis einer notariellen „Beurkundung" resultiere.[3] Dies gelte jedenfalls für die Übernahme durch eine gesellschaftsfremde Person.[4] Als obiter dictum führt das OLG Zweibrücken auch aus, dass, wenn eine Wandelungsvereinbarung mit einseitiger Wandelungsoption für den Darlehensnehmer im Falle der Ausübung des Wandelungsrechts eine für die Gesellschaft verbindliche satzungsändernde Kapitalerhöhung vorsehe, Vieles für eine Pflicht zur notariellen Beurkundung des zugrundeliegenden Gesellschafterbeschusses nach §53 Abs. 2 GmbHG spräche (vgl. auch Leitsatz jener Entscheidung).

Das Urteil hat fast durchweg (und zu Recht) Ablehnung erfahren. Der BGH hat die Nichtzulassungsbeschwerde zurückgewiesen, weil keiner der in §543 Abs. 2 ZPO vorgesehenen Gründe vorlag, nach denen die Revision zugelassen werden dürfte.[5] Dass der BGH aber in seinem Beschluss entgegen der sonst üblichen Praxis umfangreich ausführt, dass das OLG Zweibrücken sich gegen die ganz überwiegende Meinung im Schrifttum wende und sich auch nicht auf die von ihm zitierte Entscheidung des OLG München stützen könne, ist als klarer Hinweis zu verstehen, dass der zweite Zivilsenat die Entscheidung des OLG Zweibrücken für falsch hält. Im Einzelnen: 5

a) Beurkundungspflicht wegen Verpflichtung zur Übernahme von Geschäftsanteilen?

Entgegen dem OLG Zweibrücken entspricht es der überwiegenden Meinung im Schrifttum[6], dass der zukünftige Übernehmer eines Geschäftsanteils 6

---

[3] OLG Zweibrücken 17.5.2022 – 8 U 30/19, NZG 2022, 1696, 1700, Rn. 60.

[4] OLG Zweibrücken 17.5.2022 – 8 U 30/19, NZG 2022, 1696, 1700, Rn. 60.

[5] BGH 25.4.2023 – II ZR 96/22, BeckRS 2024, 10279.

[6] Vgl. zB Weitnauer GWR 2018, 245, 246.

eine schuldrechtliche Verpflichtung zur Übernahme aber formfrei eingehen kann, soweit er sich nicht zur Übernahme von Nebenleistungen nach § 55 Abs. 2 Satz 2 GmbHG verpflichte. Der BGH führt in seinem Beschluss hierzu allein elf Literaturstellen auf.[7] In der Tat rechtfertigt weder der Wortlaut des § 55 Abs. 1 GmbHG die Beglaubigung oder Beurkundung einer Erklärung zur Verpflichtung, neue Geschäftsanteile zu übernehmen, sondern die Pflicht zur Beglaubigung gilt eben ausdrücklich nur für die Übernahmeerklärung selbst. Zudem dient die Beglaubigung der Übernahmeerklärung allein der Rechtssicherheit und Beweiszwecken und dient nicht dafür, etwa vor der Übernahme eines Geschäftsanteils zu warnen.[8] Zu Recht weisen daher Beckmann/Winter in ihrer Besprechung des Urteils darauf hin, dass ansonsten die GmbH als Gesellschaftsform eine nicht nachvollziehbare Sonderstellung einnehme und es nicht erklärbar sei, wieso ausgerechnet vor der Übernahme eines Geschäftsanteils in einer GmbH gewarnt werden müsste, wenn der Beitritt zu einer OHG, der zu einer persönlichen Haftung führt, formlos möglich sei.[9] Im Übrigen kann sich das OLG Zweibrücken, wie der BGH ausdrücklich in seinem Beschluss festhält[10], auch nicht auf die von dem OLG Zweibrücken zitierte Entscheidung des OLG München stützen. Das OLG München hat gerade nicht entschieden, dass die von einem Nichtgesellschafter eingegangene Verpflichtung zur Übernahme eines Geschäftsanteils formbedürftig wäre. Dort war der Fall zu entscheiden, bei dem ein bereits existierender Gesellschafter sich zur Übernahme eines Geschäftsanteils schuldrechtlich verpflichtet hatte.[11] Hierzu hat das OLG München eine Formbedürftigkeit abgelehnt.

b) Beurkundungspflicht wegen Verpflichtung zur Änderung des Gesellschaftsvertrags?

7 Im vom OLG Zweibrücken zu beurteilenden Fall hatte sich die GmbH gegenüber dem Darlehensgeber offenbar auf Grundlage eines privatschriftlichen Gesellschafterbeschlusses zu einer Kapitalerhöhung (durch Satzungsänderung) verpflichtet. Entgegen dem OLG Zweibrücken spricht daher aber nicht „Vieles" für eine Beurkundungspflicht nach § 53 GmbHG. Vielmehr gibt es mit den diversen Gegenstimmen gewichtige Gegengründe: Zum einen gilt der Grundsatz des § 167 Abs. 2 BGB, wonach „die mit dem Ermächtigungsbeschluss funktional erteilte rechtsgeschäftliche Vollmacht nicht der Form des Rechtsgeschäfts, auf das sich die Vollmacht bezieht" bedarf, worauf *Harenberg*[12]

[7] So etwa Beckmann/Winter NZG 2022, 1701.
[8] Beckmann/Winter NZG 2022, 1701.
[9] BGH 25.4.2023 – II ZR 96/22, BeckRS 2024, 10279.
[10] OLG München 4.5.2005 – 23 U 5121/04, NZG 2005, 756ff..
[11] OLG München 4.5.2005 – 23 U 5121/04, NZG 2005, 756, 757.
[12] Harenberg NZG 2023, 211, 217.

zu Recht hinweist. Außerdem hat die Vorschrift des § 53 Abs. 2 GmbHG vornehmlich eine Beweisfunktion.[13]

2. Beurkundungspflicht wegen Verpflichtung zum Beitritt zu einer Gesellschaftervereinbarung

Wandeldarlehensverträge enthalten, hierzu äußert sich das OLG Zweibrücken nicht, oft auch die Verpflichtung, dass der wandelnde Darlehensgeber für den Wandelungsfall und die Übernahme neuer Geschäftsanteile ebenso einer (bestehenden) Gesellschaftervereinbarung beitritt. Diese wiederum kann insbesondere Mitverkaufspflichten für die neu übernommenen GmbH-Geschäftsanteile enthalten (sog. Drag-Along) oder auch Mitverkaufspflichten (sog. Tag-Along). Dies könnte eine Beurkundungspflicht nach § 15 Abs. 4 GmbHG auslösen, da durch die Verpflichtung zur Wandelung und Übernahme von Geschäftsanteilen sowie der damit verknüpften Verpflichtung zum Beitritt zu der Gesellschaftervereinbarung auch mittelbar eine Verpflichtung zur Veräußerung von Geschäftsanteilen, zB im Falle des Drag-Along, eingegangen wird[14]. Dem wird entgegengehalten, dass es sich hierbei um eine rein mittelbare Verpflichtung handele.[15] Rechtsprechung gibt es zu diesem Fall bisher nicht. 8

3. Folgen für die Praxis

Wenngleich die Entscheidung des OLG Zweibrücken falsch ist und der BGH deutlich gemacht hat, dass sie der herrschenden Meinung in der Literatur widerspricht und seine Gründe auch nicht von der Entscheidung des OLG München getragen werden, wird man als Berater auf dieses Urteil hinzuweisen haben, sollte aber auch nicht die Einschätzung des BGH außer Acht lassen. Gestalterisch kann überlegt werden, statt eines zweiseitigen Wandeldarlehensvertrages (zwischen der Gesellschaft und dem Darlehensgeber) den Wandeldarlehensvertrag zwischen dem Darlehensgeber und der Gesellschaft abzuschließen, aber unter Beteiligung der gegenwärtigen Gesellschafter, die sich im Wege einer formfreien Stimmbindung[16] dazu verpflichten, eine Kapitalerhöhung zu beschließen und den Wandeldarlehensgeber zur Übernahme zuzulas- 9

---

[13] So Klemens/Sambulski WM 2023, 311, 318.

[14] Vgl. Weitnauer GWR 2018, 245, 249.

[15] Frase/Primbs RFamU 2023, 88, 94 ff. unter Hinweis auf Tholen/Weiß GmbHG 2016, 915, 920 f.

[16] Vgl. Weitnauer GWR 2018, 245, 249.

sen.[17] Dies dürfte auch die eher übliche Praxis sein. Die Verpflichtung zur Vornahme der Kapitalerhöhung liegt dann gerade nicht bei der Gesellschaft, wie im Fall des OLG Zweibrücken, sondern wäre als Stimmbindungsvereinbarung formfrei wirksam. Zusätzlich kann überlegt werden, die Unterschrift des Darlehensgebers notariell beglaubigen zu lassen. Stets im Blick zu halten ist die Frage, ob nicht eine Verpflichtung zum Beitritt zu einer Gesellschaftervereinbarung im Falle der Wandelung (insbesondere bei einer Wandelungspflicht im Wandeldarlehensvertrag) eine Beurkundungspflicht auslöst. Gegebenenfalls kann auch hier (in Grenzen) überlegt werden, ob durch eine Vertragsgestaltung die Beurkundungspflicht entfallen kann. Insgesamt raten viele Kommentatoren wegen mangelnder höchstrichterlicher Rechtsprechung zur Vorsicht, jedenfalls, wenn der Wandeldarlehensgeber nicht bereits Gesellschafter ist.[18]

III. Beurkundung von klassischen Venture Capital-Finanzierungsrunden

9 Nach dem zu II. (→ Rn. 4 ff.) Gesagten ist offensichtlich, dass Gesellschaftervereinbarungen, die im Hinblick auf Geschäftsanteile Mitverkaufspflichten, Mitverkaufsrechte und/oder Put- oder Call-Optionen enthalten, zu beurkunden sind. Da Beteiligungs- und Gesellschaftervereinbarung regelmäßig in engem Zusammenhang stehen und die eine nicht ohne die andere geschlossen wird, ist in jedem Fall auch der Beteiligungsvertrag zu beurkunden, wenn eine Verpflichtung zum Abschluss der Gesellschaftervereinbarung besteht[19]. Werden Beteiligungs- und Gesellschaftervereinbarung in einem Vertrag kombiniert (sogenanntes Investment and Shareholders' Agreement), ist dieser Vertrag in seiner Gesamtheit zu beurkunden. Die Idee, sämtliche vertraglichen Bestimmungen, die eine Beurkundungspflicht nach § 15 Abs. 4 GmbHG auslösen (Mitverkaufsrechte, Mitverkaufspflichten, Optionen und ggf. sogar sogenannte Vesting-Regelungen), nur in den Gesellschaftsvertrag aufzunehmen, um sich ggf. so eine Beurkundung des Beteiligungsvertrages zu ersparen, hat sich bisher in der Praxis jedenfalls bei komplexeren Finanzierungsrunden wegen der Registeröffentlichkeit nicht durchgesetzt. Ob und in welchen Konstellationen bei einer solchen Gestaltung der Beteiligungsvertrag wirklich formfrei abgeschlossen werden kann, kann daher dahingestellt bleiben.

---

[17] Vgl. etwa Klemens/Sambulski, WM 2023, 311, 319 oder auch Harenberg NZG 2023, 211, 218.

[18] Großkomm. GmbHG/Miller § 55 Rn. 396.6 unter Hinweis auf Harenberg NZG 2023, 211, 218.

[19] Vgl. Weitnauer GWR 2018, 245, 246.

§ 7 Unterwerfung unter die sofortige Zwangsvollstreckung (§ 794 Abs. 1 Nr. 5 ZPO)

Literatur (s. auch das Allgemeine Literaturverzeichnis): Bangert, Gegenstand und Inhalt vollstreckbarer Urkunden, 2006; Baur/Stürner/Bruns, Zwangsvollstreckungsrecht, 14. Aufl. 2022; Böckmann, Schuldnerschutz bei vollstreckbaren Urkunden, 2003; Heckschen/Herrler/Münch, Beck'sches Notar-Handbuch, 8. Aufl. 2024; Brox/Walker, Zwangsvollstreckungsrecht, 12. Aufl. 2021; Franzmann, Der europäische Vollstreckungstitel für unbestrittene Forderungen – Hinweise für die notarielle Praxis, MittBayNot 2005, 470; Gaul/Schilken/Becker-Eberhard, Zwangsvollstreckungsrecht, 12. Aufl. 2010; Gottwald/Mock, Zwangsvollstreckung, 8. Aufl. 2019; Groh, Räumungsvollstreckung aufgrund notarieller Urkunde nach Beendigung der Mietzeit bei gewerblich genutzten Immobilien, NZM 1999, 698; Joswig, Nichtbestreiten, Geständnis und Anerkenntnis im Klauselerteilungsverfahren, RPfleger 1991, 146; J. Kohler, Über executorische Urkunden, AcP 72 (1888), 1; Leutner, Die vollstreckbare Urkunde im europäischen Rechtsverkehr, 1997; Limmer/Hertel/Frenz/Mayer, Würzburger Notarhandbuch, 6. Aufl. 2021; Lindemeier, Die Unterwerfungserklärung in der vollstreckbaren notariellen Urkunde, 2000; Rauscher/Krüger, Münchener Kommentar zur Zivilprozessordnung, 6. Aufl. 2020/2022; Moeser, Räumungsvollstreckung aus notarieller Urkunde – Zu Unrecht im Verborgenen, NZM 2004, 769; Münch, Der Anwendungsbereich der Vollstreckungsunterwerfung – Zum neuen Recht der vollstreckbaren Urkunde, ZNotP 1998, 474; Münch, Die Reichweite die Vollstreckungsunterwerfung, ZIP 1991, 1041; ders., Vollstreckbare Urkunde und prozessualer Anspruch, 1989; Münzberg, Geständnis, Geständnisfiktion und Anerkenntnis im Klauselerteilungsverfahren?, NJW 1992, 201; Nieder, Entwicklungstendenzen und Probleme des Grundbuchverfahrensrechts, NJW 1984, 329; Opalka, Ausgewählte Probleme der Grundschuldbestellung, Unterwerfungserklärung und der Schuldübernahme, NJW 1991, 1796; Piltz, EuGVÜ zur Brüssel-I-Verordnung, NJW 2002, 789; v. Rintelen, Probleme und Grenzen der Vollstreckungsunterwerfung in der notariellen Urkunde, RNotZ 2001, 2; Schuschke/Walker/Kessen/Thole, Kölner Kommentar Vollstreckung und Vorläufiger Rechtsschutz, 8. Aufl. 2024; Stöber, Zwangsvollstreckungs-Unterwerfung durch den bevollmächtigten Vertreter, NotBZ 2008, 209; Volmer, Rechtsprechung zur Zwangsvollstreckung aus einer Grundschuld und der damit zusammenhängenden Probleme, ZfIR 2008, 634; Weber, Integrierte Schriftanlagen im Sinne des § 9 Absatz 1 Satz 2 BeurkG und nichtschriftliche Beifügungen zur Niederschrift als Identifizierungsbehelf, DNotZ 1972, 133; Werner, Die Rechtsnatur der notariellen Unterwerfungsklausel, DNotZ 1969, 722; Wieczorek/Schütze, Zivilprozessordnung und Nebengesetze, Bd. 9 §§ 724-802l, 4. Aufl. 2016; Wolfsteiner, Die vollstreckbare Urkunde, 1978; Wolfsteiner, Die Zwangsvollstreckung findet aus Urkunden statt, DNotZ 1990, 531; Wolfsteiner, Die vollstreckbare Urkunde nach der 2. Zwangsvollstreckungsnovelle, DNotZ 1999, 306; Wolfsteiner, Nochmals – Zur Erteilung vollstreckbarer Ausfertigungen getrennt beurkundeter Angebots- und Annahmeerklärungen, MittRhNotK 1985, 113.

I. Allgemeines

1 Nach § 794 Abs. 1 Nr. 5 ZPO kann die Zwangsvollstreckung auch aus notariellen Urkunden stattfinden, sofern die Urkunde über einen Anspruch errichtet ist, der einer vergleichsweisen Regelung zugänglich, nicht auf Abgabe einer Willenserklärung gerichtet ist und nicht den Bestand eines Mietverhältnisses betrifft, und der Schuldner sich in der Urkunde wegen des zu bezeichnenden Anspruchs der sofortigen Zwangsvollstreckung unterworfen hat.

II. Bedeutung für Unternehmenstransaktionen

2 Eine nach § 794 Abs. 1 Nr. 5 ZPO errichtete notarielle Urkunde stellt einen **vollwertigen Vollstreckungstitel** dar, aus dem ohne Vorschaltung eines gerichtlichen Verfahrens vollstreckt werden kann.[1] Erklärt sich der Schuldner zur Abgabe einer Unterwerfungserklärung bereit, so ist die Errichtung einer vollstreckbaren Urkunde für den Gläubiger ein **rechtssicherer, schnellerer und kostengünstigerer Weg zur Erlangung eines Vollstreckungstitels.**[2] Die Parteien eines Vertrags können auch gegenseitig Unterwerfungserklärungen abgeben mit dem Ziel, den Vertragsinhalt vollstreckbar zu machen, **ohne ein öffentliches Zivilverfahren** durchlaufen zu müssen. Für den Schuldner liegt der Vorteil darin, dass die notarielle Urkunde nicht so kostenintensiv ist wie ein Zivilverfahren.[3]

3 Im Rahmen von Unternehmenstransaktionen können Unterwerfungserklärungen in verschiedenen Konstellationen zur Anwendung kommen:

- Die meisten Primäransprüche eines Unternehmenskaufvertrags, insbesondere der **Anspruch auf Kaufpreiszahlung,** können mit einer Unterwerfungserklärung verbunden werden.[4] In der Regel wird hierbei eine Bedingung auf den Eintritt der materiellen Voraussetzungen, zB Kartellfreigabe, gewünscht sein, was in der Unterwerfungserklärung ausdrücklich geregelt werden kann. Hinsichtlich des **Anspruchs auf Verschaffung von Eigen-**

---

[1] Gaul/Schilken/Becker-Eberhard § 13 Rn. 41.

[2] BT-Drucks. 134/94 v. 9.2.1994; BGH 2.12.2003 – XI ZR 421/02, NJW 2004, 839; Baur/Stürner/Bruns Rn. 16.14; Brox/Walker § 4 Rn. 87; Gaul/Schilken/Becker-Eberhard § 13 Rn. 41; Leutner S. 27; MüKoZPO/Wolfsteiner § 794 Rn. 137; s. auch Wieczorek/Schütze/Paulus ZPO § 794 Rn. 823; Volmer ZfIR 2008, 634.

[3] Heinemann/Trautrims/Uhl ZPO § 797 Rn. 33.

[4] Vgl. Auflistung der Ansprüche in Limmer/Hertel/Frenz/Mayer WürzbNotar-HdB/Volmer Teil 1 Kap. 3 Rn. 22; MüKoZPO/Wolfsteiner § 794 Rn. 239, 256 ff.; Wolfsteiner DNotZ 1999, 310; titulierbar soll auch ein Anspruch sein, der öffentlich-rechtlicher Natur ist, vgl. BGH 20.10.2005 – I ZB 3/05, NJW-RR 2006, 645; BVerwG 24.8.1994 – 11 C 14/93, NJW 1995, 1104.

tum ist allerdings zu beachten, dass dieser tatbestandlich nicht Gegenstand einer Unterwerfungserklärung sein kann, da er im Wesentlichen auf die Abgabe einer Willenserklärung gerichtet ist.[5] In aller Regel werden die Willenserklärungen nach §§ 398, 413 BGB bzw. §§ 929 ff. BGB ohnehin bereits im Unternehmenskaufvertrag abgegeben, sodass eine Vollstreckung insofern entfällt.[6] Unterwerfungsfähig ist dagegen der **Anspruch auf Verschaffung von Besitz,** es sei denn, es handelt sich um Wohnraum.[7]

- Im Bereich der **Sekundäransprüche** können insbesondere Ansprüche, die sich aus der Verletzung von **Garantien** ergeben, mit einer Unterwerfungserklärung kombiniert werden. Dabei sollte auf eine genaue Formulierung der Vollstreckungsvoraussetzungen geachtet werden.

III. Inhalt der Unterwerfungserklärung

4 Die Unterwerfungserklärung ist eine **einseitige Prozesserklärung,** die ausschließlich auf die Schaffung eines Vollstreckungstitels gerichtet ist.[8] Sie kann durch einen **Bevollmächtigten** (§§ 78 ff. ZPO)[9] wie durch einen vollmachtlosen Vertreter abgegeben werden (allgemeiner Rechtsgedanke des § 89 ZPO analog).[10] Die **Vollmacht** bedarf **keiner Form** (vgl. § 167 Abs. 2 BGB).[11]

Die Unterwerfungserklärung muss hinsichtlich Gläubiger, Schuldner, Anspruchsgrund und Anspruchsumfang **hinreichend bestimmt** sein.[12] Es muss

---

[5] Zutreffend Münch ZNotP 1998, 474; v. Rintelen RNotZ 2001, 2, 4; Limmer/Hertel/Frenz/Mayer WürzbNotar-HdB/Volmer Teil 1 Kap. 3 Rn. 18; aA MüKoZPO/Wolfsteiner § 794 Rn. 247; Wolfsteiner DNotZ 1999, 314 f.

[6] Vgl. Limmer/Hertel/Frenz/Mayer WürzbNotar-HdB/Volmer Teil 1 Kap. 3 Rn. 20.

[7] S. Heckschen/Herrler/Münch BeckNotar-HdB/Kindler § 31 Rn. 442; Schuschke/Walker/Kessen/Thole ZPO § 794 Rn. 38 f.

[8] BGH 1.2.1985 – V ZR 244/83, NJW 1985, 2423; BGH 18.11.2003 – XI ZR 332/02, NJW 2004, 844; BGH 22.10.2003 – IV ZR 398/02, ZIP 2003, 2348; BGH 17.1.2007 – IV ZR 124/06, NJW-RR 2007, 750; MüKoZPO/Wolfsteiner § 794 Rn. 154 m.w.N; aA (historisch) J. Kohler AcP 72 (1888), 1 ff.

[9] RG 22.2.1935 – V B 2/35, RGZ 146, 313 = DNotZ 1935, 294; BGH 18.11.2003 – XI ZR 332/02, NJW 2004, 844; BGH 2.12.2003 – XI ZR 421/02, NJW 2004, 839; BGH 17.4.2008 – V ZB 146/07, NJW 2008, 2266, 2268; aA Wolfsteiner S. 23, der §§ 164 ff. BGB anwenden will.

[10] Allg. Stein/Jonas/Kern ZPO § 797 Rn. 126 f.; Limmer/Hertel/Frenz/Mayer WürzbNotar-HdB/Volmer Teil 1 Kap. 3 Rn. 61; MüKoZPO/Wolfsteiner § 794 Rn. 166; insbes. zum vollmachtlosen Vertreter RG 22.2.1935 – V B 2/35, RGZ 146, 313, 315 = DNotZ 1935, 294; LG Bonn 31.1.1990 – 4 T 70/90, Rpfleger 1990, 374 = BeckRS 1990, 115914; Anders/Gehle/Schmidt ZPO § 794 Rn. 24; Musielak/Voit/Lackmann ZPO § 794 Rn. 36; Nieder NJW 1984, 333; Opalka NJW 1991, 1799.

[11] BGH 18.11.2003 – XI ZR 332/02, NJW 2004, 844.

[12] Stein/Jonas/Heinze ZPO Vor § 704 Rn. 26; Limmer/Hertel/Frenz/Mayer WürzbNotar-HdB/Volmer Teil 1 Kap. 3 Rn. 23; wohingegen eine Bestimmbarkeit nicht ausreicht,

folglich in der Vollstreckungsunterwerfung deutlich gemacht werden, welche Art und welchen Inhalt der zu vollstreckende Anspruch hat; es müssen so viele Elemente in die Vollstreckungsunterwerfung aufgenommen werden, dass der Anspruch sich von anderen Ansprüchen unterscheidet.[13] Ungenügend ist daher eine Klausel, nach der sich die Beteiligten wegen aller in der Urkunde enthaltenen Ansprüche der Vollstreckung unterwerfen.[14] Die Unterwerfung unter die Zwangsvollstreckung ist auch wegen **künftiger Ansprüche** zulässig.[15] Bei einer **Geldforderung** muss die Höhe beziffert sowie ggf. Zinsen und sonstige Nebenleistungen bestimmt werden.[16] Ein Geldzahlungsanspruch ist hinreichend bestimmt, wenn er betragsmäßig festgelegt ist oder sich aus der Urkunde ohne weiteres errechnen lässt.[17] Die Unterwerfungserklärung ist auch dann bestimmt, wenn der betragsmäßig festgelegte vollstreckbare Anspruch weiter gefasst ist, als die zu Grunde liegende materielle Forderung, deren Höhe noch nicht feststeht, sondern erst später unter Einbeziehung künftiger eintretender Umstände ermittelt werden muss.[18] Möglich ist demnach die Vereinbarung einer **höchstzulässigen Vollstreckung.**[19] Die Vollstreckung

---

vgl. Gottwald/Mock ZPO § 794 Rn. 24; Heinemann/Trautrims/Uhl ZPO § 797 Rn. 50 mit Beispielen.

13 Vgl. BGH 8.12.1988 – IX ZR 14/88, MittBayNot 1989, 174.

14 Vgl. BGH 19.12.2014 – V ZR 82/13, NJW 2015, 1181; zur Unwirksamkeit einer solchen Klausel Limmer/Hertel/Frenz/Mayer WürzbNotar-HdB/Volmer Teil 1 Kap. 3 Rn. 30; Wolfsteiner DNotZ 1999, 323 f.; aA Heckschen/Herrler/Münch BeckNotar-HdB/Kindler § 31 Rn. 438; vgl. ferner v. Rintelen RNotZ 2001, 5, der dem Erfordernis der Bezeichnung des Anspruchs eine eigenständige Bedeutung neben dem Bestimmtheitsgrundsatz zuteilt, da nach Letzterem sonst pauschale Unterwerfungen für sämtliche unterwerfungsfähigen Ansprüche in einer Urkunde zulässig wären; anders Münch ZNotP 1998, 480, nach dessen Auffassung Bezeichnungs- und Bestimmtheitsgebot identisch sind.

15 S. dazu grundlegend RG 9.2.1931 – IV 320/30, RGZ 132, 7 ff. betreffend einen „künftigen, demnächst mit Annahme des Vertragsangebots entstehenden Anspruch" auf bestimmte Unterhaltsrente; s. ferner OLG Celle 8.1.1968 – 8 W 229/67, DNotZ 1969, 102 m. Anm. Stoll; Stein/Jonas/Kern ZPO § 794 Rn. 117; MüKoZPO/Wolfsteiner § 794 Rn. 181; Heinemann/Trautrims/Uhl ZPO § 797 Rn. 49.

16 BGH 11.2.2010 – VII ZB 102/08, NJW-RR 2010, 1365; BGH 24.10.1956 – V ZR 127/55, BGHZ 22, 58 = NJW 1957, 23; Zöller/Geimer ZPO § 794 Rn. 28; Limmer/Hertel/Frenz/Mayer WürzbNotar-HdB/Volmer Teil 1 Kap. 3 Rn. 36, 37; MüKoZPO/Wolfsteiner § 794 Rn. 174.

17 BGH 10.12.2004 – IXa ZB 73/04, NJW-RR 2005, 366; BGH 15.12.2003 – II ZR 358/01, NJW-RR 2004, 472; BGH 28.3.2000 – XI ZR 184/99, NJW-RR 2000, 1365, wonach ein Zahlungsanspruch aus einer vollstreckbaren Urkunde dann bestimmt ist, wenn die Berechnung mit Hilfe offenkundiger, insbesondere aus dem Grundbuch ersichtlicher Daten möglich ist; BGH 6.3.1996 – VIII ZR 212/94, NJW 1996, 2165; BGH 30.6.1983 – V ZB 20/82, NJW 1983, 2262.

18 BGH 6.3.1996 – VIII ZR 212/94, NJW 1996, 2166; BGH 16.4.1997 – VIII ZR 239/96, NJW 1997, 2888; BGH 26.11.1999 – V ZR 251/98, NJW 2000, 952; OLG Frankfurt aM 19.2.2003 – 13 U 24/01, NJW-RR 2004, 137, 138.

19 Häufig wird dies als „Zwangsvollstreckung eines Höchstbetrages" bezeichnet, vgl. MüKo-ZPO/Wolfsteiner § 794 Rn. 215; s. aber Stein/Jonas/Kern ZPO § 794 Rn. 113.

von Zinsansprüchen kann an den **Basiszinssatz** gemäß § 247 BGB geknüpft werden.[20]

Vom Grundsatz her ist die Vollstreckung aus einer Urkunde nach § 794 Abs. 1 Nr. 5 ZPO nicht an die Voraussetzungen gebunden, die das materielle Recht an den zu vollstreckenden Anspruch stellt.[21] Die Unterwerfungserklärung kann die **Voraussetzungen der Vollstreckung** vielmehr **frei und ungebunden festlegen.**[22] Insbesondere kann die Vollstreckung davon abhängig gemacht werden, dass die materiellen Anspruchsvoraussetzungen, etwa Fälligkeit des Kaufpreises vorliegen. Dies kann zB durch eine (ausdrückliche) **Bezugnahmeklausel** geregelt werden.[23] Dabei sollte jedoch berücksichtigt werden, dass die Voraussetzungen für die Erteilung einer vollstreckbaren Ausfertigung grundsätzlich durch öffentliche oder öffentlich beglaubigte Urkunden nachgewiesen werden müssen (§ 726 ZPO). Es kann aber ebenso vollständig auf das Vorliegen materieller Voraussetzungen „verzichtet" werden.[24] Ein solcher **„Nachweisverzicht"** führt nicht zu einer Beweislastumkehr.[25] In allgemeinen Geschäftsbedingungen kann er unwirksam sein.[26] Schließlich kann die Zwangsvollstreckung hinsichtlich des haftenden Vermögens **gegenständlich beschränkt** werden.[27] 5

[20] OLG Düsseldorf 1.10.1970 – 13 U 76/70, NJW 1971, 436; Limmer/Hertel/Frenz/Mayer WürzbNotar-HdB/Volmer Teil 1 Kap. 3 Rn. 37; MüKoZPO/Wolfsteiner § 794 Rn. 188.

[21] BGH 9.3.1990 – V ZR 260/88, DNotZ 1991, 531; OLG Düsseldorf 16.2.1983 – 25 U 27/83, DNotZ 1983, 686; Werner DNotZ 1969, 722.

[22] RG 9.10.1909 – V 60/09, RGZ 72, 22; insbesondere besteht keine Bindung an Tatbestandsvoraussetzungen, an die das materielle Recht Entstehung, Fälligkeit und Erlöschen der Ansprüche knüpft, die mittels der vollstreckbaren Urkunde Vollstreckbarkeit erlangen sollen; MüKoZPO/Wolfsteiner § 794 Rn. 169 ff.

[23] Hierzu Stein/Jonas/Kern ZPO § 794 Rn. 124; eine „stillschweigende Bezugnahme" würde den Unterschied zwischen Unterwerfung und materiellem Anspruch verwischen, vgl. OLG Düsseldorf 13.8.1990 – 3 Wx 291/90, DNotZ 1991, 537.

[24] Allg. M. Heckschen/Herrler/Münch BeckNotar-HdB/Kindler § 31 Rn. 426, 430; erhebt der Schuldner bestimmte Anspruchsvoraussetzungen des materiellen Rechts nicht auch zur Vollstreckungsvoraussetzung, so liegt kein Verzicht auf den Nachweis dieser Voraussetzungen im eigentlichen Sinne vor, der Schuldner setzt vielmehr eine Vollstreckungsvoraussetzung nicht, vgl. MüKo/Wolfsteiner § 794 Rn. 170.

[25] BGH 3.4.2001 – XI ZR 120/00, BGHZ 147, 203 = NJW 2001, 2096 (unter Aufgabe der Rechtsprechung BGH 25.6.1981 – III ZR 179/79, NJW 1981, 2756).

[26] S. hierzu BGH 18.7.2002 – IX ZR 294/00, DNotZ 2002, 878; OLG Düsseldorf 27.6.1995 – 21 U 18/95, DNotI-Report 1995, 212 = NJW-RR 1996, 148; Heckschen/Herrler/Münch BeckNotar-HdB/Kindler § 31 Rn. 426; Limmer/Hertel/Frenz/Mayer WürzbNotar-HdB/Volmer Teil 1 Kap. 3 Rn. 10 ff.

[27] Heckschen/Herrler/Münch Beck'sches NotarHdB/Kindler § 31 Rn. 433; vgl. für Betriebsvermögen DNotI-Report 2000, 1.

IV. Umfang der Beurkundungspflicht

6 **Beurkundungspflichtig ist ausschließlich die Unterwerfungserklärung** an sich.[28] Der zugrundeliegende materielle Anspruch bedarf dagegen nach gefestigter Rechtsprechung keiner Beurkundung.[29] Demnach ist es zulässig, die Unterwerfung unter die Zwangsvollstreckung für einen Anspruch zu erklären, der in einer Privaturkunde begründet ist.[30] Begründet wird dies ua mit der praktischen Erwägung, dass die Erstreckung des Formzwangs auf die Entstehung des materiellen Anspruchs undurchführbar sei, wenn die Unterwerfungserklärung der Anspruchsbegründung zeitlich nachfolge und der Anspruch somit bereits entstanden sei.[31]

7 Nicht der materielle Anspruch, sondern die abstrakte Unterwerfungserklärung ist die Grundlage der Vollstreckung, so dass auch nur sie der besonderen für die Entstehung des Vollstreckungstitels vorgeschriebenen Form bedarf. Die Unterwerfungserklärung ist eine ausschließlich auf das Zustandekommen des Vollstreckungstitels gerichtete **einseitige prozessuale Erklärung, die lediglich prozessrechtlichen Grundsätzen untersteht.**[32] Ein materielles Formerfordernis hinsichtlich des Anspruchs ergibt sich aus §794 Abs. 1 Nr. 5 ZPO daher nicht.[33]

8 Teilweise wird die **strikte Trennung** zwischen prozessualer Unterwerfungserklärung und materiell-rechtlicher Vereinbarung zwar als „*unglücklich*" angesehen.[34] Für Erklärungen, die in einer Urkunde enthalten sind, müsse unterschiedliches Recht angewandt werden, wenn die Regelungen im Prozess- und materiellen Recht unterschiedlich seien. *Lackmann* führt in diesem Zusammenhang das Beispiel der unterschiedlichen Regelungen für Vollmachten an – §§ 164 ff. BGB einerseits und §§ 79 ff. ZPO andererseits. Die Anwendung unterschiedlichen Rechts müsse jedoch hingenommen werden, da dies ansonsten dem besonderen prozessualen Charakter der Unterwerfungserklärung nicht gerecht werde.[35]

---

[28] Grundlegend BGH 24.11.1978 – V ZB 17/78, NJW 1979, 928; BayObLG 30.1.1974 – 2 Z 60/73, BayObLGZ 1974, 30 = DNotZ 1974, 374; OLG Celle 8.1.1968 – 8 W 229/67, DNotZ 1969, 105 m. abl. Anm. Stoll; Wolfsteiner S. 28.

[29] BGH 24.11.1978 – V ZB 17/78, NJW 1979, 928; aA BayObLG 20.7.1973 – 2 Z 34/73, BayObLGZ 1973, 213, 216.

[30] Heckschen/Herrler/Münch BeckNotar-HdB/Kindler § 31 Rn. 424; zur Frage der Beurkundung eines Mietvertrages wegen Zwangsvollstreckungsunterwerfung DNotI-Report 1999, 9.

[31] BGH 24.11.1978 – V ZB 17/78, NJW 1979, 928.

[32] BGH 26.3.2003 – IV ZR 222/02, BGHZ 154, 283 = NJW 2003, 1594 = DNotZ 2003, 694; Zöller/Geimer ZPO § 794 Rn. 32; Musielak/Voit/Lackmann ZPO § 794 Rn. 35.

[33] Groh NZM 1999, 699.

[34] Musielak/Voit/Lackmann ZPO § 794 Rn. 35; vorgeschlagen wird daher vereinzelt die einheitliche Anwendung der BGB-Vorschriften, vgl. MüKoZPO/Wolfsteiner § 794 Rn. 154.

[35] Musielak/Voit/Lackmann ZPO § 794 Rn. 35.

Nach der Rechtsprechung des BGH geht die Trennung zwischen Prozess- 9
und materiellem Recht sogar so weit, dass ein **nach materiellem Recht formnichtiger Vertrag keine Auswirkung auf die darin enthaltene notarielle Unterwerfungserklärung** hat.[36] In dem der Entscheidung zugrunde liegenden Sachverhalt bewirkte die Nichtbeurkundung einer Nebenabrede die Nichtigkeit des gesamten Grundstückskaufvertrags. Die Nichtigkeit des Kaufvertrags wirkte sich jedoch nicht auf die Wirksamkeit der Unterwerfungserklärung aus.[37]

Die Unterwerfungserklärung kann nach dem BGH demnach wirksam sein, 10
obwohl der sie enthaltende schuldrechtliche Vertrag (form)nichtig ist. Das Berufungsgericht war in der Vorinstanz noch der Auffassung, die Nichtigkeit eines Kaufvertrags über Teileigentum habe gem. **§ 139 BGB** den Kaufvertrag über Inventar und damit auch die notarielle Unterwerfungsklausel erfasst. Der BGH hob das Urteil jedoch mit der Begründung auf, die Nichtigkeit des Inventarkaufvertrags habe nicht die Unwirksamkeit der darin enthaltenen notariellen Unterwerfungsklausel zur Folge.[38] Die Unterwerfung unter die sofortige Vollstreckung gem. § 794 Abs. 1 Nr. 5 ZPO sei eine einseitige prozessuale Willenserklärung, die lediglich prozessrechtlichen Grundsätzen unterliege. Daher seien Vorschriften des BGB, wie zB § 139 BGB, grundsätzlich auf sie **nicht anwendbar.**[39] Die Nichtigkeit des die Unterwerfungsklausel enthaltenen Vertrags hat somit nicht gem. § 139 BGB die Unwirksamkeit der Unterwerfungserklärung selbst zur Folge.[40]

Eine **Ausnahme** von diesem Grundsatz ließ der BGH bisher lediglich im 11
Hinblick auf die Anwendung des **§ 134 BGB** (Gesetzliches Verbot) zu. Der **Verstoß gegen das Rechtsdienstleistungsgesetz (RDG)**[41] hat nach § 134 BGB ausnahmsweise auch die Unwirksamkeit einer prozessualen Vollmacht zur Konsequenz.[42] Dies gilt, obwohl die prozessuale Vollmacht als Prozess-

---

[36] BGH 24.6.1994 – V ZR 19/93, NJW 1994, 2755, 2756; BGH 12.7.1996 – V ZR 202/95, NJW 1996, 2792; BGH 1.2.1985 – V ZR 244/83, NJW 1985, 2423; Stein/Jonas/Kern ZPO § 794, Rn. 125; aA OLG Düsseldorf 16.2.1983 – 25 U 27/83, DNotZ 1983, 686.

[37] BGH 24.6.1994 – V ZR 19/93, NJW 1994, 2755, 2756.

[38] BGH 1.2.1985 – V ZR 244/83, NJW 1985, 2423; siehe auch BGH 12.7.1996 – V ZR 106/95, NJW 1996, 2792.

[39] BGH 1.2.1985 – V ZR 244/83, NJW 1985, 2423; siehe auch BGH 12.7.1996 – V ZR 106/95, NJW 1996, 2792; Schuschke/Walker/Kessen/Thole § 794, Rn. 45; Werner DNotZ 1969, 721; vgl. ferner MüKoZPO/Wolfsteiner § 794 Rn. 154, dem zufolge die Unterwerfungserklärung als „abstrakt" hinsichtlich der Voraussetzungen ihrer Wirksamkeit als auch ihrer Wirkungen und ihres weiteren Schicksals von den Erklärungen des materiellen Rechts anzusehen ist.

[40] Stein/Jonas/Kern ZPO § 794 Rn. 125.

[41] Gesetz über außergerichtliche Rechtsdienstleistungen, das mWv 1.7.2008 an die Stelle des früheren Rechtsberatungsgesetzes (RBerG) trat.

[42] Zum früheren RBerG: BGH 16.10.2003 – III ZR 62/03, NJW 2004, 69, 70; BGH 26.3.2003 – IV ZR 222/02, BGHZ 154, 283 = NJW 2003, 1594; Stöber NotBZ 2008, 209; Zöller/Geimer ZPO § 794 Rn. 32.

handlung eigentlich nicht dem materiellen Recht unterliegt, sondern den §§ 78 ff. ZPO. Andernfalls wären jedoch Sinn und Zweck des gesetzlichen Verbots nicht gewährleistet.[43]

12 Mit Blick auf verfügbare **Vorlesungserleichterungen** ist zu berücksichtigen, dass die Unterwerfungserklärung zwar in eine Anlage, auf die gem. § 9 Abs. 1 S. 2[44] oder § 13a BeurkG[45] verwiesen wird, aufgenommen werden kann, nicht jedoch in ein gem. § 14 BeurkG beigefügtes Schriftstück (§ 14 Abs. 1 S. 3 BeurkG).[46]

V. Verjährung

13 Mit Errichtung einer vollstreckbaren Urkunde verlängert sich die **Verjährungsfrist** des titulierten Anspruchs gem. § 197 Abs. 1 Nr. 5 BGB auf **dreißig Jahre.**[47] Demgegenüber haben die Parteien von Unternehmenstransaktionen typischerweise ein Interesse an kurzen Verjährungsfristen, um möglichst rasch Rechtssicherheit zu erlangen. Da die Verjährungsregeln grundsätzlich **dispositiv** sind, können die Parteien eine kürzere Verjährungsfrist vertraglich vereinbaren.[48]

VI. Vollstreckung

14 Zur Einleitung der Zwangsvollstreckung aus einer Urkunde nach § 794 Abs. 1 Nr. 5 ZPO ist das Vorliegen der allgemeinen und besonderen Vollstreckungsvoraussetzungen erforderlich. Zu achten ist insbesondere auf die Ertei-

---

[43] BGH 16.10.2003 – III ZR 62/03, NJW 2004, 69, 70; vgl. ferner BGH 22.10.1998 – VII ZR 99/97, NJW 1991, 51, wonach die unmittelbaren Auswirkungen der Vertragsgestaltung ungeachtet des prozessualen Charakters der Unterwerfungserklärung die Anwendung des § 134 BGB gebieten (so bezwecke zB die Verbotsnorm des § 12 MaBV den Schutz des Erwerbers, der nur durch Nichtigkeit zu erreichen sei).

[44] OLG Celle 8.1.1968 – 8 W 229/67, DNotZ 1969, 102; Weber DNotZ 1972, 133.

[45] Wolfsteiner MittRhNotK 1985, 113.

[46] S. Gaul/Schilken/Becker-Eberhard § 13 Rn. 60; Musielak/Voit/Lackmann ZPO § 794 Rn. 40; Stein/Jonas/Kern ZPO § 794 Rn. 124; Wieczorek/Schütze/Paulus ZPO § 794 Rn. 88; Limmer/Hertel/Frenz/Mayer WürzbNotar-HdB/Volmer Teil 1 Kap. 3 Rn. 57; Heinemann/Trautrims/Uhl ZPO § 797 Rn. 37.

[47] Eine Verlängerung der Verjährung tritt nach Ansicht von Volmer auch dann ein, wenn der Bestand des Anspruchs oder seine Fälligkeit trotz notarieller Beurkundung zweifelhaft sein sollten, vgl. Limmer/Hertel/Frenz/Mayer WürzbNotar-HdB/Volmer Teil 1 Kap. 3 Rn. 7.

[48] S. v. Rintelen RNotZ 2001, 20; Limmer/Hertel/Frenz/Mayer WürzbNotar-HdB/Volmer Teil 1 Kap. 3 Rn. 5; vgl. ferner Wolfsteiner DNotZ 1999, 320.

lung einer **Vollstreckungsklausel** nach den §§ 51, 52 BeurkG iVm §§ 724 ff. ZPO.[49] Zuständig für die Erteilung einer vollstreckbaren Ausfertigung ist der **Notar,** der die Urkunde verwahrt (§ 797 Abs. 2 S. 1 ZPO). Dies ist derjenige Notar, der die Urkunde errichtet hat (§§ 48, 52 BeurkG).

Der Notar kann auch eine von einem **ausländischen Notar** ausgestellte vollstreckbare Urkunde in Deutschland für vollstreckbar erklären (§ 55 Abs. 3 AVAG).[50] Eine vollstreckbare Urkunde eines deutschen Notars für eine unbestrittene Forderung kann mit einer Bestätigung versehen nach der Vollstreckungstitel-VO (EG) 805/2004[51] ohne zusätzliches Anerkennungsverfahren im **EU-Gebiet** mit Ausnahme von Dänemark vollstreckt werden.[52] **15**

Soweit der Schuldner die Unterwerfung unter die Zwangsvollstreckung von bestimmten **Bedingungen** abhängig gemacht hat[53], ist das **Verfahren nach § 726 ZPO** einzuhalten; vor allem kann der Nachweis des Eintritts nur durch öffentliche oder öffentlich beglaubigte Urkunde geführt werden.[54] Dabei ist noch nicht abschließend geklärt, ob die Parteien § 726 ZPO mit der Maßgabe abbedingen können, dass auch Privaturkunden oder ähnliche Beweismittel als Nachweise zulässig sind.[55] Zu berücksichtigen ist in jedem Fall die Abgabe eines Geständnisses durch den Schuldner im Klauselverfahren.[56] Aus Gründen der Rechtssicherheit sollte daher bei der Gestaltung auf eine entsprechende Nachweisbarkeit geachtet werden. Hierbei können sich die Parteien wechselseitig verpflichten, der Gegenseite geeignete Nachweise zur Verfügung zu stellen. **16**

---

[49] Musielak/Voit/Lackmann ZPO § 797 Rn. 3; Limmer/Hertel/Frenz/Mayer WürzbNotar-HdB/Volmer Teil 1 Kap. 3 Rn. 69.

[50] Zu den vollstreckbaren öffentlichen Urkunden s. Art. 58 iVm Art. 2 lit. c VO (EU) Nr. 1215/2012 über die gerichtliche Zuständigkeit und die Anerkennung und Vollstreckung von Entscheidungen in Zivil- und Handelssachen – Brüssel Ia-VO vom 12.12.2012, ABl. L 351 S. 1 (zuvor Art. 57 VO [EU] Nr. 44/2001); Schlosser/Hess/Hess Brüssel Ia-VO Art. 58 Rn. 1; Heckschen/Herrler/Münch BeckNotar-HdB/Kindler § 31 Rn. 415; Piltz NJW 2002, 789.

[51] Verordnung (EG) Nr. 805/2004 des Europäischen Parlaments und des Rates zur Einführung eines europäischen Vollstreckungstitels für unbestrittene Forderungen vom 21.4.2004 (ABl. L 143 S. 15) – EuVTVO.

[52] Heckschen/Herrler/Münch BeckNotar-HdB/Kindler § 31 Rn. 421; Franzmann MittBayNot 2005, 470.

[53] Vgl. Musielak/Voit/Lackmann ZPO § 794 Rn. 38; MüKoZPO/Wolfsteiner § 794 Rn. 154; Heinemann/Trautrims/Uhl § 797 ZPO Rn. 49.

[54] Sog. Beweismittelbeschränkung, vgl. Limmer/Hertel/Frenz/Mayer WürzbNotar-HdB/Volmer Teil 1 Kap. 3 Rn. 96.

[55] Zustimmend OLG Stuttgart 8.10.1985 – 8 W 433/85, NJW-RR 1986, 549; Zöller/Geimer ZPO § 726 Rn. 8; Limmer/Hertel/Frenz/Mayer WürzbNotar-HdB/Volmer Teil 1 Kap. 3 Rn. 94 f.; ablehnend Musielak/Voit/Lackmann ZPO § 794 Rn. 38; Stein/Jonas/Kern ZPO § 794 Rn. 123.

[56] BGH 5.7.2005 – VII ZB 23/05, DNotZ 2005, 917 (für § 727 ZPO); OLG Frankfurt aM 21.4.1975 – 20 W 244/75, Rpfleger 1975, 326; Stein/Jonas/Bartels ZPO § 726 Rn. 23; Münzberg NJW 1992, 201; aA Joswig Rpfleger 1991, 146.

17 Eine Besonderheit ergibt sich in Bezug auf **mit verkaufte Ansprüche des Verkäufers,** etwa **Gesellschafterdarlehen,** die im Zuge der Vertragserfüllung an den Käufer abgetreten werden sollen: es ist möglich, dass solche Ansprüche ihrerseits durch eine Unterwerfungserklärung nach § 794 Abs. 1 Nr. 5 ZPO tituliert sind. Will der Käufer diese Ansprüche nach Abtretung vollstrecken, ist es aufgrund der Rechtsnachfolge in der Person des Gläubigers notwendig, eine titelumschreibende Klausel nach **§ 727 ZPO** zu beantragen, wobei die Rechtsnachfolge, sofern diese nicht bei Gericht offenkundig ist, durch öffentliche oder öffentlich beglaubigte Urkunden nachgewiesen werden muss.[57] Insofern bietet sich die Aufnahme einer Verpflichtung des Verkäufers an, dem Käufer entsprechende Nachweismöglichkeiten bereitzustellen. Zulässig ist daneben auch die Abgabe eines Geständnisses durch den Schuldner im Klauselverfahren.[58]

18 Eine Klauselumschreibung gem. § 727 ZPO ist auch dann möglich, wenn auf Gläubiger- oder Schuldnerseite nach der Unterwerfung unter die Zwangsvollstreckung eine **Gesamtrechtsnachfolge,** insbesondere aufgrund Umwandlung oder personengesellschaftsrechtlicher Anwachsung, eingetreten ist.[59]

VI. Kosten

19 Wenn in derselben Urkunde sowohl ein Anspruch begründet und als auch die Erklärungen zur Schaffung eines Titels gemäß § 794 Abs. 1 Nr. 5 ZPO protokolliert werden, liegen grundsätzlich zwei Rechtsverhältnisse vor, die nach § 86 Abs. 2 GNotKG selbständige Beurkundungsgegenstände bilden würden und getrennt zu bewerten und kostenmäßig zu erfassen wären. Allerdings hat der Gesetzgeber mit der durch die Regelung in § 109 Abs. 1 S. 4 Nr. 4 GNotKG geschaffene Gegenstandsidentität klargestellt, dass hier ein Abhängigkeitsverhältnis besteht, wie auch regelmäßig bei klassischen Sicherungsverhältnissen, mit der Folge, dass sich der Geschäftswert der Urkunde nur nach dem Geschäftswert der Haupterklärung richtet.[60]

20 In gesonderter Urkunde entsteht eine 1,0-Gebühr nach Nr. 21200 KV GNotKG aus dem Geschäftswert des Anspruchs (§ 97 GNotKG).

---

[57] Limmer/Hertel/Frenz/Mayer WürzbNotar-HdB/Volmer Teil 1 Kap. 3 Rn. 99, zur „Offenkundigkeit" bei Gericht Rn. 100 f.

[58] BGH 5.7.2005 – VII ZB 23/05, DNotZ 2005, 917; Stein/Jonas/Bartels ZPO, § 727 Rn. 45.

[59] Heckschen/Herrler/Münch BeckNotar-HdB/Kindler § 31 Rn. 457 ff.; allg. Übersicht zur Rechtsnachfolge auf Gläubiger- und Schuldnerseite bei Limmer/Hertel/Frenz/Mayer Würzb-Notar-HdB/Volmer Teil 1 Kap. 3 Rn. 103 f.

[60] Korintenberg/Diehn GNotKG § 109 Rn. 65.

§ 8 Umfang der Beurkundungspflicht: Zusammenfassung und allgemeine Hinweise

I. Problemstellung: Inhaltlicher Umfang der Beurkundungspflicht

In den §§ 2 bis 7 wurden die materiellrechtlichen Bestimmungen, die zu einer Beurkundungspflicht eines Vertrags oder Vertragswerks führen, im Einzelnen dargestellt. Zu fast allen dieser Bestimmungen hat die Rechtsprechung Erweiterungen der jeweils auf einen spezifischen Vertragstyp gemünzten Beurkundungspflicht vorgenommen und diese Pflicht auf „alle wesentlichen Abreden“, „mit dem Hauptvertrag stehende und fallende“ Geschäfte, „einheitliche Geschäfte“ oder ähnlich bezeichnete Abreden erstreckt. Hierfür wird oft pauschal der Begriff „Vollständigkeitsgrundsatz“ verwendet. Die Sanktion der Nichtbefolgung der Erstreckung der Beurkundungspflicht liegt grundsätzlich in der entsprechenden Anwendung von § 139 BGB mit der Begründung, dass für einen Teil eines beurkundungsbedürftigen Gesamtvertragswerkes Formnichtigkeit gem. § 125 BGB vorliege.[1] 1

Von dieser – hier im Einzelnen kritisch gesehenen – Konzeption wird bei der nachfolgenden Zusammenfassung anerkannter und nicht anerkannter Fälle einer Gesamtbeurkundungsbedürftigkeit und bei der Formulierung von Gestaltungshinweisen zur Vermeidung eines Gesamtzusammenhanges ausgegangen; hierbei wird der Begriff „einheitliches Geschäft“ verwendet.

Hinzu kommen die Fälle einer Beurkundungspflicht, die die hM in erweiternder Auslegung der jeweiligen Norm zur Begründung der Beurkundungspflicht etabliert hat, um dem Schutzzweck der betreffenden Gesetzesbestimmung Genüge zu tun (zB bestimmte Formen von Absichtserklärungen, § 2 Rn. 46; die meisten Ausprägungen der Treuhand, → § 2 Rn. 67 ff.; Vorverträge, → § 2 Rn. 81). Hieraus ergibt sich ebenfalls eine Beurkundungspflicht über dem Buchstaben des Gesetzes hinaus, wobei jedoch die Frage eines „Gesamtgeschäfts“ und die Sanktionierung durch §§ 139, 125 BGB keine Rolle spielt.

Wegen der Einzelheiten wird im Weiteren auf die ausführlichen Textteile in §§ 2 bis 7 und § 10 verwiesen.

Neben den nachfolgend zusammenzufassenden Regeln über die inhaltliche Reichweite eines Zusammenhangs verschiedener Rechtsgeschäfte ist jeweils 2

[1] S. im Einzelnen zu § 15 GmbHG die Kritik oben → § 2 Rn. 32 ff.

der verfahrensrechtliche Regelungsrahmen des Beurkundungsrechts zu beachten; hierzu sei auf → § 9 Rn. 27 ff. und → § 9 Rn. 95 verwiesen.

II. Typische Fälle

2a Aus Sicht der Praxis spielen die nachfolgend unter 1.–5. (→ Rn. 3-7) genannten Kategorien eine herausgehobene Rolle.

1. Anteils- oder Asset-Veräußerung mit Finanzierungsvereinbarung

3 Finanzierungsverpflichtungen eines Dritten unterliegen in der Regel nicht der Beurkundungspflicht, da sie meist nicht in das Verhältnis von Leistung und Gegenleistung einbezogen sind. Dies gilt auch für den sogenannten *Equity Commitment Letter* (vgl. → § 2 Rn. 52 und → § 3 Rn. 34, 36).

2. Asset- oder Anteils-Veräußerung einer Immobilien-GmbH oder einer Immobilie kombiniert mit Anmietung durch den Verkäufer

4 • Der Grundstückskaufvertrag ist in dieser Konstellation (nicht zu verwechseln mit dem terminologisch ähnlichen „Sale and lease back" als Finanzierungsinstrument) einseitig vom Rück-Mietvertrag abhängig (vgl. → § 3 Rn. 15 ff.), und damit ist auch letzterer beurkundungsbedürftig.
• Wird die Immobilie von der veräußerten Objektgesellschaft zurückgemietet, ergibt sich die Beurkundungspflicht aus dem Gesichtspunkt der „Nebenabrede in notwendigem Zusammenhang" mit der Anteilsabtretung bzw. der Verpflichtung dazu (vgl. → § 2 Rn. 22).

3. Begleitende Verträge mit Vergütungscharakter zum Anteilskaufvertrag

5 Im Gesamtzusammenhang mit einer GmbH-Anteilsveräußerung geschlossene sonstige Verträge, wie etwa Lizenzverträge oder ähnliche Verträge über die entgeltliche Nutzung gewerblicher Schutzrechte mit dem Verkäufer, stehen mit dieser in der Regel ebenfalls in notwendigem Zusammenhang im Sinne eines „Stehens und Fallens" und sind deshalb beurkundungspflichtig (vgl. → § 2 Rn. 22 ff.).

4. KG-Übertragung mit kombinierter Abtretung der Anteile am persönlich haftenden Gesellschafter

- Die Verpflichtung zur Übertragung einer KG-Beteiligung zusammen mit der Abtretung der Geschäftsanteile am persönlich haftenden Gesellschafter (zB einer GmbH) ist beurkundungsbedürftig aufgrund der untrennbaren Verbundenheit beider Geschäfte miteinander (→ §2 Rn. 106ff.). **6**
- Bei einer KG mit einer ausländischen Gesellschaft mit beschränkter Haftung als persönlich haftendem Gesellschafter ist zu beachten, dass für die Verpflichtung nach deutschem Recht auch für die ausländischen „GmbH-Anteile" zT Beurkundungspflicht vertreten wird (→ §2 Rn. 49ff.).

5. Verpflichtungsgeschäft und Erfüllungsgeschäft (zB privatschriftlicher GmbH-Anteilskauf nach ausländischem Recht ohne Beurkundungspflicht und separate Beurkundung der Abtretung der Anteile)

- Das (gegebenenfalls beurkundungsfreie) Verpflichtungsgeschäft nach ausländischem Recht und das beurkundungspflichtige Erfüllungsgeschäft zur Abtretung der Anteile sind nicht als einheitliches Geschäft zu betrachten, so dass die Pflicht zur Beurkundung des Erfüllungsgeschäfts nicht auf das Verpflichtungsgeschäft durchschlägt (→ §10 Rn. 29). **7**
- Verschiedene Teile eines umfassenden schuldrechtlichen Vertrags, die unterschiedlichen Rechtsordnungen unterliegen, bilden in aller Regel ein einheitliches Geschäft; die Unwirksamkeit nach §§125, 139 (analog) BGB kommt jedoch dann nicht zum Zug, wenn keines der Teilgeschäfte für sich der Beurkundungspflicht unterliegt, sei es, weil bereits das deutsche Recht keine Beurkundungspflicht vorsieht, sei es, weil durch Wahl eines großzügigeren ausländischen Rechts die Beurkundungspflicht entfällt, insbesondere in Fällen der GmbH-Anteilsveräußerung (→ §10 Rn. 30).

III. Sonstige Fälle einheitlicher Rechtsgeschäfte

Mit allen Vorbehalten zur Vergleichbarkeit der gerichtlich entschiedenen Fälle, der jeweiligen Aktualität der Entscheidung und der Autorität des entscheidenden Gerichts (bzw. der vorgefundenen hA in der Literatur) lassen sich folgenden Fallgruppen anführen, wobei der Schwerpunkt auf Unternehmenstransaktionen liegt, um den Rahmen dieser Darstellung nicht zu sprengen: **8**

- Verpflichtung zur Vornahme von Renovierungsarbeiten bei Immobilienverkauf (→ § 3 Rn. 9)
- Vereinbarungen über die vertragliche Beschaffenheit beim Immobilienkauf (→ § 3 Rn. 9)
- Mobiliarkauf beim Immobilienkauf (→ § 3 Rn. 18)
- Vertragsstrafeversprechen beim Immobilienkauf (→ § 3 Rn. 39)
- Erfolgsunabhängige Maklerprovision beim Immobilienkauf (→ § 3 Rn. 39)
- Verträge, die für mindestens eine Partei mit einem Verschmelzungsvertrag untrennbar verbunden sind, insbesondere der Gesellschaftsvertrag einer Personengesellschaft bei Verschmelzung zur Neugründung (→ § 5 Rn. 3).
- (Verpflichtende) Vorverträge oder Vorkaufsrechte (→ § 2 Rn. 81, → § 3 Rn. 39, → § 5 Rn. 4).

IV. Sonstige Fälle fehlender Einheitlichkeit

9 Mit denselben Vorbehalten wie eingangs oben → Rn. 8 geäußert, sind hier folgende Fallgruppen aufzuführen:

- In der Regel: Darlehen und Finanzierungszusagen eines Dritten beim Immobilienkauf (→ § 3 Rn. 35 ff.)
- Maklerprovision beim GmbH-Anteilskauf (→ § 2 Rn. 56)
- (Prozessuale) Unterwerfung unter die sofortige Zwangsvollstreckung (→ § 7 Rn. 6)
- Schiedsvereinbarungen, Schiedsordnungen (→ § 2 Rn. 65)
- Schuldrechtliche Verpflichtung zur Übernahme eines GmbH-Geschäftsanteils (→ § 6 Rn. 4)
- (Schuldrechtliche) Verträge nach ausländischem Recht bei beurkundungspflichtigem dinglichen Vollzugsakt nach deutschem Recht (→ § 10 Rn. 29 f.)

V. Allgemeine Grundsätze und Gestaltungshinweise

1. „Miteinander Stehen und Fallen“

10 Die Faustformel, wonach Rechtsgeschäfte, die „miteinander stehen und fallen“, insgesamt beurkundungspflichtig sind, wenn nur eines von ihnen der Beurkundungspflicht unterliegt, stellt heuristisch gesehen sicherlich einen guten Indikator dar, sich in einem konkreten Fall der Frage der Gesamtbeur-

kundungsbedürftigkeit zu nähern. Diese Formel darf allerdings nicht vorschnell und reflexartig zu einer möglichst umfänglichen Einbeziehung von Vertragsdokumenten in den Beurkundungsprozess führen; vielmehr müssen die von der Rechtsprechung herausgearbeiteten, jeweils spezifisch auf die jeweilige Formvorschrift bezogenen Leitlinien und Maßstäbe beachtet werden (insbesondere zur „einseitigen Abhängigkeit“ und der „inhaltlichen Abhängigkeit“ bei Grundstücksgeschäften, vgl. → § 3 Rn. 15 ff.). Zudem ist für die konkrete Konstellation zu prüfen, ob Gestaltungsmöglichkeiten zur Verfügung stehen, die – uU unter Hinnahme einer als beherrschbar oder vernachlässigbar angesehenen vertraglichen Unsicherheit – zu einer Verringerung des Umfangs des Beurkundungsstoffs führen.

2. Zeitlicher Versatz verschiedener Teilgeschäfte

Die zeitliche Reihenfolge zusammengesetzter einheitlicher Rechtsgeschäfte ist zwar nicht relevant für den Befund, ob die Verträge in einem Verhältnis rechtlicher Abhängigkeit voneinander stehen (vgl. → § 3 Rn. 15 ff., → § 3 Rn. 23 ff.). **11**

Allerdings kann die zeitliche Abfolge dazu führen, dass der innere Zusammenhang des einheitlichen Rechtsgeschäfts nicht vorliegt, so dass für das spätere abgeschlossene Geschäft keine Beurkundungspflicht unter dem Gesichtspunkt des „einheitlichen Rechtsgeschäfts“ besteht (s. iE unten → Rn. 14).

3. Personenidentität

- Ein einheitliches Geschäft kann auch dann vorliegen, wenn die an verschiedenen, miteinander im Zusammenhang stehenden Verträgen beteiligten Personen voneinander verschieden sind. Verträge mit Dritten werden nur dann von der Beurkundungspflicht erfasst, wenn die Parteien die Drittleistung in den Zusammenhang von Leistung und Gegenleistung des beurkundungspflichtigen Vertrags einbeziehen wollen (vgl. → § 3 Rn. 33 ff.). Dies bedarf jeweils der genauen Bestimmung im Einzelfall. **12**

Ein Grundstückskaufvertrag steht unter der aufschiebenden Bedingung des Abschlusses eines Mietvertrags mit einer dritten Partei (zB als Anker-Mieter der Immobilie). Der Kaufvertrag ist damit schwebend unwirksam. Sowohl eine Einbeziehung in das Verhältnis von Leistung und Gegenleistung als auch ein Fehlen eines solchen Zusammenhangs sind gedanklich möglich. Dies hängt vom Willen der Parteien ab, wobei es schwer vorstellbar ist, dass der Verkäufer die Unsicherheit über den genauen Inhalt des Mietvertrags zu seinen Lasten hinnehmen wird. Ihm (und damit im Ergebnis beiden Parteien des Grundstückskaufvertrags) wird es in der Regel auf das „Ob“ des Mietvertrags ankommen, nicht auf seinen Inhalt in Einzelnen.

- Die Rechtsprechung hat im Immobilienrecht bei zeitlich vorgelagertem Abschluss des eigentlich nicht beurkundungsbedürftigem Geschäfts bei Einflussmöglichkeit einer der Parteien auf die Durchführung des Grundstückskaufvertrags den Schluss gezogen, dass auch der an sich nicht beurkundungspflichtige Vertrag zu beurkunden ist. Zutreffender Weise wird man dies uE zum einen als Voraussetzung ansehen müssen. Zum anderen muss dies uE auch gelten, wenn zuerst der beurkundungspflichtige Vertrag geschlossen wird.

4. Insbesondere: „Verknüpfungswille“ und „(ausdrückliche) Verknüpfungsabrede“

13 • Mit dem „Verknüpfungswillen“ wird letztlich der Wille der Parteien bezeichnet, aus verschiedenen für sich existenzfähigen Verträgen ein „einheitliches Rechtsgeschäft“ zu machen, ggf. unter Einbeziehung Dritter. Für Grundstückgeschäfte fordert die Rechtsprechung, dass dieser Verknüpfungswille in einer „Verknüpfungsabrede“ zum Ausdruck kommt (vgl. → § 3 Rn. 23 ff.). Diese kann ausdrücklich formuliert sein, wie es die notarielle Kautelarpraxis oft tut. Sie kann allerdings auch in Vereinbarungen enthalten sein, die die innere und inhaltliche Verbindung der Verträge zum Inhalt haben (zB Bedingung).

- Eine Übertragung dieser Anforderung einer Verknüpfungsabrede auf andere beurkundungspflichtige Geschäfte (insbesondere GmbH-Anteilsveräußerungen) ist unter Schutzzweckgesichtspunkten nicht angezeigt und deshalb abzulehnen. Eine überflüssigerweise aufgenommene Verknüpfungsabrede ist allerdings unschädlich.

5. Abdingbarkeit von § 139 BGB und Grenzen

14 • § 139 (analog) BGB ist als solcher nicht durch schlichte Abrede abdingbar; die nach § 139 BGB zu bewertenden Konstellation ist allerding gestaltbar.

- Die Vereinbarung eines Teilgeschäfts als „noch im Einzelnen zu verhandeln und separat abzuschließen“ oder ähnliche Formulierungen bringt zum Ausdruck, dass es den Parteien nicht entscheidend auf den exakten Inhalt des (künftigen) Teilgeschäfts und die Sicherheit seines Abschlusses ankommt. Sie nehmen die Unsicherheit des Ob und des Wie des künftigen Teilgeschäfts in Kauf und dokumentieren dadurch die fehlende Einheitlichkeit beider Rechtsgeschäfte. Eine bloße Verneinung des Zusammenhangs verschiedener Geschäfte im Vertragstext bei (nahezu) gleichzeitigem Abschluss genügt nicht für die Einschränkung der Beurkundungspflicht, da dies widersprüchliches Verhalten der Parteien darstellen würde.

- Zur Beschleunigung eines beurkundungsfreien Vertragsschlusses kann derjenige Teil der Gesamtvereinbarung, der die Beurkundungspflicht auslöst, unter die aufschiebende Bedingung der Beurkundung des gesamten Vertrags gestellt werden.

In einem größeren vertraglichen Zusammenhang können (beurkundungspflichtige) Abreden über die Abtretung von GmbH-Anteilen unter die Bedingung der Beurkundung des Gesamtvertrags gestellt werden. Damit kann die Vereinbarung im Übrigen sofort und beurkundungsfrei in Kraft treten. Die Parteien dokumentieren durch diese Vorgehensweise, dass es ihnen nicht entscheidend auf den Abschluss des formbedürftigen Teilgeschäfts ankommt. Diese Gestaltung kommt selbstredend nur in Betracht, wenn Beschleunigung des Vertragsschlusses angezeigt ist und die Unsicherheit über das Zustandekommen des beurkundungsbedürftigen Teils akzeptabel ist.

- Die Vereinbarung ausländischen Rechts für ein nach deutschem Recht beurkundungspflichtiges Geschäft führt, soweit kollisionsrechtlich zulässig, zum Entfallen der Beurkundungspflicht; diese wird auch nicht durch die Beurkundungspflicht des dinglichen Vollzugs via §§ 125, 139 (analog) BGB durch die Hintertür erneut begründet (vgl. → § 10 Rn. 29).

§ 9 Beurkundungsverfahren

Literatur (s. auch Allgemeines Literaturverzeichnis): Armbrüster/Preuß, Beurkundungsgesetz mit Verordnung über die Führung notarieller Akten und Verzeichnisse und Dienstordnung für Notarinnen und Notare, 9. Aufl. 2023; Armbrüster/Leske, Die Mitwirkungsverbote des § 3 BeurkG – eine kritische Analyse, ZNotP 2001, 450; Arndt/Lerch/Sandkühler, Bundesnotarordnung, 8. Aufl. 2016; Baumann/Limmer, Das Mitwirkungsverbot des Notars in eigenen Angelegenheiten, RNotZ 2005, 356; Bayer, Gesellschafterliste: Einreichungspflichtige Veränderungen der Beteiligungsverhältnisse, GmbHR 2012, 1; Bednarz, Die Gesellschafterliste als Rechtsscheinträger für einen gutgläubigen Erwerb von GmbH-Geschäftsanteilen, BB 2008, 1854; Benecke/Ehinger, Vollmachtlose Mehrvertretung – Die Anwendung des § 181 BGB, MDR 2005, 1265; Binz/Mayer, Beurkundungspflichten bei der GmbH & Co. KG, NJW 2002, 3054; Bockemühl, Formbedürftige Willenserklärungen und Bezugnahmemöglichkeiten, 1969; Bohrer, Notare – Ein Berufsstand der Urkundsvernichter?, NJW 2007, 2019; Bormann/Apfelbaum, Handelsregister und GmbH-Gründung in Deutschland als „best practice" im Vergleich zum anglo-amerikanischen Rechtskreis, ZIP 2007, 946; Bormann/Diehn/Sommerfeldt, Gesetz über Kosten der freiwilligen Gerichtsbarkeit für Gerichte und Notare, 4. Aufl. 2021; Brambring, Das Gesetz zur Änderung und Ergänzung beurkundungsrechtlicher Vorschriften in der notariellen Praxis, DNotZ 1980, 287; ders., Das „berechtigte Sicherungsinteresse" als Voraussetzung für notarielle Verwahrungstätigkeit, DNotZ 1999, 381; Breitenstein/Meyding, GmbH-Reform: Die „neue" GmbH als wettbewerbsfähige Alternative oder nur „GmbH light"?, BB 2006, 1457; Broichmann/Matthäus, Beurkundung von Schiedsordnungen, SchiedsVZ 2008, 274; Bücker/Viefhues, Notarprüfung: Häufige Fehler bei der notariellen Amtsführung (Teil 6), ZNotP 2004, 428; Büttner/Frohn/Seebach, Elektronischer Rechtsverkehr und Informationstechnologie im Notariat, 2019; Bundesnotarkammer, Richtlinienempfehlungen der Bundesnotarkammer, DNotZ 1999, 258; Bungert, Sitzanknüpfung für Rechtsfähigkeit von Gesellschaften gilt auch nicht mehr im Verhältnis zu den USA, DB 2003, 1043; Deutsches Notarinstitut, Bestandsverzeichnis: keine eingeschränkte Vorlesungspflicht bei einem Verzeichnis über den zu übertragenden Grundbesitz, DNotI-Rep. 2003, 17; Diehn, Notarkostenberechnungen, 8. Aufl. 2022; Disput/Hübner/Schmitt, Die Immobilientransaktion, ZfIR 2008, 610; Dorsel, Stellvertretung und Internationales Privatrecht, MittRhNotK 1997, 6; Ebenroth/Boujong/Joost/Strohn, Handelsgesetzbuch, 4. Aufl. 2020; Engelstädter/Lubberich, Neues Kostenrecht: Erste Erkenntnisse aus der Anwendung des Gerichts- und Notarkostengesetzes im Bereich des Gesellschaftsrechts und M&A, NZG 2014, 564; Eylmann, Bewegung im Berufsrecht der Notare, NJW 1998, 2929; Fackelmann/Heinemann, Gerichts- und Notarkostengesetz, 1. Aufl. 2013; Faßbender/Grauel/Kemp/Ohmen/Peter, Notariatskunde, 17. Aufl. 2010; Fischer, Klaus K., Existenz- und Vertretungsnachweis bei US Corporations, ZNotP 1999, 352; Fischer, Lorenz, Die Zulässigkeit der Verweisung auf eine Willenserklärung nicht enthaltende Mutterurkunde, DNotZ 1982, 153; Fleischer/Goette, Münchener Kommentar zum Gesetz betreffend die Gesellschaften mit beschränkter Haftung, 4. Aufl. 2022; Frenz/Miermeister, Bundesnotarordnung mit Beurkundungsgesetz, 5. Aufl. 2020; Fröhler, § 181 BGB in der notariellen Praxis, BWNotZ 2006, 97; Görk, Zur Zulässigkeit der Änderung von Hauptversammlungsniederschriften – zugleich Anmerkung zum Beschluss des OLG Frankfurt am Main vom 29.11.2006, 2 Ws 173/05, MittBayNot 2007, 382; Götze/Bressler, Praxisfragen der Gesellschafterliste und des gutgläubigen Erwerbs von Geschäftsanteilen nach dem MoMiG, NZG 2007, 894; Hanke/Socher, Fachbegriffe aus M&A und Corporate Finance – Der Unternehmenskauf in der Due Diligence Phase, NJW 2010, 829; Harborth/Lau, Die Mitwirkungsverbote des § 3 BeurkG und das Instrumentarium ihrer Einhaltung, DNotZ 2002, 412; Harder/Schmidt, Zur Auslegung und Anwendung des neuen § 3 BeurkG, DNotZ 1999, 949; Hasselmann, Die Gesellschafterliste nach dem MoMiG – Überblick und Gesellschaftsgründung, NZG 2009, 409; Hauschild/Kallrath/Wachter, Notarhandbuch Gesellschafts- und Unternehmensrecht, 3. Aufl. 2022; Hausmann/Odersky, Das Internationale Privatrecht in der Notar- und Gestaltungspraxis, 4. Aufl. 2021; Heilmeier, Listeneinreichungszuständigkeit bei mittelbarer Mitwirkung eines Notars nach § 40 GmbHG, NZG 2012, 217; Heinemann/Trautrims, Notarrecht, 1. Aufl. 2022; Hermanns, Beurkundungspflichten, Beurkundungsverfahren und Beurkundungsmängel unter besonderer Berücksichtigung des Unternehmenskaufvertrages, DNotZ 2013, 9; Herrler, Aktuelles zur Kapitalerhöhung bei der GmbH, DNotZ 2008, 903; ders., Gesellschaftsrecht in der Notar- und Gestaltungspraxis, 2. Aufl. 2021; Heyn, Notarielle Prioritätsverhandlung und Schutz von Datenbanken, DNotZ 1998, 177; Hülsmann, Die Steuerklausel im Unternehmenskaufvertrag, DStR 2008, 2402; Ising/v. Loewenich, Eingeschränkte Vorlesungspflicht gem. § 14 BeurkG bei Bestandsverzeichnissen, ZNotP 2003, 176; Kanzleiter, Formzwecke, Beurkundungsverfahren und Berufsrecht – Die Änderungen des Beurkundungsverfahrensrechts durch die BNotO-Novelle v. 31.8.1998, DNotZ 1999, 292; ders., Anforderungen an die Unterschriften von Beteiligten und Notar unter der notariellen Niederschrift – Zugleich Anmerkungen zum Urt. des OLG Stuttgart v. 14.11.2001 – 3 U 123/01, DNotZ 2002, 520; ders., Die Berichtigung der notariellen Niederschrift über die Hauptversammlung einer Aktiengesellschaft und die Zulässigkeit mehrerer Niederschriften, DNotZ 2007, 804; Klein, Der fehlsame, gleichwohl straffrei ausgehende Notar – Anmerkungen zu den Beschlüssen des Pfälz. OLG Zweibrücken v. 16.6.2003 – 1 Ws 236/03 und des BGH v. 6.8.2004 – 2 StR 241/04, DNotZ 2005, 193; Kölmel, Der Minderjährige in der notariellen Praxis – Grundlagen, RNotZ 2010, 1; Kort, Offene Fragen zu Gesellschafterliste, Gesellschafterstellung und gutgläubigem Anteilserwerb (§§ 40 und 16 GmbHG nF), GmbHR 2009, 169; Krasauskaite/Schwarz, Rechtswahlklauseln in Unternehmenskaufverträgen nach Einführung des Gerichts- und Notarkostengesetzes, DZWiR 2014, 51; Küperkoch, Notarielle Mitteilungspflichten, RNotZ 2002, 298; Langhein, Notarieller Rechtsverkehr mit englischen Gesellschaften, NZG 2001, 1123; Lichtenberger, Das Gesetz zur Änderung und Ergänzung beurkundungsrechtlicher Vorschriften, NJW 1980, 864; ders., Muß die VOB/B öffentlich beurkundet werden?, NJW 1984, 159; Link, Gesellschafterliste und gutgläubiger Erwerb von GmbH-Anteilen aus Sicht der Notarpraxis, RNotZ 2009, 193; Löbbe, Zuständigkeit von Geschäftsführer und Notar für Inhalt und Einreichung der GmbH-Gesellschafterliste, GmbHR 2012, 7; Lüttmann/Breyer, Notarielle Beurkundung von Schiedsvereinbarungen?, ZZP 119 (2006), 475; Mayer, Aufwertung der Gesellschafterliste durch das MoMiG, ZIP 2009, 1037; ders., Der Erwerb einer GmbH nach den Änderungen durch das MoMiG, DNotZ 2008, 403; ders., Aufwertung der Gesellschafterliste durch das MoMiG – Fluch oder Segen?, ZIP 2009, 1037; Melchers, Zur Verweisung als Erklärungsmittel in der notariellen Niederschrift, BWNotZ 1991, 41; Merkt, Vertragsform beim Kauf von Anteilen an einer ausländischen Gesellschaft, ZIP 1994, 1417; Meyding/Grau, Earn-out-Klauseln und Absicherung von Garantieansprüchen – „tickende Zeitbomben" bei Distressed M&A?, NZG 2011, 41; Mihm, Die Mitwirkungsverbote gemäß § 3 BeurkG nach der Novellierung des notariellen Berufsrechts, DNotZ 1999, 8; Mödl, Die ausländische Kapitalgesellschaft in der notariellen Praxis, RNotZ 2008, 1; Neumayer, Die Vertretung öffentlich-rechtlicher Körperschaften, RNotZ 2001, 249; Niesse, Beteiligung ausländischer Gesellschaften am Registerverfahren, NotBZ 2015, 368; Ott, Die Errichtung von (zweispaltig-)zweisprachigen Niederschriften und die damit im Zusammenhang stehenden Verfahrensfragen, RNotZ 2015, 189; Pfeiffer, Auswirkungen der geplanten Notarkostenreform auf gesellschaftsrechtliche Vorgänge und M&A-Transaktionen, NZG 2013, 244; Preuss, Gesellschafterliste, Legitimation gegenüber der Gesellschaft und gutgläubiger

Erwerb von GmbH-Anteilen, ZGR 2008, 676; Reithmann, Die „Verhandlung" (§ 8 BeurkG) als Kernstück der Beurkundung, DnotZ 2003, 603; ders., Muss der Notar die Vollzugsnachrichten des Grundbuchamtes überprüfen?, NotBZ 2004, 100; ders., Berichtigung notarieller Urkunden, DNotZ 1999, 27; ders., Vertretungsbescheinigungen ausländischer Notare, NotBZ 2016, 129; Röll, Die Beurkundung von GmbH-Gesellschafterbeschlüssen, DNotZ 1979, 644; Rothmann, Beurkundung und Bezugnahme, 2018; Schäfer, Das Vollmachtsstatut im deutschen IPR – einige neuere Ansätze in kritischer Würdigung, RIW 1969, 189; Schaub, Ausländische Handelsgesellschaften und Registerverfahren, NZG 2000, 953; ders., Stellvertretung bei Handelsregisteranmeldungen, MittBayNot 1999, 539; Scheuch, Die Pflicht zur Eintragung der Gesellschafter einer GbR in die GmbH-Gesellschafterliste, GmbHR 2014, 568; Schindeldecker, Insichgeschäfte im Gesellschaftsrecht – Anwendungsfälle und praktische Lösungen für die notarielle Praxis, RNotZ 2015, 533; Schippel/Eschwey, Bundesnotarordnung, 11. Aufl. 2023; Schneeweiß, Verbotene Rechtsberatung als Fallstrick für die notarielle Beurkundungspraxis? – Folgerungen aus dem Urteil des BGH vom 28.9.2000 – IX ZR 279/99, MittBayNot 2001, 24; Schneider, Egon, Über gekrümmte Linien, Bogen, Striche, Haken und Unterschriften, NJW 1998, 1844; Schneider, Uwe, Neue Haftungsrisiken für GmbH-Geschäftsführer bei Erstellung und Einreichung der Gesellschafterliste, GmbHR 2009, 393; Schockenhoff/Höder, Gutgläubiger Erwerb von GmbH-Anteilen nach dem MoMiG: Nachbesserungsbedarf aus Sicht der M&A-Praxis, ZIP 2006, 1841; Schuck, Haftung des Notars für steuerliche Belehrungspflichten, BB 1996, 2332; Schütze, Internationales Notarverfahrensrecht, DNotZ 1992, 66; Seibold/Groner, Die Vollmacht in internationalen M&A- und Finanzierungstransaktionen, NZG 2009, 126; Stauf, Umfang und Grenzen der Verweisungsmöglichkeiten nach § 13a BeurkG und der eingeschränkten Vorlesungspflicht nach § 14 BeurkG, RNotZ 2001, 129; Suttmann, Insichgeschäfte im Gesellschaftsrecht, MittBayNot 2011, 1; Tebben, Die Reform der GmbH – das MoMiG in der notariellen Praxis, RNotZ 2008, 441; Tiedtke/Heitzer/Strauß/Rothhaar/Moderegger/Storch, Streifzug durch das GNotKG, 10. Aufl. 2013; Turiaux/Knigge, Umweltrisiken bei M & A-Transaktionen. Risikominimierung durch Environmental Due Diligence Auditing, BB 1999, 913; Vossius, Gutgläubiger Erwerb von GmbH-Anteilen nach MoMiG, DB 2007, 2299; Wachter, Vertretungsfragen bei der Gründung einer Einpersonen-GmbH, GmbHR 2003, 660; ders., Unternehmensnachfolge bei der GmbH und GmbH & Co. KG nach dem MoMiG, DB 2009, 159; ders., GmbH-Reform: Auswirkungen auf die Übertragung von GmbH-Geschäftsanteilen, ZNotP 2008, 378; ders., Neue Anzeigepflichten für Notare im Gesellschaftsrecht, ZNotP 2008, 113; Weingärtner, Das notarielle Verwahrungsgeschäft, 2004; Winkler, Änderungen des Beurkundungsgesetzes, MittBayNot 1999, 2; ders., Änderung und Ergänzung beurkundungsrechtlicher Vorschriften; RPfleger 1980, 169; ders., Der Wortlaut des GmbH-Vertrags bei Anmeldungen zum Handelsregister, DNotZ 1980, 578; Wöstmann, Anforderungen an das Verhalten des Notars (§ 14 III BNotO) unter Berücksichtigung der Richtlinien der Notarkammern, ZNotP 2002, 246; Wolf, Der Nachweis der Untervollmacht bei Notar und Grundbuchamt, MittBayNot 1996, 266; Ziemons, Freie Bahn für den Umzug von Gesellschaften nach Inspire Art?!, ZIP 2003, 1913; Zimmer, Rechtsgeschäftliche Vertretung und Zwangsvollstreckungsunterwerfung, NotBZ 2006, 302.

I. Vorbereitung der Beurkundung

1. Mitwirkungsverbote

Vor jeder Beurkundung hat der Notar zu prüfen, ob er einem **Mitwirkungsverbot gem. § 3 BeurkG** unterliegt. Nach § 3 Abs. 1 S. 1 BeurkG soll der Notar bei der Beurkundung bestimmter Angelegenheiten nicht mitwirken. Der zentrale **Begriff der Angelegenheit** ist ähnlich dem zivilprozessualen Begriff des Streitgegenstandes auszulegen: Es handelt sich **nicht um einen bestimmten rechtlichen Vorgang, sondern um einen Lebenssachverhalt.**[1] Die Grenzen des Lebenssachverhaltes sind so zu sehen, dass aus der Sicht des Rechtsverkehrs die Besorgnis der Befangenheit des Notars nicht aufkommt.[2] Insofern kommt es im Wesentlichen darauf an, inwieweit die Interessen der beteiligten Personen einen bestimmten Sachverhalt aus der Sicht des Rechtsverkehrs zu einem einheitlichen machen.[3] 1

Der Notar soll an Angelegenheiten nicht mitwirken, die ihm als eigene Angelegenheiten zuzurechnen sind (Nr. 1), ebenso wenig an Angelegenheiten enger Angehöriger (Nr. 2, Nr. 2a und Nr. 3) oder an Angelegenheiten seiner Sozien (Nr. 4) oder an Angelegenheiten einer Person, die der Notar oder sein Sozius gesetzlich vertritt (Nr. 5). Auch Angelegenheiten aller Personen, deren vertretungsberechtigtem Organ der Notar oder ein Sozius angehört (Nr. 6) unterliegen dem genannten Beurkundungsverbot.

Von **besonderer Bedeutung im Bereich des Anwaltsnotariats ist § 3 Abs. 1 S. 1 Nr. 7 BeurkG – sog. Vorbefassungsverbot**, das gerade bei der Beurkundung von Unternehmenstransaktionen praktische Relevanz erlangt. Hiernach ist der Notar von der Beurkundung ausgeschlossen, wenn er oder ein Sozius in Angelegenheiten einer an der Beurkundung beteiligten Person außerhalb seiner Amtstätigkeit – also als Rechtsanwalt – bereits tätig war oder ist, es sei denn, diese Tätigkeit wurde im Auftrag aller Personen ausgeübt, die 2

[1] OLG Schleswig 31.5.2010 – Not 5/09, RNotZ 2010, 666, 668; Baumann/Limmer RNotZ 2005, 358; Arndt/Lerch/Sandkühler BNotO § 16 Rn. 13; Frenz/Miermeister/de Buhr BeurkG § 3 Rn. 7; Winkler ergänzt den Gesamtzusammenhang, so dass das Mitwirkungsverbot relativ weit, jedenfalls „nicht zu eng" auszulegen ist, vgl. Winkler BeurkG § 3 Rn. 114; aA Armbrüster, dieser präzisiert die Angelegenheit dahingehend, dass er auf das durch den konkreten Beurkundungsauftrag begrenzte Rechtsverhältnis abstellt, unter Einbeziehung der dadurch unmittelbar präjudizierten Rechtsverhältnisse, vgl. Armbrüster/Leske ZNotP 2001, 453; Armbrüster/Preuß BeurkG § 3 Rn. 21.

[2] BT-Drucks. 13/4184, S. 36; BT-Drucks. 890/95, S. 36.

[3] § 16 BNotO aF brachte dies deutlicher zum Ausdruck. Dort wurde die Sachbeteiligung als Beteiligung „bei der den Gegenstand des Amtsgeschäfts bildenden Angelegenheit" bezeichnet, vgl. Armbrüster/Leske ZNotP 2001, 454 f.; Armbrüster/Preuß BeurkG § 3 Rn. 18.

an der Beurkundung beteiligt sein sollen.[4] Eine im Vorfeld der geplanten Beurkundung geleistete anwaltliche Beratung durch den Anwaltsnotar oder einen Sozius führt daher regelmäßig zu einem Ausschluss der Tätigkeit als Notar in der geplanten Beurkundung.[5] Eine **Ausnahme** besteht lediglich dann, wenn die **anwaltliche Tätigkeit im Auftrag aller Beteiligten ausgeführt** wurde; dh, sie kommt insbesondere in Betracht, wenn der Anwalt oder seine Sozien für mehrere an einer Beurkundung beteiligte **Konzerngesellschaften** tätig waren oder im Rahmen einer (steuerrechtlichen) Beratung eines Unternehmens, die zur Gründung einer GmbH durch einen Alleingesellschafter führt.[6] Ansonsten sind schon aufgrund des anwaltlichen Berufsrechts die Fälle selten, in denen ein Rechtsanwalt oder eine Rechtsanwaltskanzlei mehrere Parteien mit widerstreitenden Interessen in einer Angelegenheit gemeinsam vertreten können.[7]

Gem. Nr. 8 darf der Notar außerdem nicht handeln, wenn ihn eine an der Beurkundung beteiligte Person in derselben Angelegenheit bevollmächtigt hat oder zu welcher der Notar oder ein Sozius in einem ständigen Dienst- oder ähnlichem Geschäftsverhältnis steht, bzw. gem. Nr. 9 in Angelegenheiten einer Gesellschaft, an welcher der Notar mehr als nur unmaßgeblich beteiligt ist.

3 Die genannten Mitwirkungsverbote sind zwar als Sollvorschrift formuliert, binden den Notar allerdings als **berufsrechtliches Verbot.**[8] Die Mitwirkungsverbote stehen auch **nicht zur Disposition der Parteien,** so dass auch ein Einverständnis aller Beteiligten mit der Mitwirkung des Notars das Mitwirkungsverbot nicht aufhebt.[9]

4 Im Bereich von Unternehmenstransaktionen führt immer wieder das in § 3 Abs. 1 S. 1 Nr. 7 BeurkG geregelte **Vorbefassungsverbot** zu schwierigen **Abgrenzungsfragen.** Entscheidend ist die Frage, wie weit der Lebenssach-

[4] OLG Frankfurt aM 30.6.2011 – 2 Not 13/10, ZEV 2012, 487 = BeckRS 2012, 07813.

[5] Der Anwendungsbereich des § 3 Abs. 1 S. 1 Nr. 7 BeurkG lässt sich mit den Worten eines ehem. Vorsitzenden des Rechtsausschusses des Deutschen Bundestages wie folgt umschreiben: „War oder ist der Anwalt oder sein Sozius oder sein Partner als Rechtsanwalt, Patentanwalt, Steuerberater, Wirtschaftsprüfer, vereidigter Buchprüfer oder in sonstiger Weise, die auch privates Handeln einschließt, in einer Angelegenheit tätig, ist diese für ihn als Notar tabu“, so Eylmann NJW 1998, 2929, 2931.

[6] OLG Köln 20.4.2004 – 2 X (Not) 17/03, NJW 2005, 2092; s. auch OLG Celle 4.10.2005 – Not 10/05, DNotZ 2006, 553; OLG Celle 12.9.2003 – Not 24/03, DNotZ 2004, 716; Eylmann NJW 1998, 2931; weitere Beispiele bei Harborth/Lau DNotZ 2002, 421.

[7] Zu den wenigen Fällen, in denen eine Ausnahmeregelung in Betracht kommt, gehören etwa solche des Umwandlungsrechts oder der Ein-Mann-GmbH. Lässt sich etwa ein Mandant zunächst steuerrechtlich beraten, ist die anschließende Beurkundung der Gründung einer Ein-Mann-GmbH zulässig, weil hier der Mandant der einzige materiell Beteiligte ist, vgl. Eylmann NJW 1998, 2929, 2931.

[8] BayObLG 11.5.1995 – 3 Z BR 58/95, NJW-RR 1996, 991; Armbrüster/Preuß BeurkG § 3 Rn. 2; Mihm DNotZ 1999, 9; Winkler BeurkG § 3 Rn. 10.

[9] Baumann/Limmer RNotZ 2005, 357.

verhalt der Unternehmenstransaktionen zu fassen ist, dh **welche Vorgänge noch zu der Angelegenheit Unternehmenstransaktion der beteiligten Parteien zu zählen sind.** So führt zB die anwaltliche Beratung des Verkäufers im Hinblick auf den Kaufgegenstand ohne Zusammenhang mit der nunmehr beabsichtigten Veräußerung des Kaufgegenstandes nicht zu einem Beurkundungsverbot. Dies ändert sich auch nicht dadurch, dass bestimmte Rechtsverhältnisse, die im Rahmen eines Garantiekataloges zum Gegenstand des Unternehmenskaufvertrages gemacht werden, in der Vergangenheit durch den Notar oder seiner Sozien anwaltlich beraten wurden. So wird zB die arbeitsrechtliche Beratung beim Abschluss von Betriebsvereinbarungen mit dem Betriebsrat nicht dadurch zu einer Angelegenheit von Käufer und Verkäufer bei der Veräußerung des betroffenen Unternehmens, dass in einem Garantiekatalog das Bestehen dieser bestimmen Betriebsvereinbarung zugesichert wird oder zugesichert wird, dass es keine anderen Betriebsvereinbarungen gibt. Anders ist dagegen der Fall zu beurteilen, in dem der Notar als Rechtsanwalt in Umsetzung oder Vorbereitung der Unternehmensveräußerung Umstrukturierungen rechtlich begleitet hat. Hier dürfte in den meisten Fällen eine einheitliche Angelegenheit des Verkäufers, die sowohl die Unternehmensveräußerung sowie die Vorbereitung umfasst, anzunehmen sein. Die Besonderheit des Vorbefassungsverbots besteht darin, dass der Begriff der Angelegenheit sich nicht aus der Zuordnung zu einer bestimmten Person ergibt – in diesem Fall wäre die Feststellung, ob ein Mitwirkungsverbot des Notars besteht, relativ einfach zu treffen, da die Angelegenheit nur daraufhin untersucht werden müsste, ob die Rechte und Pflichten dieser Person durch den Beurkundungsvorgang unmittelbar betroffen werden.[10] Beim Vorbefassungsverbot kommt dagegen hinzu, dass es sich der Sache nach um dieselbe Angelegenheit handeln muss, so dass nicht nur eine Zuordnung des Lebenssachverhaltes zu einer an der Beurkundung beteiligten Person, sondern auch die genaue Abgrenzung seiner Reichweite erforderlich ist.[11]

Von besonderer Bedeutung bei Unternehmenstransaktionen ist neben den Mitwirkungsverboten des § 3 Abs. 1 BeurkG auch das **Ablehnungsrecht des § 3 Abs. 3 S. 1 Nr. 1 BeurkG.** Danach ist der Notar verpflichtet, die Beteiligten vor der Beurkundung darauf hinzuweisen, wenn er zB in einer Angelegenheit einer Gesellschaft tätig ist, deren Aufsichtsrat er angehört. In diesem Fall haben die Beteiligten ein Ablehnungsrecht. 5

Im Ergebnis ist bei der Prüfung der Mitwirkungsverbote von einem eher **weiten Begriff der Angelegenheit** auszugehen, da die Vorschrift der Wahrung der Unparteilichkeit des Notars dient und insbesondere auch gem. § 14 6

[10] Armbrüster/Leske ZNotP 2001, 453; Harborth/Lau DNotZ 2002, 414; Winkler BeurkG § 3 Rn. 24.

[11] Harder/Schmidt DNotZ 1999, 960f.; Mihm DNotZ 1999, 8.

Abs. 3 S. 2 BNotO der Notar selbst den Anschein parteiischen Verhaltens zu vermeiden hat.[12]

In Zweifelsfällen kann die **Amtsgewährungspflicht gem. § 15 Abs. 1 BNotO in Konflikt mit** einem möglicherweise bestehenden **Mitwirkungsverbot** nach § 3 BeurkG stehen; sinnvollerweise sollte der Notar in diesen Fällen gem. § 16 Abs. 2 BNotO eine **Selbstablehnung wegen Befangenheit** aussprechen.[13]

Im Zusammenhang mit Unternehmenstransaktionen steht der Notar häufig vor der Aufgabe, **Gesellschafterbeschlüsse** zu beurkunden. Auch hier gelten die genannten Vorschriften. Interessanterweise differenziert die herrschende Meinung allerdings zwischen Hauptversammlungsbeschlüssen einer Aktiengesellschaft und Gesellschafterbeschlüssen bei der Gesellschaft mit beschränkter Haftung.[14]

Bei der **Hauptversammlung** soll allein die Aktionärseigenschaft der in Nr. 2, 2a, 3 und 4 genannten Personen der Beurkundung nicht entgegenstehen und es ist überdies strittig, ob deren Teilnahme an der Hauptversammlung ein Mitwirkungsverbot begründet oder nicht.[15]

Anders bei der **GmbH:** Hier soll bereits die reine Gesellschaftereigenschaft der in Nr. 2, 2a, 3 und 4 genannten Personen ein Mitwirkungsverbot des Notars begründen.[16] Häufig wird auch nach personalistischer oder kapitalistischer Struktur der Gesellschaft unterschieden.[17] Ratsam ist, von der Beurkundung eines Gesellschafterbeschlusses immer dann Abstand zu nehmen, wenn vermutungsbegründende Personen Gesellschafter sind.

2. Festlegung der materiell Beteiligten

7 Wesentlicher Teil der Vorbereitung der Beurkundung einer Unternehmenstransaktion ist die Festlegung derjenigen juristischen und natürlichen Personen auf allen Seiten, die im Rahmen der Beurkundung rechtsverbindliche Erklärungen abgeben sollen – sog. materiell Beteiligte .[18] Dies erscheint

---

[12] So ausdrücklich der BT-Rechtsausschuss, BT-Drucks. 13/11034, S. 37.

[13] Diese Selbstablehnung ist bei jeder Amtstätigkeit, nicht nur bei der Beurkundungstätigkeit, möglich. Gründe der Selbstablehnung können zB in persönlichen Beziehungen zu den Beteiligten oder Vorbehalten der Beteiligten im Hinblick auf die Verletzung der Unparteilichkeit liegen, vgl. Winkler BeurkG § 3 Rn. 9.

[14] Winkler BeurkG § 3 Rn. 43.

[15] Winkler BeurkG § 3 Rn. 43, 45.

[16] So allgemein – nicht nur für Versammlungsbeschlüsse – Armbrüster/Preuß BeurkG § 3 Rn. 25.

[17] Winkler BeurkG § 3 Rn. 49 f.; Arndt/Lerch/Sandkühler BNotO § 16 Rn. 35 zur AG, anders dagegen dort Rn. 39 zur GmbH; aA Armbrüster/Preuß BeurkG § 3 Rn. 28; Schippel/Eschwey/Sander BNotO § 16 Rn. 16 ff.

[18] Im Gegensatz zu den sog. formell Beteiligten gem. § 6 Abs. 2 BeurkG.

auf den ersten Blick keine besonderen Schwierigkeiten zu bereiten: Auf Verkäuferseite müssen die berechtigten Eigentümer bzw. Inhaber der Kaufsache festgestellt werden und auf der Käuferseite die Erwerber.

Darüber hinaus kommt es jedoch sehr häufig vor, dass neben den direkten **8**
Verkäufern und Käufern zahlreiche weitere juristische oder natürliche Personen Erklärungen abgeben müssen. Dies trifft insbesondere auf mit Käufer oder Verkäufer **konzernverbundene Unternehmen** zu. Häufig ist vorgesehen, dass Mutter- bzw. Konzernübergesellschaften eine **Bürgschaft** oder selbstschuldnerische **Mithaftung** für alle oder einzelne Vertragspflichten der unmittelbar Beteiligten übernehmen. So verlangen die Verkäufer bei Private Equity-Transaktionen, in denen auf Käuferseite regelmäßig sogenannte Akquisitionsvehikel auftreten, in der Regel einen sogenannten **Equity Commitment Letter** des hinter dem Käufer stehenden mittelbar erwerbenden Fonds, um zu gewährleisten, dass beim Vollzug des Kaufvertrages die Mittel für die Bezahlung des Kaufpreises vorhanden sind. Zudem kann es sein, dass die Gesellschafter der unmittelbar Beteiligten im Rahmen der Urkunde **Zustimmungserklärungen** abgeben oder **Gesellschafterbeschlüsse** fassen müssen. Insbesondere **Vinkulierungsklauseln** in GmbH-Gesellschaftsverträgen machen solche Beschlüsse erforderlich. Werden im Rahmen einer Unternehmenstransaktion bestehende **schuldrechtliche Vereinbarungen aufgehoben oder geändert,** zB bestehende Vertragsverhältnisse mit Konzerngesellschaften der Verkäuferseite oder Familienmitgliedern des Verkäufers, ist auch die Mitwirkung aller an den entsprechenden Vertragsverhältnissen beteiligten Personen erforderlich. Ist die Unternehmenstransaktion zusätzlich zum Übergang von Geschäftsanteilen mit der Abtretung von **Gesellschafterdarlehen** verbunden, sind die Darlehensgeber an der Beurkundung zu beteiligen; gleiches gilt für die Inhaber freizugebender **Sicherheiten.** Die Anzahl an der Beurkundung zu beteiligender Personen kann dadurch reduziert werden, dass bestimmte Erklärungen, Zustimmungsbeschlüsse und ähnliches entweder **vor der Beurkundung eingeholt** werden **oder als Vollzugsbedingung oder Vollzugshandlung im Nachgang zu der Beurkundung beschafft** werden sollen. Hierbei ist dann darauf zu achten, ob eine Seite für den Eingang solcher Erklärungen die Verantwortung übernehmen soll oder nicht.

Da bei Unternehmenskaufverträgen häufig **Gesellschaften** als materiell **9**
Beteiligte auftreten, sollte sich der Notar **von deren Existenz vergewissern.**

Bei Beteiligung von deutschen juristischen Personen, Personenhandelsgesellschaften und eingetragenen Gesellschaften bürgerlichen Rechts kann der Notar dies durch **Einsichtnahme in das elektronische Handelsregister bzw. Gesellschaftsregister** ermitteln. Alle vom deutschen Gesellschaftsrecht für die Außengesellschaften angebotenen Rechtsformen (seit dem 1.1.2024 einschließlich der Außengesellschaft bürgerlichen Rechts) sind registerfähig und auch registerpflichtig bzw. besteht für die GbR eine Registrierungsobliegenheit, wenn sie registrierte Rechte erwerben (oder über diese verfügen) wollen.[19] Besonderheiten ergeben sich für neugegründete eintragungsfähige und -pflichtige, aber noch nicht eingetragene Gesellschaften. Gerade bei Unternehmenstransaktionen kommt es nicht selten vor, dass eine erst kürzlich (ggf. am selben Tag) neugegründete (und demgemäß noch nicht eingetragene) Gesellschaft ein beurkundungspflichtiges Verkehrsgeschäft eingehen soll oder die Beteiligten mit dem Wunsch an den Notar herantreten, in einem Termin zunächst die Gesellschaftsgründung und im Anschluss daran ein Verkehrsgeschäft zu beurkunden, an dem die neugegründete Gesellschaft teilnimmt. In der Praxis haben sich hierfür je nach Gesellschaftsform unterschiedliche Nachweismöglichkeiten etabliert.[20]

Im Fall von **ausländischen Gesellschaften** kann die Ermittlung der Existenz dagegen Schwierigkeiten bereiten. Bei Gesellschaften aus **Staaten, die über ein dem Handelsregister bzw. Gesellschaftsregister vergleichbares ausländisches Register verfügen,** etwa Belgien, Frankreich[21], Italien, Japan, Luxemburg[22], die Niederlande[23], Österreich[24], Schweden[25], die Schweiz[26] und Spanien, lässt sich der Existenznachweis durch Einsichtnahme in das entsprechende (ggf. elektronische) Register führen,[27] auf deren Grundlage der Notar eine Bescheinigung gem. § 21 BNotO ausstellen kann.[28] Bei **englischen** haftungsbeschränkten **Gesellschaften** kann der Notar beim *Companies House* ein sog. *Certificate of Good Standing* anfordern, das die Existenz der Gesellschaft zum derzeitigen Zeitpunkt, also über die Gründung *(Certificate of Incorporation)* hinaus, beweist.[29] Bei haftungsbeschränkten **US-amerikani-**

[19] Für die Stiftung vgl. etwa DNotI-Rep. 2002, 27.

[20] Vgl. Hauschild/Kallrath/Wachter Notar-HdB/Schmidt § 28 Rn. 47 ff..

[21] Eine Einsichtnahme und Abrufung der sog. „K-bis" ist online möglich unter www.infogreffe.fr.

[22] Unter www.rcsl.lu können Registerauszüge online abgerufen werden.

[23] Eine Einsichtnahme und Abrufung von Handelsregisterauszügen ist online möglich unter www.kvk.nl//handelsregister.

[24] Eine Abfrage ist online möglich unter www.firmenbuch.at.

[25] Unter www.bolagsverket.se/en kann der Handelsregisterauszug elektronisch abgerufen werden.

[26] Unter www.zefix.ch können Firmen gesucht und die Kontaktdaten des zuständigen Handelsregisters abgerufen werden.

[27] Hauschild/Kallrath/Wachter Notar-HdB/Burmeister § 23 Rn. 14.

[28] OLG Schleswig 13.12.2007 – 2 W 198/07, DNotZ 2008, 709 (Schweden); LG Aachen 20.4.1988 – 3 T 20/88, MittRhNotK 1988, 157 (Niederlande); Arndt/Lerch/Sandkühler/Sandkühler BNotO § 21 Rn. 13; Limmer/Hertel/Frenz/Mayer WürzbNotar-HdB/Heggen/Weber Teil 7 Kap. 6 Rn. 2; Mödl RNotZ 2008, 1, 12; Herrler/Bormann/Seebach, Gesellschaftsrecht § 18 Rn. 61.

[29] LG Berlin 22.6.2004 – 102 T 48/04, NZG 2004, 1014; Langhein NZG 2001, 1123, 1125; Mödl RNotZ 2008, 1, 11.

schen Gesellschaften kann der Notar beim zuständigen *Secretary of State* bzw. in New York beim *Department of State* ebenfalls ein *Certificate of Good Standing* beantragen.[30] Zum Nachweis der Echtheit ist das englische bzw. US-amerikanische *Certificate of Good Standing* grundsätzlich **mit einer Apostille zu versehen.**[31] Im Übrigen kann der **Nachweis** auch **durch einen örtlichen Notar** erbracht werden, dessen Bestätigung ebenfalls mit einer Apostille bzw. Legalisation versehen werden muss.[32] Notfalls kann sich der Notar auch mit den Beteiligten verständigen, ob sie mit der **Bestätigung durch einen örtlichen Rechtsanwalt** einverstanden sind.[33]

3. Festlegung der formell Beteiligten

Der Notar muss die **Identität und ggf. die Vertretungsbefugnis der tatsächlich erschienenen Personen prüfen und feststellen** – sog. formell Beteiligte gem. §6 Abs. 2 BeurkG. 9a

a) Identitätsfeststellung bei natürlichen Personen

Bei **natürlichen Personen** ist zunächst zu **klären, ob diese selbst an der Beurkundung teilnehmen oder sich vertreten lassen.** Handelt die natürliche Person für sich selbst, ist lediglich die Feststellung ihrer Identität im Beurkundungstermin notwendig (§ 10 BeurkG). Der Notar hat auf die zweifelsfreie **Identitätsfeststellung** in jedem Fall „äußerste Sorgfalt“ zu verwenden.[34] In der Regel genügen hierzu von einer Behörde im Rahmen ihrer Funktion ausgestellte Lichtbildausweise[35], zB Personalausweis, Reisepass, Führerschein, wogegen für die Identifikationsprüfung bei Deutschen, EU-Bürgern, Bürgern des EWR sowie Staatsangehörigen der Schweiz nach dem Geldwäschegesetz nur ein Personalausweis oder Reisepass hinreichend sind (§ 12 Abs. 1 Nr. 1 GwG). Auf den Ablauf der Gültigkeitsdauer kommt es für die Identitätsfeststellung nach dem Beurkundungsgesetz nicht an[36], jedoch für die Identitätsfeststellung nach dem Geldwäschegesetz. Zur Not kann der Notar seine Feststellungsverpflichtung nach dem Beurkundungsgesetz auch da- 10

---

[30] OLG Köln 1.2.2013 – 2 Wx 42/13, FGPrax 2013, 74; vgl. auch Fischer ZNotP 1999, 352, 356 f.

[31] Nach LG Berlin 22.6.2004 – 102 T 48/04, NZG 2004, 1014 ist bei Fehlen einer Apostille gem. § 438 Abs. 1 ZPO nach pflichtgemäßem Ermessen zu entscheiden, ob ein *Certificate of Good Standing* als echt anzusehen ist.

[32] Bezüglich der englischen Notare Süß/Wachter Hdb Int GmbH-Recht § 2 Rn. 65.

[33] Hauschild/Kallrath/Wachter Notar-HdB/Burmeister § 23 Rn. 15.

[34] Vgl. BGH 20.3.1956 – III ZR 11/55, DNotZ 1956, 502, 503 = BeckRS 1956, 31203636.

[35] Vgl. bereits BGH 20.3.1956 – III ZR 11/55, DNotZ 1956, 502 = BeckRS 1956, 31203636.

[36] OLG Frankfurt aM 10.10.1988 – Not 4/88, DNotZ 1989, 640; Winkler BeurkG § 10 Rn. 19.

durch nachkommen, dass eine ihm als zuverlässig bekannte Auskunftsperson ihm die handelnde Person vorstellt.[37] Dies sollte jedoch die absolute Ausnahme bleiben und genügt den Anforderungen an das Geldwäschegesetz regelmäßig nicht. Für die Onlinebeurkundung hat der Gesetzgeber mit § 16c BeurkG ein spezielles zweistufiges Identifizierungsverfahren eingeführt.

11 Im **Anwendungsbereich des Geldwäschegesetzes** bestehen **erweiterte Prüfungspflichten:** Da Unternehmenstransaktionen, einschließlich Handels- oder Gesellschaftsregisteranmeldungen, gem. § 10 Abs. 1 Nr. 10 lit. a) aa) GwG eine allgemeine Identifizierungspflicht des Notars jenseits der Identifizierungspflicht nach § 10 BeurkG auslösen, sind auch die dortigen strengeren Vorgaben zu beachten. So hat der Notar, wenn die Person zum ersten Mal vor ihm auftritt, nach § 12 Abs. 1 Nr. 1 GwG sich regelmäßig anhand eines gültigen Personalausweises oder Reisepasses von der Identität der Person zu überzeugen. Zudem muss der Notar den wirtschaftlich Berechtigten des beabsichtigten Rechtsgeschäfts erfragen.[38] Das **Verhältnis** der Vorschriften des Geldwäschegesetzes **zur Urkundsgewährungspflicht** ist umstritten.[39] § 10 Abs. 9 S. 3 GwG hebt ausdrücklich das Verbot der Begründung einer Geschäftsbeziehung für den Fall auf, dass ein Beteiligter um Rechtsberatung nachsucht. Daher ist es nicht gerechtfertigt, die Vornahme einer Beurkundung wegen fehlender Identifizierung nach dem Geldwäschegesetz grundsätzlich abzulehnen.[40] Allerdings sollte der Notar in diesem Fall auf einer nachträglichen Identifizierung bestehen und ggf. erforderliche Vollzugshandlungen von der Vornahme der Identifizierung abhängig machen.[41] Eine hartnäckige Verweigerung seitens der Mandanten und Beteiligten sollte der Notar allerdings zur Versagung seiner Amtstätigkeit veranlassen, da dies einen ausreichenden Grund im Sinne von § 15 Abs. 1 S. 1 BNotO darstellt.[42] Jenseits dieser Fälle darf der Notar seine Mitwirkung nicht deswegen verweigern, weil er hinreichende Feststellungen über die Identität der Beteiligten nicht treffen konnte.[43] Er muss dies allerdings in der Urkunde festhalten und darf nur beurkunden, wenn alle Beteiligten dies verlangen (§ 10 Abs. 3 S. 2 BeurkG). Da ein solcher Vermerk die praktische Verwendbarkeit der Urkunde erheblich beeinträchtigt, ist von einem solchen Vorgehen bei Unternehmenstransaktionen Abstand zu nehmen.

---

[37] Hierzu anschaulich § 25 Abs. 1 S. 3 BeurkG aF: „Als Erkennungszeugen sind regelmäßig nur solche Personen geeignet, die der Notar selbst als zuverlässig kennt und die nicht an der den Gegenstand der Amtshandlung bildenden Angelegenheit beteiligt sind oder zu einem Beteiligten in näheren verwandtschaftlichen oder sonstigen, dem Notar bekannten Beziehungen stehen." S. auch Armbrüster/Preuß/Eickelberg/Schmitt DONot § 5 Rn. 29; Winkler BeurkG § 10 Rn. 23.

[38] Armbrüster/Preuß/Piegsa BeurkG § 10 Rn. 25 ff.

[39] Winkler BeurkG § 10 Rn. 75 f.; Heinemann/Trautrims/Wosgien BeurkG § 10 Rn. 24.

[40] Rdschr. BNotK 11/2009 v. 13.5.2009, S. 23.

[41] Rdschr. BNotK 11/2009 v. 13.5.2009, S. 23.

[42] Rdschr. BNotK 11/2009 v. 13.5.2009, S. 23.

[43] Rdschr. BNotK 11/2009 v. 13.5.2009, S. 23.

Zumindest die Vorstellung durch eine Auskunftsperson – siehe oben – sollte möglich sein.

b) Vertretungsbefugnis

Natürliche Personen können und juristische Personen müssen Willenserklärungen durch **Vertreter** abgeben lassen. Gem. § 12 BeurkG sind bei der Beurkundung vorgelegte **Vollmachten und sonstige Vertretungsnachweise** der Niederschrift zumindest **in beglaubigter Abschrift** beizufügen. Ergibt sich die Vertretungsmacht eines Erschienenen aus der Eintragung im **Handels- oder Gesellschaftsregister**, so genügt eine entsprechende Bescheinigung des amtierenden oder eines anderen Notars.[44] Der Notar hat die **Vertretungsmacht der Erschienenen zu überprüfen.**[45] Hierzu ist zwischen rechtsgeschäftlicher Vollmachten einerseits und gesetzlich bestehender Vertretungsmacht andererseits zu unterscheiden. 12

aa) Vollmacht

Im Falle der **Vollmachterteilung** hat sich der Notar diese in Urschrift oder in Ausfertigung vorlegen zu lassen, denn nur so kann er prüfen, ob die Vollmacht ihrem **Umfang** nach für das beabsichtigte Rechtsgeschäft geeignet ist und zum Beurkundungstermin noch fortbesteht.[46] Die vorgelegten Vollmachten sind gem. § 12 BeurkG der Niederschrift in Urschrift oder in beglaubigter Abschrift beizufügen. Wenn ein Vertreter der Beteiligten ohne das Original der Vollmacht erscheint, kann der betreffende Vertreter eines Beteiligten dennoch auftreten, wenn dem Notar eine Kopie der ordnungsgemäß ausgefertigten Vollmacht vorgelegt wird und die übrigen Beteiligten damit einverstanden sind. Die Tatsache, dass die erteilte Vollmacht bei Beurkundung nicht im Original vorlag, der Bevollmächtigte das Original der Vollmacht nachreichen wird und die Parteien auf die sofortige Beurkundung bestehen, sollte in der Urkunde protokolliert werden. Die Aufgabe des Notars erschöpft sich jedoch nicht darin, das Bestehen und die fortdauernde Wirksamkeit der Vollmacht zu überprüfen, sondern er muss auch überprüfen, ob die ihm vorgelegte Vollmacht durch die handelnden Personen für das konkrete beabsichtigte Rechtsgeschäft hinreichend sind.[47] Hierbei stellt das **Verbot des Insichgeschäfts nach § 181 BGB** ein besonderes Problem dar. Handelt wie häufig ein Erschienener für mehrere Urkundsbeteiligte, ist zum einen die Anwendbarkeit 13

---

[44] Hauschild/Kallrath/Wachter Notar-HdB/Burmeister § 23 Rn. 20.

[45] BGH 21.1.1988 – IX ZR 252/86, DNotZ 1989, 43; Frenz/Miermeister/Limmer BeurkG § 12 Rn. 3; Neumeyer RNotZ 2001, 250; Winkler BeurkG § 12 Rn. 1.

[46] BGH 27.5.1993 – IX ZR 66/92, NJW 1993, 2745; Dorsel MittRhNotK 1997, 7; Mödl RNotZ 2008, 18.

[47] OLG Hamm 18.11.1999 – 15 W 309/99, DNotZ 2000, 382.

des § 181 BGB zu prüfen, und zum anderen – falls erforderlich – das Vorliegen einer Befreiung.[48] Der **Anwendungsbereich** des § 181 BGB muss zunächst **in internationaler und** dann in **sachlicher Hinsicht festgestellt werden.** Die ganz hM knüpft die Erteilung von Vollmachten und damit auch die Geltung des Verbots des § 181 BGB selbständig, dh, an das sog. **Vollmachtstatut** an.[49] Dieses ist nach der Rechtsprechung grundsätzlich das Recht des Staates, in dem von der Vollmacht Gebrauch gemacht wird oder Gebrauch gemacht werden soll – sog. **Wirkungsstatut.**[50] Danach kommt deutsches Recht und mithin § 181 BGB zur Anwendung, wenn die Vollmacht in Deutschland benutzt werden soll. Hat ein (kaufmännischer) Vertreter eine feste Niederlassung, bestimmt die Rechtsprechung das anzuwendende Recht teilweise nach dem **Ortsrecht der Niederlassung,** wenn der Vertreter dort gehandelt hat.[51] In Zweifelsfällen sollte der Notar darauf hinwirken, dass durch das Auftreten mehrerer Bevollmächtigter das Eingreifen des § 181 BGB von vorneherein vermieden wird. Sollte das aufgrund des Umstandes, dass mehrere Urkundsbeteiligte lediglich eine einzige Person bevollmächtigt haben, nicht möglich sein, ist an eine **nachträgliche Genehmigung** zu denken. Besonderheiten gelten bei Vollmachten im Grundstücksverkehr. Hinsichtlich der **Grundstücksverfügung** sollen diese immer dem **Recht der Belegenheit** unterliegen *(lex rei sitae),* so dass bei Vollmachten zur Verfügung über deutsche Grundstücke § 181 BGB immer zur Anwendung kommt[52]; bezüglich des zugrundeliegenden schuldrechtlichen Vertrags soll dagegen wiederum das Recht des Wirkungslandes gelten.[53]

14 Ob hinsichtlich der Vollmacht eine **Rechtswahl** möglich ist, wurde bislang nicht abschließend geklärt. Die herrschende Lehre geht davon aus, dass eine Rechtswahl **grundsätzlich zulässig** ist, wenn der Vertragspartner Kenntnis

[48] Das Verbot des Selbstkontrahierens gilt nicht für Insichgeschäfte des Vertreters, die dem Vertretenen lediglich einen rechtlichen Vorteil bringen, BGH 27.9.1972 – IV ZR 225/69, BGHZ 59, 236 = NJW 1972, 2262; zu Insichgeschäften im Gesellschaftsrecht ausführlich Suttmann MittBayNot 2011, 1.

[49] Eingehend Seibold/Groner NZG 2003, 126 ff.

[50] Bezugnahme auf den Gebrauchsort: BGH 7.6.1990 – III ZR 142/89, BGHZ 111, 339 = NJW 1990, 3088; RG 14.10.1931 – I 10/31, RGZ 134, 67, 69; Bezugnahme auf den intendierten Gebrauchsort: BGH 30.6.1982 – IVb ZB 626/80, NJW 1982, 2733; BGH 16.4.1975 – I ZR 40/73, NJW 1975, 1222; vgl. auch BGH 3.2.2004 – XI ZR 125/03, NJW 2004, 1315; Schütze DNotZ 1992, 73; Seibold/Groner NZG 2009, 128.

[51] BGH 26.4.1990 – VII ZR 218/89, NJW 1990, 3088; BGH 16.4.1975 – I ZR 40/73, NJW 1975, 1222; BGH 29.11.1961 – VIII ZR 146/60, JZ 1963, 167 = BeckRS 1961, 31188315; Dorsel MittRhNotK 1997, 8; Seibold/Groner NZG 2009, 127; krit. Schäfer RIW 1996, 192.

[52] BGH 3.10.1962 – V ZR 212/60, NJW 1963, 47; RG 8.10.1935 – VII 83/35, RGZ 149, 93, 94; Dorsel MittRhNotK 1997, 8; Seibold/Groner NZG 2009, 127.

[53] BGH 3.10.1962 – V ZR 212/60, NJW 1963, 47; Grüneberg/Thorn EGBGB Art. 11 Rn. 19.

von der Rechtswahl hat.[54] In der Praxis ist die vorsorgliche Aufnahme einer Rechtswahlklausel zu empfehlen.[55]

Die Vollmacht bedarf gem. § 167 Abs. 2 BGB **grundsätzlich nicht der Form des Hauptgeschäfts.** Ausnahmen können sich aus spezialgesetzlichen Anordnungen ergeben.[56] Zu Einzelheiten hinsichtlich der Formbedürftigkeit von Vollmachten siehe unter → Rn. 96 f.

Die von der Anwendbarkeit des materiellen Rechts zu trennende Frage nach **15**
der **internationalen Formwirksamkeit der Vollmacht** richtet sich nach Art. 11 Abs. 1, 4 EGBGB. Danach ist es grundsätzlich ausreichend, wenn die **Vollmacht entweder nach dem Vollmachtstatut oder nach dem Ortsrecht der Erteilung formwirksam** ist.[57]

Sind lediglich **privatschriftliche Vollmachten** erforderlich, ist es gleich- **16**
gültig, ob diese im In- oder Ausland unterschrieben wurden. Sind **Vollmachten** jedoch **in beglaubigter Form erforderlich, ist eine im Inland anerkannte Beglaubigung notwendig.**[58] Die Beglaubigung der Vollmacht durch einen **ausländischen Notar** setzt somit, sofern nicht ausnahmsweise auf staatsvertraglicher Grundlage eine **Ausnahme** besteht (so für **Belgien, Dänemark, Frankreich, Italien und Österreich**[59]), die Bestätigung der ausländischen Beglaubigung durch die sog. **Apostille**[60] nach dem Haager Übereinkommen[61] voraus. Ist das Land dem Haager Übereinkommen nicht beigetreten, ist die sog. **Legalisation**[62] erforderlich. Die Legalisation erfolgt in der Weise, dass zunächst die Unterschrift des ausländischen Notars durch eine entsprechende staatliche Stelle beglaubigt und sodann die Unterschrift des entsprechenden Staatsbeamten durch die Botschaft bzw. Konsulat der Bundesrepublik Deutschland überbeglaubigt wird. Gleiches gilt für Bescheinigungen ausländischer Stellen über organschaftliche Vertretungsmacht bei Gesellschaften.

---

[54] Dorsel MittRhNotK 1997, 11; Schäfer RIW 1996, 190; Seibold/Groner NZG 2009, 129.

[55] Seibold/Groner NZG 2003, 126, 129.

[56] In ständiger Rechtsprechung ist außerdem anerkannt, dass unwiderrufliche Vollmachten zum Abschluss von Geschäften, die nach § 311b BGB formbedürftig sind, dh insbesondere Verträge über die Verpflichtung zum Erwerb oder der Übertragung des Eigentums an Grundstücken, selbst notariell beurkundet werden müssen, vgl. BGH 4.12.2007 – XI ZR 227/06, NJW 2008, 845.

[57] Zu den Einschränkungen der Ortsform MüKoBGB/Kleinschmidt, Art. 11 EGBGB Rn. 172 ff.

[58] Grüneberg/Thorn EGBGB Art. 11 Rn. 19.

[59] MüKoBGB/Kleinschmidt EGBGB Art. 11 Rn. 85.

[60] Die Apostille ermöglicht einen vereinfachten Echtheitsnachweis für ausländische öffentliche Urkunden. Zuständig ist in diesem Fall eine dazu bestimmte Behörde des Staates, in dem die Urkunde errichtet wurde; s. dazu Schaub NZG 2000, 953, 957 f.

[61] Haager Übereinkommen über das auf die Form letztwilliger Verfügungen anzuwendende Recht vom 5.10.1961, BGBl. 1965 II S. 1145; abgedruckt bei Jayme/Hausmann Nr. 60.

[62] Hierzu Schaub NZG 2000, 953, 956.

bb) Organschaftliche Vertretungsmacht

17 Bei **organschaftlicher Vertretungsmacht** legt der erschienene Geschäftsführer naturgemäß keine Vollmachtsurkunde vor, sondern bezieht sich auf die mit seiner Organstellung verbundene Vertretungsmacht. Diese ist üblicherweise durch eine **Notarbescheinigung** gem. § 21 BNotO nach Einsicht in das entsprechende Register nachzuweisen. Bei Beteiligung von deutschen juristischen Personen und Personenhandelsgesellschaften und seit dem 1.1.2024 einschließlich der Außengesellschaft bürgerlichen Rechts kann der Notar die Vertretungsbefugnisse durch **Einsichtnahme in das elektronische Handelsregister bzw. Gesellschaftsregister** ermitteln.[63] Wenn bei einer **Auslandsgesellschaft eine inländische Zweigniederlassung im Handelsregister eingetragen** ist, genügt es ebenso, das Handelsregister einzusehen.[64]

18 Im Fall von **ausländischen Gesellschaften** kann die Feststellung der Vertretungsverhältnisse im Übrigen Schwierigkeiten bereiten. Nach dem deutschen IPR entscheidet das **Gesellschaftsstatut** über die Frage, wer die Auslandsgesellschaft vertreten darf.[65] Das Gesellschaftsstatut richtet sich nach der Rechtsprechung grundsätzlich nach der **Sitztheorie,** also nach dem Ort der Hauptverwaltung; dies betrifft insbesondere auch die Schweiz.[66] Bei Gesellschaften, die in der **EU oder im EWR gegründet** worden sind, gilt dagegen die **Gründungtheorie,** nach der das Recht des Gründungsstaates anzuwenden ist.[67] Aufgrund des Freundschafts-, Handels- und Schifffahrtsvertrags[68] zwischen der BRD und den USA gilt die Gründungtheorie auch für **US-amerikanische Gesellschaften.**[69]

19 Von der Frage nach dem anwendbaren Recht zu trennen ist, **wie die Vertretungsverhältnisse von Auslandsgesellschaften tatsächlich nachgewiesen werden können.** Bei **englischen** haftungsbeschränkten **Gesellschaften** kann die individuelle Vertretungsbefugnis grundsätzlich nicht aus den im *Companies House* hinterlegten Dokumenten, insbesondere den *Articles*

---

[63] Hauschild/Kallrath/Wachter Notar-HdB/Burmeister § 23 Rn. 20; Armbrüster/Preuß/Piegsa BeurkG § 12 Rn. 22f.; Winkler BeurkG § 12 Rn. 20.

[64] KG 28.3.2013 – 1 W 434/12, RNotZ 2013, 426; Armbrüster/Preuß/Piegsa BeurkG § 12 Rn. 34f.; Niesse NotBZ 2015, 368, 370.

[65] OLG Celle 20.11.1991 – 20 U 26/91, NJW-RR 1992, 1128 (obiter dictum); Merkt ZIP 1994, 1419.

[66] BGH 27.10.2008 – II ZR 158/06, BGHZ 178, 192 = NJW 2009, 289 – Trabrennbahn.

[67] BGH 27.10.2008 – II ZR 158/06, BGHZ 178, 192 = NJW 2009, 289 – Trabrennbahn; BGH 13.3.2003 – VII ZR 370/98, BGHZ 154, 185 = NJW 2003, 1461.

[68] Freundschafts-, Handels- und Schiffahrtsvertrag zwischen der Bundesrepublik Deutschland und den Vereinigten Staaten von Amerika vom 29.10.1954 (BGBl. 1956 II S. 487), abgedruckt in Sartorius II Nr. 660.

[69] BGH 29.1.2003 – VIII ZR 155/02, BGHZ 153, 353 = NJW 2003, 1607; Bungert DB 2003, 1043; Ziemons ZIP 2003, 1918.

of Association[70], ermittelt werden.[71] Daher reicht ein *Certificate of Good Standing* zum Nachweis der Vertretungsbefugnisse trotz namentlicher Nennung der *Directors* und des *Company Secretary* nicht aus, da die konkreten Vertretungsbefugnisse nicht aufgeführt werden.[72] Auf Grundlage der im *Companies House* zur Verfügung gestellten Dokumente kann ein deutscher Notar somit auch keine Bestätigung gem. § 21 BNotO ausstellen.[73] Im englischen Rechtsverkehr wird der Vertretungsnachweis in der Regel durch Vorlage eines ordnungsgemäßen Beschlusses des *Board* bzw. *General Meeting* geführt, wobei eine entsprechende Abschrift des *Minutes Book* (Protokollbuch) üblicherweise durch den *Company Secretary* erteilt wird.[74] Die Nachweisführung durch **Vorlage einer Abschrift der *Articles of Association* und des vollständigen *Minutes Book*** ist prinzipiell auch in Deutschland anerkannt.[75] Die Vertretungsbefugnis kann aber auch mittels **Bestätigung durch einen englischen Notar** aufgrund Einsicht in die relevanten Unterlagen – *Articles of Association* und *Minutes Book* – bestätigt werden.[76] Die *Notaries* in der Londoner Innenstadt haben sich darauf spezialisiert, entsprechende Bestätigungen für den Gebrauch im Ausland auszustellen.[77] Für den Nachweis genügt es jedoch nicht, wenn der englische Notar nur die Unterlagen im *Companies House* einsieht[78]; dieser sollte auf jeden Fall auch das *Minutes Book* durchsehen. Die Bescheinigung des englischen Notars sollte dabei konkrete nachvollziehbare Angaben zu den tatsächlichen Grundlagen der notariellen Feststellungen enthalten[79]; dh, insbesondere diejenigen Dokumente genau benennen, aus denen sich die Vertretungsbefugnis herleitet, damit eine Beweiswürdigung möglich ist. Die **Notarbescheinigung**

[70] Das gleichfalls zu hinterlegende Memorandum betrifft ohnehin nur das Innenverhältnis zwischen Gesellschaft und Gesellschaftern.

[71] OLG Nürnberg 26.1.2015 – 12 W 46/15, FGPrax 2015, 124; OLG Nürnberg 25.3.2014 – 15 W 381/14, DNotZ 2014, 626; OLG Düsseldorf 21.8.2014 – I-3 Wx 190/13, NZG 2015, 199; OLG Köln 25.9.2012 – 2 Wx 184/12, FGPrax 2013, 18; KG 20.4.2010 – 1 W 164-165/10, DNotZ 2012, 604; aA OLG Schleswig 1.2.2012 – 2 W 10/12, FGPrax 2012, 127, wenn eine Gesellschaft nur einen Geschäftsführer hat; Langhein NZG 2001, 1123, 1125 f.; Mödl RNotZ 2008, 1, 13; zumindest missverständlich Schaub NZG 2000, 953, 956.

[72] Süß/Wachter Hdb Int GmbH-Recht/Wachter § 2 Rn. 110.

[73] KG 20.4.2010 – 1 W 164-165/10, DNotZ 2012, 604; OLG Nürnberg 26.1.2015 – 12 W 46/15, FGPrax 2015, 124.

[74] Langhein NZG 2001, 1123, 1126.

[75] Siehe OLG Dresden 21.5.2007 – 1 W 52/07, NZG 2008, 265; KG 18.11.2003 – 1 W 444/02, NZG 2004, 49.

[76] Langhein NZG 2001, 1123, 1127; Schaub NZG 2000, 953, 956; Süß/Wachter Hdb Int GmbH-Recht/Wachter § 2 Rn. 111.

[77] Zu diesen zählen vor allem: Cheesewrights (www.cheesewrights.co.uk); De Pinna (www.depinna.com); John Venn & Sons (www.johnvenn.co.uk); Saville & Co. (www.savillenotaries.com).

[78] So OLG Köln – 2 Wx 184/12, BeckRS 2013, 03365.

[79] Ausdrücklich OLG Nürnberg 25.3.2014 – 15 W 381/14, DNotZ 2014, 626; OLG Hamm 21.7.2006 – 15 W 27/06, RNotZ 2006, 550.

ist mit einer Apostille zu versehen, eine Legalisation ist nicht erforderlich.[80] Zum Teil wird auch eine **Bescheinigung des *Company Secretary*** als ausreichend angesehen, wenn diese eine Abschrift des entsprechenden Beschlusses aus dem *Minute Book* enthält und eine Bestätigung, dass der entsprechende Beschluss über die Bestellung der *Directors* ordnungsgemäß gefasst worden ist und unverändert weiterhin Gültigkeit besitzt; die Abschrift bedarf zudem der Beglaubigung durch einen englischen Notar sowie einer Apostille.[81]

20 Bei **US-amerikanischen Gesellschaften** kann der Vertretungsnachweis ebenso wenig durch ein *Certificate of Good Standing* erbracht werden, da sich die konkreten Vertretungsverhältnisse daraus nicht ergeben.[82] Anerkannt ist jedoch eine **Bestätigung des *Company Secretary*** in einem sog. *Certificate of Incumbency,* das die Position des Vertreters und seine Vertretungsmacht aufgrund Gesetz, Satzung und den *By-Laws* bescheinigt; zusätzlich muss die Unterschrift des *Company Secretary* durch einen örtlichen Notar beglaubigt und die Unterlagen durch eine Apostille ergänzt werden.[83]

21 Da sich die Reichweite organschaftlicher Vertretungsmacht nach dem Gesellschaftsstatut richtet[84], ist **§ 181 BGB bei Gesellschaften mit ausländischem Gesellschaftsstatut nicht anwendbar** und daher sind auch keine Feststellungen einer etwaigen Befreiung von dieser Vorschrift erforderlich. Dies gilt **auch** dann, wenn die ausländische Gesellschaft vertreten durch ihr Organ inländische **Grundstücksgeschäfte** tätigt, da in diesem Fall eine dem inländischen Recht zu unterstellende Vollmacht nicht vorliegt, sondern die bestehende oder nicht bestehende organschaftliche Vertretungsmacht nach ausländischem Recht.[85]

22 Bleiben dem Notar **Zweifel** hinsichtlich des Bestehens der Vertretungsmacht, ist dies **in der Urkunde zu vermerken**[86]. Ein **Beurkundungsverbot ergibt sich** aus dem Fehlen hinreichender Bevollmächtigung oder dem Fehlen hinreichender Bevollmächtigungsnachweise **nicht**[87]; jedenfalls dann nicht, wenn das abzuschließende Geschäft genehmigungsfähig ist.[88] Werden allerdings nachprüfbare Nachweise bestehender Vertretungsmacht dem Notar nach

---

[80] Langhein NZG 2001, 1123, 1127.

[81] LG Chemnitz 3.8.2006 – 2 HK T 722/06, BeckRS 2011, 09656; siehe auch Süß/Wachter Hdb Int GmbH-Recht/Wachter § 2 Rn. 113.

[82] Fischer ZNotP 1999, 352, 357.

[83] Hauschild/Kallrath/Wachter Notar-HdB/Schmidt § 28 Rn. 205; Fischer ZNotP 1999, 352, 357.

[84] OLG Celle 20.11.1991 – 20 U 26/91, NJW-RR 1992, 1128 (obiter dictum); Merkt ZIP 1994, 1419.

[85] BGH 3.10.1962 – V ZR 212/60, NJW 1963, 47.

[86] Wolf MittBayNot 1996, 266.

[87] Winkler BeurkG § 12 Rn. 19b.

[88] BGH 21.1.1988 – IX ZR 252/86, DNotZ 1989, 44; Armbrüster/Preuß/Piegsa BeurkG § 12 Rn. 15; Zimmer NotBZ 2006, 302.

der Beurkundung **nicht nachgereicht,** sollte der Notar den Vollzug bzw. die Erteilung von Ausfertigungen **verweigern.**[89] Verletzt der Notar seine Nachprüfungspflichten nach § 12 BeurkG, hat dies auf die **Wirksamkeit der Beurkundung keine Auswirkungen,** kann aber wie bei sämtlichen Amtspflichtverstößen zu Amtshaftungsansprüchen führen.[90]

Bei **mehrseitigen Rechtsgeschäften** ist die **Vertretung ohne Vertretungsmacht** mit anschließender Einholung der Genehmigung der vollmachtlos Vertretenen **zulässig.**[91] Wichtig in diesem Zusammenhang ist das **Verbot** der vollmachtlosen Vertretung **bei einseitigen Rechtsgeschäften** gem. § 180 Abs. 1 BGB, so dass zB die Gründung einer GmbH durch einen Alleingesellschafter aufgrund vollmachtloser Vertretung unwirksam ist.[92] **23**

cc) Minderjährige Personen

Sind **minderjährige Personen** Vertragsparteien, so ist zunächst nach deren **Personalstatut** festzustellen, ob sie geschäftsfähig sind oder nicht.[93] Ist dies nicht der Fall, ist nach dem **Kindschaftsstatut** festzustellen, wer die elterliche Sorge bzw. die Vermögenssorge für den beteiligten Minderjährigen innehat. Auch dies ist durch Vorlage geeigneter Urkunden zu überprüfen. Die Eltern als im Regelfall gesetzliche Vertreter ihrer minderjährigen Kinder brauchen jedoch keine besonderen Nachweise ihrer Vertretungsmacht vorzulegen.[94] Überdies ist festzustellen, ob die anwendbaren Regeln des Minderjährigenschutzes die Vertretungsmacht der Sorgeberechtigten nicht einschränken (vgl. §§ 1629 Abs. 2 S. 1, 1643, 1824, 1850 bis 1854 BGB). **24**

Sofern sich die behandelten Fragen des Umfangs bzw. des Bestehens der Vertretungsmacht nach **ausländischen Recht** richten, wird der Notar in vielen Fällen nicht in der Lage sein, das Vorliegen einer Vollmacht wirklich abschließend zu beurteilen. Dennoch sollte der Notar versuchen, sich **entsprechende Gewissheit zu verschaffen** in Zusammenarbeit mit den Beteiligten und ggf. örtlichen Notaren oder Rechtsanwälten.

---

[89] BGH 27.5.1993 – IX ZR 66/92, NJW 1993, 2744 = DNotZ 1994, 486.

[90] BGH 26.6.1997 – IX ZR 163/96, DNotZ 1998, 621; Schneeweiß MittBayNot 2001, 24; Winkler BeurkG § 12 Rn. 53.

[91] MüKoBGB/Schubert § 179 Rn. 24.

[92] Wachter GmbHR 2003, 660.

[93] Armbrüster/Preuß/Piegsa BeurkG § 11 Rn. 12.

[94] Winkler BeurkG § 12 Rn. 11.

4. Vorhandensein zur Beurkundung notwendiger Dokumente

25 Der Notar sollte sich vor Eintritt in die Beurkundung **vergewissern, dass alle Dokumente vorhanden sind, die für die Beurkundung erforderlich sind:**

Dies sind zum einen diejenigen Dokumente, die sich auf die Beteiligten beziehen:

- (amtliche) Lichtbildausweise zur Identitätsfeststellung der erschienenen natürlichen Personen;
- Vertretungsbescheinigungen für die Leitungsorgane von juristischen Personen und Personenhandelsgesellschaften (seit dem 1.1.2024 einschließlich der Außengesellschaft bürgerlichen Rechts); und
- (ggf. beglaubigte) Vollmachten im Original, bei Vorlage einer Kopie sollte das Original nachgereicht werden.[95]

26 Daneben müssen alle für die Beurkundung der geplanten Geschäfte notwendigen Dokumente vorliegen:

- Vertragsentwurf;
- Nebenabreden, zB Gesellschaftervereinbarungen;
- Anlagen;
- Bezugsurkunden (siehe dazu unter → Rn. 36 ff.);
- Gesellschafterbeschlüsse (zur Beurkundung siehe bei → Rn. 98 ff.);
- sonstige Gremienbeschlüsse;
- ggf. Zustimmungen; und
- ggf. gerichtliche oder behördliche Genehmigungen (dazu unter → Rn. 61 f.).

II. Durchführung der Beurkundung

1. Struktur der Urkunde

27 Bei Beurkundung einer Unternehmenstransaktion sollte der **Notar sorgfältig darüber nachdenken, wie er die Niederschrift strukturiert.** Leitende Faktoren sind dabei der Umfang der Vertragsdokumentation, die Praktikabilität der Vorbereitung, die zur Verfügung stehende Zeit und der Umfang des Beurkundungstermins.

In der Regel ist es ratsam, die **Mantel- oder Rahmenurkunde schlank zu halten,** damit diese gut vorbereitet und ggf. rasch angepasst werden kann,

[95] Heinemann/Trautrims/Wosgien BeurkG § 12 Rn. 11.

etwa wenn kurzfristig der Ort der Beurkundung verlegt wird beispielsweise in die Räume einer der die Beteiligten beratenden Rechtsanwaltskanzleien, kurzfristig andere vertretungsberechtigte Personen erscheinen oder kurzfristig zusätzliche Vereinbarungen mitbeurkundet werden. Der **Unternehmenskaufvertrag** wird dabei in der Regel **als Anlage** iSv §9 Abs. 1 S. 2 BeurkG **beigefügt,** auf die in der Mantelurkunde verweisen wird.[96] Der Vertragstext kann selbstverständlich auch als textlicher Bestandteil der Mantelurkunde aufgenommen werden, was aus Praktikabilitätsgründen indes nicht zu empfehlen ist.[97]

Häufig sollen mit dem Unternehmenskaufvertrag **weitere Geschäfte** abgeschlossen werden, insbesondere Gesellschafterbeschlüsse, Gesellschaftervereinbarungen, Finanzierungsverträge, Sicherheitsvereinbarungen etc. Hierbei bietet sich an, diese **in einer Urkunde mit dem Unternehmenskaufvertrag zu verbinden.** Diese weiteren Geschäfte sollten hierbei wiederum **in verwiesene Anlagen ausgegliedert** werden.[98] **28**

Nach §9 Abs. 1 S. 2 BeurkG gelten Erklärungen in einem Schriftstück, auf das in der Niederschrift verwiesen und das dieser beigefügt wird **(Anlagen), als in der Niederschrift selbst enthalten.**[99] Aus der Verweisung muss sich klar ergeben, welche Schrift unter den Anlagen gemeint ist, so dass über den Beurkundungsgegenstand kein Zweifel bestehen kann. Die Anlage ist gem. §44 S. 2 BeurkG durch Schnur und Siegel mit der Urkunde zu verbinden.[100]

Hinsichtlich der oft sehr umfangreichen beizufügenden Anlagen sollte der Notar die **Beurkundung von Bezugsurkunden** erwägen, auf die in der Mantelurkunde ebenfalls verwiesen wird.[101] Die Auslagerung der Beurkundungstätigkeit in Bezugsurkunden stellt im Rahmen von Unternehmenstransaktionen eine wichtige Maßnahme dar, um den Beurkundungstermin zu entlasten, der andernfalls praktisch undurchführbar sein kann.[102] Ausführlich zum Einsatz von Bezugsurkunden unter → Rn. 36 ff. **29**

Wurden etwaige Bezugsurkunden durch **vollmachtlose Vertreter** abgeschlossen, so muss deren Handeln in der Mantelurkunde durch die Vertretenen

---

[96] Siehe Hauschild/Kallrath/Wachter Notar-HdB/Burmeister §23 Rn. 71.

[97] So Hauschild/Kallrath/Wachter Notar-HdB/Burmeister §23 Rn. 71.

[98] Winkler BeurkG §9 Rn. 29.

[99] Die Verweisung führt folglich dazu, dass die in dem Schriftstück enthaltenen Erklärungen ebenso beurkundet sind wie die nach Abs. 1 Nr. 2 abgegebenen Erklärungen, dh die Verweisung ersetzt eine Wiedergabe in der Niederschrift selbst, vgl. BGH 28.1.1994 – V ZR 131/92, NJW 1994, 1288; OLG Stuttgart 29.11.1978 – 8 W 225/78, Rpfleger 1979, 63 = FHZivR 25 Nr. 4519 (Ls.); BayObLG 31.1.1978 – BReg 1 Z 5/78, MittBayNot 1978, 22 = DB 1978, 880; Bockemühl S. 6; Winkler BeurkG §9 Rn. 23.

[100] Heckschen/Herrler/Münch BeckNotar-HdB/Krauß §1 Rn. 527.

[101] Hauschild/Kallrath/Wachter Notar-HdB/Hauschild/Böttcher §11 Rn. 1 ff.

[102] Vgl. Hauschild/Kallrath/Wachter Notar-HdB/Burmeister §23 Rn. 65.

genehmigt werden; im Fall von **Bevollmächtigten genügt ein Verweis** auf die Bezugsurkunde.[103]

Gelegentlich wünschen die Beteiligten, dass sämtliche dem Käufer vom Verkäufer **im Rahmen der sog. Due Diligence offengelegten Dokumente durch Beifügen eines elektronischen Datenträgers dokumentiert** werden.[104] Dies ist zulässig, wenn der Datenträger keine rechtsgeschäftlichen Erklärungen der Beteiligten enthält. Zur **Verwahrung des Datenrauminhalts** durch den Notar unter → Rn. 87.

2. Vorlesungspflicht

30 Das Vorlesen der Niederschrift kann als prägendes Element des Beurkundungsvorgangs bezeichnet werden.[105] Angesichts des großen Umfangs stellt die Verlesung der Vertragsdokumentation einer Unternehmenstransaktion eine zeitliche und körperliche Herausforderung für den Notar ebenso wie für die Beteiligten dar. Dennoch sollte diese mit größter Sorgfalt durchgeführt werden, da es sich gem. § 13 Abs. 1 S. 1 BeurkG um ein **wesentliches zwingendes Formerfordernis** handelt, **dessen Verletzung zur Nichtigkeit der Beurkundung führt.**[106] Etwaige **Formverstöße** können materiell-rechtlich **nur in gesetzlich geregelten Sonderfällen geheilt** werden, insbesondere nach § 311b Abs. 1 S. 2 BGB, § 15 Abs. 4 S. 2 GmbHG.[107] Ein **Verzicht** auf das Formerfordernis bzw. eine Zustimmung der Beteiligten zu einem Formverstoß sind **unerheblich.**[108]

31 Die Niederschrift nebst Anlagen iSv § 9 Abs. 1 S. 2 BeurkG muss den Beteiligten gem. § 13 Abs. 1 S. 1 Hs. 1 BeurkG in Gegenwart des Notars vorgelesen werden. Der Notar und die Beteiligten müssen während der gesamten Verlesung örtlich zugegen sein.[109] Dabei braucht der Notar die Niederschrift nicht selbst zu verlesen; er kann diese auch durch eine neutrale Person, zB einen Notariatsangestellten, verlesen lassen, die Verlesung muss jedoch weiterhin in seiner Gegenwart und unter seiner Leitung stattfinden.[110] Unzulässig ist dagegen das

---

[103] Herrler Gesellschaftsrecht/Bormann/Seebach § 18 Rn. 369.

[104] Hierzu Hermanns DNotZ 2013, 9, 19.

[105] Heinemann/Trautrims/Ziervogel/Delphendahl BeurkG § 13 Rn. 5.

[106] BGH 19.12.1974 – 1 StR 313/74, BGHSt 26, 47 = NJW 1975, 940; Heckschen/Herrler/Münch BeckNotar-HdB/Kindler § 31 Rn. 276.

[107] Heckschen/Herrler/Münch BeckNotar-HdB/Kindler § 31 Rn. 276.

[108] OLG Hamm 19.10.1977 – 15 W 113/77, NJW 1978, 2604 = DNotZ 1978, 54; Heckschen/Herrler/Münch BeckNotar-HdB/Kindler § 31 Rn. 276; Limmer/Hertel/Frenz/Mayer WürzbNotar-HdB/Limmer Teil 1 Kap. 2 Rn. 126.

[109] Heckschen/Herrler/Münch BeckNotar-HdB/Kindler § 31 Rn. 274; Winkler BeurkG; § 13 Rn. 30.

[110] BGH 19.12.1974 – 1 StR 313/74, BGHSt 26, 47 = NJW 1975, 940; Heckschen/Herrler/Münch BeckNotar-HdB/Kindler § 31 Rn. 274; Hauschild/Kallrath/Wachter Notar-HdB/

Abspielen eines Tonbands oder einer digitalen Datei.[111] Verlesen werden muss ein Schriftstück; das Ablesen von einem Computerbildschirm genügt nicht.[112] Bei Neuausdruck einer bereits verlesenen und anschließend geänderten Seite ist es ausreichend, wenn nur die inhaltlichen Änderungen verlesen werden.[113]

Soweit Karten, Zeichnungen oder Abbildungen beigefügt werden sollen, muss auf diese verwiesen werden. Diese sind den Beteiligten anstelle des Vorlesens zur Durchsicht vorzulegen (§ 13 Abs. 1 S. 1 Hs. 2 BeurkG), da sie faktisch nicht vorgelesen werden können. Aus Gründen der Beweissicherung ist eine Abzeichnung dieser durch die Beteiligten zu empfehlen.[114] Sie sind gem. § 44 S. 2 BeurkG durch Schnur und Siegel fest mit der Urkunde zu verbinden. 32

Haben die Beteiligten die Niederschrift eigenhändig unterschrieben, so wird nach § 13 Abs. 1 S. 3 BeurkG vermutet, dass sie in Gegenwart des Notars vorgelesen wurde.

3. Vorlesungserleichterungen

Das Beurkundungsgesetz enthält eine Reihe von Maßnahmen, mit deren Hilfe der Beurkundungstermin entlastet und verkürzt werden kann.[115] In Anbetracht des großen Umfangs von Unternehmenstransaktionsdokumentationen sollte der Notar den Einsatz der verfügbaren **Beurkundungserleichterungen sorgfältig erwägen und diese zielgerecht einsetzen.** Äußere Grenze ist dabei nur die Pflicht zur ordnungsgemäßen Verfahrensgestaltung gem. § 17 Abs. 2a S. 1 BeurkG; im Übrigen steht die Ausnutzung der Vereinfachungsmaßnahmen im pflichtgemäßen Ermessen des Notars.[116] 33

Zur Verfügung stehen folgende Beurkundungserleichterungen:

- die unechte Bezugnahme;
- die Sammelbeurkundung gem. § 13 Abs. 2 BeurkG;

Heinemann/Wolf § 9 Rn. 146; Limmer/Hertel/Frenz/Mayer WürzbNotar-HdB/Limmer Teil 1 Kap. 2 Rn. 126.

[111] OLG Hamm 19.10.1977 – 15 W 113/77, NJW 1978, 2604 = DNotZ 1978, 54; Hauschild/Kallrath/Wachter Notar-HdB/Heinemann/Wolf § 9 Rn. 146; Limmer/Hertel/Frenz/Mayer WürzbNotar-HdB/Limmer Teil 1 Kap. 2 Rn. 127.

[112] OLG Frankfurt aM 30.8.1999 – 1 Not 1/98, DNotZ 2000, 513; Heckschen/Herrler/Münch BeckNotar-HdB/Kindler § 31 Rn. 279; Hauschild/Kallrath/Wachter Notar-HdB/Heinemann/Wolf § 9 Rn. 147; Limmer/Hertel/Frenz/Mayer WürzbNotar-HdB/Limmer Teil 1 Kap. 2 Rn. 127; aA LG Stralsund 5.6.1996 – 7 O 185/96, NJW 1997, 3178.

[113] Heckschen/Herrler/Münch BeckNotar-HdB/Kindler § 31 Rn. 280; Limmer/Hertel/Frenz/Mayer WürzbNotar-HdB/Limmer Würzburger Notar-HdB, Teil 1 Kap. 2 Rn. 127.

[114] Hauschild/Kallrath/Wachter Notar-HdB/Heinemann/Wolf § 9 Rn. 153.

[115] Erleichterungen auch aus Anwaltssicht erforderlich, vgl. Binz/Mayer NJW 2002, 3054.

[116] Vgl. Limmer/Hertel/Frenz/Mayer WürzbNotar-HdB/Limmer Teil 1 Kap. 2 Rn. 142; Winkler BeurkG § 13a Rn. 10f.

- die Verweisung auf eine andere notarielle Niederschrift gem. § 13a BeurkG, und
- die eingeschränkte Vorlesungspflicht gem. § 14 BeurkG.

a) Unechte Bezugnahme

34 Wird in der Niederschrift auf **Erklärungen, Rechtsverhältnisse oder tatsächliche Umstände hingewiesen,** die nicht zum beurkundungsbedürftigen Inhalt des Rechtsgeschäfts gehören, sondern **die zu beurkundenden Erklärungen lediglich erläutern oder identifizieren** oder der umfassenden Dokumentation der Verständigung dienen, so liegt lediglich eine sog**. unechte Bezugnahme**[117] vor.[118] Die in Bezug genommenen Erklärungen oder Tatsachen werden dabei **nicht mit beurkundet.**[119] Bei der Bezugnahme wird **kein neues Rechtsverhältnis begründet oder ein bestehendes geändert bzw. gestaltet;** die Bezugnahme dient lediglich der Erläuterung und Identifizierung des zu beurkundenden Geschäfts.[120] Regelungsqualität hat die Bezugnahme daher nicht.

Anerkannt ist eine (unechte) Bezugnahme auf:[121]

- notarielle Niederschriften, an denen die Vertragsparteien selbst beteiligt waren, was vor allem bei der Beurkundung von Vertragsänderungen und -aufhebungen zum Tragen kommt[122];
- das Vertragsangebot bei Beurkundung der Annahme, es sei denn, nach dem Angebot müssen weitere Erklärungen als nur die Vertragsannahme erklärt werden;
- Rechtsverhältnisse mit Dritten bei Beurkundung von deren Übernahme[123];
- das übernommene Schuldverhältnis bei Beurkundung einer Schuldübernahme[124];

---

[117] Die unechte Bezugnahme ist im BeurkG nicht geregelt – daher auch die Bezeichnung als „unechte" Bezugnahme –, sie ist jedoch allgemein anerkannt (vgl. BGH 23.2.1979 – V ZR 99/77, NJW 1979, 1496); ausführlich Brambring DNotZ 1980, 287 f.

[118] Winkler BeurkG § 13a Rn. 20.

[119] Armbrüster/Preuß/Piesga BeurkG § 9 Rn. 34.

[120] BGH 6.4.1979 – V ZR 72/74, BGHZ 74, 346 = NJW 1979, 1496; Winkler BeurkG § 13a Rn. 20.

[121] Siehe Armbrüster/Preuß/Piesga BeurkG § 9 Rn. 37 ff.; Winkler BeurkG § 9 Rn. 72 ff., § 13a Rn. 20 ff.; Herrler/ Bormann/Seebach Gesellschaftsrecht § 18 Rn. 319 ff.

[122] BGH 23.6.1988 – III ZR 84/87, NJW 1989, 164.

[123] Brambring DNotZ 1980, 288 ff.; Lichtenberger NJW 1980, 866; Frenz/Miermeister/Limmer BeurkG § 9 Rn. 13.

[124] Brambring DNotZ 1980, 290 f.; Armbrüster/Preuß/Piesga BeurkG § 9 Rn. 43; Frenz/Miermeister/Limmer BeurkG § 9 Rn. 13; Winkler BeurkG § 9 Rn. 76.

- auf den Inhalt eines von einem vollmachtlosen Vertreter geschlossenen Vertrags bei Beurkundung der Genehmigung[125];
- einen Handelsregisterauszug im Zuge einer Geschäftsanteilsabtretung, wenn dieser nur einen Identifizierungsbehelf darstellt;
- den Inhalt von Erklärungen, der durch Grundbucheintrag bereits sachenrechtlich verbindlich ist[126];
- Vollmachten oder sonstige Legitimationspapiere, da der Inhalt der rechtsgeschäftlichen Erklärung hiervon nicht betroffen ist[127];
- Bilanzen und Jahresabschlüsse nach wohl überwiegender Auffassung, wenn sich die Erklärung darin erschöpft, dass diese Dokumente (zB der letzten drei Geschäftsjahre) ordnungsgemäß erstellt worden sind[128];
- Gesetze und Rechtsverordnungen[129];
- die VOB[130]; und
- DIN-Standards, da sie halbamtlichen Charakter haben[131].

Nach hM ist die **Bezugnahme auf eine bestimmte Fassung einer Schiedsgerichtsordnung unzulässig,** sodass diese entweder mit beurkundet und verlesen oder gem. § 13a BeurkG verwiesen werden muss; zulässig ist dagegen die Bezugnahme auf eine Schiedsgerichtsordnung in ihrer jeweils gültigen Fassung.[132]

b) Sammelbeurkundung gem. § 13 Abs. 2 BeurkG

Mitunter kann es vorkommen, dass **mehrere ähnlich lautende Verträge** 35 zu beurkunden sind. Werden mehrere Niederschriften aufgenommen, die ganz oder teilweise übereinstimmen, so **genügt es, wenn der übereinstimmende Inhalt den Beteiligten nur einmal vorgelesen** oder anstelle des Vorlesens zur Durchsicht vorgelegt **wird** (§ 13 Abs. 2 S. 1 BeurkG).[133] Nicht verlesen werden müssen zB gleich lautende Urkundseingänge, Definitionen,

---

[125] Armbrüster/Preuß/Piesga BeurkG § 9 Rn. 39.

[126] Heckschen/Herrler/Münch BeckNotar-HdB/Kindler § 31 Rn. 254.

[127] BayObLG 26.6.1980 – BReg 3 Z 77/77, BayObLGZ 1980, 180 = DNotZ 1981, 321.

[128] Herrler Gesellschaftsrecht/Bormann/Seebach § 18 Rn. 324.

[129] Armbrüster/Preuß/Piesga BeurkG § 9 Rn. 40; Winkler BeurkG § 9 Rn. 80.

[130] Diese ist trotz Veröffentlichung im Bundesanzeiger weder Gesetz noch Rechtsverordnung, aber nach hM bezugnahmefähig, vgl. OLG Düsseldorf 18.5.1985 – 22 U 65/84, DNotZ 1985, 626; Brambring DNotZ 1980, 288.

[131] BGH 1.2.1985 – V ZR 180/83, DNotZ 1986, 80 m. Anm. Reithmann; OLG Düsseldorf 18.5.1985 – 22 U 65/84, DNotZ 1985, 626 (Ls.); Lichtenberger NJW 1984, 159; Lüttmann/Breyer ZZP 119 (2006), 484.

[132] Siehe auch Armbrüster/Preuß/Piesga BeurkG § 9 Rn. 40; Winkler BeurkG § 9 Rn. 84.

[133] Weber DRiZ 1970, 48; Winkler BeurkG § 13 Rn, 33 ff.; das Sammelbeurkundungsverfahren wird allgemein als kritisch angesehen (vgl. Armbrüster/Preuß/Piesga BeurkG § 13 Rn. 26 f.).

Vertragsklauseln etc. **Feststellungen** hierzu **müssen in der Niederschrift nicht getroffen werden.**[134]

Sind an den Verträgen verschiedene Parteien beteiligt, müssen aufgrund der Verschwiegenheitspflicht des Notars gem. § 18 BNotO (vgl. § 13 Abs. 2 S. 2 BeurkG) **alle Beteiligten** mit dem Verfahren **einverstanden sein.**[135]

Da Sammelbeurkundungen aufgrund der möglichen Vielzahl gegensätzlicher Interessen **verfahrensrechtlich nicht unbedenklich** sind, empfiehlt die Bundesnotarkammer die gleichzeitige Beurkundung von nicht mehr als fünf Niederschriften.[136]

c) Verweisung auf eine andere notarielle Niederschrift gem. § 13a BeurkG

36 Unternehmenstransaktionen beinhalten regelmäßig eine so umfangreiche Menge zu verlesender Vertragsdokumentation, dass eine Überfrachtung des **Beurkundungstermins** droht. Um diesen **zu entlasten,** bietet sich oft die **Beurkundung von** einer oder mehrerer **Bezugsurkunden** im Vorfeld des Termins an.[137] Hierbei sollte der Notar genau **prüfen, welche Anlagen tatsächlich verlesen werden müssen** und bei welchen Schriftstücken die schlichte (unechte) Bezugnahme nur zu Beweis- und Dokumentationszwecken bzw. eingeschränkte Vorlesungspflicht gem. § 14 BeurkG zur Anwendung kommen kann (zu dieser unter → Rn. 43 ff.).

aa) Voraussetzungen und Einsatzmöglichkeiten von Bezugsurkunden

37 Wird in der Niederschrift auf eine andere notarielle Niederschrift verwiesen, die nach den Vorschriften über die Beurkundung von Willenserklärungen errichtet worden ist, so braucht diese **nicht vorgelesen zu werden,** wenn die Beteiligten erklären, dass ihnen der Inhalt der anderen Niederschrift bekannt ist und sie auf das Vorlesen verzichten (§ 13a Abs. 1 S. 1 BeurkG). **Verwiesen werden kann demnach nur auf eine andere notarielle Niederschrift,** die bereits nach den Vorschriften der §§ 8 ff. BeurkG errichtet worden ist. Gegenstände der Verweisung können **auch Karten oder Zeichnungen**

---

[134] Winkler BeurkG § 13 Rn. 31.

[135] BGH 16.3.2000 – V ZR 168/99, DNotZ 2000, 512; Armbrüster/Preuß/Piesga BeurkG § 13 Rn. 23; Winkler BeurkG § 13 Rn. 36.

[136] BNotK DNotZ 1999, 258, 260 (Richtlinienempfehlung der Bundesnotarkammer); nach den bayerischen Richtlinien sollen nicht mehr als drei Beurkundungen gleichzeitig erfolgen, vgl. Amtliches Mitteilungsblatt der Landesnotarkammer und der Notarkasse 1999 Nr. 3, 1; ein Verstoß gegen diese Richtlinien macht die Beurkundung allerdings nicht unwirksam, sondern hat nur dienstaufsichtsrechtliche Bedeutung, vgl. Armbrüster/Preuß/Piesga BeurkG § 13 Rn. 25.

[137] Siehe Hauschild/Kallrath/Wachter Notar-HdB/Burmeister § 23 Rn. 65.

sein (vgl. § 13a Abs. 1 S. 4 BeurkG). Die Verweisung hat zur Folge, dass die schon bestehenden notariellen Urkunden ebenfalls als mitbeurkundet gelten, ohne dass sie selbst vorzulesen bzw. zur Durchsicht vorzulegen oder beizufügen sind.[138] Die **Verweisung dient somit als „Verlesungssurrogat“.**

Die **Voraussetzungen für eine wirksame Verweisung** sind:[139]

- eine Verweisungsurkunde, die nach §§ 8 ff. BeurkG errichtet worden ist und in der Verhandlung zumindest in beglaubigter Abschrift vorliegt;
- Erklärung der Beteiligten, dass ihnen die Verweisungsurkunde bekannt ist („Bekanntheitserklärung“);
- bei Absehen von Verlesung bzw. Durchsicht der Verzicht auf das Vorlesen der Verweisungsurkunde bzw. auf die Vorlage zur Durchsicht (bei Karten, Zeichnungen und Abbildungen); und
- bei Absehen vom Beifügen der Verzicht auf das Beifügen der Verweisungsurkunde.

Die **Abgabe der Erklärungen nach § 13a Abs. 1 S. 1 BeurkG** (Bekanntheitserklärung und Verzicht) ist **Wirksamkeitserfordernis** und muss durch alle Beteiligten erfolgen. Gibt einer der Beteiligten diese Erklärung nicht ab, ist die **Urkunde nichtig.**[140] **Fehlt** entgegen § 13a Abs. 1 S. 2 BeurkG **in der Niederschrift die Feststellung, dass diese Erklärungen abgegeben wurden, so steht dies der Wirksamkeit aber nicht entgegen.**[141]

Die Beteiligten können darüber hinaus sogar auf die **Beifügung der Verweisungsurkunde verzichten** (§ 13a Abs. 2 S. 1BeurkG). In der Niederschrift soll in diesem Fall gem. § 13a Abs. 2 S. 2 BeurkG festgestellt werden, dass die Beteiligten auf das Beifügen verzichtet haben.[142] Enthält die Niederschrift keinen solchen Hinweis, ist diese trotzdem nicht deswegen nichtig.

Für die **Erklärungen des Verzichts auf Vorlesen und Beifügen der Verweisungsurkunde gilt der „formelle Beteiligtenbegriff“** des § 6 Abs. 2 BeurkG.[143] An der Beurkundung beteiligt sind demnach die Erschienenen (und nicht etwa die Vertretenen), deren im eigenen oder fremden Namen abgegebene Erklärungen beurkundet werden sollen.[144]

---

[138] Winkler BeurkG § 13a Rn. 14.

[139] Siehe Armbrüster/Preuß/Piesga BeurkG § 13a Rn. 6.

[140] BGH 18.7.2003 – V ZR 431/02, NJW-RR 2003, 1423.

[141] BGH 18.7.2003 – V ZR 431/02, NJW-RR 2003, 1423; Heckschen/Herrler/Münch BeckNotar-HdB/Kindler § 31 Rn. 261.

[142] Haben die Beteiligten auf die Beifügung verzichtet, wurde dies jedoch in der Urkunde entgegen § 13a Abs. 2 S. 2 nicht festgehalten, so bleibt die Wirksamkeit der Urkunde unberührt, da hier „nur“ ein Verstoß gegen eine Sollvorschrift vorliegt, vgl. Armbrüster/Preuß/Piesga BeurkG § 13a Rn. 27.

[143] Armbrüster/Preuß/Piesga BeurkG § 13a Rn. 24; Winkler BeurkG § 13a Rn. 71.

[144] Armbrüster/Preuß/Piesga BeurkG § 13a Rn. 24.

38 Die **verwiesene Urkunde muss nach den §§ 8 ff. BeurkG errichtet worden sein.**[145] Dabei ist es ausreichend, wenn die Bezugsurkunde spätestens zum Zeitpunkt der Beendigung der Beurkundung der Haupturkunde wirksam errichtet („geschlossen“) ist. Nicht ausreichend sind beglaubigte Erklärungen, Tatsachenniederschriften gem. §§ 36 ff. BeurkG und die Abnahme von Eiden gem. § 38 BeurkG.[146] Gegenstand einer Verweisung kann auch **nicht die Niederschrift eines ausländischen Notars** sein, da dieser nicht an das Beurkundungsgesetz gebunden ist.[147]

In der Praxis werden die Beteiligten **bei der Protokollierung** etwaiger Bezugsurkunden in der Regel **durch Bevollmächtigte oder vollmachtlose Vertreter vertreten** – sog. Vertretungsmodell.[148] In der Haupturkunde wird sodann entsprechend dem Verfahren gem. § 13a BeurkG auf die Bezugsurkunde verwiesen und ggf. das Handeln vollmachtloser Vertreter genehmigt.[149]

39 Zulässig und effizienter, inzwischen in der Praxis nicht selten verbreitet, ist die Errichtung als sog. **Ein-Mann-Bezugsurkunde.**[150] Dabei erstellt der Notar die Bezugsurkunde ohne Anwesenheit der Beteiligten bzw. ihrer Vertreter **nur unter Gegenwart eines beliebigen Dritten, zB eines Notariatsmitarbeiters.**[151] Die Zulässigkeit dieser Vorgehensweise ergibt sich aus zwei anerkannten Grundsätzen: Erstens setzt § 13a BeurkG nicht voraus, dass die Bezugsurkunde zwischen den gleichen Beteiligten errichtet wird wie die Haupturkunde.[152] Zweitens kommt es nicht auf die tatsächliche Kenntnis der Beteiligten der Haupturkunde vom Inhalt der Bezugsurkunden an, sondern

145 Nach einhelliger Meinung kommt es dahingegen nicht auf die materielle Wirksamkeit an, so dass grundsätzlich auch auf anfechtbare oder nichtige Erklärungen, die nach materiellem Recht unwirksam sind, verwiesen werden kann – Fischer DNotZ 1982, 158; Lichtenberger NJW 1980, 876; Melchers BWNotZ 1991, 45; Armbrüster/Preuß/Piesga BeurkG § 13a Rn. 10; Stauf RNotZ 2001, 140; Winkler BeurkG § 13a Rn. 34; ders. Rpfleger 1980, 172.

146 Limmer/Hertel/Frenz/Mayer WürzbNotar-HdB/Limmer Teil 1 Kap. 2 Rn. 140; Winkler BeurkG § 13a Rn. 35 f.

147 Frenz/Miermeister/Limmer BeurkG § 13a Rn. 3; Limmer/Hertel/Frenz/Mayer WürzbNotar-HdB/Limmer Teil 1 Kap. 2 Rn. 14088; Armbrüster/Preuß/Piesga BeurkG § 13a Rn. 11; Winkler BeurkG § 13a Rn. 41; dies gilt selbst dann, wenn der ausländische Notar nach allgemeiner Rechtsstellung und Verfahrensweise dem deutschen Notar gleichsteht.

148 Herrler Gesellschaftsrecht/Bormann/Seebach § 18 Rn. 369.

149 Selbst wenn nur eine Person für alle Beteiligten als Vertreter ohne Vertretungsmacht auftritt, liegt kein verbotenes Insichgeschäft vor, da § 181 BGB bei allseits vollmachtloser Vertretung mangels Interessenkonflikts teleologisch zu reduzieren ist, vgl. Benecke/Ehinger MDR 2005, 1266.

150 Hauschild/Kallrath/Wachter Notar-HdB/Burmeister § 23 Rn. 67; Winkler BeurkG § 13a Rn. 38.

151 Von Bohrer DStR 2012, 1232, 1234 kritisch als „dummy“ bezeichnet.

152 OLG Düsseldorf 22.11.2002 – 3 Wx 321/01, DNotI-Rep. 2003, 14 f.; Armbrüster/Preuß/Piesga BeurkG § 13a Rn. 14; Winkler BeurkG § 13a Rn. 37.

lediglich auf deren Bekanntheitserklärungen, die der Notar nicht auf ihre Richtigkeit hin überprüfen muss.[153]

Möglich ist auch die Verweisung in der Haupturkunde auf eine Niederschrift (Zweiturkunde), die ihrerseits auf eine andere notarielle Niederschrift (Dritturkunde) verweist.[154] Durch diese sog. **Kettenverweisung** wird die Dritturkunde in die Haupturkunde mit einbezogen.

bb) Grenzen für den Einsatz von Bezugsurkunden

Im Rahmen von § 17 Abs. 2a S. 1 BeurkG kann der Notar **nach pflichtgemäßem Ermessen entscheiden, in welchem Umfang er von der Möglichkeit des § 13a BeurkG Gebrauch macht.**[155] Dabei muss er das Bedürfnis der Beteiligten nach Belehrung und Beweissicherung mit der Praktikabilität und Übersichtlichkeit des Beurkundungsprozesses abwägen, wobei er die Einhaltung seiner Belehrungspflichten in jedem Fall sicherstellen muss.[156] 40

Die **Auslagerung des gesamten Rechtsgeschäfts in eine Bezugsurkunde** wird dabei allgemein als **unzulässig** angesehen.[157] 41

Gelegentlich wird in der Praxis vor einem Beurkundungstermin die Forderung beratender Rechtsanwälte laut, die im Rahmen des Unternehmenskaufvertrags abzugebenden, lange verhandelten und sich meist über mehrere Seiten erstreckenden Gewährleistungsregeln und/oder die Steuerklauseln als Anlagen zum Kaufvertrag in eine Bezugsurkunde auszulagern. Auf diese Weise soll der Beurkundungstermin zeitlich verkürzt werden und ggf. sogar eine erneute Verhandlung vermieden werden. Diese Vorgehensweise ist jedoch allenfalls in Einzelfällen (noch) angemessen. Die **Ausgliederung geschäftswesentlicher Vereinbarungen,** zB Gewährleistungsregeln bei einem Kaufvertrag[158], in eine Bezugsurkunde wird von der Bundesnotarkammer als **unzulässig** erachtet, **wenn sie missbräuchlich, also unter Verstoß gegen** 42

---

[153] Armbrüster/Preuß/Piesga BeurkG § 13a Rn. 24; Winkler BeurkG § 13a Rn. 72; im Übrigen kann die Kenntnis der Beteiligten der späteren Haupturkunde vom Inhalt der Bezugsurkunde auch auf anderem Wege als durch die formelle Beteiligung an der Errichtung der Bezugsurkunde vermittelt werden.

[154] Hierzu Armbrüster/Preuß/Piesga BeurkG § 13a Rn. 18; Winkler BeurkG § 13a Rn. 52; Wöstmann ZNotP 2002, 254f.

[155] Heckschen/Herrler/Münch BeckNotar-HdB/Kindler § 31 Rn. 263; Limmer/Hertel/Frenz/Mayer WürzbNotar-HdB/Limmer Teil 1 Kap. 2 Rn. 142; Winkler BeurkG § 13a Rn. 6.

[156] Frenz/Miermeister/Limmer BeurkG § 13a Rn. 4; Winkler BeurkG § 13a Rn. 5ff., § 17 Rn. 65.

[157] Armbrüster/Preuß/Piesga BeurkG § 13a Rn. 5; Winkler BeurkG § 13a Rn. 57, § 17 Rn. 64; Wöstmann ZNotP 2002, 246, 254.

[158] Starke in ZNotP Sonderheft 2002 zum 26. Deutschen Notartag, S. 13; Wöstmann ZNotP 2002, 254f.

die Belehrungspflicht, vorgenommen wird.[159] Das Schrifttum hat sich dieser Ansicht angeschlossen.[160] Ein solcher Missbrauch liegt vor, wenn geschäftswesentliche Vereinbarungen in eine Bezugsurkunde aufgenommen werden, obwohl die Beteiligung eines Belehrungsbedürftigen und mithin Schutzwürdigen die Protokollierung in der Haupturkunde mit der damit verbundenen Vorlesung und Belehrung erforderlich erscheinen ließ.[161] Denn bei Verweisung auf eine Bezugsurkunde wird der Text in der Regel nicht mehr verlesen – es sei denn, die Beteiligten bestehen auf der Verlesung –, so dass Irrtümer nicht aufgedeckt werden, die rechtliche Tragweite des mit der Bezugnahme Vereinbarten nicht hinreichend deutlich und die Möglichkeit, den Inhalt der Bezugsurkunde zum Gegenstand von Verhandlungen zu machen, eingeschränkt wird.[162]

Die Unzulässigkeit der Auslagerung geschäftswesentlicher Vertragsteile in Bezugsurkunden kann auch nicht dadurch beseitigt werden, dass vor der Beurkundung Vertragsmuster oder ähnliche Unterlagen übergeben werden. Die Beratungs- und Belehrungsfunktion einer notariellen Beurkundung wird damit nicht in gleicher Weise erreicht. Soweit ausnahmsweise einzelne Bestandteile einer Bezugsurkunde zur Vermeidung einer Überfrachtung der vorzulesenden Urkunde auch einzelne geschäftswesentliche Vertragsteile enthalten, sollte der **Inhalt der geschäftswesentlichen Vertragsteile gekürzt in der zu verlesenden Urkunde wiedergegeben werden.**[163]

d) Eingeschränkte Vorlesungspflicht gem. § 14 BeurkG

43 Vertragsdokumentationen von Unternehmenstransaktionen enthalten oft Bilanzen und andere Bestandsverzeichnisse, die zusammen mit dem Unternehmenskaufvertrag zu beurkunden sind. Hierfür enthält § **14 BeurkG** eine Einschränkung der Vorlesungspflicht, die gerade für Unternehmenstransaktionen eine **erhebliche Erleichterung des Beurkundungsvorgangs** bedeutet.[164]

Werden nach § 14 Abs. 1 S. 1 BeurkG **Bilanzen, Inventare, Nachlassverzeichnisse oder sonstige Bestandsverzeichnisse** über Sachen, Rechte und Rechtsverhältnisse in ein Schriftstück aufgenommen, auf das **in der Niederschrift verwiesen und** das dieser **beigefügt** wird, so braucht dieses **nicht vorgelesen zu werden, wenn die Beteiligten auf das Vorlesen verzich-**

---

[159] BNotK DNotZ 1999, 258, 260.

[160] Armbrüster/Preuß/Renner/Piesga BeurkG § 13a Rn. 5; Hauschild/Kallrath/Wachter Notar-HdB/Burmeister § 23 Rn. 66; Winkler BeurkG § 17 Rn. 64.

[161] Vgl. mit Unterschieden in den Einzelheiten Armbrüster/Preuß/Piesga BeurkG § 17 Rn. 164, 166; Winkler BeurkG § 17 Rn. 65.

[162] Vgl. Winkler BeurkG § 13a Rn. 7.

[163] Winkler MittBayNot 1999, 2, 17; Winkler BeurkG § 17 Rn. 64.

[164] Ausdrücklich Armbrüster/Preuß/Piesga BeurkG § 14 Rn. 12; Winkler MittBayNot 1999, 2, 19; Winkler BeurkG § 14 Rn. 17.

ten. Nach § 14 Abs. 3 Hs. 1 BeurkG **muss in der Niederschrift festgestellt werden, dass die Beteiligten auf das Vorlesen verzichtet haben.** Fehlt dieser Hinweis, ist die Beurkundung nichtig.

Wird das beigefügte Schriftstück nicht vorgelesen, **soll** es nach § 14 Abs. 2 44
Hs. 1 BeurkG **den Beteiligten zur Kenntnisnahme vorgelegt und von ihnen unterschrieben werden.** Besteht das Schriftstück aus mehreren Seiten, soll jede Seite von den Beteiligten unterzeichnet werden (§ 14 Abs. 2 Hs. 2 BeurkG), wobei die Unterzeichnung auf jeder Seite nicht vor dem Notar vorgenommen werden muss. Gem. § 14 Abs. 3 Hs. 2 BeurkG **soll zudem festgestellt werden, dass ihnen das beigefügte Schriftstück zur Kenntnis vorgelegt worden ist.**[165]

Das beigefügte Schriftstück ist gem. § 44 S. 2 BeurkG durch Schnur und Siegel mit der Urkunde zu verbinden.

Die in § 14 Abs. 1 S. 1 BeurkG einzeln aufgeführten Bilanzen, Inventare 45
und Nachlassverzeichnisse stellen lediglich eine **beispielhafte Aufzählung** für Bestandsverzeichnisse dar. Der Begriff **„Bestandsverzeichnis"** und damit alle „Zahlenwerke und sonstige Aufzählungen von rein tatsächlicher Bedeutung"[166] stellt somit das **zentrale Tatbestandsmerkmal** der eingeschränkten Vorlesungspflicht nach § 14 BeurkG dar.[167]

Zu den für Unternehmenstransaktionen relevanten Bestandsverzeichnissen gem. § 14 BeurkG **zählen** ua[168]:

- Bilanzen;
- Gewinn- und Verlustrechnungen[169];
- Anhänge zum Jahresabschluss;
- Inventare iSv § 240 HGB;
- Aufstellungen über den Auftragsbestand, bewegliche Wirtschaftsgüter, bestehende Verträge, Forderungen, Verbindlichkeiten, Beteiligungen an anderen Gesellschaften, Versicherungen, Patente, gewerbliche Schutzrechte, Lizenzen, anhängige Prozesse, Grundstückslisten etc.;
- Personenverzeichnisse von Mitarbeitern, Schuldnern, Gläubigern, Kunden, Lieferanten etc.; und
- Datenraumindizes[170].

---

165 Armbrüster/Preuß/Piesga BeurkG § 14 Rn. 25; Winkler BeurkG § 14 Rn. 4.

166 BT-Drs. 13/11034, S. 59 f.

167 Im Einzelnen ist die Begriffsbildung umstritten; dazu Armbrüster/Preuß/Piesga BeurkG § 14 Rn. 11; Winkler BeurkG § 14 Rn. 12 ff.

168 Siehe Hauschild/Kallrath/Wachter Notar-HdB/Burmeister § 23 Rn. 50 ff.; Hauschild/Kallrath/Wachter Notar-HdB/Heinemann/Wolf § 9 Rn. 62 ff.; Armbrüster/Preuß/Piesga BeurkG § 14 Rn. 12; Stauf RNotZ 2001, 129, 146; Winkler BeurkG § 14 Rn. 17.

169 Stauf RNotZ 2001, 145; Armbrüster/Preuß/Piesga BeurkG § 14 Rn. 12; Winkler BeurkG § 14 Rn. 17.

170 Hauschild/Kallrath/Wachter Notar-HdB/Burmeister § 23 Rn. 55.

46 Die **Aufstellung zu veräußernden Grundbesitzes und seiner Belastungen insbesondere durch Grundbuchauszüge** fällt als Bestandsverzeichnis über Sachen und Rechte unter den Wortlaut des § 14 BeurkG.[171] Nach einer Stellungnahme des Deutschen Notarinstituts soll das Verfahren jedoch nur dann zulässig sein, wenn der gesamte Grundbesitz des Veräußerers übertragen wird.[172] Demgegenüber geht die herrschende Lehre davon aus, dass dies **auch bei Teilübertragungen zulässig** ist.[173] Dieser ist beizustimmen, da unter materiellen Gesichtspunkten nicht einzusehen ist, warum ausgerechnet die Übertragung nur eines Teils der vorhandenen Grundstückpositionen schutzwürdiger behandelt werden soll als die Übertragung sämtlicher Grundstückswerte.[174] Angesichts der Bedeutung von Grundstücken im Rechtsverkehr (vgl. § 311b BGB) bildet allerdings **§ 17 Abs. 2a S. 1 BeurkG die Grenze für diese Vorgehensweise:** die eingeschränkte Vorlesung darf nicht zu einer Verletzung der Belehrungspflicht, insbesondere hinsichtlich auf den Grundstücken lastenden Rechten, führen.[175]

Handels- oder Gesellschaftsregisterauszüge, auf welche im Unternehmenskaufvertrag verwiesen wird, müssen nur dann mitbeurkundet werden, wenn sich zumindest ein Teil der Gewährleistung auf eintragungspflichtige Rechtsakte zB der Zielgesellschaft beziehen. In diesem Fall kann der Registerauszug als Bestandsverzeichnis entsprechend den Erleichterungen des § 14 BeurkG auf jeder Seite unterzeichnet werden.[176]

47 **Nicht anwendbar** ist § 14 BeurkG **auf Beschreibungen und Auflistungen von Gegenständen, die erst noch beschafft und hergestellt werden müssen**[177], wie zB die Baubeschreibung und das Leistungsverzeichnis im Rahmen des Bauträgervertrags.[178] Die Baubeschreibung dient der Konkretisierung der Rechte und Pflichten aus dem Bauträgervertrag und unterliegt somit der uneingeschränkten Vorlesungspflicht.[179] Ebenso **keine Anwendung** findet die eingeschränkte Vorlesungspflicht gem. § 14 BeurkG, **wenn sich in dem Verzeichnis Erklärungen befinden, die rechtsgeschäftlicher Natur sind.**[180]

---

[171] Kanzleiter RNotZ 1999, 292, 298.

[172] DNotI-Rep. 2003, 17, 18.

[173] Ising/v. Loewenich ZNotP 2003, 176, 177 ff.; Armbrüster/Preuß/Piesga BeurkG § 14 Rn. 13; Winkler BeurkG § 14 Rn. 24.

[174] Die aA betreibt Begriffsjurisprudenz, vgl. Armbrüster/Preuß/Piesga BeurkG § 14 Rn. 13.

[175] Zutreffend Winkler BeurkG § 14 Rn. 26; enger Kanzleiter RNotZ 1999, 292, 298 f.; ihm folgend Stauf RNotZ 2001, 129, 146.

[176] Hauschild/Kallrath/Wachter Notar-HdB/Burmeister § 23 Rn. 57.

[177] Vgl. BT-Drucks. 13/10589, S. 39; Armbrüster/Preuß/Piesga BeurkG § 14 Rn. 14.

[178] Armbrüster/Preuß/Piesga BeurkG § 14 Rn. 14; Winkler BeurkG § 14 Rn. 27.

[179] Armbrüster/Preuß/Piesga BeurkG § 14 Rn. 14; Stauf RNotZ 2001, 129, 145.

[180] An dieser Stelle sollte der Notar besonders aufmerksam sein, da sich nicht selten bei der Beurkundung von Inventaren ein versteckter Vermerk mit rechtsgeschäftlichem Charakter vorfindet, vgl. Winkler BeurkG § 14 Rn. 30.

4. Beurkundung in fremder Sprache

Unternehmenstransaktionen werden angesichts eines zunehmenden internationalen Wirtschaftsverkehrs nicht selten in einer fremden Urkundssprache beurkundet. Zum Teil wird auch die Verhandlung in einer Fremdsprache geführt. Dies alles ist nach dem Beurkundungsgesetz unter bestimmten Voraussetzungen zulässig. 48

Urkunden sind gem. § 5 Abs. 1 BeurkG **grundsätzlich in deutscher Sprache** zu errichten. Die **Verhandlung kann** jedoch auch **in einer Fremdsprache** ggf. unter Hinzuziehung eines Dolmetschers geführt werden; hierüber ist dann eine Niederschrift auf Deutsch anzufertigen.[181]

Auf Verlangen der Beteiligten kann die **Beurkundung ebenfalls in einer fremden Sprache** durchgeführt werden (§ 5 Abs. 2 S. 1 BeurkG). Der Notar soll diesem Verlangen indes nur dann entsprechen, wenn er der fremden Sprache hinreichend kundig ist (§ 5 Abs. 2 S. 2 BeurkG). Seine Sprachkenntnisse hat der Notar selbst nach pflichtgemäßem Ermessen einzuschätzen.[182] Zur Beurkundung in einer Fremdsprache ist der Notar jedoch in keinem Fall verpflichtet (§ 15 Abs. 1 S. 2 BNotO); er kann die Beurkundung in einer fremden Sprache ohne weiteres ablehnen[183], auch wenn er diese Sprache beherrscht. Die Wirksamkeit der Urkunde hängt nicht davon ab, ob der Notar die Fremdsprache tatsächlich ausreichend beherrscht.[184]

Die Urkunde kann zum Teil in Deutsch sowie in einer Fremdsprache errichtet werden.[185] Zulässig ist ebenso die **Erstellung einer zweisprachigen Urkunde** [186]; hierbei sollte in der Urkunde klargestellt werden[187], welche Textfassung im Zweifelsfall maßgeblich ist. 49

Der **Gesellschaftsvertrag** einer GmbH kann in einer Fremdsprache abgefasst und beurkundet werden; das Handelsregister kann jedoch eine deutsche

---

[181] Heckschen/Herrler/Münch BeckNotar-HdB/Zimmermann/Pogorzelski § 28 Rn. 28.

[182] Armbrüster/Preuß/Preuß BeurkG § 5 Rn. 6; Frenz/Miermeister/Miermeister/de Buhr BeurkG § 5 Rn. 3; Ott RNotZ 2015, 189; Schütze DNotZ 1992, 72; Winkler BeurkG § 5 Rn. 10.

[183] Frenz/Miermeister/Miermeister/de Buhr BeurkG § 5 Rn. 1; Armbrüster/Preuß/Preuß BeurkG § 5 Rn. 5; Heckschen/Herrler/Münch BeckNotar-HdB/Zimmermann/Pogorzelski § 28 Rn. 23.

[184] Armbrüster/Preuß/Preuß BeurkG § 5 Rn. 6; Winkler BeurkG § 5 Rn. 9.

[185] BGH 20.3.2019 – XII ZB 310/18, DNotZ 2019, 830, 831; Armbrüster/Preuß/Preuß BeurkG § 5 Rn. 9; Winkler BeurkG § 5 Rn. 11.

[186] Um den Bedürfnissen des Rechtsverkehrs mit dem Ausland Rechnung zu tragen, kann daher der in deutscher Sprache abgefassten Urkunde eine vom Notar oder Dolmetscher verfasste Übersetzung beigefügt werden, die als solche zweifelsfrei gekennzeichnet ist und mit der Urkunde fest verbunden werden kann; weiterhin ist es auch möglich, dass deutscher und fremdsprachiger Text auf einer Seite nebeneinander in Spalten gesetzt werden; vgl. Winkler BeurkG § 5 Rn. 6.

[187] Armbrüster/Preuß/Preuß BeurkG § 5 Rn. 9; Heckschen/Herrler/Münch BeckNotar-HdB/Zimmermann/Pogorzelski § 28 Rn. 24; Winkler BeurkG § 5 Rn. 6.

Übersetzung verlangen.[188] Die Niederschrift über eine **Gesellschafterversammlung** kann unabhängig von der Verhandlungssprache in einer fremden Sprache errichtet werden.[189]

50 **Unerheblich** ist, **ob die Beteiligten der Urkundssprache hinreichend mächtig** sind.[190] Der Notar kann also Erklärungen, welche die Beteiligten auf Deutsch abgeben, in einer Fremdsprache beurkunden.[191]

Ist ein **Beteiligter**[192] **der Urkundssprache nicht hinreichend mächtig,** ist dies gem. § 16 Abs. 1 BeurkG in der Niederschrift festzustellen. Anstatt die Niederschrift vorzulesen, muss sie der betreffenden Person (mündlich) übersetzt werden (§ 16 Abs. 2. S. 1 BeurkG). Der Betreffende kann gem. § 16 Abs. 2 S. 2 BeurkG auch eine schriftliche **Übersetzung** verlangen, worauf ihn der Notar hinzuweisen hat (§ 16 Abs. 2 S. 3 BeurkG). Die vorgenannten Tatsachen sind in der Niederschrift festzustellen (§ 16 Abs. 2 S. 4 BeurkG).[193]

51 Die **Übersetzung** kann **vom Notar** selbst vorgenommen werden, wenn er der Sprache hinreichend mächtig ist. Andernfalls ist gem. § 16 Abs. 3 S. 1 BeurkG ein **Dolmetscher** hinzuzuziehen. Der Dolmetscher muss nach hM über **keine bestimmte Berufsqualifikation** verfügen.[194]. Der Notar kann ihn aber bei Zweifeln über seine Sprachkenntnisse ablehnen.[195] Für ihn gelten die Ausschließungsgründe nach §§ 6, 7 BeurkG entsprechend (§ 16 Abs. 3 S. 2 BeurkG). Ist der Dolmetscher nicht allgemein, also auch für das Notariat vereidigt, so soll er vereidigt werden, sofern nicht die Beteiligten darauf verzichten (§ 16 Abs. 3 S. 3 BeurkG). Diese Tatsachen sind gem. § 16 Abs. 3 S. 4 BeurkG in die Niederschrift aufzunehmen. Der Dolmetscher soll nach § 16 Abs. 3 S. 5 BeurkG die Urkunde mit unterschreiben; ein Verstoß hiergegen führt indes nicht zur Unwirksamkeit der Urkunde.[196] Die Praxis hilft sich häufig durch den Einsatz sprachkundiger Vertreter, insbesondere wenn ein Dolmetscher in dem gegebenen Zeitrahmen nicht beschafft werden kann[197].

---

[188] Hauschild/Kallrath/Wachter Notar-HdB/Heinemann/Wolf § 9 Rn. 133.

[189] Hauschild/Kallrath/Wachter Notar-HdB/Heinemann/Wolf § 9 Rn. 133.

[190] Armbrüster/Preuß/Preuß BeurkG § 5 Rn. 7; Winkler BeurkG § 5 Rn. 11; Frenz/Miermeister/Miermeister/de Buhr BeurkG § 5 Rn. 4.

[191] Armbrüster/Preuß/Preuß BeurkG § 5 Rn. 7; Winkler BeurkG § 5 Rn. 11; Frenz/Miermeister/Miermeister/de Buhr BeurkG § 5 Rn. 4.

[192] Abzustellen ist hierbei auf die Erschienenen, gegebenenfalls also auf den Vertreter, nicht auf nicht erschienene Vertretene, vgl. Winkler BeurkG § 5 Rn. 12.

[193] Hauschild/Kallrath/Wachter Notar-HdB/Heinemann/Wolf § 9 Rn. 135.

[194] Zum Meinungsstand Armbrüster/Preuß/Piegsa BeurkG § 16 Rn. 28.

[195] Hauschild/Kallrath/Wachter Notar-HdB/Heinemann/Wolf § 9 Rn. 135; Armbrüster/Preuß/Piegsa BeurkG § 16 Rn. 28.

[196] Armbrüster/Preuß/Piegsa BeurkG § 16 Rn. 39; Winkler BeurkG § 16 Rn. 28.

[197] Heinemann/Trautrims/Ziervogel/Delphendahl BeurkG § 16 Rn. 5.

Die **Wirksamkeit der Urkunde** wird nicht dadurch berührt, dass ein Beteiligter seine Sprachkenntnisse falsch angegeben oder der Notar sich hierüber geirrt hat.[198] 52

Gem. §50 Abs. 1 BeurkG kann der Notar eine deutsche Übersetzung einer Urkunde mit einer **Richtigkeitsbescheinigung** versehen, wenn er die Urkunde selbst in fremder Sprache errichtet hat oder für die Erteilung einer Ausfertigung der Niederschrift zuständig ist. Eine solche Bescheinigung verleiht der Übersetzung die **gesetzliche Vermutung** der Richtigkeit und Vollständigkeit (§50 Abs. 2 BeurkG).[199]

Für die Beurkundung einer Erklärung in einer fremden Sprache entsteht eine Zusatzgebühr von 30% der Beurkundungsgebühr bis maximal EUR 5.000.

5. Prüfungs- und Belehrungspflichten

a) Prüfungspflichten

Unternehmenskaufverträge sind oft das Ergebnis eines langen Verhandlungsprozesses unter Einbeziehung von spezialisierten Rechtsanwälten und sonstigen Beratern. Der Notar wird häufig erst am Ende der Vertragsverhandlungen einbezogen. Dabei erhält er in der Regel einen mehr oder weniger fertig verhandelten umfangreichen **Vertragsentwurf,** an dessen Erstellung er nicht mitgewirkt und dessen Beurkundung er meist unter Zeitdruck vorbereiten soll. 53

Gleichwohl ist der Notar gem. §17 Abs. 1, 2 BeurkG **verpflichtet, den Willen der Beteiligten zu erforschen, den Sachverhalt aufzuklären und Widersprüche sowie Rechtsfehler im Vertragswerk aufzudecken**[200].

In Ansehung des zeitaufwendigen professionalisierten Verhandlungsprozesses kann der Notar **davon ausgehen, dass der Wille der Beteiligten in dem Vertragsentwurf korrekt wiedergegeben ist.**[201] Da einzelne Regelungen eines Unternehmenskaufvertrags aus sich heraus schwer verständlich sein können, sollte sich der Notar den **Sachverhalt von den Beteiligten,** sofern erforderlich**, schildern lassen.**[202]

---

198 BGH 25.5.2001 – 2 StR 88/01, NJW 2001, 3135, 3137.

199 Winkler BeurkG §5 Rn. 16.

200 Vgl. BGH 8.7.1993 – IX ZR 222/92, DNotZ 1995, 495; OLG Celle 6.11.2000 – Not 27/00, BeckRS 2000, 30141174 = juris Rn. 36; die Entscheidungen bestätigen, dass die Vorlage eines vorbereiteten Dokuments durch die Parteien den Notar nicht von seiner originären Pflicht befreit, den Vertragsentwurf zu prüfen und uU auf Bedenken hinzuweisen.

201 Siehe Hauschild/Kallrath/Wachter Notar-HdB/Burmeister §23 Rn. 38.

202 Vgl. Hauschild/Kallrath/Wachter Notar-HdB/Burmeister §23 Rn. 36.

54 Bei Geschäften, die im Grundbuch eingetragene oder einzutragende Rechte zum Gegenstand haben, hat sich der Notar gem. § 21 Abs. 1 S. 1 BeurkG über den **Grundbuchinhalt** zu unterrichten. Andernfalls darf nur beurkundet werden, wenn die Beteiligten trotz Belehrung über die damit verbundenen Gefahren auf die Beurkundung bestehen, was in der Niederschrift zu vermerken ist (§ 21 Abs. 1 S. 2 BeurkG). Der Notar muss sich auch Klarheit darüber verschaffen, ob die Beteiligten **beurkundungsbedürftige Nebenabreden** schließen wollen.[203]

De iure ist der Notar zu einer vollen **rechtlichen Prüfung des Vertrags** verpflichtet. Faktisch wird er dieser Pflicht aufgrund des Umfangs des Vertragswerks, der spezialisierten Materie und des regelmäßig herrschenden Zeitdrucks nur eingeschränkt nachkommen können und sich auf eine Schlüssigkeitsprüfung beschränken müssen. Der Notar muss jedoch **sicherstellen, dass der Vertrag wirksam abgeschlossen wird und auch vollzogen werden kann.**[204] Nötigenfalls sollte er sich schwer verständliche Spezialklauseln, etwa Steuer[205]- oder Umweltklauseln[206], von den Beteiligten erklären lassen, um deren Regelungsinhalt und Reichweite korrekt zu erfassen.

b) Belehrungspflichten

55 Da Unternehmenskaufverträge dem Notar meist als fertig verhandeltes Vertragswerk vorgelegt werden, die von spezialisierten Rechts- und sonstigen Beratern erstellt worden sind, verzichten Notare mitunter auf die üblichen Hinweise und Belehrungen in der Mantelurkunde.[207] Der Notar sollte sich von dieser Praxis jedoch nicht beeinflussen lassen und die **relevanten Belehrungen in jedem Fall aufnehmen.**[208]

Der Notar hat die Beteiligten gem. § 17 Abs. 1 S. 1 BeurkG **über die Tragweite der angestrebten Geschäfte zu belehren.** Die Vorschrift soll gewährleisten, dass der Notar eine **rechtswirksame Urkunde über den wahren Willen der Beteiligten** errichtet.[209] Aus diesem Zweck folgt die inhaltliche Begrenzung der Pflicht zur Rechtsbelehrung: Sie geht nur so weit, wie eine Belehrung für das Zustandekommen einer formgültigen Urkunde erforderlich ist, die den wahren Willen der Beteiligten vollständig und unzweideutig in der für das beabsichtigte Rechtsgeschäft richtigen

[203] Hauschild/Kallrath/Wachter Notar-HdB/Burmeister § 23 Rn. 12.

[204] Nachdrücklich Hauschild/Kallrath/Wachter Notar-HdB/Burmeister § 23 Rn. 6.

[205] Vgl. Hülsmann DStR 2008, 2402 ff.

[206] Vgl. bereits Turiaux/Knigge BB 1999, 913 ff.

[207] So Hauschild/Kallrath/Wachter Notar-HdB/Burmeister § 23 Rn. 88; die Notare haften nach § 19 Abs. 1 BNotO bei Fahrlässigkeit ohnehin nur subsidiär.

[208] Zu Recht Hauschild/Kallrath/Wachter Notar-HdB/Burmeister § 23 Rn. 89.

[209] BGH 11.2.1988 – IX ZR 77/87, DNotZ 1989, 45; Armbrüster/Preuß/Armbrüster BeurkG § 17 Rn. 15.

Form rechtswirksam wiedergibt; dabei soll der Notar darauf achten, dass **unerfahrene und ungewandte Beteiligte nicht benachteiligt** werden.[210] Diese Belehrungspflicht besteht grundsätzlich nur gegenüber den formell Beteiligten.[211]

Inhaltlich erstreckt sich die **Rechtsbelehrung** darauf, ob und **unter welchen Voraussetzungen der angestrebte rechtliche Erfolg eintritt und welche unmittelbaren Rechtswirkungen daran anknüpfen.**[212] Hierzu gehört auch die Belehrung über Zweifel an der Wirksamkeit der rechtgeschäftlichen Erklärungen (§ 17 Abs. 2 S. 2 BeurkG).[213] Diese Verpflichtung **entfällt ausnahmsweise, wenn** die Beteiligten sich über die Tragweite ihrer Erklärungen und das damit verbundene Risiko vollständig im Klaren sind und die konkrete Vertragsgestaltung gleichwohl ernsthaft wollen; der Notar ist nicht verpflichtet, ohne Rücksicht auf konkrete Anhaltspunkte „ins Blaue hinein" zu belehren.[214] **56**

In **Ausnahmefällen** erweitert sich die Belehrungspflicht zu einer **Betreuungspflicht,** wenn der Notar Anlass zu der Vermutung haben muss, einem Beteiligten drohe ein Schaden vor allem deshalb, weil er sich wegen mangelnder Kenntnis der Rechtslage einer Gefahr nicht bewusst ist.[215]

In grenzüberschreitenden Sachverhalten und unter Beteiligung ausländischer Beteiligter ist stets die **Anwendung ausländischen Rechts** in Betracht zu ziehen, worauf der Notar die Beteiligten gem. § 17 Abs. 3 S. 1 BeurkG hinweisen und einen entsprechenden Vermerk in die Niederschrift aufnehmen muss. Der Notar ist nicht gehalten, über den Inhalt ausländischen Rechts zu belehren (§ 17 Abs. 3 S. 3 BeurkG). Beraten muss er jedoch zum deutschen internationalen Privatrecht sowie zum unmittelbar anwendbaren EU-Recht, namentlich zu den Verordnungen über die europäischen Rechtsformen sowie über Kollisions- und Anerkennungsrecht.[216] **57**

---

[210] BGH 11.2.1988 – IX ZR 77/87, DNotZ 1989, 45; § 17 BeurkG hat also eine umfassende inhaltliche Bedeutung. Dennoch handelt es sich nur um eine Soll-Vorschrift, so dass eine unterbliebene Belehrung nicht zur Nichtigkeit des Rechtsgeschäfts führt, sondern lediglich zu einer möglichen Schadensersatzpflicht, vgl. BGH 16.2.1981 – II ZB 8/80, BGHZ 80, 76 = NJW 1981, 1160.

[211] Zur ausnahmsweisen Belehrungspflicht gegenüber Dritten Heckschen/Herrler/Münch BeckNotar-HdB/Kindler § 31 Rn. 87.

[212] BGH 9.12.2010 – III ZR 272/09, NJW 2011, 1355; BGH 4.3.2004 – III ZR 72/03, NJW 2004, 1865; BGH 3.7.1986 – IX ZR 51/85, DNotZ 1987, 157; Limmer/Hertel/Frenz/Mayer WürzbNotar-HdB/Limmer Teil 1 Kap. 2 Rn. 177.

[213] Limmer/Hertel/Frenz/Mayer WürzbNotar-HdB/Limmer Teil 1 Kap. 2 Rn. 177.

[214] BGH 9.12.2010 – III ZR 272/09, ZNotP 2011, 7; BGH 2.10.2007 – III ZR 13/07, NJW 2007, 3566; BGH 27.10.1994 – IX ZR 12/94, DNotZ 1995, 407.

[215] BGH 3.7.1986 – IX ZR 51/85, DNotZ 1987, 157.

[216] Armbrüster/Preuß/Armbrüster BeurkG § 17 Rn. 262, 264; Hauschild/Kallrath/Wachter Notar-HdB/Heinemann/Wolf § 9 Rn. 128.

58 Die Belehrungspflicht bezieht sich in der Regel **nicht auf die wirtschaftlichen Folgen** des Geschäfts, es sei denn, nach den besonderen Umständen des Einzelfalles liegt die Vermutung nahe, einem Beteiligten drohe Schaden und der Beteiligte sei sich dessen infolge mangelnder Rechtskenntnis nicht bewusst.[217]

59 Da der BGH **hohe Anforderungen** an die notariellen Belehrungspflichten stellt, finden sich in den Niederschriften über gesellschaftsrechtliche Transaktionen mitunter sehr umfangreiche, zum Teil pauschale Belehrungen.[218] Die nachfolgende Auflistung gibt einen **Überblick über typische Belehrungserfordernisse** im Zusammenhang mit Unternehmenstransaktionen[219]:

- Hinweis auf Erfordernis einer Registereintragung[220];
- Hinweise zur Gründungshaftung;
- Hinweise auf zwingendes Firmenrecht;
- Hinweise auf die Art und Weise der Einlageleistung, insbesondere Sacheinlagen;
- Hinweise auf die Differenzhaftung bei unrichtiger Bewertung von Sacheinlagen;
- Hinweise zu den Grundsätzen der Kapitalaufbringung und Kapitalerhaltung[221];
- Hinweise zur strafrechtlichen Verantwortlichkeit der Geschäftsführer;
- Hinweise auf die Besonderheiten einer Unternehmergesellschaft;
- Hinweise auf die Haftung des Rechtsvorgängers bzw. -nachfolgers für ausstehende Einlageverpflichtungen;
- Hinweise auf den gutgläubigen Erwerb von GmbH-Geschäftsanteilen;
- Hinweis auf einen nur einseitigen Gremienvorbehalt;
- Hinweise hinsichtlich der Einreichung und Aktualisierung der Gesellschafterliste; und
- Hinweise auf die schwebende Unwirksamkeit eines Rechtsgeschäfts, insbesondere bei Vinkulierung von GmbH-Geschäftsanteilen, bei Auftritt eines vollmachtlosen Vertreters oder bei Vereinbarung aufschiebender Bedingungen.

60 Der Notar ist **regelmäßig nicht** aufgrund seiner Pflicht zur Rechtsbelehrung oder seiner allgemeinen Betreuungspflicht aus § 14 Abs. 1 S. 2 BNotO

---

[217] BGH 2.10.1964 – VI ZR 138/63, DNotZ 1965, 115 = BeckRS 1964, 31188056.

[218] Kritisch Hauschild/Kallrath/Wachter Notar-HdB/Heinemann/Wolf § 9 Rn. 122; allerdings erfüllen nach Heinemann derartige pauschale Belehrungen auch die praktische Funktion, dem Notar einerseits als Prüfungsschema zur Sachverhaltsaufklärung zu dienen und andererseits die Beteiligten zu vernünftigen Handlungen anzuleiten.

[219] Nach Hauschild/Kallrath/Wachter Notar-HdB/Heinemann/Wolf § 9 Rn. 123.

[220] BGH 21.10.2010 – IX ZR 48/10, BeckRS 2010, 28291.

[221] BGH 21.10.2010 – IX ZR 48/10, BeckRS 2010, 28291.

gehalten, **auf steuerrechtliche Folgen des beurkundeten Geschäfts hinzuweisen**[222], denn diese gehören typischerweise nicht zum Inhalt des Geschäfts selbst, sondern ergeben sich kraft Gesetzes als Folgen daraus. Der Notar ist auch nicht verpflichtet, Tatsachen zu ermitteln, die für das mögliche Eingreifen von Steuertatbeständen von Bedeutung sein können.[223] Im Bedarfsfalle müssen sich die Beteiligten über Steuerfragen von Fachkräften gesondert beraten lassen. Jedoch kann eine erweiterte **Belehrungspflicht** im Hinblick auf eine in besonderen Umständen des Einzelfalls wurzelnde, den Beteiligten unbewusste **steuerliche Gefahrenlage** bestehen, **wenn der Notar diese erkennt oder zumindest erkennen kann**[224]: Inhalt und Umfang der Belehrungspflicht hängen davon ab, wie konkret der Notar die drohenden steuerlichen Folgen kennt. Kennt er sie positiv, muss er davor warnen. Kennt er sie zwar nicht, muss er aber annehmen, dass das geplante Geschäft von allen Beteiligten wegen mangelnder Kenntnis der Rechtslage nicht erkannte und nicht gewollte steuerliche Auswirkungen haben könnte, muss er empfehlen, die steuerliche Seite von einem Fachmann überprüfen zu lassen.[225]

c) Genehmigungsvorbehalte und Unbedenklichkeitsbescheinigung

Der Notar hat gem. § 18 BeurkG auf das Erfordernis **gerichtlicher oder** 61
behördlicher Genehmigungen bzw. etwa darüber bestehende Zweifel zu belehren und dies in der Niederschrift zu vermerken. Hauptanwendungsfall bei Unternehmenstransaktionen ist die **Fusionskontrolle** durch das Bundeskartellamt. Hat der Notar hinreichende Anhaltspunkte für das Erfordernis einer kartellrechtlichen Freigabe bzw. ist die Wirksamkeit des Unternehmenskaufvertrags vereinbarungsgemäß abhängig von dieser, muss er die Beteiligten hierüber belehren.[226] Bei dem Erwerb eines deutschen Unternehmens durch einen ausländischen Investor sind zudem die Vorgaben des außenwirtschaftsrechtlichen **Investitionskontrollverfahrens** zu berücksichtigen. Daneben ist an eine familiengerichtliche Genehmigung bei Beteiligung von **Minderjährigen** zu denken.[227]

---

222 BGH 20.9.2007 – III ZR 33/07, NJW 2008, 1085; BGH 13.6.1995 – IX ZR 203/94, NJW 1995, 2794; Schuck BB 1996, 2335.

223 BGH 20.9.2007 – III ZR 33/07, NJW 2008, 1085.

224 BGH 20.9.2007 – III ZR 33/07, NJW 2008, 1085; BGH 22.5.2003 – IX ZR 201/01, NJW-RR 2003,1498; BGH 13.6.1995 – IX ZR 203/94, NJW 1995, 2794.

225 BGH 20.9.2007 – III ZR 33/07, NJW 2008, 1085; BGH 22.5.2003 – IX ZR 201/01, NJW-RR 2003,1498.

226 Hauschild/Kallrath/Wachter Notar-HdB/Heinemann/Wolf § 9 Rn. 130; Kordel RNotZ 2008, 85 ff.

227 Vgl. Armbrüster/Preuß/Forschner BeurkG § 18 Rn. 71.

62 Darüber hinaus finden sich in Unternehmenskaufverträgen zum Teil **Gremienvorbehalte,** welche die Wirksamkeit des Vertrags von der Zustimmung insbesondere des Aufsichtsrats abhängig machen. Da solche Gremienvorbehalte quasi ein einseitiges Ausstiegsrecht aus dem Vertrag begründen und damit die Transaktionssicherheit empfindlich einschränken, hat der Notar die Beteiligten hierüber zu belehren.[228]

Wird in der Unternehmenstransaktion **Grundbesitz** übertragen und darf deshalb nach dem Grunderwerbsteuergesetz eine Eintragung erst vorgenommen werden, wenn die **Unbedenklichkeitsbescheinigung des Finanzamts** vorliegt, hat der Notar gem. § 19 BeurkG hierauf hinzuweisen und dies in der Niederschrift zu vermerken.

6. Genehmigung und Unterzeichnung der Urkunde

63 Ist der Unternehmenskaufvertrag vollständig verlesen worden, muss die Mantelurkunde gem. § 13 Abs. 1 S. 1 Hs. 2 BeurkG **von den Beteiligten genehmigt und eigenhändig unterschrieben** werden. Dabei stellt der in § 13 Abs. 1 S. 2 BeurkG vorgesehene **Schlussvermerk** („vorgelesen, genehmigt und unterschrieben") eine Soll-Vorschrift dar; sein Fehlen führt mithin nicht zur Unwirksamkeit der Niederschrift.[229]

Das **Genehmigungserfordernis** bezieht sich nur auf die Erklärungen der Beteiligten, nicht auch auf Hinweise, Feststellungen und Vermerke des Notars.[230] Die Genehmigung kann ausdrücklich und ebenso **konkludent durch Kopfnicken oder Unterzeichnung** erteilt werden.[231]

64 An die **Unterschrift** stellt die Rechtsprechung **hohe Anforderungen.**[232] Es ist zwar nicht erforderlich, dass die Unterschrift lesbar ist, sie muss jedoch **individualisierbare Merkmale** aufweisen, und darf deswegen keine bloße Paraphe darstellen.[233] Der Notar sollte daher gerade bei **„Vielunterschreibern"** ein Auge darauf haben, dass diese keine abgekürzten Namensunter-

---

[228] Vgl. BGH 24.1.2008 – III ZR 156/07, NJW 2008, 1321 ff.; BGH 12.4.2004 – III ZR 77/03, NJW-RR 2004, 1071 ff.; BGH 15.4.1999 – IX ZR 93/98, NJW 1999, 2188 f.; kritisch zu Gremienvorbehalten Hauschild/Kallrath/Wachter Notar-HdB/Burmeister § 23 Rn. 89.

[229] BGH 18.6.1999 – V ZR 40/98, NJW 1999, 2806 f.; Klein DNotZ 2005, 199; Limmer/Hertel/Frenz/Mayer WürzbNotar-HdB/Limmer Teil 1 Kap. 2 Rn. 136; Armbrüster/Preuß/Piegsa BeurkG § 13 Rn. 87.

[230] Hauschild/Kallrath/Wachter Notar-HdB/Heinemann/Wolf § 9 Rn. 173.

[231] RG 25.9.1924 – IV 25/24, RGZ 108, 397; Limmer/Hertel/Frenz/Mayer WürzbNotar-HdB/Limmer Teil 1 Kap. 2 Rn. 130; Winkler BeurkG § 13 Rn. 41.

[232] Vgl. OLG Stuttgart 14.11.2001 – 3 U 123/01, NJW 2002, 832; Heinemann ZNotP 2002, 224; eingehend Kanzleiter DNotZ 2002, 520 ff.; Frenz/Miermeister/Limmer BeurkG § 13 Rn. 20; Schneider NJW 1998, 1844 ff.; Winkler BeurkG § 13 Rn. 45 ff.

[233] OLG Stuttgart 14.11.2001 – 3 U 123/01, NJW 2002, 832; Hauschild/Kallrath/Wachter Notar-HdB/Heinemann/Wolf § 9 Rn. 174.

schriften verwenden, sondern ihren Namen schriftlich ausführen.[234] Die Unterzeichnung mit dem **Nachnamen** ist in der Regel notwendig[235], aber auch ausreichend.[236] Der Notar sollte dabei darauf achten, dass die Beteiligten einen längeren individualisierbaren Schriftzug vollziehen und in Zweifelsfällen um Hinzufügung des Vornamens bitten.[237] Wird die Unterschrift eines Beteiligten versehentlich unterlassen, kann diese durch Nachtragsbeurkundung ohne Zustimmung der übrigen Beteiligten nachgeholt werden.[238]

Gem. § 13 Abs. 3 BeurkG ist die Niederschrift abschließend durch den **Notar** unter Beifügung der Amtsbezeichnung **zu unterzeichnen.**

Zum Schluss sollte der Notar die Beteiligten noch fragen, wer wie viele **beglaubigte oder einfache Abschriften** erhalten will, und kann dies in der Niederschrift vermerken.[239]

III. Notarielle Tätigkeiten nach Abschluss der Beurkundung

1. Gesellschafterliste

a) Allgemein

Die Einreichung und Pflege der im Zuge des MoMiG aufgewerteten Liste **65** der Gesellschafter einer GmbH sollte nicht vernachlässigt werden.[240] Die Eintragung in die Gesellschafterliste ist zwar **nicht Wirksamkeitsvoraussetzung** für die zu ihrer Einreichung Anlass gebenden Veränderung in den

[234] Kritisch hierzu Limmer/Hertel/Frenz/Mayer WürzbNotar-HdB/Limmer Teil 1 Kap. 2 Rn. 131.

[235] Eine Ausnahme besteht nach dem BGH, wenn der Vorname in der Öffentlichkeit allgemein bekannt ist, etwa bei kirchlichen Würdenträgern und Angehörigen des Hochadels. Auch soll nach dem BGH ein Ausländer dann mit dem Vornamen unterschreiben dürfen, wenn er aufgrund seines Heimatrechts gar keinen Familiennamen führt. Ausländische Beteiligte können auch in einer anderen als der lateinischen Schrift unterschreiben. Zur Unterschrift mit einem tatsächlich nicht geführten Doppelnamen DNotI-Rep. 2005, 113

[236] BGH 25.10.2002 – V ZR 279/01, BGHZ 152, 255 = NJW 2003, 1120; Limmer/Hertel/Frenz/Mayer WürzbNotar-HdB/Limmer Teil 1 Kap. 2 Rn. 131.

[237] Hauschild/Kallrath/Wachter Notar-HdB/Heinemann/Wolf § 9 Rn. 175; Limmer/Hertel/Frenz/Mayer WürzbNotar-HdB/Limmer Teil 1 Kap. 2 Rn. 80.

[238] OLG Düsseldorf – 15 U 192/97, DNotZ 2000, 299; Heckschen/Herrler/Münch BeckNotar-HdB/Kindler § 31 Rn. 286; Hauschild/Kallrath/Wachter Notar-HdB/Heinemann/Wolf § 9 Rn. 177.

[239] Hauschild/Kallrath/Wachter Notar-HdB/Burmeister § 23 Rn. 94.

[240] Dazu BR-Drucks. 354/07, S. 57; nach Lutter/Hommelhoff/Bayer GmbHG § 40 Rn. 1 „wichtigste GmbH-Dokument" neben der Satzung; Löbbe GmbHR 2012, 7; Mayer ZIP 2009, 1037; Preuß ZGR 2008, 676 ff.

Personen der Gesellschafter oder im Umfang ihrer Beteiligung. Grund ist jedoch zum einen die umfängliche **Legitimationswirkung** nach § 16 Abs. 1 GmbHG, wonach Gesellschafterrechte gegenüber der GmbH grundsätzlich erst mit Eintragung etwaiger Veränderungen in die Gesellschafterliste ausgeübt werden können.[241] Daneben knüpft die **Haftung des Erwerbers für rückständige Einlageverpflichtungen des Veräußerers** gem. § 16 Abs. 2 GmbHG an die Gesellschafterliste an. Zu berücksichtigen ist ebenso die **Rechtsscheinwirkung der Gesellschafterliste für den gutgläubigen Erwerb eines Geschäftsanteils** gem. § 16 Abs. 3 GmbHG.[242] Schließlich können Nachlässigkeiten im Umgang mit der Gesellschafterliste zu einer **Haftung** der zur Einreichung berufenen Geschäftsführer nach § 40 Abs. 3 GmbHG bzw. **des zuständigen Notars** gem. § 19 BNotO führen.[243]

b) Zuständigkeit

66 Bei jeder **Veränderung in den Personen der Gesellschafter oder des Umfangs ihrer Beteiligung** haben die **Geschäftsführer** gem. § 40 Abs. 1 S. 1 GmbHG unverzüglich nach Wirksamwerden der Veränderung eine von ihnen unterschriebene Liste der Gesellschafter zum Handelsregister einzureichen. Die Änderung der Gesellschafterliste erfolgt gem. § 40 Abs. 1 S. 2 GmbHG auf Mitteilung und Nachweis durch die Gesellschafter, wobei die Geschäftsführer eine inhaltliche Prüfungspflicht trifft.[244]

67 Wenn die **Veränderungen** in den Personen der Gesellschafter oder des Umfangs ihrer Beteiligung **durch das Mitwirken eines Notars** erfolgt sind, hat anstelle der Geschäftsführer der Notar gem. § 40 Abs. 2 S. 1 GmbHG unverzüglich nach deren Wirksamwerden die Liste zu unterzeichnen, zum Handelsregister einzureichen und der Gesellschaft eine Abschrift der geänderten Liste zu übermitteln.

68 Eine solche **Mitwirkung des Notars ist gegeben, wenn** der Notar eine die Veränderung herbeiführende Anteilsabtretung, Kapitalmaßnahme[245] oder

---

[241] Zu den Einzelheiten Lutter/Hommelhoff/Bayer GmbHG § 16 Rn. 26 f.; Noack/Servatius/Haas/Servatius GmbHG § 16 Rn. 3 ff.

[242] Zu den Voraussetzungen Noack/Servatius/Haas/Servatius GmbHG § 16 Rn. 26 ff.

[243] Siehe Lutter/Hommelhoff/Bayer GmbHG § 40 Rn. 107 f.

[244] BR-Drucks. 354/07, S. 99; Lutter/Hommelhoff/Bayer GmbHG § 40 Rn. 73 f.; Götze/Bressler NZG 2007, 895; Kort GmbHR 2009, 171; Wachter DB 2009, 160; die Prüfungspflicht dürfe jedoch mangels juristischer Kenntnisse auch nicht überspannt werden, so Schneider GmbHR 2009, 395; vgl. auch Bednarz BB 2008, 1856; Breitenstein/Meyding BB 2006, 1460; Kort GmbHR 2009, 171.

[245] Die Zuständigkeit des Notars ist umstritten für die Anmeldung und Durchführung genehmigten Kapitals (siehe Noack/Servatius/Haas/Servatius GmbHG § 40 Rn. 54), vgl. auch OLG München 7.7.2010 – 31 Wx 73/10, DNotZ 2011, 63 = GmbHR 2010, 921.

Umwandlung[246] beurkundet hat.[247] Darüber hinaus ist die Mitwirkung auch bei Niederschrift nicht beurkundungspflichtiger Gesellschafterbeschlüsse, insbesondere Teilung, Zusammenlegung oder Einziehung, anzunehmen.[248] Keine hinreichende Mitwirkung stellt die bloße Unterschriftenbeglaubigung unter einem vom Notar nicht entworfenen Dokument dar.[249] Bei nur **mittelbarer Mitwirkung** des Notars ist im Einzelnen unklar, unter welchen Voraussetzungen der Notar (noch) für die Listeneinreichung zuständig ist.[250] Herrschen im Einzelfall **Zweifel, ob die Geschäftsführung oder der Notar zur Einreichung der Gesellschafterlisterliste zuständig** ist, bietet sich als praktische Lösung an, die Gesellschafterliste sowohl von der Geschäftsführung als auch vom Notar unterzeichnen zu lassen.[251] Andere Notare, die nicht selbst an der Veränderung mitgewirkt haben, sind nicht zur Einreichung befugt.[252]

Hängt das Wirksamwerden der Änderungen und somit die Einreichung der Gesellschafterliste – wie in Unternehmenskaufverträgen typisch – vom Eintritt **aufschiebender Bedingungen** oder einer **Genehmigung** ab, **muss der Notar die Bedingungen bzw. Genehmigung prüfen, um die Liste einreichen zu können** (zur damit anfallenden Betreuungsgebühr bei → Rn. 140). Eine **gegenläufige Entwicklung** zeichnet sich indes in der oberlandesgerichtlichen Rechtsprechung sowie in Teilen der Literatur ab: **Wird der Notar nicht gesondert beauftragt, den Bedingungseintritt zu überwachen, ende seine Mitwirkung mit dem Abschluss des Beurkundungsverfahrens.** An dem späteren Bedingungseintritt wirke er nicht mehr mit. Vielmehr obliege es allein den Geschäftsführern, spätere Veränderungen nachzuhalten und nach § 40 Abs. 1 GmbHG die aktualisierte Gesellschafterliste beim Handelsregister zur Eintragung einzureichen.[253] 69

Nach dem BGH kann eine Gesellschafterliste auch durch einen **Notar in Basel-Stadt, Schweiz,** eingereicht werden.[254] Im Übrigen richtet sich die Frage der Zulässigkeit einer **Einreichung durch einen ausländischen No-** 70

---

246 OLG Hamm 1.12.2009 – 15 W 304/09, NZG 2010, 113.

247 Lutter/Hommelhoff/Bayer GmbHG § 40 Rn. 80.

248 Lutter/Hommelhoff/Bayer GmbHG § 40 Rn. 80; Mayer DNotZ 2008, 408; Vossius DB 2007, 2304.

249 OLG Hamm 1.12.2009 – 15 W 304/09, NZG 2010, 113.

250 Hierzu Heilmeier NZG 2012, 217.

251 Bestätigt durch OLG Hamm 16.2.2010 – 15 W 322/09, NZG 2010, 475; zustimmend MüKoGmbHG/Heidinger § 40 Rn. 203; Noack/Servatius/Haas/Servatius GmbHG § 40 Rn. 54, 66.

252 Heinemann/Trautrims/Trautrims/Lang GmbHG § 40 Rn. 29.

253 OLG Brandenburg 12.2.2013 – 7 W 72/12, NZG 2013, 507; Bednarz BB 2008, 1060 f.; MüKoGmbHG/Heidinger § 40 Rn. 157; Kort GmbHR 2009, 172; Mayer DNotZ 2008, 409.

254 BGH 17.12.2013 – II ZB 6/13, BGHZ 199, 70 = NZG 2014, 219.

tar weiterhin nach der **Gleichwertigkeitsrechtsprechung** (siehe hierzu unter → § 10 Rn. 28 ff.).[255]

71 Letztlich geht der BGH davon aus, dass § 40 Abs. 1 GmbHG und § 40 Abs. 2 GmbHG nicht in einem Ausschließlichkeitsverhältnis stehen, sondern die Geschäftsführer stets die Listeneinreichung vornehmen können. Dies entspricht nicht der Intention des Gesetzgebers, durch die Einschaltung des Notars die Richtigkeitsgewähr der in ihrer Funktion aufgewerteten Gesellschafterliste zu erhöhen, die vom BGH allerdings in Abrede gestellt und nur für die Notarbescheinigung folgenlos akzeptiert wird. Die sich aus der durch den BGH eröffneten Allzuständigkeit der Geschäftsführer ergebenden Probleme sind erheblich – folgt man dem BGH, kann jeder Geschäftsführer ohne Einschaltung des Notars, Gesellschafterlisten zu beurkundenden Vorgängen einreichen oder die Gesellschafterliste des Notars korrigieren. Damit wird die Rechtslage vor MoMiG wieder hergestellt, was *de lege lata* falsch und zumindest *de lege ferenda* zu korrigieren ist. Schon aus Kostengründen wird die Einreichung der Gesellschafterliste durch die Geschäftsführer die Einreichung durch den Notar über lang oder kurz verdrängen.

72 Aufgrund seiner **Prüfungspflicht** darf der Notar die Gesellschafterliste erst dann zum Handelsregister einreichen, wenn er sich **vom Wirksamwerden der Veränderungen überzeugt** hat.[256] Eine Amtspflicht zur Nachforschung trifft den Notar dabei nicht[257]; er hat auch keinen Auskunftsanspruch gegen die Beteiligten.[258] Immerhin wird er die Beteiligten im Rahmen seiner Hinweispflicht belehren müssen, dass er die Gesellschafterliste erst bei seiner Überzeugung vom Wirksamwerden der Veränderungen einreichen kann.[259] Spiegelbildlich sind die Betroffenen dem Notar gegenüber nicht zur Nachweisführung verpflichtet.[260] Daher ist es im Interesse der Transaktionssicherheit **ratsam, in die Dokumentation eine entsprechende Verpflichtung**[261] **zur Nachweisführung aufzunehmen.**[262]

73 Steht die Veräußerung und Abtretung eines Geschäftsanteils unter einer **aufschiebenden Bedingung,** zB Kaufpreiszahlung oder Kartellfreigabe, so hat sich der Notar im Falle seiner fortdauernden Zuständigkeit vom Eintritt

---

255 BGH 17.12.2013 – II ZB 6/13, BGHZ 199, 70 = NZG 2014, 219.

256 OLG Jena 28.7.2010 – 6 W 256/10, DNotZ 2011, 65 = ZIP 2010, 1796; Lutter/Hommelhoff/Bayer GmbHG § 40 Rn. 85; Mayer ZIP 2009, 1046 ff.; Wachter ZNotP 2008, 388; weitergehend Herrler DNotZ 2008, 910.

257 Bednarz BB 2008, 1060; Götze/Bressler NZG 2007, 894, 896; Mayer DNotZ 2008, 409; Noack/Servatius/Haas/Servatius GmbHG § 40 Rn. 59.

258 Götze/Bressler NZG 2007, 894, 896; Mayer DNotZ 2008, 403, 409.

259 Götze/Bressler NZG 2007, 894, 896; Mayer DNotZ 2008, 403, 409.

260 Lutter/Hommelhoff/Bayer GmbHG § 40 Rn. 87.

261 Formulierung bei Mayer ZIP 2009, 1037, 1047.

262 Lutter/Hommelhoff/Bayer GmbHG § 40 Rn. 87; Heinemann/Trautrims/Trautrims/Lang GmbHG § 40 Rn. 32.

der Bedingung zu überzeugen, bevor er die Gesellschafterliste zum Handelsregister einreicht.[263] Bei Unternehmenskaufverträgen kommt dabei als geeigneter Nachweis insbesondere die **Vorlage des Vollzugsprotokolls bzw. Closing Memorandums** in Betracht.[264]

c) Inhalt

In der Gesellschafterliste sind der **Familien- und Vorname, das Geburtsdatum und der Wohnort des Gesellschafters** anzugeben. Bei juristischen Personen, Personenhandelsgesellschaften und sonstigen eingetragenen Gesellschaften sind stattdessen deren **Firma, Satzungssitz, zuständiges Register und Registernummer** einzutragen, wobei bei der Vor-Gesellschaft der Zusatz „i. G.“ und bei der Liquidationsgesellschaft der Zusatz „i. L.“ in die Liste gehört. 74

Wird ein Geschäftsanteil von einer **Gesellschaft bürgerlichen Rechts** gehalten, war trotz Anerkennung der Rechtsfähigkeit von BGB-Außengesellschaften weiterhin umstritten, ob in die Gesellschafterliste nur die GbR oder auch ihre Gesellschafter einzutragen sind.[265] Im Zuge des MoPeG wurde mit Wirkung ab 1.1.2024 die Aufnahme einer GbR in die Gesellschafterliste ermöglicht, zugleich nur, wenn die GbR in Gesellschaftsregister gem. §§ 706 ff. BGB eingetragen ist. Die Regelung bewirkt somit eine mittelbare Registerpflicht rechtsfähiger GbR, wenn diese Geschäftsanteile halten wollen, was im Ergebnis dazu führt, dass auch bei GbR deren Name, Sitz, zuständiges Registergericht und Registernummer aufzunehmen sind. Für **nicht-rechtsfähige Personengemeinschaften** (zB Erben-, Güter-, sonstige Bruchteilsgemeinschaft) fehlt eine entsprechende Regelung, weshalb es richtigerweise insofern in entsprechender Anwendung beim bisherigen Recht bleibt und weiterhin deren Mitglieder unter einer zusammenfassenden Bezeichnung mit Name, Vorname, Geburtsdatum und Wohnort aufzunehmen sind. 75

Daneben sind stets **die Nennbeträge jedes gehaltenen Geschäftsanteils mit laufender Nummer** sowie die durch den jeweiligen Nennbetrag eines Geschäftsanteils vermittelte jeweilige **prozentuale Beteiligung** am Stammkapital anzugeben.[266] Die Vergabe der laufenden Nummern steht im Ermessen des Geschäftsführers bzw. Notars, sie bedarf keines Gesellschafterbeschlusses.[267] 76

---

[263] Siehe Noack/Servatius/Haas/Servatius GmbHG § 40 Rn. 59 f.

[264] Mayer DNotZ 2008, 403, 409; Schockenhoff/Höder ZIP 2006, 1841, 1846; Noack/Servatius/Haas/Servatius GmbHG § 40 Rn. 61.

[265] Zum Meinungsstand MüKoGmbHG/Heidinger § 40 Rn. 46 ff., vgl. stellvertretend Link RNotZ 2009, 203; aA bis 31.12.2023 Lutter/Hommelhoff/Bayer GmbHG § 40 Rn. 37; Bayer GmbHR 2012, 2; Hasselmann NZG 2009, 412 f.

[266] Ausführlich Noack/Servatius/Haas/Servatius GmbHG § 40 Rn. 13.

[267] Hierzu MüKoGmbHG/Heidinger § 40 Rn. 70 ff.

Technische Erläuterungen zur Veränderung in der Beteiligung sind nicht zwingend, sie sind jedoch zulässig, da sie der Klarheit dienen.[268] Die Praxis sollte hiervon grundsätzlich in der Veränderungsspalte nach Maßgabe der Vorgaben der Gesellschafterlistenverordnung Gebrauch machen, um den Aussagegehalt der Liste zu steigern, wobei jedoch auf prägnante und knappe Formulierungen zu achten ist.[269]

d) Notarbescheinigung

77 Der Notar muss die **Gesellschafterliste gem. § 40 Abs. 2 S. 2 GmbHG mit einer Bescheinigung versehen,** mit der er bestätigt, dass die Gesellschafterliste den Veränderungen entspricht, an denen er durch seine Urkunde mitgewirkt hat, und dass die übrigen Angaben in der Liste mit dem Inhalt der zuletzt im Handelsregister aufgenommenen Gesellschafterliste übereinstimmen. Zur Abgleichung mit dem derzeitigen Stand hat der Notar die **aktuelle Gesellschafterliste abzurufen.**[270] Diese muss er jedoch nicht auf ihre inhaltliche Richtigkeit hin prüfen.[271]

78 Die an die Satzungsbescheinigung nach § 54 Abs. 1 S. 2 GmbHG angelehnte Notarbescheinigung wird in **Vermerksform iSv § 39 BeurkG** erteilt.[272] Mit ihr bescheinigt der Notar, dass die geänderten Eintragungen den Veränderungen entsprechen, an denen der Notar mitgewirkt hat, nicht jedoch dass diese Veränderungen auch wirksam sind.[273] Die Formulierung der Notarbescheinigung bereitet in der Praxis keine besonderen Schwierigkeiten und erfolgt meist in Anlehnung an den Gesetzeswortlaut.[274]

2. Mitteilungs- und Einreichungspflichten

a) Mitteilungspflichten

79 Dem Notar obliegen bei der Durchführung von Unternehmenstransaktionen regelmäßig **Mitteilungspflichten gegenüber dem Finanzamt:**

---

[268] BGH 20.9.2011 – II ZB 17/10, BGHZ 191, 84 = NZG 2011, 1268; BGH 1.3.2011 – II ZB 6/10, NZG 2011, 516.

[269] Noack/Servatius/Haas/Servatius GmbHG § 40 Rn. 13b.

[270] OLG München 26.1.2012 – 31 Wx 13/12, NZG 2012, 588 = DB 2012, 796; Noack/Servatius/Haas/Servatius GmbHG § 40 Rn. 64.

[271] MüKoGmbHG/Heidinger § 40 Rn. 205; Kort GmbHR 2009, 172; Mayer DNotZ 2008, 411; Vossius DB 2007, 2304; Noack/Servatius/Haas/Servatius GmbHG § 40 Rn. 64.

[272] OLG Jena 25.5.2010 – 6 W 39/10, NJW-RR 2010, 1190 = GmbHR 2010, 760; Tebben RNotZ 2008, 441, 456.

[273] MüKoGmbHG/Heidinger § 40 Rn. 311; Noack/Servatius/Haas/Servatius GmbHG § 40 Rn. 63.

[274] Hauschild/Kallrath/Wachter Notar-HdB/Leitzen § 16 Rn. 793.

Nach § 54 EStDV muss der Notar dem Finanzamt innerhalb einer zweiwöchigen Frist eine beglaubigte Abschrift aller beurkundeten oder beglaubigten Erklärungen übermitteln, welche die **Gründung, Kapitalerhöhung bzw. -herabsetzung, Verfügung über Anteile, Umwandlung oder Auslösung von (ausländischen) Kapitalgesellschaften** zum Gegenstand haben.[275] Gleiches gilt nach umstrittener Ansicht der Finanzverwaltung auch für die **Verpflichtung zur Abtretung eines Anteils.**[276] Unerheblich ist, ob diese Maßnahmen vom Eintritt einer Bedingung oder von der Erteilung einer Genehmigung abhängen.[277] Nicht anmeldepflichtig ist das Angebot auf Abschluss eines Verpflichtungs- oder Verfügungsvertrags; die Annahme muss mitgeteilt werden.[278] Mitzuteilen ist auch die Anmeldung einer inländischen Zweigniederlassung einer ausländischen Kapitalgesellschaft (§ 54 Abs. 1 S. 2 EStDV).[279] Erst wenn die Mitteilung vollzogen worden ist, darf der Notar den Beteiligten Ausfertigungen und beglaubigte Abschriften der Urkunde aushändigen.[280]

Für die Zwecke der **Grunderwerbsteuer** hat der Notar dem Finanzamt[281] binnen einer Frist von zwei Wochen nach der Beurkundung[282] mittels des amtlich vorgeschriebenen Vordrucks **alle Geschäfte anzuzeigen, die unmittelbar oder mittelbar das Eigentum an einem inländischen Grundstück betreffen** (§ 18 GrEStG)[283]; bei einem Unternehmenskaufvertrag also insbesondere, wenn die Zielgesellschaft Grundbesitz hält. Die Anzeigepflicht besteht jedoch nicht nur, wenn ein übertragener Rechtsträger selbst über Grundbesitz verfügt, sondern auch, falls dessen Tochter- oder Enkelgesellschaften Grundbesitz halten.[284] Insofern ist der Notar gehalten, sich bei den Beteiligten über inländischen Grundbesitz zu erkundigen, wobei er auf die Auskunft vertrauen darf und keine weitergehende Nachforschungspflicht

---

275 Hauschild/Kallrath/Wachter Notar-HdB/Heinemann/Wolf § 9 Rn. 204.

276 BMF-Schreiben v. 14.3.1997, DStR 1997, 822; aA Küperkoch RNotZ 2002, 298, 308.

277 Hauschild/Kallrath/Wachter Notar-HdB/Heinemann/Wolf § 9 Rn. 205; Küperkoch RNotZ 2002, 298, 309.

278 BMF-Schreiben v. 14.3.1997, DStR 1997, 822.

279 Vgl. BT-Drucks. 16/6739, S. 19; Armbrüster/Preuß/Eickelberg BeurkG § 51 Rn. 29; Wachter ZNotP 2008, 115.

280 Hauschild/Kallrath/Wachter Notar-HdB/Burmeister § 23 Rn. 96; Armbrüster/Preuß/Eickelberg BeurkG § 51 Rn. 26.

281 Dies ist das Finanzamt, in dessen Bezirk sich die Geschäftsleitung der Gesellschaft befindet, deren Anteile übertragen werden, § 17 Abs. 3 GrEStG.

282 Vgl. § 18 Abs. 3 S. 1 GrEStG. Die Frist beginnt also regelmäßig mit dem Tag des Signings, also mit der Beurkundung des Unternehmenskaufvertrages.

283 BFH 11.6.1975 – II R 38/69, BStBl 1975 II, 834 = NJW 1975, 2119; Hauschild/Kallrath/Wachter Notar-HdB/Heinemann/Wolf § 9 Rn. 209.

284 Vgl. § 1 Abs. 3 Nr. 3 GrEStG („oder mittelbar"); Hauschild/Kallrath/Wachter Notar-HdB/Burmeister § 23 Rn. 98.

besteht.[285] Die Beteiligten trifft daneben eine eigene Anzeigepflicht, der sie innerhalb einer zweiwöchigen Frist ab Kenntniserlangung[286] nachzukommen haben[287] (§ 19 GrEStG), worauf der Notar diese hinweisen sollte.

Zudem besteht eine Mitteilungspflicht gem. § 34 ErbStG bei **Schenkung** oder Zweckzuwendung.[288]

b) Einreichungspflichten

aa) Anmeldungen zum Handelsregister und ggf. Gesellschaftsregister

80 Hat der Notar **Willenserklärungen oder Gesellschafterbeschlüsse nach §§ 8 ff. BeurkG beurkundet, die beim Handelsregister einzureichen sind,** muss er dies gem. § 53 BeurkG mit Eintritt der Vollzugsreife veranlassen. Etwas anderes gilt nur dann, wenn die Beteiligten eine abweichende Weisung erteilen, wobei der Notar auf etwaige Verzögerungsrisiken hinzuweisen hat.

Von dieser in § 53 BeurkG normierten **Vollzugstätigkeit** durch **Einreichung von Urkunden als Bote** der Beteiligten ist die **Stellung von Anträgen auf Eintragungen im Handelsregister als Stellvertreter** der Beteiligten zu unterscheiden; § 53 BeurkG verpflichtet nur zur Einreichung von Urkunden nicht auch zur Anbringung von Anträgen.[289]

81 Unter die **Einreichungspflicht nach § 53 BeurkG** fallen alle Erklärungen, welche die Grundlage der zu beantragenden Registereintragung bilden, etwa Gesellschafterbeschlüsse, Gesellschafts-, Unternehmens- und Umwandlungsverträge.[290]

82 Stellt der Notar einen **Antrag** zum Handelsregister, muss er hierfür von den Beteiligten bevollmächtigt worden sein.[291] Für das Registerverfahren gilt gem. § 378 Abs. 2 FamFG die **gesetzliche Vermutung,** dass dem Notar von den Antragsberechtigten eine entsprechende **Vollmacht** erteilt worden ist.[292]

83 **Nach Eintritt der Vollzugsreife,** dh bei Vorliegen aller Genehmigungen und Eintritt aller Bedingungen, die für die Anmeldung erforderlich sind, hat der Notar die Urkunden **unverzüglich,** also ohne schuldhaftes Zögern, an

---

[285] Hauschild/Kallrath/Wachter Notar-HdB/Heinemann/Wolf § 9 Rn. 209; Küperkoch RNotZ 2002, 298, 302.

[286] Regelmäßig wird auch dies der Tag des Signings sein.

[287] BFH 30.10.1996 – II R 69/94, BStBl. II 1997, 85 = BeckRS 1996, 23000131.

[288] Dazu Hauschild/Kallrath/Wachter Notar-HdB/Heinemann/Wolf § 9 Rn. 210 ff.

[289] Armbrüster/Preuß/Eickelberg BeurkG § 53 Rn. 5; Heinemann/Trautrims/Doetsch BeurkG § 53 Rn. 2.

[290] Siehe BayObLG 1.10.1970 – 2 Z 36/70, BayObLGZ 1970, 237 = NJW 1971, 147; Hauschild/Kallrath/Wachter Notar-HdB/Heinemann/Wolf § 9 Rn. 217.

[291] Armbrüster/Preuß/Eickelberg BeurkG § 53 Rn. 9.

[292] Ausführlich zur Vollmacht Armbrüster/Preuß/Eickelberg BeurkG § 53 Rn. 10.

das Registergericht zu **übermitteln.**[293] In der Regel sollte dem Notar hierbei eine Bearbeitungszeit von ca. sieben Tagen eingeräumt sein.[294] In eilbedürftigen Angelegenheit ist die Einreichungsfrist verkürzt; zu diesen zählen insbesondere Eintragungen, die Haftungsausschlüsse nach den §§ 25 Abs. 2, 28 Abs. 2 HGB, das Erlöschen der Handelndenhaftung gem. § 11 Abs. 2 GmbHG oder den Eintritt der Haftungsbeschränkung des Kommanditisten gem. § 176 Abs. 2 HGB herbeiführen.[295]

Im Einzelfall kann **zweifelhaft** sein, ob der Notar zu einer über die An- 84
meldung hinausgehenden **Überwachung des Vollzugs** verpflichtet ist. Eine solche Verpflichtung ergibt sich nicht per se aus der gesetzlichen Einreichungspflicht nach § 53 BeurkG, sie kann dem Notar aber als besondere Betreuungsaufgabe übertragen werden.[296] Die **Betreuungspflicht** umfasst nicht nur Nachfrage beim Registergericht, wann mit der Eintragung zu rechnen ist, sondern auch die **Beseitigung von Eintragungshindernissen** und die **inhaltliche Prüfung der Eintragungsnachricht.**[297] Von der Übernahme einer Betreuungspflicht wird man auszugehen haben, wenn der Notar einen Eintragungsantrag (im elektronischen Übermittlungsverfahren) gestellt hat.[298] Will der Notar diese Pflichtenstellung vermeiden, so muss er die Beteiligten hierüber belehren, und gegenüber dem Registergericht erkennbar nur als Bote auftreten.[299]

Einen Sonderfall stellt die Einreichung der **Gesellschafterliste** gem. § 40 Abs. 2 GmbHG dar (dazu → Rn. 65 ff.).

---

[293] Hauschild/Kallrath/Wachter Notar-HdB/Heinemann/Wolf § 9 Rn. 219.

[294] Vgl. Heckschen/Herrler/Münch BeckNotar-HdB/Kindler § 31 Rn. 337; Grein RNotZ 2004, 117; Kanzleiter DNotZ 1979, 314; siehe auch Winkler BeurkG § 53 Rn. 17 ff. Nach Hauschild/Kallrath/Wachter Notar-HdB/Heinemann/Wolf § 9 Rn. 219 genügt der Notar seiner Einreichungspflicht in aller Regel, wenn er die Anmeldung innerhalb von 10 Werktagen an das Registergericht übermittelt. Nach BGH 13.6.2002 – IX ZR 196/01, NJW 2002, 3391, ist der Notar verpflichtet, die von ihm beurkundete Willenserklärung mit der „ihm möglichen und zumutbaren Beschleunigung" einzureichen, insbesondere dann, wenn die Sache erkennbar eilbedürftig ist.

[295] Zu dieser Unterscheidung vgl. BGH 3.6.1993 – III ZR 104/92, BGHZ 123, 9 = NJW 1993, 3061; BGH 9.7.1958 – V ZR 5/57, BGHZ 28, 108 f. = NJW 1958, 1532; Armbrüster/Preuß/Eickelberg BeurkG § 53 Rn. 24; Reithmann NotBZ 2004, 100; Winkler BeurkG § 53 Rn. 53.

[296] Armbrüster/Preuß/Eickelberg BeurkG § 53 Rn. 28; Hauschild/Kallrath/Wachter Notar-HdB/Heinemann/Wolf § 9 Rn. 221.

[297] Armbrüster/Preuß/Eickelberg BeurkG § 53 Rn. 28; Hauschild/Kallrath/Wachter Notar-HdB/Heinemann/Wolf § 9 Rn. 221.

[298] Armbrüster/Preuß/Eickelberg BeurkG § 53 Rn. 29; Hauschild/Kallrath/Wachter Notar-HdB/Heinemann/Wolf § 9 Rn. 221; Winkler BeurkG § 53 Rn. 56.

[299] BGH 9.7.1958 – V ZR 5/57, BGHZ 28, 109 = NJW 1958, 1532; Armbrüster/Preuß/Eickelberg BeurkG § 53 Rn. 29; Hauschild/Kallrath/Wachter Notar-HdB/Heinemann/Wolf § 9 Rn. 221; Winkler BeurkG § 53 Rn. 59.

Wie bereits erwähnt, gibt es keinen gesetzlichen Zwang zur Eintragung für die GbR. Allerdings besteht ein faktischer Zwang für solche Gesellschaften bürgerlichen Rechts, die registrierungsfähige Rechte erwerben wollen, in deren Verfahrensrechten seit dem 1.1.2024 eine Voreintragungsobliegenheit für GbR geregelt ist. Dies kann bei Beteiligung einer bisher nicht im Gesellschaftsregister eingetragenen GbR an einer Unternehmenstransaktion dazu führen, dass im Rahmen des Vollzugs eine entsprechende Anmeldung der GbR zum Gesellschaftsregister einzureichen ist.

In den folgenden wichtigen Fällen werden Eintragungen und Änderungen von Eintragungen in Bezug auf eine GbR nur vorgenommen, wenn die GbR vorher im Gesellschaftsregister eingetragen wurde (Voreintragungsobliegenheit):
- Eintragungen im Grundbuch, § 47 Abs. 2 GBO, Art. 229 § 21 EGBGB;
- Gesellschafterliste, § 40 Abs. 1 S. 3 GmbHG;
- Aktionärsliste, § 67 Abs. 1 S. 3 AktG (Ausnahme: Veränderungen im Gesellschafterbestand der GbR);
- Eintragung als Gesellschafterin einer eGbR, § 707a Abs. 1 S. 2 BGB;
- Eintragung als Gesellschafterin einer OHG, § 105 Abs. 3 HGB iVm § 707a Abs. 1 S. 2 BGB; für Altgesellschaften siehe die Übergangsvorschrift in Art. 89 EGHGB;
- Eintragung als Gesellschafterin einer KG, § 161 Abs. 2 HGB iVm § 105 Abs. 3 HGB, § 707a Abs. 1 S. 2 BGB; für Altgesellschaften siehe die Übergangsvorschrift in Art. 89 EGHGB; und
- Eintragung einer Gesellschafterin einer KGaA, § 278 Abs. 2 AktG iVm §§ 105 Abs. 2, 161 Abs. 2 HGB, § 707a Abs. 1 S. 2 BGB.

Der Notar sollte im Rahmen seiner Belehrung den Hinweis erteilen, dass ohne die Voreintragung der an der Beurkundung beteiligten (rechtserwerbenden oder rechtsveräußernden) Außengesellschaft bürgerlichen Rechts in das Gesellschaftsregister der Vollzug der Urkunde nicht möglich ist. Insofern kann die Aufnahme einer Verpflichtung der betreffenden GbR (und ihrer Gesellschafter) zur Registeranmeldung in der Urkunde empfehlenswert sein.

bb) Anträge zum Grundbuchamt

85 Hinsichtlich etwaiger Anträge zum Grundbuchamt und der Vollzugstätigkeit nach § 53 BeurkG gelten die Ausführungen zu den Anmeldungen beim Handelsregister unter → Rn. 80 ff. sinngemäß.

Ist ein gesellschaftsrechtliches Geschäft beurkundet worden, das zur Unrichtigkeit des Grundbuchs führt, trifft den Notar gem. § 53 BeurkG die Pflicht, die zur **Berichtigung des Grundbuchs** notwendigen Urkunden nach Eintritt der Vollzugsreife beim Grundbuchamt einzureichen.[300] Ursäch-

[300] Hauschild/Kallrath/Wachter Notar-HdB/Heinemann/Wolf § 9 Rn. 223.

liche Maßnahmen sind vor allem die **umwandlungsrechtliche Gesamtrechtsnachfolge,** die personengesellschaftsrechtliche **Anwachsung** und der **Ein- bzw. Austritt eines Gesellschafters in bzw. aus einer nicht im Gesellschaftsregister eingetragenen GbR, die Grundbesitz hält.**[301]

Gem. § 15 Abs. 2 GBO kann sich der Notar auch im Grundbuchverfahren auf die **gesetzliche Vermutung der Bevollmächtigung** durch die Beteiligten stützen.

3. Notarielle Verwahrtätigkeit, insbesondere Anderkonto

In Unternehmenstransaktionen vereinbaren die Parteien regelmäßig den **Einbehalt eines Teils des Kaufpreises auf einem Treuhandkonto** zum Zwecke der Absicherung möglicher Garantieansprüche des Käufers („Escrow Account"). Der einzubehaltende Betrag kann gem. § 54b BeurkG durch den Notar auf einem Sonderkonto für fremde Gelder **(Notaranderkonto)** verwahrt werden. Das **Treuhandkonto** kann jedoch **auch für die Parteien durch ein privates Kreditinstitut** geführt werden, das bei Bedarf mit einem Sperrvermerk versehen werden kann, wonach die Auszahlung des Guthabens nur unter bestimmten, durch notarielle Bestätigung nachzuweisenden Voraussetzungen zulässig ist („Sperrkonto").[302] Da für die notarielle Verwahrung zusätzliche Gebühren anfallen, wird nicht selten ein privates Treuhandkonto gewählt, um die Transaktionskosten zu senken.[303] 86

Daneben wird zum Teil eine **Verwahrung der Dokumente des Datenraums**[304] zum Zwecke der Beweissicherung mit Blick auf mögliche Gewährleistungsansprüche gewünscht.[305] Hierbei ist mittlerweile anerkannt, dass auch eine **Verwahrung elektronischer Datenträger zulässig** ist.[306] Bei der Verwahrung eines physischen oder elektronischen Datenraumrauminhalts handelt es sich zwar nicht um eine Verwahrung iSv § 23 BNotO, sodass die §§ 57 ff. BeurkG sowie §§ 11 ff. DONot nicht unmittelbar anzuwenden sind; dies schließt jedoch die Verwahrung im Rahmen der sonstigen Betreuung auf 87

[301] Eingehend MüKoBGB/Lettmaier § 873 Rn. 22 ff.

[302] Vgl. Meyding/Grau NZG 2011, 41, 44.

[303] So Meyding/Grau NZG 2011, 41, 44.

[304] Der Datenraum soll alle für den Unternehmenskauf relevanten Informationen und Unterlagen enthalten, die in Datenordnern zusammengestellt werden, vgl. Hanke/Socher NJW 2010, 830. Während früher „physische Datenräume" eingerichtet wurden, in denen die Informationen in Papierform zur Verfügung gestellt wurden, sind heutzutage „virtuelle Datenräume" vorherrschend, die von spezialisierten Providern erstellt werden und allein über das Internet zugänglich sind. Hierbei liegen die Informationen in gescannter Form vor und es kann über die Vergabe von Sicherheitscodes selektiv Zugang gewährt werden.

[305] Hierzu Hauschild/Kallrath/Wachter Notar-HdB/Burmeister § 23 Rn. 103 ff.

[306] OLG Hamm 18.10.2005 – 15 W 298/05, RNotZ 2006, 72; Heyn DNotZ 1998, 177; Leistner MittBayNot 2003, 3 ff.; Milzer ZNotP 2004, 350, 352; Weingärtner Rn. 242 f.

dem Gebiet der vorsorgenden Rechtspflege gem. § 24 BNotO nicht aus[307], wobei die Verwahrungsvorschriften des BeurkG weitgehend analog herangezogen werden.[308]

88 Die **Übernahme** der Verwahrungstätigkeit steht **im Ermessen des Notars** (vgl. § 23 BNotO).[309] **Gesetzliche Voraussetzungen** für die Verwahrung sind gem. § 57 Abs. 2–5 BeurkG ein Antrag verbunden mit einer schriftlichen gewissen Mindestanforderungen entsprechenden Verwahrungsanweisung, die schriftliche Annahme durch den Notar und das Vorliegen eines berechtigten Sicherungsinteresses.

89 Dogmatisch ist zwischen dem **öffentlich-rechtlichen Verwahrungsantrag,** der das „Ob" der Beauftragung des Notars betrifft, der ebenso **öffentlich-rechtlichen Verwahrungsanweisung,** die das „Wie" der Verwahrung im Verhältnis zum Notar regelt, und der **zivilrechtlichen Verwahrungsvereinbarung,** die das Verhältnis der Beteiligten untereinander angeht und einzig der notariellen Form bedarf[310], zu unterscheiden.[311] Die folgenden Punkte sollten dabei festgelegt werden[312]:

- Identität des Anweisenden und des Hinterlegers[313];
- Empfangsberechtigte;
- Hinterlegungszeitpunkt;
- Bedingungen der Einzahlung;
- Art und Weise der Hinterlegung;
- Zinsberechtigung;
- Tragung der Notar[314]- und Bankkosten[315];
- Rückzahlung der eingezahlten Gelder bei Störung der Vertragsdurchführung; und
- Auszahlung des hinterlegten Geldes.

---

[307] Hauschild/Kallrath/Wachter Notar-HdB/Burmeister § 23 Rn. 108; Leistner MittBayNot 2003, 8; DNotI-Rep. 1997, 55.

[308] OLG Hamm 18.10.2005 – 15 W 298/05, RNotZ 2006, 72.

[309] Siehe DNotI-Rep. 1996, 48; Leistner MittBayNot 2003, 7; Armbrüster/Preuß/Mayer BeurkG Vor §§ 57 ff. Rn. 9 f.; Hauschild/Kallrath/Wachter Notar-HdB/Burmeister § 23 Rn. 108.

[310] Vgl. Winkler BeurkG § 57 Rn. 54.

[311] Armbrüster/Preuß/Mayer BeurkG Vor §§ 57 ff. Rn. 11 ff.; Winkler BeurkG § 57 Rn. 50, 54.

[312] Siehe Armbrüster/Preuß/Mayer BeurkG § 57 Rn. 45 ff.

[313] Weingärtner Rn. 66.

[314] Wer die Notarkosten trägt, ist zwischen den Beteiligten auszuhandeln. In der Praxis hat es sich eingebürgert, dass die Kosten des Kaufvertrages in der Regel vom Käufer zu tragen sind, die Lastenfreistellungskosten dagegen vom Verkäufer, vgl. Armbrüster/Preuß/Mayer BeurkG § 57 Rn. 70.

[315] Da Banken Kosten sofort abziehen, sollte vereinbart werden, dass die Bankkosten von demjenigen getragen werden, dem die Zinsen zufließen. Fehlt versehentlich eine Regelung in der Verwahrungsanweisung, darf ebenso verfahren werden, so Armbrüster/Preuß/Mayer BeurkG § 57 Rn. 68; Weingärtner Rn. 163.

Ein berechtigtes Sicherungsinteresse liegt regelmäßig nur dann vor, wenn die Interessen der Beteiligten nach objektiven Gesichtspunkten bei einer Abwicklung im Wege der Direktzahlungsmethode nicht wenigstens ebenso gut gewahrt werden können; allein der Wunsch der Beteiligten, Zahlungen über ein Anderkonto abzuwickeln, ist nicht ausreichend.[316] Soweit ersichtlich, ist bislang nicht entschieden worden, inwiefern bei einem Unternehmenskaufvertrag das berechtigte Sicherungsinteresse angenommen werden kann. In Anlehnung an die im Grundstücksrecht herausgebildete Fallgruppenbildung ist indes **grundsätzlich davon auszugehen, dass ein berechtigtes Sicherungsinteresse für den Einbehalt eines Teils des Kaufpreises besteht.**[317] Hinsichtlich der Verwahrung eines Datenrauminhalts dürfte sich das berechtigte Sicherungsinteresse aus dem Bedürfnis nach Beweissicherung ergeben.[318] Das konkrete Vorliegen des berechtigten Sicherungsinteresses muss jedoch in jedem Einzelfall gesondert überprüft werden. 90

Erfüllungswirkung kommt der Verwahrung nach dem BGH nur dann zu, wenn die Parteien dies ausnahmsweise vereinbaren.[319] Im Übrigen sollten die Parteien festlegen, ob Erfüllung mit Auszahlung an den Verkäufer oder bereits mit Eintritt der Auszahlungsreife eintreten soll.[320] 91

4. Korrektur der Urkunde

Für die Frage, inwieweit Korrekturen an einer Urkunde vorgenommen werden können, ist zwischen Änderungen vor bzw. nach Abschluss der Niederschrift zu unterscheiden. 92

Vor Abschluss der Niederschrift ist jede Änderung zulässig.[321] Da äußerliche Mängel gem. § 419 ZPO die Beweiskraft der Niederschrift iSv § 437 ZPO vermindern können, sollte auf eine äußerlich korrekte Form der Urkunde geachtet werden.[322] Radieren, Wegschaben, Überkleben, Verwenden von „Tipp-Ex" sollte vermieden, wichtige Zahlen in Ziffern und Buchstaben ausgedrückt und Lücken sowie leere Seiten mit Füllstrichen versehen wer-

[316] OLG Celle 16.2.2011 – Not 24/10, NotBZ 2011, 214 = BeckRS 2011, 4505; KG 25.5.2004 – 1 W 472/01, MittBayNot 2005, 430; OLG Bremen 18.3.2004 – 1 W 1/04, MittBayNot 2005, 428; grundlegend Brambring DNotZ 1999, 381 ff.

[317] Armbrüster/Preuß/Mayer BeurkG § 57 Rn. 7 ff.

[318] Hauschild/Kallrath/Wachter Notar-HdB/Burmeister § 23 Rn. 109.

[319] BGH 25.3.1983 – V ZR 168/81, BGHZ 87, 156 = NJW 1983, 1605 = DNotZ 1983, 549.

[320] Zu den damit verbundenen Rechtsunsicherheiten Armbrüster/Preuß/Mayer BeurkG Vor §§ 57 ff. Rn. 21 ff.; Heckschen/Herrler/Münch BeckNotar-HdB/Trömer § 1 Rn. 851.

[321] Armbrüster/Preuß/Eickelberg BeurkG § 44a Rn. 4; Winkler BeurkG § 44a Rn. 5.

[322] Siehe BGH 17.5.1994 – XI ZR 117/93, DNotZ 1995, 36 f.; Armbrüster/Preuß/Eickelberg BeurkG § 44a Rn. 4; Winkler BeurkG § 44a Rn. 6.

den.[323] Das prozedurale **Verfahren** zur Vornahme von Änderungen ist **in § 44a Abs. 1 BeurkG festgelegt,** wobei zwischen geringfügigen und nicht geringfügigen Änderungen[324] unterschieden werden muss:

- **Geringfügige Änderungen,** insbesondere Schreibfehler, darf der Notar formlos, dh ohne jeden Zusatz, im Text oder am Rand ohne Unterschrift vornehmen.[325]
- **Nicht geringfügige Änderungen,** also solche, die sich auf den Inhalt der Urkunde auswirken, sollen entweder vor dem Schlussvermerk oder am Rand bzw. zwischen den Textzeilen vermerkt und im letzten Fall von dem Notar besonders unterzeichnet werden.[326] Bei erheblichen Änderungen empfiehlt sich, die betroffenen Seiten neu zu schreiben bzw. neu ausdrucken zu lassen.[327]
- **Änderungen in Anlagen** brauchen gem. § 44a Abs. 1 S. 2 BeurkG nicht unterzeichnet zu werden, wenn ihre Genehmigung aus der Niederschrift hervorgeht.

93 **Nach Abschluss der Niederschrift sind Änderungen nach Maßgabe von § 44a Abs. 2 BeurkG zulässig.** Hierbei ist zwischen offensichtlichen Unrichtigkeiten und sonstigen Änderungen zu differenzieren:

- **Offensichtliche Unrichtigkeiten,** vor allem Schreib- und Rechenfehler, Unvollständigkeiten sowie Wortverwechselungen (Verkäufer/Käufer), können gem. § 44a Abs. 2 S. 1 BeurkG durch einen **Nachtragsvermerk** (§ 39 BeurkG) berichtigt werden.[328] In der Literatur wird eine weite Auslegung des Begriffs der offensichtlichen Unrichtigkeit befürwortet.[329] Dieser ist nach den Unterschriften oder auf einem besonderen, mit der Urkunde zu verbindenden Blatt niederzulegen und mit dem Datum der Richtigstellung zu versehen (§ 44a Abs. 2 S. 2 BeurkG).
- **Sonstige Änderungen,** insbesondere den Inhalt betreffende, müssen gem. § 44a Abs. 2 S. 3 BeurkG durch eine **Nachtragsniederschrift,** also eine

---

[323] Heckschen/Herrler/Münch BeckNotar-HdB/Kindler § 31 Rn. 202.

[324] Ob eine Änderung geringfügig ist oder nicht, entscheidet nicht ihr Umfang, sondern ihre Bedeutung im konkreten Einzelfall, vgl. BNotK DNotZ 1976, 262. Wann in diesem Sinne eine geringfügige Veränderung vorliegt, lässt sich abstrakt am besten in Abgrenzung zur nicht geringfügigen Änderung bestimmen. Eine Änderung ist dann nicht mehr geringfügig, wenn sie sich auf den Inhalt der beurkundeten Erklärung auswirkt oder auswirken kann, siehe BGH 15.4.1994 – V ZR 175/92, DNotZ 1995, 28 m. Anm. Wochner; Bücker/Viefhues ZNotP 2004, 431; Frenz/Miermeister/Limmer BeurkG § 44a Rn. 4; Winkler BeurkG § 44a Rn. 9.

[325] Armbrüster/Preuß/Eickelberg BeurkG § 44a Rn. 6; Winkler BeurkG § 44a Rn. 8.

[326] Armbrüster/Preuß/Eickelberg BeurkG § 44a Rn. 7 f.; Winkler BeurkG § 44a Rn. 9 ff.

[327] Heckschen/Herrler/Münch BeckNotar-HdB/Kindler § 31 Rn. 205.

[328] Armbrüster/Preuß/Eickelberg BeurkG § 44a Rn. 14 ff.; Winkler BeurkG § 44a Rn. 16 ff.

[329] Heinemann/Trautrims/Doetsch BeurkG § 44a Rn. 11; DNotI-Rep. 2000, 73, 74 mwN.

neue Niederschrift, berichtigt werden; das Verfahren für eine solche Nachtragsbeurkundung ist besonders im neuen § 44b BeurkG geregelt.[330]

Eine entgegen § 13 Abs. 1 S. 1 BeurkG **vergessene Unterschrift eines Beteiligten** kann nach materiell-rechtlichen Grundsätzen gem. § 152 BGB durch Nachtragsbeurkundung ohne Mitwirkung der übrigen Beteiligten nachgeholt werden[331], sofern nicht das Gesetz die gleichzeitige Anwesenheit beider Parteien vor dem Notar anordnet (so §§ 925, 1410, 2276, 2290 BGB).[332] In letzterem Fall müssen die Beteiligten zur Beurkundung ihrer Willenserklärungen erneut zusammenkommen.[333] **94**

IV. Transaktionsbegleitende Beurkundungen

1. Bezugsurkunden

Der Notar muss angesichts der umfangreichen Vertragswerke von Unternehmenstransaktionen **dafür Sorge tragen, dass die Beurkundung in der verfügbaren Zeit der Beteiligten formwirksam durchgeführt wird.** Dies gilt ebenso für Immobilientransaktionen.[334] Der Notar kann den eigentlichen **Beurkundungstermin** dabei insbesondere dadurch **entlasten,** dass er im Vorfeld eine oder mehrere **Bezugsurkunden protokolliert, auf die später verwiesen werden kann.** Bei großem Zeitdruck kann dies auch durch mehrere Notare geschehen. Zu den Voraussetzungen und Grenzen für den Einsatz von Bezugsurkunden ausführlich unter → Rn. 36 ff. **95**

2. Vollmachten

Da Abschluss und Vollzug von Unternehmenstransaktionen **regelmäßig durch Bevollmächtigte** durchgeführt werden, kann in bestimmten Fällen das Bedürfnis für eine Beurkundung von etwa benötigten Vollmachten bestehen. **96**

---

[330] BayObLG 16.5.2002 – 2 Z BR 181/01, ZNotP 2002, 439; Armbrüster/Preuß/Eickelberg BeurkG § 44a Rn. 23; Reithmann DNotZ 1999, 32; Winkler BeurkG § 44a Rn. 23 f.

[331] Siehe OLG Düsseldorf 7.10.1998 – 15 U 192/97, DNotZ 2000, 299 für den Fall der Abtretung eines GmbH-Geschäftsanteils.

[332] Zutreffend Armbrüster/Preuß/Eickelberg BeurkG § 44a Rn. 18; Winkler BeurkG § 13 Rn. 67.

[333] DNotI-Rep. 1998, 34; Armbrüster/Preuß/Eickelberg BeurkG § 44a Rn. 18.

[334] Zu den Besonderheiten von Immobilientransaktionen Disput/Hübner/Schmitt ZfIR 2008, 610.

Gem. § 167 Abs. 2 BGB bedürfen Vollmachten nicht der Form, die für das Geschäft vorgeschrieben ist, auf das sich die Vollmacht bezieht. **Grundsätzlich** können Vollmachten deshalb **formfrei** erteilt werden.[335] In der Praxis werden sie zum Zwecke der Beweissicherung jedoch regelmäßig privatschriftlich erteilt.

97 Von diesem Grundsatz bestehen einige für Unternehmenstransaktionen wichtige **Ausnahmen,** die **notariell beglaubigte Vollmachten** erforderlich machen:

- Gründung einer GmbH, § 2 Abs. 2 GmbHG;
- Übernahme eines GmbH-Geschäftsanteils im Rahmen einer Kapitalerhöhung, § 55 Abs. 1 GmbHG[336];
- Gründung einer Aktiengesellschaft, § 23 Abs. 1 S. 2 AktG;
- Anmeldung zur Eintragung in das Handelsregister, § 12 Abs. 1 S. 2 HGB[337];
- durch das Grundbuchamt zu prüfende Erklärungen, § 29 Abs. 1 GBO[338]; und
- Verpflichtung zum Erwerb oder zur Veräußerung eines Grundstücks gem. § 311b Abs. 1 BGB, wenn der Vollmachtgeber durch die Erteilung der Vollmacht rechtlich oder tatsächlich in gleicher Weise gebunden wird wie durch den späteren Vertragsabschluss.[339]
- **Keiner Form** bedarf dagegen die Vollmacht zur **Abtretung eines GmbH-Geschäftsanteils,** selbst wenn diese unwiderruflich ist.[340]
- **Stimmrechtsvollmachten** können sowohl in der GmbH als auch in der Aktiengesellschaft in **Textform** erteilt werden (§ 47 Abs. 3 GmbHG bzw. § 134 Abs. 3 S. 2 AktG), wenn nicht die Satzung eine strengere Form vorschreibt.

3. Gesellschafterbeschlüsse

a) Allgemein

98 Im Rahmen von Unternehmenstransaktionen spielt die Beurkundung von Beschlüssen der Gesellschafterversammlung einer GmbH und der Hauptver-

---

[335] BGH 1.4.1998 – XII ZR 278/96, DNotZ 1999, 46; MüKoBGB/Schubert § 167 Rn. 14.

[336] AllgM, s. MüKoGmbHG/Lieder § 55 Rn. 174.

[337] Etwa erforderliche Anmeldungen können uU auch durch den Notar vorgenommen werden, für dessen Bevollmächtigung gem. § 378 Abs. 2 FamFG eine gesetzliche Vermutung besteht.

[338] Etwa erforderliche Anträge können uU ebenso durch den Notar gestellt werden, für dessen Bevollmächtigung gem. § 15 Abs. 2 GBO eine gesetzliche Vermutung besteht.

[339] Heckschen/Herrler/Münch BeckNotar-HdB/Reetz § 27 Rn. 69 ff.; MüKoBGB/Schubert § 167 Rn. 19 ff.

[340] MüKoGmbHG/Weller/Reichert § 15 Rn. 62 f.

sammlung einer Aktiengesellschaft eine große Rolle.[341] Aufgrund der besonderen Rechtsnatur von Versammlungsbeschlüssen[342] können diese grundsätzlich im **vereinfachten Verfahren nach §§ 36 f. BeurkG** beurkundet werden.[343]

Es ist indes auch zulässig, die Beurkundung von Versammlungsbeschlüssen in der **strengeren Form gem. §§ 8 ff. BeurkG** niederzuschreiben.[344] Dies gilt auch für Umwandlungsbeschlüsse.[345] Bei der Beurkundung von **GmbH-Gesellschafterbeschlüssen** wird häufig bevorzugt das ausführliche Verfahren gewählt, da Beschlüsse oftmals mit Willenserklärungen (zB Anteilsübertragungen) in einer Urkunde zusammengenfasst werden.[346] Auch bietet sich eine Beurkundung nach den §§ 8 ff. BeurkG insbesondere bei einem überschaubaren Gesellschafterkreis und voraussichtlich einstimmigen Beschlüssen an.[347] Bei nicht einstimmiger Beschlussfassung ist dabei zu beachten, dass auch dissentierende Gesellschafter die Niederschrift unterschreiben müssen.[348] **99**

Für die Niederschrift von **Hauptversammlungen einer Aktiengesellschaft** gilt jedoch vorrangig **§ 130 AktG,** daneben kommt das Beurkundungsgesetz nur ergänzend zur Anwendung.[349] Für die Beurkundung von GmbH-Gesellschafterbeschlüssen kann zur Lückenfüllung auf § 130 AktG zurückgegriffen werden.[350] **100**

Die allgemeinen **Prüfungs- und Belehrungspflichten** gem. §§ 17 ff. BeurkG sind im Rahmen einer Wahrnehmungsprotokollierung **nicht anwendbar.**[351] Der Notar ist jedoch aufgrund seiner allgemeinen Betreuungspflicht gehalten, dafür **Sorge zu tragen, dass die Versammlung einen rechtmäßigen Ablauf nimmt und gültige Beschlüsse gefasst werden.**[352] **101**

---

341 Vgl. Hauschild/Kallrath/Wachter Notar-HdB/Heinemann/Wolf § 9 Rn. 180.

342 Hierzu MHLS/Römermann GmbHG § 47 Rn. 8 ff.

343 Vgl. Armbrüster/Preuß/Tebben BeurkG § 37 Rn. 7, 17; Hauschild/Kallrath/Wachter Notar-HdB/Heinemann/Wolf § 9 Rn. 180; Winkler BeurkG § 37 Rn. 12, 18.

344 DNotI-Rep. 1997, 229; Armbrüster/Preuß/Tebben BeurkG § 36 Rn. 7; Röll DNotZ 1979, 650; Hauschild/Kallrath/Wachter Notar-HdB/Heinemann/Wolf § 9 Rn. 181; Winkler BeurkG § 37 Rn. 9.

345 OLG München 3.2.2010 – 31 Wx 135/09, DNotZ 2011, 142; Winkler BeurkG § 37 Rn. 9.

346 Hauschild/Kallrath/Wachter Notar-HdB/Wolf § 9 Rn. 181.

347 Winkler BeurkG § 37 Rn. 13.

348 Hinweis von Armbrüster/Preuß/Tebben BeurkG § 37 Rn. 17.

349 LG Frankfurt aM 21.12.2005 – 3/9 O 98/03, NotBZ 2006, 63; OLG Düsseldorf 28.3.2003 – 16 U 79/02, RNotZ 2003, 331 f.; Bohrer NJW 2007, 2019; Kanzleiter DNotZ 2007, 807; Armbrüster/Preuß/Tebben BeurkG § 37 Rn. 7; Winkler BeurkG § 37 Rn. 18a.

350 Armbrüster/Preuß/Tebben BeurkG § 37 Rn. 17; Frenz/Miermeister/Limmer BeurkG § 37 Rn. 17; Röll DNotZ 1979, 646; Winkler BeurkG § 37 Rn. 12.

351 Armbrüster/Preuß/Tebben BeurkG § 37 Rn. 15, 23; Röll DNotZ 1979, 651; Winkler BeurkG § 37 Rn. 11.

352 Armbrüster/Preuß/Tebben BeurkG § 37 Rn. 15 f., 23; Röll DNotZ 1979, 644, 652.

b) GmbH

102 Beschlüsse über **Satzungsänderungen einer GmbH einschließlich Kapitalmaßnahmen** bedürfen gem. § 53 Abs. 2 GmbHG der notariellen Form. Die **Niederschrift** des Notars über einen satzungsändernden Beschluss muss **mindestens enthalten**[353]:

- Bezeichnung des Notars, § 37 Abs. 1 S. 1 Nr. 1 BeurkG;
- Angabe der Versammlungsteilnehmer;
- ggf. Angabe des Versammlungsleiters, § 10 BeurkG gilt nicht;
- ggf. Vorlage von Vollmachten, §§ 47 Abs. 3, 55 Abs. 1 GmbHG bzw. Satzungsbestimmung;
- Feststellung, dass es sich um einen satzungsändernden Beschluss handelt;
- Bezeichnung des Beschlussgegenstands;
- Art und Ergebnis der Abstimmung;
- ggf. Feststellung des Abstimmungsergebnisses durch den Versammlungsleiter; und
- Unterschrift des Notars, § 37 Abs. 3 BeurkG.

103 Nach § 37 Abs. 2 BeurkG sollen **Ort und Tag der Versammlung** sowie der Errichtung der Urkunde angegeben werden.[354] **Zu Beweiszwecken** sollten **darüber hinaus folgende Punkte** aufgenommen werden[355]: Einberufung und Ladung der Versammlung, Widerspruch eines Gesellschafters, Verzicht auf die Rüge formeller Mängel, Auskunftsverlangen, Auskunftsverweigerung, Stimmverbote.[356]

104 Bei **Umwandlungsbeschlüssen,** die nach § 13 Abs. 3 S. 1 UmwG ebenso der notariellen Form bedürfen, ist der Niederschrift gem. § 13 Abs. 3 S. 2 UmwG zudem der entsprechende Vertrag bzw. ein Entwurf beizufügen.

105 **Offensichtliche Unrichtigkeiten** kann der Notar durch einen Nachtragsvermerk gem. § 44a Abs. 2 S. 1, 2 BeurkG verbessern.[357] Darüber hinaus können **Änderungen und Berichtigungen** nach § 44a Abs. 2 S. 3 BeurkG durch eine förmliche Niederschrift vorgenommen werden.[358]

106 Bei Anmeldung der **Änderung des Gesellschaftsvertrages einer GmbH** ist gem. § 54 Abs. 1 S. 2 Hs. 1 GmbHG der vollständige Wortlaut des Gesell-

---

[353] Nach Hauschild/Kallrath/Wachter Notar-HdB/Heinemann/Wolf § 9 Rn. 184; Armbrüster/Preuß/Tebben BeurkG § 37 Rn. 19.

[354] Fehlen diese Angaben, so ist die Urkunde dennoch wirksam, kann aber in ihrem Beweiswert eingeschränkt sein, vgl. Hauschild/Kallrath/Wachter Notar-HdB/Heinemann/Wolf § 9 Rn. 185.

[355] Armbrüster/Preuß/Tebben BeurkG § 37 Rn. 21.

[356] Frenz/Miermeister/Limmer BeurkG § 37 Rn. 17, 18.

[357] Hauschild/Kallrath/Wachter Notar-HdB/Heinemann/Wolf § 9 Rn. 185.

[358] Hauschild/Kallrath/Wachter Notar-HdB/Heinemann/Wolf § 9 Rn. 185; Winkler BeurkG § 37 Rn. 36 ff.

schaftsvertrages beizufügen. Hierbei hat der Notar die geänderten Bestimmungen in die ursprüngliche Satzungsurkunden redaktionell einzuarbeiten und zwar ohne Rücksicht auf etwa überholte Satzungsbestimmungen.[359] Nach § 54 Abs. 1 S. 2 Hs. 2 GmbHG muss der Gesellschaftsvertrag mit der Bescheinigung des Notars versehen werden, dass die geänderten Bestimmungen des Gesellschaftsvertrags mit dem Beschluss über die Änderung des Gesellschaftsvertrags und die unveränderten Bestimmungen mit dem zuletzt zum Handelsregister eingereichten vollständigen Wortlaut des Gesellschaftsvertrages übereinstimmen.[360] Die sog. **Satzungsbescheinigung** kann in Form eines Vermerks gem. § 39 BeurkG erteilt werden.[361] Bei **Gründung** einer GmbH müssen sämtliche Satzungsbestimmungen in das Gründungsprotokoll aufgenommen oder die Satzung gem. § 9 Abs. 1 S. 2 BeurkG als Anlage zur Errichtungsurkunde beurkundet werden.[362]

c) Aktiengesellschaft

Bei **börsennotierten Aktiengesellschaften** ist gem. § 130 Abs. 1 S. 1 **107** AktG jeder Beschluss der Hauptversammlung durch eine über die Verhandlung notariell aufgenommene Niederschrift zu beurkunden. Bei **nicht börsennotierten Aktiengesellschaften** reicht nach § 130 Abs. 1 S. 3 AktG grundsätzlich eine vom Aufsichtsratsvorsitzenden zu unterzeichnende Niederschrift, sofern nicht Beschlüsse gefasst werden, für die das Gesetz eine Dreiviertel- oder größere Mehrheit vorsieht. Dazu zählen insbesondere Satzungsänderungen (§ 179 Abs. 2 AktG), Kapitalmaßnahmen (§§ 182 Abs. 1, 193 Abs. 1, 202 Abs. 2, 222 Abs. 1, 229 Abs. 3 AktG), Bezugsrechtsausschluss (§ 186 Abs. 2 AktG), Unternehmensverträge (§§ 293 Abs. 1, 295, 296 Abs. 2 AktG), Eingliederung (§ 319 Abs. 2 AktG), Umwandlung (§ 65 Abs. 1 UmwG) und Auflösung der AG (§ 262 Abs. 1 Nr. 2 AktG).

Die **Protokollierung von Hauptversammlungsbeschlüssen** richtet sich **108** vorrangig nach § 130 AktG. Die Niederschrift muss **mindestens enthalten**[363]:

- Ort und Tag der Verhandlung, § 130 Abs. 2 S. 1 AktG;
- Bezeichnung des Notars, § 130 Abs. 2 S. 1 AktG;

---

[359] BayObLG 14.9.1988 – 3 Z 85/88, MittBayNot 1989, 36; Armbrüster/Preuß/Tebben BeurkG § 39 Rn. 11; Winkler BeurkG § 39 Rn. 15; ders. DNotZ 1980, 583.

[360] Vgl. OLG München 17.12.2009 – 31 Wx 142/09, DNotZ 2010, 156.

[361] Limmer/Hertel/Frenz/Mayer WürzbNotar-HdB/Limmer Teil 1 Kap. 2 Rn. 299 ff.

[362] Armbrüster/Preuß/Tebben BeurkG § 39 Rn. 12; Winkler BeurkG § 39 Rn. 15; Winkler DNotZ 1980, 595.

[363] Vgl. Hauschild/Kallrath/Wachter Notar-HdB/Heinemann/Wolf § 9 Rn. 187; Hauschild/Kallrath/Wachter Notar-HdB/Haupt § 17 Rn. 187 ff.; Winkler BeurkG § 37 Rn. 22 ff.

- Art und Weise der Abstimmung[364], § 130 Abs. 2 S. 1 AktG;
- Ergebnis der Abstimmung[365], § 130 Abs. 2 S. 1 AktG;
- Feststellung des Vorsitzenden über die Beschlussfassung, § 130 Abs. 2 S. 1 AktG[366];
- Widersprüche gegen einen Beschluss, §§ 132 Abs. 2 S. 1, 245 Nr. 1 AktG;
- Minderheitsverlangen, §§ 130 Abs. 1 S. 2, 120 Abs. 1 S. 2, 137, 147 Abs. 1 AktG;
- Auskunftsbegehren, die abgelehnt werden, wenn der Aktionär einen Antrag stellt, § 131 Abs. 5 AktG; und
- Unterschrift des Notars, § 130 Abs. 4 S. 1 AktG.[367]

109 **Bei börsennotierten Aktiengesellschaften** muss der Aufsichtsratsvorsitzende **auf Verlangen** mindestens **eines Aktionärs** gem. § 130 Abs. 2 AktG **zusätzlich** feststellen: die Zahl der Aktien, für die gültige Stimmen abgegeben wurden; der Anteil des durch die gültigen Stimmen vertretenen Grundkapitals; die Zahl der für einen Beschluss abgegebenen Stimmen, Gegenstimmen und ggf. die Zahl der Enthaltungen.

110 Der Niederschrift sind gem. § 130 Abs. 3 die **Belege über die Einberufung der Versammlung** beizufügen, wenn sie nicht unter Angabe ihres Inhalts in der Niederschrift aufgeführt sind. Des Weiteren sind der Niederschrift bestimmte **Verträge bzw. Vertragsentwürfe als Anlage beizufügen:** Nachgründungsverträge (§ 52 Abs. 2 S. 7 AktG), Unternehmensverträge (§ 293g Abs. 2 S. 2 AktG) und Umwandlungsverträge (§ 13 Abs. 3 S. 2 UmwG).[368]

111 Verstöße gegen die Protokollierungspflicht nach § 130 Abs. 1, Abs. 2 S. 1, Abs. 4 AktG führen gem. § 241 Nr. 2 AktG zur **Nichtigkeit des Beschlusses.** Andere Protokollierungspflichten, insbesondere diejenigen nach § 130 Abs. 2 S. 2, 3 AktG, werden von § 241 Nr. 2 AktG nicht erfasst.[369]

---

[364] Dh, ob durch Stimmzettel, Handaufheben, Zuruf oä abgestimmt wurde, vgl. Winkler BeurkG § 37 Rn. 23.

[365] Es muss in Ziffern angegeben werden, wie viele Stimmen dafür, wie viele dagegen und wie viele Stimmenthaltungen vorhanden waren, Winkler BeurkG § 37 Rn. 23.

[366] BayObLG 16.11.1972 – 2 Z 64/72, NJW 1973, 250; RG 24.10.1933 – II 100/33, RGZ 142, 123.

[367] Aus Gründen der Rechtssicherheit ist es üblich, dass der Notar nach der Hauptversammlung die dort angefertigte Niederschrift sofort unterschreibt und im Anschluss an seiner Amtsstelle ein umfassend redigiertes Protokoll errichtet und erneut unterschreibt, Görk MittBayNot 2007, 382. In diesem Fall handelt es sich bei dem ursprünglichen Protokoll trotz Unterzeichnung nur um einen Entwurf, den der Notar ohne Weiteres vernichten kann, vgl. LG Frankfurt aM 29.11.2007 – 5/31 Qs 27/07, NJW 2008, 92 f.

[368] Hauschild/Kallrath/Wachter Notar-HdB/Haupt § 17 Rn. 489 ff.; Koch AktG § 130 Rn. 25; Grigoleit/Herrler AktG § 130 Rn. 50.

[369] BGH 16.2.2009 – II ZR 185/07, BGHZ 180, 9 = NJW 2009, 2207.

Nach dem BGH hat ein notarielles Hauptversammlungsprotokoll iSd § 130 Abs. 1 S. 1 AktG den Charakter eines Berichts des Notars über seine Wahrnehmungen und muss von ihm **nicht in der Hauptversammlung fertiggestellt, sondern kann auch noch danach im Einzelnen ausgearbeitet und unterzeichnet werden.** Urkunde im Sinne des Gesetzes ist erst die von dem Notar autorisierte, unterzeichnete und in den Verkehr gegebene Endfassung.[370] **112**

Bei **Anmeldung einer Satzungsänderung** hat der Notar gem. §§ 181 Abs. 2, 248 Abs. 2 AktG eine **konsolidierte Form der Satzung** zu erstellen und diese mit einer **Satzungsbescheinigung** zu versehen (siehe dazu unter → Rn. 106). **113**

V. Notarkosten

Notarkosten spielen für viele Unternehmenstransaktionen eine relevante Rolle, da sie einen signifikanten Kostenfaktor darstellen. Dabei stehen die anfallenden Gebühren keineswegs sämtlich von vorneherein unverrückbar fest, denn durch gezielte Gestaltung können bestimmte Kostenpunkte gesteuert und vermieden werden. Im Folgenden sollen die für Unternehmenstransaktionen geltenden Besonderheiten des Kostenrechts dargestellt und erläutert werden. **114**

1. Beurkundungsverfahren

a) Unternehmenskaufverträge

Beim Verkauf von Geschäftsanteilen und Beteiligungen richtet sich der **Geschäftswert** gem. § 97 Abs. 3 GNotKG **grundsätzlich nach der Gegenleistung, sprich dem Kaufpreis.** Neben diesem sind auch alle **weiteren Gegenleistungen zu berücksichtigen,** insbesondere Freistellungen des Verkäufers von Verbindlichkeiten, Verpflichtungen des Käufers zB zur Ausstattung mit Eigenkapital, zur Ausführung bestimmter Aufträge und zum Eintritt in bestimmte Verträge einschließlich Arbeitsverträge.[371] **115**

Nach § 97 Abs. 3 GNotKG kann indes auch **der Wert der Geschäftsanteile bzw. Beteiligungen maßgebend sein, wenn dieser höher ist.** Der Wert von Anteilen an Kapitalgesellschaften und von Kommanditbeteiligungen bestimmt sich gem. § 54 S. 1, 2 GNotKG grundsätzlich nach dem anteiligen Eigenkapital im Sinne von § 266 Abs. 3 HGB. Dabei sind auch Grundstücke, **116**

[370] BGH 16.2.2009 – II ZR 185/07, BGHZ 180, 9 = NJW 2009, 2207.
[371] Siehe Bormann/Diehn/Sommerfeldt/Diehn GNotKG § 97 Rn. 38.

Gebäude und grundstücksgleiche Rechte entsprechend dem Wert der Einzelübertragung, also regelmäßig mit dem Verkehrswert, zu berücksichtigen.[372] Dies gilt jedoch nach § 54 S. 3 GNotKG nicht für Gesellschaften, die überwiegend vermögensverwaltend tätig sind, insbesondere Immobilienverwaltungs-, Holding- und Beteiligungsgesellschaften; für diese ist der anteilige Wert des Gesellschaftsvermögens anzusetzen.

117 Der allgemeine **Höchstgeschäftswert** liegt bei **EUR 60.000.000,00** (§ 34 Abs. 2 GNotKG). Der **Gebührensatz** beträgt gem. Nr. 21100 KV **2,0** (mindestens EUR 120,00).

118 Bei **Unternehmensverkäufen innerhalb eines Konzerns** gilt gem. § 107 Abs. 2 S. 1 GNotKG eine **Kostenprivilegierung:** der Geschäftswert darf höchstens EUR 10.000.000,00 betragen. Dies gilt jedoch nur für operativ tätige Gesellschaften[373]; für überwiegend vermögensverwaltende Gesellschaften, namentlich Immobilienverwaltungs-, Holding- und Beteiligungsgesellschaften, ist der allgemeine Höchstgeschäftswert anzuwenden.[374]

b) Umwandlungsverträge

119 Bei Umwandlungsverträgen richtet sich der **Geschäftswert** nach der **Summe der in der Bilanz des übertragenden Rechtsträgers ausgewiesenen Aktiva ohne Abzug von Verbindlichkeiten** (§§ 108 Abs. 3, 38 GNotKG).[375] Bilanzierte Grundstücke und Gesellschaftsanteile sind nach den allgemeinen Vorschriften zu bewerten (§§ 46, 54 GNotKG). Gem. § 107 Abs. 1 S. 1 GNotKG beträgt der Geschäftswert **mindestens EUR 30.000,00 und höchstens EUR 10.000.000,00.**[376] Für die Beurkundung des Umwandlungsvertrags ist gem. Nr. 21100 KV eine **Gebühr von 2,0** anzusetzen (mindestens EUR 120,00).

120 Dasselbe gilt für den **Geschäftswert der Zustimmungsbeschlüsse** (§ 108 Abs. 3 GNotKG). Mehrere Zustimmungsbeschlüsse in einer Urkunde sind dabei gegenstandsgleich (§ 109 Abs. 2 S. 1 Nr. 4 lit. g) GNotKG), während der Umwandlungsvertrag und die Zustimmungsbeschlüsse nach § 110 Nr. 1 GNotKG gegenstandsverschieden und deren Geschäftswerte mithin zu addieren sind (§ 35 Abs. 1 GNotKG).[377] Der Höchstgeschäftswert für Zustimmungsbeschlüs-

---

[372] Pfeiffer NZG 2013, 244, 246.

[373] BR-Drucks. 517/12, S. 270.

[374] Vgl. Engelstädter/Lubberich NZG 2014, 564, 565.

[375] Ausführlich Bormann/Diehn/Sommerfeldt/Bormann GNotKG § 107 Rn. 33 ff.

[376] Die mWv 1.8.2013 erfolgte Anhebung des Höchstwerts (von zuvor 5 Mio. EUR) auf 10 Mio. EUR, die zu einem spürbaren Gebührenanstieg insbesondere bei Umwandlungsmaßnahmen führen konnte, wurde vor allem mit den großen Haftungsrisiken für die beteiligten Notare sowie mit der – gerade bei Vorgängen im höheren Wertbereich – gesteigerten Komplexität der Materie begründet, BR-Drucks. 517/12, S. 283.

[377] Pfeiffer NZG 2013, 244, 247.

se liegt gem. § 108 Abs. 5 GNotKG bei EUR 5.000.000,00. Der Gebührensatz beträgt ebenfalls 2,0, mindestens EUR 120,00 (Nr. 21100 KV).

Werden etwa abzugebende **Zustimmungserklärungen nach zB §§ 13 Abs. 2, 43 Abs. 1 Hs. 2, 50 Abs. 2, 51 Abs. 1, 2 oder 128 UmwG** gemeinsam mit dem Umwandlungsvertrag beurkundet, handelt es sich um denselben Gegenstand (§ 110 Nr. 1 GNotKG).[378] Bei separater Beurkundung ist dagegen als Geschäftswert gem. § 98 Abs. 1 GNotKG die Hälfte des für den Umwandlungsvertrag maßgeblichen Werts anzusetzen, höchstens jedoch EUR 1.000.000,00 (§ 98 Abs. 4 GNotKG). Die Gebühr beträgt in diesem Fall gem. Nr. 21200 KV 1,0, mindestens EUR 60,00. Daher ist es ratsam, die Zustimmungserklärungen mit dem Umwandlungsvertrag zu beurkunden. 121

Etwaige **Verzichtserklärungen** insbesondere **gem. §§ 8 Abs. 3, 9 Abs. 3, 12 Abs. 3 UmwG** sind mit dem Umwandlungsvertrag gegenstandsgleich.[379] Werden diese getrennt beurkundet, ist der Geschäftswert nach § 36 Abs. 1 GNotKG mit 10 % des auf den betroffenen Anteilsinhaber entfallenden Anteils am Aktivvermögen des übertragenden Rechtsträgers zu bewerten; bei Anteilsinhabern des übernehmenden Rechtsträgers sind 10 % ihrer künftigen Beteiligung am Vermögen des übertragenden Rechtsträgers anzusetzen.[380] Die Gebühr beträgt bei separater Beurkundung gem. Nr. 21200 KV 1,0, mindestens EUR 60,00. 122

c) Gesellschafterbeschlüsse

Der Geschäftswert von Gesellschafterbeschlüssen **einschließlich Satzungsänderungen**[381] ist in § 108 GNotKG geregelt, der zum Teil auf § 105 GNotKG verweist. Nach § 108 Abs. 1 GNotKG ist zwischen Gesellschafterbeschlüssen mit einem bestimmten Geldwert und ohne bestimmten Geldwert zu unterscheiden. 123

Bei **Beschlüssen mit bestimmtem Geldwert**[382], etwa der Gewinnverwendungsbeschluss, Beschlüsse über Kapitalmaßnahmen oder ein Einziehungsbeschluss, bestimmt sich der Geschäftswert nach dem bestimmten Geldwert der durch den Beschluss herbeigeführten Änderung.[383] 124

Bei **Beschlüssen ohne bestimmten Geldwert,** insbesondere Bestellung und Abberufung von Organmitgliedern, Entlastungsbeschlüsse, Beschlüsse 125

---

[378] Pfeiffer NZG 2013, 244, 247; aA Bormann/Diehn/Sommerfeldt/Bormann GNotKG § 107 Rn. 38.

[379] Bormann/Diehn/Sommerfeldt/Bormann GNotKG § 107 Rn. 36.

[380] Bormann/Diehn/Sommerfeldt/Bormann GNotKG § 107 Rn. 36.

[381] Nach hM findet § 107 Abs. 1 GNotKG nur auf Gesellschaftsgründungen Anwendung, s. Fackelmann/Heinemann/Heiserl GNotKG § 107 Rn. 6, 12.

[382] Vgl. Kasuistik bei Bormann/Diehn/Sommerfeldt/Bormann GNotKG § 108 Rn. 13.

[383] OLG Düsseldorf 6.12.2001 – 10 W 108/01, RNotZ 2002, 60; Bormann/Diehn/Sommerfeldt/Bormann GNotKG § 108 Rn. 15.

über Vertretungsbefugnisse, richtet sich der Geschäftswert nach §§ 108 Abs. 1 S. 1, 105 Abs. 4, 6 GNotKG. Bei Kapitalgesellschaften sind 1 % des Stammkapitals, mindestens jedoch EUR 30.000,00 zugrunde zu legen (§ 105 Abs. 4 Nr. 1 GNotKG). Eine Ausnahme gilt gem. § 105 Abs. 6 GNotKG für Gesellschaften mit beschränkter Haftung, die im vereinfachten Gründungsverfahren nach § 2 Abs. 1a GmbHG gegründet worden sind.[384] Bei Personenhandels- und Partnerschaftsgesellschaften sowie anderen Personengesellschaften beträgt der Geschäftswert grundsätzlich EUR 30.000,00 (§ 105 Abs. 4 Nr. 3 Hs. 1 GNotKG); bei Eintritt oder Ausscheiden von mehr als zwei persönlich haftenden Gesellschaftern oder Partnern sind als Geschäftswert EUR 15.000,00 für jeden Eintretenden oder Ausscheidenden anzunehmen.

126 Eine Besonderheit gilt für **Zustimmungsbeschlüsse:** gem. § 108 Abs. 2 GNotKG richtet sich der Geschäftswert nach dem Geschäft, auf das sich die Zustimmung bezieht.[385]

127 **Gesellschafterbeschlüsse und andere Rechtsgeschäfte** sind, auch wenn sie in einer Urkunde zusammengefasst werden, nach § 110 Nr. 1 GNotKG **gegenstandsverschieden;** die einzelnen Werte sind mithin gem. § 35 Abs. 1 GNotKG zu addieren. Werden **mehrere Gesellschafterbeschlüsse** gemeinsam beurkundet, findet eine Wertaddition nicht statt, wenn sie gem. § **109 Abs. 2 S. 1 Nr. 4 GNotKG denselben Gegenstand** betreffen, zB der Beschluss über eine Kapitalmaßnahme und etwaige Begleitbeschlüsse. In diesem Fall bestimmt sich der Geschäftswert nach dem höchsten in Betracht kommenden Wert (§ 109 Abs. 2 S. 2 GNotKG).

128 Der **Höchstgeschäftswert** für Gesellschafterbeschlüsse beträgt nach § 108 Abs. 5 GNotKG durchgehend **EUR 5.000.000,00.** Dieser Wert stellt eine absolute Obergrenze dar, der auch dann gilt, wenn mehrere Beschlüsse mit verschiedenen Gegenständen gemeinsam beurkundet werden.[386]

129 Die **Gebühr** für die Beurkundung von Gesellschafterbeschlüssen beträgt gem. Nr. 21100 KV **2,0,** mindestens EUR 120,00.

d) Gesellschaftsgründungen

130 Bei der **Neuerrichtung von Gesellschaften** bestimmt sich der Geschäftswert gem. § 97 Abs. 1 GNotKG nach dem Wert aller Einlagen zuzüglich Agios und ggf. genehmigtem Kapital; Verbindlichkeiten sind nicht abzuziehen (§ 38 GNotKG).[387] Der Mindestwert beträgt EUR 30.000,00, der Höchstwert EUR 10.000.000,00 (§ 107 Abs. 1 S. 1 GNotKG). Der Mindestwert von EUR 30.000,00 gilt jedoch nicht für Gesellschaften mit beschränkter Haftung

---

[384] Bormann/Diehn/Sommerfeldt/Bormann GNotKG § 108 Rn. 18.
[385] Bormann/Diehn/Sommerfeldt/Bormann GNotKG § 108 Rn. 22.
[386] Pfeiffer NZG 2013, 244, 245.
[387] Siehe Bormann/Diehn/Sommerfeldt/Bormann GNotKG § 107 Rn. 2ff.

die im vereinfachten Gründungsverfahren nach § 2 Abs. 1a GmbHG gegründet werden (§ 107 Abs. 1 S. 2 GNotKG), sodass die Summe der Einlagen zuzüglich Agios zum Ansatz zu bringen sind.[388]

Der **Gebührensatz** ist gem. Nr. 21100 KV mit **2,0,** mindestens EUR 120,00 anzusetzen. Bei der Gründung von Ein-Personen-Kapitalgesellschaften reduziert sich die Gebühr auf 1,0 (Nr. 21200 KV).[389]

e) Vollmachten

Der Geschäftswert für eine Vollmacht zum Abschluss eines bestimmten 131
Rechtsgeschäfts richtet sich gem. § 98 Abs. 1 GNotKG nach der **Hälfte des Werts, auf das sich die Vollmacht bezieht, höchstens jedoch EUR 1.000.000,00** (§ 98 Abs. 4 GNotKG). Bei einer allgemeinen Vollmacht ist der Geschäftswert gem. § 98 Abs. 3 GNotKG nach billigem Ermessen zu bestimmen. Es fällt eine **Gebühr von 1,0,** mindestens EUR 60,00 an (Nr. 21200 KV).[390]

f) Rechtswahl

Eine Rechtswahl[391] nach internationalem Privatrecht ist gem. § 111 Nr. 4 132
GNotKG stets gegenstandsverschieden. Der zu **addierende Geschäftswert** beträgt nach § 104 Abs. 3 GNotKG **30 %** des Werts für die Beurkundung des Rechtsgeschäfts, für das die Rechtswahl getroffen ist.

Diese mit dem Gerichts- und Notarkostengesetz eingeführte Werterhöhung 133
wird vielfach als zu hoch empfunden. Sie macht sich freilich dann nicht bemerkbar, wenn sich die Transaktion ohnehin im Bereich des allgemeinen Höchstwerts bewegt. In allen anderen Fällen sollte überlegt werden, ob die sonst standardmäßig aufgenommene Rechtswahl tatsächlich erforderlich ist bzw. das IPR nicht ohnehin das gewünschte Recht zur Anwendung beruft.[392]

In der Literatur werden bereits verschiedene Vermeidungsstrategien disku- 134
tiert: Zum Teil wird befürwortet, dass rein deklaratorische Rechtswahlklauseln schon keine Werterhöhung bewirken.[393] Ebenso wird eine Inbezugnahme einzelner Normen oder Rechtsregime ohne Vorliegen einer gebührenauslösenden Rechtswahl für möglich gehalten.[394] Beachtung verdient der Vorschlag, einen separaten Rechtswahlvertrag zu schließen, der nicht der notariellen

388 Bormann/Diehn/Sommerfeldt/Bormann GNotKG § 107 Rn. 10.
389 Bormann/Diehn/Sommerfeldt/Diehn GNotKG, Nr. 21200 KV Rn. 11.
390 Bormann/Diehn/Sommerfeldt/Diehn GNotKG, Nr. 21200 KV Rn. 23.
391 Zur Rechtswahl in Unternehmenskaufverträgen Krasauskaite/Schwarz DZWiR 2014, 51, 52 ff.
392 So Pfeiffer NZG 2013, 244, 247.
393 Engelstädter/Lubberich NZG 2014, 564, 568.
394 Engelstädter/Lubberich NZG 2014, 564, 568; Hausmann/Odersky/Schäuble § 16 Rn. 221.

Form bedürfe und mithin keine Gebühren verursache.[395] Rechtssicherheit besteht hinsichtlich dieser Alternativlösungen jedoch (noch) nicht. Eine direkte Rechtswahl ist nach wie vor der sicherste Weg.[396]

g) Fremdsprache

135 Bei Abgabe einer Erklärung durch einen Beteiligten in einer Fremdsprache oder deren Übersetzung in eine Fremdsprache oder bei **Beurkundung,** Beglaubigung oder Bescheinigung **in einer Fremdsprache** (jeweils ohne Hinzuziehung eines Dolmetschers) fällt gem. Nr. 26001 KV eine **Gebühr in Höhe von 30 %** der für das Beurkundungsverfahren zu erhebenden Gebühr an.

h) Bezugsurkunden

136 Der **Geschäftswert** einer Bezugsurkunde im Sinne von § 13a BeurkG richtet sich gem. § 36 Abs. 1 GNotKG **nach dem tatsächlichen Geschäftswert der Hauptrurkunde,** wovon je nach Umfang und Schwierigkeit zwischen **10 % bis zu 50 %** in Ansatz zu bringen sind.[397] Die **Gebühr** beträgt stets **1,0** (Nr. 21200 KV).[398]

2. Vollzugstätigkeit

a) Vollzugsgebühr

137 Für den Vollzug des beurkundeten Geschäfts fällt eine Vollzugsgebühr an. Als **Geschäftswert** ist gem. § 112 GNotKG der **volle Wert des zugrunde liegenden Beurkundungsverfahrens** anzusetzen. Die **Gebühr** beträgt gem. Nr. 22110 KV **0,5.** Bei einfacheren Beurkundungsverfahren[399], zB Errichtung einer Ein-Personen-Kapitalgesellschaft, Übernahmeerklärungen bei einer Kapitalerhöhung oder umwandlungsrechtlichen Zustimmungs- und Verzichtserklärungen, wird die Gebühr gem. Nr. 22111 KV auf 0,3 reduziert. Für die Fertigung oder Änderung einer Gesellschafterliste oder Übernehmerliste im Zuge einer Kapitalerhöhung ist die Vollzugsgebühr auf EUR 250,00 beschränkt (Nr. 22113 KV).

138 Zur elektronischen Weiterbearbeitung durch das Handelsregister oder durch das Gesellschaftsregister (künftig: auch durch das Grundbuchamt) fällt

[395] Krasauskaite/Schwarz DZWiR 2014, 51, 56 ff.

[396] Zutreffend Krasauskaite/Schwarz DZWiR 2014, 51, 59.

[397] Vgl. Bormann/Diehn/Sommerfeldt/Diehn GNotKG § 36 Rn. 30; Diehn Rn. 1453; Engelstädter/Lubberich NZG 2014, 564, 566.

[398] Bormann/Diehn/Sommerfeldt/Diehn GNotKG, Nr. 21200 KV Rn. 23.

[399] Überblick bei Fackelmann/Heinemann/Heiserl GNotKG, Nr. 21200 Rn. 19.

zusätzlich zur Vollzugsgebühr eine Gebühr zur Erzeugung von strukturierten Daten in Form der Extensibler Markup Language (XML) an. Der **Geschäftswert** richtet sich wiederum nach **§ 112 GNotKG.** Die **Gebühr** ist gem. Nr. 22114 KV mit **0,2, höchstens EUR 125,00,** anzusetzen.

b) Gesellschafterliste

Die Einreichung der Gesellschafterliste[400] nach § 40 Abs. 2 S. 1 GmbHG stellt eine gebührenpflichtige Notarhandlung dar. Dabei handelt es sich um eine Vollzugshandlung, die **grundsätzlich mit der Vollzugsgebühr im Sinne von Nr. 22110 KV abgegolten** wird. Deren Geschäftswert richtet sich nach § 112 GNotKG, wonach der Wert des zugrundeliegenden Beurkundungsverfahrens maßgeblich ist. Die Gebühr beträgt im Regelfall 0,5 (Nr. 22110 KV). Die Gebühr darf gem. Nr. 22113 KV jedoch EUR 250,00 nicht übersteigen. **139**

Die neben der Listeneinreichung auszustellende Bescheinigung nach § 40 Abs. 2 S. 2 GmbHG stellt hierbei regelmäßig ein gebührenfreies Nebengeschäft dar.[401] Eine wichtige Ausnahme von diesem Grundsatz besteht für den Fall, dass der Notar bei der Erteilung der Bescheinigung Umstände außerhalb der Urkunde zu prüfen hat, von deren Eintritt die Wirksamkeit der Beurkundung über die Veränderung im Sinne von § 40 Abs. 2 S. 1 GmbHG abhängt.[402] Damit sind vor allem die für Unternehmenstransaktionen typischen aufschiebenden Bedingungen der Kaufpreiszahlung und Kartellfreigabe gemeint.[403] In diesem Fall fällt gem. Nr. 22200 KV eine **Betreuungsgebühr von 0,5** an, deren Geschäftswert sich nach demjenigen des zugrundeliegenden Beurkundungsverfahrens richtet (§ 113 GNotKG). In der instanzgerichtlichen Rechtsprechung sowie in der Literatur wird zum Teil davon ausgegangen, dass die Betreuung durch den Notar im Fall aufschiebender Bedingungen dann entfällt, wenn er keinen gesonderten Überwachungsauftrag erhalten hat, da somit seine Zuständigkeit mit dem Abschluss des Beurkundungsverfahrens ende und **140**

---

[400] Die gebührenrechtliche Behandlung von notariellen Tätigkeiten im Zusammenhang mit einer Gesellschafterliste nach dem GmbHG war unter der KostO seit jeher umstritten gewesen, woran sich nach Inkrafttreten des MoMiG nichts geändert hatte. Zum Teil wurde die Erstellung der Liste bei Gründung einer GmbH als gebührenfreie Nebentätigkeit angesehen, während die Listenerstellung bei Anteilsübertragung nach § 40 Abs. 2 GmbHG eine Gebühr nach § 147 Abs. 2 KostO aus einem Teilwert auslösen sollte. Dieser Streit wurde durch das GNotKG hinfällig, wonach der Notar für die Fertigung, Änderung oder Ergänzung der Gesellschafterliste oder der Liste der Personen, welche neue Geschäftsanteile übernommen haben, eine gesonderte Vollzugsgebühr erhält, vgl. Pfeiffer NZG 2013, 244, 247.

[401] Pfeiffer NZG 2013, 244, 247.

[402] Siehe Notarkasse (Hg.), Streifzug durch das GNotKG, 13. Aufl. 2021, Rn. 1146.

[403] Vgl. BT-Drucks. 17/11471, S. 225.

daher der Geschäftsführer für die spätere Listeneinreichung zuständig sei.[404] Auf dem Boden dieser Rechtsprechung erscheint es möglich, die meist als überhöht empfundene Betreuungsgebühr für die Listeneinreichung einzusparen.

Wird der Notar ohne Hauptgeschäft zur Erstellung und Einreichung einer Gesellschafterliste beauftragt (zB beim Tod eines Gesellschafters), so ist nach hM eine 1,0 Gebühr für die Listenerstellung (Nr. 24101 KV) und eine 0,3-XML-Vollzugsgebühr zu erheben.[405]

c) Handelsregisteranmeldungen

141 Handelsregisteranmeldungen stellen gegenstandsverschiedene Beurkundungsgegenstände dar (§ 111 Nr. 3 GNotKG).[406] Der Geschäftswert bestimmt sich nach § 105 GNotKG. In den meisten Anwendungsfällen ist der **Mindestgeschäftswert** von **EUR 30.000,00** zugrunde zu legen.[407] Der **Höchstgeschäftswert** beträgt auch bei Zusammenfassung mehrerer Anmeldungen **EUR 1.000.000,00** (§ 106 GNotKG). Es fällt eine **Gebühr** von **0,5,** mindestens EUR 30,00 an (Nr. 21201 KV).

142 Gem. §§ 92 Abs. 2 119 GNotKG, Nr. 24102 KV ist der **Entwurf** einer Handelsregisteranmeldung **durch den Notar gebührenpflichtig.** Wird ein vorbereiteter Entwurf mitgebracht, bringt dies jedoch in vielen Fällen keine Kostenersparnis.[408]

3. Unterschriftenbeglaubigungen

143 Der Geschäftswert für Unterschriftenbeglaubigungen ist nach § 121 GNotKG so zu bestimmen, wie wenn das Rechtsgeschäft, unter dem die Unterschrift beglaubigt wird, beurkundet würde.[409] Die Gebühr beträgt gem. Nr. 25100 KV 0,2, **mindestens EUR 20,00, höchstens jedoch EUR 70,00.** Für den Antrag und die Zustimmung zur Löschung von Grundpfandrechten (§§ 13, 27 GBO) fällt eine Festgebühr in Höhe von EUR 20,00 an (Nr. 25101 KV).

---

[404] OLG Brandenburg 12.2.2013 – 7 W 72/12, NZG 2013, 507; BeckOK GmbHG/Heilmeier § 40 Rn. 54, 62 ff.

[405] So Schriftleitung RNotZ 2019, 564 mwN (auch zur Gegenansicht).

[406] Bormann/Diehn/Sommerfeldt/Bormann GNotKG § 105 Rn. 4; Engelstädter/Lubberich NZG 2014, 564, 566.

[407] Bormann/Diehn/Sommerfeldt/Bormann GNotKG § 105 Rn. 2.

[408] Siehe Engelstädter/Lubberich NZG 2014, 564, 566.

[409] BGH NZM 2009, 87; Bormann/Diehn/Sommerfeldt/Pfeiffer GNotKG § 121 Rn. 3.

§ 10 Unternehmenstransaktionen mit Auslandsbezug

Literatur: Annweiler/Graewe, Rechtswahlklauseln in beurkundungspflichtigen Verträgen – Gestaltungsalternativen zu kostenerhöhenden Gebührentatbeständen, NZG 2017, 893; Begemann/Nölle, Rechtswahlklauseln in Unternehmenskaufverträgen und ihre kostenrechtliche Relevanz nach dem Gerichts- und Notarkostengesetz, BB 2016, 137; Böcker, Wer hat's beurkundet? Ein Schweizer! Wirksam? Besprechung des BGH-Beschlusses vom 17.12.2013 – II ZB 6/13, DZWiR 2014, S. 2354 ff.; Goette, Auslandsbeurkundungen im Kapitalgesellschaftsrecht, DStR 1996, S. 709 ff.; Großfeld, Staudinger Internationales Gesellschaftsrecht, 1998; Heckschen, Die Gründung der GmbH im Ausland, DB 2018, 685; Hermanns, Das Mysterium der Auslandsbeurkundung – Neues aus Düsseldorf, RNotZ 2011, S. 224 ff.; ders., Die Auslandsbeurkundung bei Abtretung von GmbH-Geschäftsanteilen, RNotZ 2010, S. 38 ff.; Herrler, Zuständigkeit des ausländischen Notars zur Einreichung der Gesellschafterliste – (k)ein Vehikel zur Klärung der Zulässigkeit der Auslandsbeurkundung, GmbHR 2014, S. 225 ff.; Krasauskaite/Schwarz, Rechtswahlklauseln in Unternehmenskaufverträgen nach Einführung des Gerichts- und Notarkostengesetzes, DZWir 2014, 51; Link, Formerfordernisse des § 15 GmbHG bei internationalen Transaktionen, BB 2014, S. 579 ff.; Mansel, Substitution im deutschen Zwangsvollstreckungsrecht, in: Festschrift für Werner Lorenz, 1991, S. 689 ff.; Meichelbeck/Krauß, Neues zur Auslandsbeurkundung im Gesellschaftsrecht – zugleich Besprechung des Beschluss des BGH vom 17.12.2013 (II ZB 6/13), DStR 2014, 752 ff.; Müller, Auslandsbeurkundung von Abtretungen deutscher GmbH-Geschäftsanteile in der Schweiz, NJW 2014, S. 1994 ff.; Olk, OLG Düsseldorf erkennt Zulässigkeit der Auslandsbeurkundung durch Notare aus dem Kanton Basel bei Abtretung von GmbH-Geschäftsanteilen an, NZG 2011, S. 381 ff.; Patrick Ostendorf, Die kollisionsrechtliche Qualifikation von § 174 BGB, RIW 2014, 93; Simon Schwarz, Das Internationale Stellvertretungsrecht im Spiegel nationaler und supranationaler Kodifikationen, 71 RabelsZ (2009), 279-801; Sick/Schwarz, Auslandsbeurkundungen im Gesellschaftsrecht, NZG 1998, S. 540 ff.; Stenzel, Formfragen des internationalen Gesellschaftsrechts, – Konstellationen, Stellungnahme und Praxisempfehlung – GmbHR 2014, S. 1024 ff.; Ulrich/Böhle, Die Auslandsbeurkundung im M&A-Geschäft, GmbHR 2007, S. 566 ff.; Wicke, Auslandsbeurkundung: Eintragung einer deutschen GmbH nach Beurkundung der Gründung durch schweizerischen Notar aus dem Kanton Bern, GmbHR 2018, 376.

I. Allgemeines

1. Konstellationen einer Unternehmenstransaktion mit Auslandsbezug

1 Zu Auslandbezügen bei einer Unternehmenstransaktion kann es in vielfältiger Art und Weise kommen, insbesondere durch Beteiligung einer ausländischen juristischen oder natürlichen Person als Verkäufer oder als Käufer, oder als weiterer Beteiligter auf Verkäufer- oder Käuferseite (zB als Garant für

Zahlungs- oder Gewährleistungsverpflichtungen), sowie durch die Einbettung des „deutschen Teils" einer Transaktion in einen größeren internationalen Kontext.

Rein deutsche Transaktionen ohne einen solchen sich aus dem Sachverhalt ergebenden Auslandsbezug können dadurch zu Transaktionen mit Auslandsbezug werden, dass die Parteien mit Bedacht einen ausländischen Abschlussort wählen oder dass dieser Abschlussort sich unversehens durch Austausch von Willenserklärungen, die mit elektronischen Kommunikationsmitteln verschickt werden, ins Ausland verlagert.

Auslöser für eine bewusste Verlagerung ins Ausland kann zum einen das günstigere Kostenregime ausländischer Notare sein; dieser Beweggrund hat jedoch durch die Deckelung der Notarkosten in Deutschland durch Festlegung einer Geschäftswertobergrenze im Jahr 2004 stark an Bedeutung verloren und erscheint – insbesondere bei Hinzurechnung des logistischen Aufwands für die Anwesenheit der Parteien vor einem ausländischen Notar – immer seltener vorteilhaft.

Auch das Fehlen bestimmter Benachrichtigungspflichten gegenüber deutschen Behörden, denen ein ausländischer Notar grundsätzlich nicht unterliegt, kann eine Auslandsbeurkundung attraktiv machen, wobei zum einen die Legitimität dieses Beweggrunds zweifelhaft ist und zum anderen ausländische Notare tendenziell „überobligationsmäßig" an der Erfüllung von Meldepflichten gegenüber deutschen Behörden interessiert sein dürften, um die Gleichwertigkeit ihres Beurkundungsverfahrens (→ Rn. 32) nicht in Zweifel zu bringen.

2. Anwendbares Recht

2 Das auf die Unternehmenstransaktion im Ganzen oder auf einzelne ihrer Teile anwendbare materielle Recht und damit uU einhergehende Formvorschriften ergeben sich aus den Bestimmungen des internationalen Privatrechts. Dabei ist auf schuldrechtlicher Ebene die Bestimmung des anwendbaren Rechts grundsätzlich gestaltbar, insbesondere durch Rechtswahlvereinbarung, während die dingliche Übertragung strengeren und weniger beeinflussbaren Regeln unterliegt. Beide Aspekte werden für die Übertragung von Geschäftsanteilen einer deutschen GmbH (II., → Rn. 4 ff.) und für die Übertragung von Gegenständen, insbesondere Grundstücken und grundstücksgleichen Rechten (III., → Rn. 23) dargestellt. Fragestellungen im Zusammenhang mit Vollmachtserteilungen werden unter IV. (→ Rn. 24 ff.) behandelt.

3. Anwendbares (Beurkundungs-)Verfahren

Ausländische Beurkundungsverfahren können zum einen unter dem Gesichtspunkt der im jeweiligen Land zu beachtenden Ortsform (Art. 11 Abs. 1 Alt. 2 Rom I-VO, Art. 11 Abs. 1 Alt. 3 EGBGB) ins Spiel kommen, zum anderen unter dem Gesichtspunkt, dass zwar eine Beurkundung nach deutschen Maßstäben erforderlich ist, die Auslandsbeurkundung jedoch der deutschen Beurkundung gleichwertig sein kann (hierzu ausführlich unten → Rn. 31 ff.). 3

II. Übertragung von Geschäftsanteilen einer deutschen GmbH (Share Deal)

Zur Übertragung der Anteile an einer ausländischen Gesellschaft mit beschränkter Haftung in Deutschland → § 2 Rn. 49 ff. 4

1. Verpflichtungsgeschäft (Art. 3 ff. Rom I-VO, ehemals Art. 27 ff. EGBGB[1])

a) Freie Rechtswahl (Art. 3 Rom I-VO, ehemals Art. 27 EGBGB)

Das auf den schuldrechtlichen Verpflichtungsvertrag anzuwendende Recht beurteilt sich nach dem so genannten **Schuldvertragsstatut.** Dieses wird durch die Kollisionsnormen der Art. 3 ff. Rom I-VO (ehemals Art. 27 ff. EGBGB) bestimmt. Rein schuldrechtliche Verpflichtungsgeschäfte unterliegen nicht dem Gesellschaftsstatut – im Gegensatz zur dinglichen Übertragung des Geschäftsanteils. Für den Verpflichtungsvertrag steht daher die **freie Rechtswahl** offen, dh die Vertragsparteien können für den Kaufvertrag über GmbH-Geschäftsanteile das anzuwendende Recht frei bestimmen.[2] 5

Eine Entscheidung des BGH existiert zu dieser Frage soweit ersichtlich bisher nicht. Jedoch hat sich der BGH zur freien Rechtwahl in Zusammen-

---

[1] Die Art. 27 ff. EGBGB werden hier und im Folgenden nur noch erwähnt, um darauf hinzuweisen, dass die nunmehr geltenden Bestimmungen der Rom I-VO inhaltsähnliche Vorgängervorschriften im EGBGB haben, zu denen uU auch für die Rom I-VO noch fruchtbare Kommentierungen und Darlegungen existieren.

[2] Ganz herrschende Ansicht, vgl. Ulrich/Böhle GmbHR 2007, 566, 568; Reichert/Weller DStR 2005, 292; Stenzel GmbHR 2014, 1024, 1025; MüKoGmbHG/Weller/Reichert § 15 Rn. 166 f.; aA Grossfeld/Berndt RIW 1996, 625, 630: Die Verpflichtung zur Übertragung von GmbH-Anteilen unterliege nicht dem Schuldrecht, sondern zwingend dem Gesellschaftsstatut.

hang mit einer **Treuhandabrede** betreffend eine GmbH implizit zustimmend geäußert.[3]

Geht man mit der überwiegenden Literatur und der allgemeinen Praxis von der Anwendung des Schuldvertragsstatuts für den Verpflichtungsvertrag aus, kann von den Vertragsparteien auch eine ausländische Rechtsordnung als Schuldvertragsstatut gewählt werden, die für den Kaufvertrag von GmbH-Anteilen keine besondere Formvorschrift vorschreibt.[4]

6 Die Einschränkung des Art. 3 Abs. 3 Rom I-VO (ehemals Art. 27 Abs. 3 und Art. 34 EGBGB), wonach die Wahl des Rechts eines anderen Staates die Bestimmungen nicht berühren kann, von denen nach dem Recht jenes Staates durch Vertrag nicht abgewichen werden kann (sog. zwingende Bestimmungen), wenn der sonstige Sachverhalt im Zeitpunkt der Rechtswahl nur mit einem Staat verbunden ist (Fehlen des grenzüberschreitenden Elements), schließt bei einem rein deutschen Sachverhalt die freie Rechtswahl aus. Denn bei § 15 Abs. 4 GmbHG handelt es sich um eine vertraglich nicht abdingbare **Formvorschrift** des deutschen Rechts. Es kann folglich dann nicht die Anwendung eines ausländischen Rechts wirksam vereinbart werden, wenn eine GmbH-Transaktion einen ausschließlich deutschen Sachverhalt betrifft und keine Beziehungen zu einem anderen Land aufweist. Ein solcher Bezug kann sich aber bereits durch den engen Zusammenhang der rein innerdeutschen Anteilsübertragung mit einem internationalen Vertrag ergeben, zB im Kontext eines internationalen Unternehmenskaufs.[5]

b) Objektive Anknüpfung (Art. 4 Rom I-VO, ehemals Art. 28 EGBGB)

7 Soweit das auf den Verpflichtungsvertrag anzuwendende Recht nicht von den Vertragsparteien vereinbart worden ist, gilt Art. 4 Rom I-VO:

- Abs. 1 a) mit Anknüpfung an den gewöhnlichen Aufenthalt des Verkäufers gilt nur für bewegliche Sachen und nicht für Gesellschaftsanteile.[6]
- Bei Verträgen, die nicht unter Abs. 1 fallen oder die mehr als ein rein kaufvertragliches Element enthalten, bestimmt sich das anwendbare Recht nach dem gewöhnlichen Aufenthalt der Vertragspartei, welche die für den Vertrag charakteristische Leistung zu erbringen hat (Art. 4 Abs. 2 Rom I-VO). Hierunter fällt der Verkauf von Anteilen.[7]

[3] BGH 4.11.2004 – III ZR 172/03, NZG 2005, 42f.
[4] Brück DB 2004, 2409, 2410; Stenzel GmbHR 2014, 1024, 1025.
[5] Ulrich/Böhle GmbHR 2007, 566, 568 mwN.
[6] Rauscher/Thorn Rom I-VO Art. 4 Rn. 23, 25.
[7] Rauscher/Thorn Rom I-VO Art. 4 Rn. 89 mwN.

- Ergibt die Gesamtschau der Umstände eine offensichtlich engere Verbindung zu einem anderen Staat als demjenigen, der nach den vorstehenden Regeln aufgefunden wurde (Art. 4. Abs. 3 Rom I-VO) oder ermöglichen Abs. 1 und Abs. 2 die Bestimmung des anwendbaren Rechts nicht, so bestimmt sich das anwendbare Recht danach, zu welchem Staat der Vertrag die engste Verbindung aufweist (Art. 4 Abs. 4 Rom I-VO).

Außer in den klaren Fällen reiner Kaufverträge (Art. 4 Abs. 1 a) Rom I-VO) oder reiner Anteilskaufverträge (Art. 4 Abs. 2 Rom I-VO) kann die Bestimmung des anwendbaren Rechts durch ein Gericht oder Schiedsgericht anhand der Absätze 2, 3 oder 4 von Art. 4 Rom I-VO zu stark wertungsabhängigen und damit zufälligen und überraschenden Ergebnissen führen. Eine **Rechtswahlklausel** ist deshalb in Zweifelsfällen in grenzüberschreitenden Konstellationen dringend anzuraten.

Zusammenfassend lässt sich also festhalten, dass für die schuldrechtliche Verpflichtung zur Übertragung eines GmbH-Geschäftsanteils nicht zwingend das Formerfordernis des § 15 Abs. 4 S. 1 GmbHG gilt – das Bestehen eines internationalen Elements vorausgesetzt. Vielmehr lässt sich nach hM zwischen den Vertragsparteien auch die Geltung einer anderen Rechtsordnung vereinbaren, die unter Umständen ein weniger strenges Formerfordernis (wie zB einfache Schriftform) vorsieht.

c) Anwendbare Form

Das Recht, das die für den Vertrag vorgeschriebene Form bestimmt **(Formstatut),** ist entweder das auf den Vertrag anwendbare materielle Recht **(Geschäftsstatut)** oder das Recht des Abschlussortes **(Ortsstatut),** Art. 11 Abs. 1 Rom I-VO. 8

Die Frage des die **Form des Vertrags** bestimmenden Rechts bei Vertragsschluss durch **Distanzerklärungen** aus verschiedenen Staaten heraus regelt Art. 11 Abs. 2 Rom I-VO: Es gilt entweder das Geschäftsstatut oder das Recht des Aufenthaltsorts einer der am Vertragsschluss beteiligten Personen (einschließlich Vertreter der Parteien).

d) Beurkundungspflichtigkeit der vertraglichen Rechtswahl selbst?

Welches materielle Recht, oder – in kollisionsrechtlicher Terminologie: 9
welches Statut – angewandt wird, kann sich aus einer Rechtswahl durch die Vertragsparteien ergeben. Hier ist zum einen umstritten, ob die Beurkundungspflicht eines Hauptgeschäfts auf die mit diesem im Zusammenhang stehende Rechtswahlklausel zu erstrecken ist.[8] Zum anderen ist zu klären, ob

[8] Annweiler/Graewe NZG 2017, 893, 895.

die eventuelle Formunwirksamkeit der Rechtswahl auch das Hauptgeschäft erfassen kann.[9]

Von praktischer Relevanz ist dies in Deutschland aufgrund des Umstands, dass nach § 111 Nr. 4 GNotKG die Rechtswahl einen besonderen Beurkundungsgegenstand darstellt, wobei dieser nach § 104 Abs. 3 GNotKG mit einem Geschäftswert in Höhe von 30 Prozent des Geschäftswerts des zu beurkundenden Rechtsgeschäfts festzusetzen ist, für welches die Rechtswahl bestimmt ist. Diese Kostenregel legt es zum einen nahe, Rechtswahlklauseln in Vertragsvorlagen darauf zu überprüfen, ob sie in der konkreten Situation überhaupt erforderlich sind; dies ist nämlich bei fehlendem Auslandsbezug oder bei Anwendbarkeit des gewünschten Rechts schon aufgrund der anwendbaren international-privatrechtlichen Regeln nicht der Fall.

Beispiel: Der Kaufvertrag über GmbH-Anteile zwischen zwei Gesellschaften deutschen Rechts unterliegt mangels Auslandsbezugs ohne weiteres deutschem Recht; eine Rechtswahlklausel ist hier offensichtlich überflüssig und in keinem Fall sachgerecht.
Der Verkauf von GmbH-Anteilen durch eine deutsche Gesellschaft an eine Gesellschaft ausländischen Rechts weist zwar Auslandsbezug auf; in dieser Konstellation führen allerdings schon die Regeln des Internationalen Privatrechts zur Anwendung des Rechts der Partei, die die charakteristische Vertragsleistung erbringt (vgl. Rn. 7) und damit zum deutschen Recht; auch hier ist eine gebührenerhöhende Rechtswahlklausel also überflüssig. In diesem Fall empfiehlt es sich, in Abstimmung mit dem beurkundenden Notar in der Urkunde klarstellend festzuhalten, dass das durch IPR zur Anwendung berufene Recht auf den Vertrag anwendbar ist. Anders verhält es sich im genannten Beispiel natürlich, wenn die Vertragsparteien gerade das Recht der Käufergesellschaft zur Anwendung bringen möchten.

Zum anderen lässt sich daran denken, bei einer Beurkundung durch einen deutschen Notar die Rechtswahl privatschriftlich außerhalb der notariellen Urkunde zu vereinbaren oder aber auf eine an sich erforderliche oder wünschenswerte Rechtswahl zu verzichten und diese dann – privatschriftlich – erst zu einem späteren Zeitpunkt zu treffen.

10 Für eine Erstreckung der Beurkundungspflicht des Hauptvertrags auf die nach deutschem Kollisions- und Formenrecht an sich formfreie Rechtswahlklausel könnte der Vollständigkeitsgrundsatz des deutschen Rechts sprechen[10]: Danach strahlt die Beurkundungspflicht auf alle Nebenabreden aus, die nach dem Parteiwillen Bestandteil der Vereinbarung über die Verpflichtung zur

[9] Annweiler/Graewe NZG 2017, 893, 897.
[10] Begemann/Nölle BB 2016, 137, 140f.

Abtretung eines GmbH-Geschäftsanteils sein sollen.[11] Dagegen spricht jedoch bereits der selbstständige Charakter einer Rechtswahlklausel[12], die auf vorgelagerter Ebene überhaupt erst über die Anwendung des gewählten Rechts, ggf. des deutschen Rechts mit seinem Vollständigkeitsgrundsatz, entscheidet. Unabhängig von ihrer Position inner- oder außerhalb des Vertrags erfasst eine Rechtswahlklausel den Hauptvertrag insgesamt, wird indes kein Bestandteil der Abtretungsverpflichtung und ist mithin nicht als Nebenabrede zu qualifizieren.[13] Ausdruck dieser Selbstständigkeit ist die gesetzgeberische Einordnung als besonderen Beurkundungsgegenstand (vgl. § 111 Nr. 4 GNotKG).[14] Unselbstständige, inhaltlich an den Vertrag gekoppelte Nebenabreden sind Teil der inhaltlichen Vertragsabrede, was für die Rechtswahlvereinbarung nicht gilt. Damit sind Rechtswahlklauseln vergleichbar mit Schiedsklauseln oder Gerichtsstandsvereinbarungen (Prorogationen), die auch ohne eine für den Hauptvertrag erforderliche Beurkundung wirksam sind.[15]

Niederschlag findet die Eigenständigkeit von Rechtswahlklauseln auch in Art. 3 Abs. 2 S. 2 Rom I-VO, wonach eine beurkundungsfreie Rechtswahl *nach* Vertragsschluss die Formgültigkeit eines Vertrags nicht berührt.

Auch aus Art. 3 Abs. 5 Rom I-VO mit seinem Verweis auf das Formregime des Art. 11 Rom I-VO lässt sich eine systematische Trennung von kollisionsrechtlichen und materiell-rechtlichen Formvorschriften herleiten[16]. Gegen eine Erstreckungswirkung spricht ferner eine Entscheidung des BGH, wonach bei einem gemäß § 313 BGB aF beurkundungspflichtigen Grundstückskaufvertrag der kollisionsrechtliche Verweisungsvertrag *nicht* formbedürftig sei.[17] Hieraus lässt sich im Wege eines Erst-Recht-Schlusses folgern, dass eine Rechtswahlklausel auch nicht dem Formerfordernis der Übertragung von GmbH-Geschäftsanteilen zu genügen hat,[18] da der Beurkundungsbedürftigkeit des Grundstückgeschäfts nach § 311b Abs. 1 S. 1 BGB weiter gehende Zwecke zugrunde liegen als jener des § 15 Abs. 4 GmbHG (Schutz vor Übereilung, Beweisbarkeit, sachkundige notarielle Beratung und den Schutz der Individualinteressen des Grundstücksveräußerers und -erwerbers einerseits,

[11] Annweiler/Graewe NZG 2017, 893, 895 f.; Altmeppen GmbHG § 15 Rn. 72; Binz/Rosenbauer NZG 2015, 1136; Hermanns DNotZ 2013, 9, 15; OLG Hamburg 26.1.2007 – 11 U 254/05, RNotZ 2007, 415, 417.

[12] Annweiler/Graewe NZG 2017, 893, 896; Korintenberg/Diehn GNotKG § 111 Rn. 37; BDS/Bormann GNotKG § 111 Rn. 19.

[13] Annweiler/Graewe NZG 2017, 893, 896; Krasauskaite/Schwarz DZWir 2014, 51, 57.

[14] Annweiler/Graewe NZG 2017, 893, 896; Korintenberg/Diehn GNotKG § 111 Rn. 37; BDS/Bormann GNotKG § 111 Rn. 19.

[15] Annweiler/Graewe NZG 2017, 893, 896.

[16] Vgl. Grüneberg/Thorn Rom I-VO Art. 3 Rn. 10 mwN.

[17] Annweiler/Graewe NZG 2017, 893, 896; BGH 6.2.1970 – V ZR 158/66, NJW 1970, 999, 1000.

[18] Annweiler/Graewe NZG 2017, 893, 896; Krasauskaite/Schwarz DZWir 2014, 51, 57.

Erschwerung des leichten und spekulativen Handels mit GmbH-Geschäftsanteilen und erleichterte Beweisbarkeit andererseits)[19]. Ein spekulativer Handel ist bereits durch das Beurkundungserfordernis der Abtretung nach § 15 Abs. 3 GmbHG bzw. der Verpflichtungsvereinbarung nach § 15 Abs. 4 S. 1 GmbHG ausgeschlossen, ohne dass es einer Beurkundung auch der Rechtswahlklausel bedürfte.

Zusammenfassend stellt sich eine Rechtswahlklausel als eigenständiger, kollisionsrechtlicher Verweisungsvertrag dar, der der Form des Hauptvertrags nicht bedarf. Die Erstreckung der Formbedürftigkeit des materiellen Vertrags auf Rechtswahlvereinbarungen würde die gesetzgeberische Entscheidung zugunsten einer Trennungssystematik konterkarieren und der Formfreiheit von Rechtswahlklauseln nach unionsrechtlichen Grundsätzen widersprechen. Auch wenn eine höchstrichterliche Bestätigung dieser Auffassung aussteht, sprechen in Gesamtschau die besseren Argumente für die Wirksamkeit der Rechtswahl im Rahmen der Übertragung von GmbH-Geschäftsanteilen auch außerhalb des notariell beurkundeten materiellen Vertrags.

11 Selbst dann, wenn man die Beurkundungspflicht aus § 15 Abs. 4 GmbHG auf Rechtswahlabreden erstrecken möchte und daraus die Nichtigkeit der außerhalb der notariellen Urkunde stehenden Rechtswahlklausel folgert, bleibt ungeklärt, ob diese Nichtigkeit auf den formgerecht geschlossenen materiellen Vertrag ausstrahlt. Für § 139 BGB[20] kommt es darauf an, ob die Parteien die Anteilsveräußerung auch ohne die nichtige Rechtswahlklausel vorgenommen hätten. Das Vorliegen eines einheitlichen Rechtsgeschäfts beurteilt sich einzelfallabhängig danach, ob das Rechtsgeschäft entsprechend dem hypothetischen Parteiwillen mit der formnichtigen Vereinbarung „stehen und fallen" soll.[21] Grundsätzlich dürfte die Anteilsveräußerung als selbstständiges existenzfähiges Rechtsgeschäft auch bei nichtiger Rechtswahl bestehen bleiben. Jedenfalls kann § 139 BGB abbedungen werden, so dass sich der Vertrag mit einer salvatorischen Klausel erhalten lässt.[22] Nichtigkeit auch des materiellen Anteilskaufvertrags wäre dann nur anzunehmen, wenn – was unwahrscheinlich ist – die Nichtigkeit der Rechtswahlklausel den Gesamtcharakter des Vertrags verändern sollte.[23]

---

[19] Annweiler/Graewe NZG 2017, 893, 896; BeckOK BGB/Gehrlein § 311b Rn. 1; BeckOK GmbHG/Wilhelmi § 15 Rn. 111; BGH 24.3.1954 – II ZR 23/53, NJW 1954, 1157; MüKoBGB/Ruhwinkel § 311b Rn. 1 f.

[20] Dieser kann ohnehin nur zur Anwendung kommen, wenn die Parteien deutsches Recht oder ein Sachrecht mit ähnlichen vertragsrechtlichen Grundsätzen wählen.

[21] Annweiler/Graewe NZG 2017, 893, 897; BGH 17.10.2008 – V ZR 14/8, NJW 2009, 1135, 1137 Rn. 16; BGH 10.10.1986 – V ZR 247/85, NJW 1987, 1069.

[22] Annweiler/Graewe NZG 2017, 893, 897; MüKoBGB/Busche § 139 Rn. 13.

[23] Annweiler/Graewe NZG 2017, 893, 897; BGH 15.3.2010 – II ZR 84/09, NJW 2010, 1660, 1661 Rn. 8.

2. Verfügungsgeschäft

Die dingliche Abtretung eines GmbH-Geschäftsanteils bestimmt sich als gesellschaftsrechtliche Frage grundsätzlich und unstreitig nach dem **Gesellschaftsstatut.**[24] 12

Die Anwendung des Gesellschaftsstatuts hat zur Folge, dass eine Rechtswahl – im Gegensatz zum schuldrechtlichen Unternehmenskaufvertrag – nicht zulässig ist. Es findet demnach auf die dingliche Übertragung einer deutschen GmbH zwingend deutsches Recht Anwendung.

Im Hinblick auf die Erfüllung der **erforderlichen Form** eines Rechtsgeschäfts mit grenzüberschreitendem Bezug stellt der insoweit nach hM einschlägige **Art. 11 Abs. 1 EGBGB** zwei Alternativen zur Verfügung. Zum einen genügt die Erfüllung der **Geschäftsform** (1. Alt), – bei einer GmbH-Anteilsabtretung: § 15 Abs. 3 GmbHG – andererseits reicht aber grundsätzlich auch die **Ortsform** (2. Alt) aus, die weniger streng als die Geschäftsform sein kann.

a) Geschäftsform

Ein Rechtsgeschäft ist gemäß Art. 11 Abs. 1 1. Alt EGBGB formgültig, 13
wenn es die Formerfordernisse des Rechts erfüllt, „das auf das seinen Gegenstand bildende Rechtsverhältnis anzuwenden ist." Dieses inhaltlich maßgebende Recht wird auch als Wirkungsstatut (oder eben auch als Geschäftsrecht) bezeichnet. Bei GmbH-Geschäftsanteilsübertragungen gilt das Gesellschaftsstatut der GmbH, deren Anteile übertragen werden sollen. Das deutsche Recht gibt insoweit für die dingliche Abtretung die notarielle Beurkundungspflicht nach § 15 Abs. 3 GmbHG vor. In diesem Zusammenhang stellt sich das Problem, ob eine ausländische Beurkundung im Vergleich zu einer in Deutschland vorgenommenen notariellen Beurkundung als funktionell gleichwertig (sog. „Substitution") anzusehen ist. Hierzu eingehend unten VII., → Rn. 31 ff.

b) Ortsform

aa) Zulassung weniger formstrenger Ortsform?

Alternativ zur Geschäftsform lässt Art. 11 Abs. 1 2. Alt EGBGB auch die 14
Ortsform für die Formgültigkeit des Rechtsgeschäfts ausreichen. Das Rechtsgeschäft ist somit formgültig, wenn es die Formerfordernisse des Rechts des Staates erfüllt, in dem es vorgenommen wird. Insoweit ist von praktischer Relevanz, ob unter Anwendung einer im Vergleich zu § 15 Abs. 3 GmbHG weniger strengen ausländischen Form (wie zB Schriftform) die dingliche Abtretung eines deutschen GmbH-Anteils wirksam vorgenommen werden kann.

---

[24] MüKoGmbHG/Weller/Reichert § 15 Rn. 134 ff.

Kann also weniger formstrenges ausländisches Recht die Beurkundungspflicht der Anteilsabtretung aushebeln? Eine durch den BGH abgesicherte Bestätigung hierfür steht bislang aus, doch sprechen sich überzeugende Stimmen in der Literatur und Obergerichte für diesen Gedanken aus, und Registergerichte vollziehen gelegentlich Registerakte auf der Grundlage von GmbH-Anteilsabtretungen, die einer weniger strengen ausländischen Ortsform folgen.

Der Ausschluss dinglicher Geschäfte von der Ortsform gemäß Art. 11 Abs. 4 EGBGB steht dem nicht entgegen, da GmbH-Anteile anerkanntermaßen keine „Sachen" im Sinne der Vorschrift sind.[25]

(i) Argumente für Zulassung der Ortsform (wohl hM)

15 Innerhalb der Ansicht, die eine formwirksame Anteilsübertragung nach der Ortsform grundsätzlich zulässt, lässt sich zwischen zwei Meinungen unterscheiden. Die eine hält Art. 11 Abs. 1 EGBGB durchweg für anwendbar und lässt dementsprechend die Anwendung der Ortsform für sämtliche Vorgänge zu.[26]

Die andere (wohl überwiegende) differenziert als Ausgangsfrage danach, ob ein **statusrelevanter Vorgang** vorliegt (bzw. ein Akt, der die **Verfassung der Gesellschaft** betrifft, wie zB Gründung und Satzungsänderung).[27] So ist zB *Goette* der Ansicht, dass solche statusrelevanten Akte des Gesellschaftsrechts nicht unter Art. 11 Abs. 1 EGBGB fallen. Dagegen werden **Anteilsübertragungen** bei Erfüllung der Ortsform als gültig angesehen.[28]

Die überwiegende Ansicht in der Literatur geht grundsätzlich von der Zulässigkeit der Ortsform jedenfalls bei einer **GmbH-Anteilsübertragung** aus.[29]

Bereits das OLG Frankfurt aM hielt in einem ausführlich begründeten Beschluss aus dem Jahr 1981 die Übertragung des Geschäftsanteils einer deutschen GmbH nach der schweizerischen Ortsform gemäß Art. 11 Abs. 1 Satz 2 EGBGB aF für formgültig. Im konkreten Fall erfolgte die Erklärung der Abtretung in der Schweiz vor dem öffentlichen Urkundsbeamten des Notariats Zürich. Dies entsprach auch der schweizerischen Ortsform.[30]

---

[25] Grüneberg/Thorn EGBGB Art. 11 Rn. 20.

[26] MHLS/Leible Syst. Darst. 2 Internationales Gesellschaftsrecht Rn. 110; HCL/Behrens/Hoffmann GmbHG GmbH im int. und eur. Recht Rn. B 197; MüKoBGB/Spellenberg Rom I-VO Art. 11 Rn. 11.

[27] Ursprünglich Goette DStR 1996, 709/711; KG 24.1.2018 – 22 W 25/16, NJW 2018, 1828 = GmbHR 376, 377 bezeichnet diese Ansicht als „absolut hM", zudem mwN.

[28] Goette DStR 1996, 709/711; zustimmend Kröll ZGR 2000, 111/ 121; aA Pilger BB 2005, 1285, 1286, der die Übertragung des Geschäftsanteils als statusrelevant ansieht.

[29] Goette DStR 1996, 709, 711; Kröll ZGR 2000, 111, 122; MHdB GesR VI/Weller/Kuschel § 6 Rn. 18; Grüneberg/Thorn EGBGB Art. 11 Rn. 13; Altmeppen GmbHG § 15 Rn. 90; MHLS/Ebbing GmbHG § 15 Rn. 97; Reichert/Weller GmbH-Geschäftsanteil § 15 Rn. 153 ff.

[30] OLG Frankfurt aM 10.4.1981 – 20 W 460/80, DNotZ 1982, 186 (Ls.) = DB 1981, 1456 f.

Das OLG München ließ – neben der als erfüllt angesehenen Geschäftsform – die Ortsform von Basel-Stadt ebenfalls alternativ ausreichen.[31]

Auch das OLG Stuttgart überprüfte eine in Kalifornien vorgenommene privatschriftliche GmbH-Anteilsübertragung mit jeweiliger Beglaubigung durch einen „*notary public*" danach, ob die Ortsform in diesem Fall eingehalten wurde. Es ging also von der rechtlichen Zulässigkeit eines solchen Vorgehens aus.[32]

Gemein ist diesen Entscheidungen, dass die Ortsform in den zugrunde liegenden Fällen jeweils in einer Beurkundung nach jeweils lokalen Maßstäben bestand, wodurch – bei allen zu stellenden Gleichwertigkeitsfragen – erhöhte Formanforderungen für die Abtretung erfüllt waren. Ob die Entscheidungen bei einfach-schriftlicher oder mündlicher Ortsform für die Anteilsabtretung ebenso ausgefallen wären, darf allerdings bezweifelt werden.

Ausdrückliche Rechtsprechung des BGH zur Anwendung des Art. 11 Abs. 1 2. Alt EGBGB auf GmbH-Anteilsverkäufe existiert nicht. Zwar hat der BGH obiter in einer Entscheidung von 2004 mit Hinweis auf frühere Rechtsprechung des RG und des BGH zum Ausdruck gebracht, dass er für GmbH-Geschäftsanteilsübertragungen die Beachtung der Ortsform tendenziell als ausreichend erachtet.[33] Diese Äußerung, die im konkreten Fall letztlich nicht entscheidungserheblich war, erscheint jedoch nicht als hinreichend belastbar, um hierauf eine vorbehaltlose Zulassung jedweder Ortsform stützen zu können.

Die im **Schrifttum** für die Bejahung einer Anteilsübertragung bei Beachtung lediglich der Ortsform nach Art. 11 Abs. 1 2. Alt EGBGB angeführten Argumente überzeugen ebenfalls: 16

Aus dem **Wortlaut** des Art. 11 Abs. 1 EGBGB ergibt sich zunächst einmal keine Einschränkung im Hinblick auf die Übertragung von GmbH-Geschäftsanteilen. Darüber hinaus ist auch nicht zu befürchten, dass durch die Zulassung der Ortsform ein **leichter und spekulativer Handel mit GmbH-Anteilen** droht.[34] Der Gesetzgeber hat sich überdies in Art. 11 EGBGB bewusst dafür entschieden, zugunsten einer möglichst großen Wirksamkeit bei Rechtsgeschäften im Ausland auf die Einhaltung der mit den nationalen Formvorschriften verfolgten Ziele zu verzichten.[35] Auch sind bei einer Anteilsübertragung nur die **Interessen der unmittelbar Beteiligten** betroffen. Interessen Dritter – und damit auch das öffentliche Interesse – müssen nicht berücksichtigt werden. Die Unzulässigkeit einer Übertragung nach der Ortsform ergibt sich auch nicht unter dem Gesichtspunkt der **Beweissicherung.** Das Erfordernis, die Gesellschafterstellung durch eine Kette notarieller Urkunden nachweisen

[31] OLG München 19.11.1997 – 7 U 2511/97, NJW-RR 1998, 758.

[32] OLG Stuttgart 17.5.2000 – 20 U 68/99, NZG 2001, 40, 43.

[33] BGH 4.11.2004 – III ZR 172/03, NZG 2005, 41, 42.

[34] HCL/Behrens/Hoffmann GmbHG GmbH im int. und eur. Recht Rn. B 198.

[35] Kröll ZGR 2000, 111, 123.

zu müssen, ergibt sich nicht aus § 16 GmbHG selbst, sondern ist lediglich Folge von § 15 Abs. 3 GmbHG. Der insoweit maßgebliche § 16 GmbHG schreibt dagegen keine besondere Form vor. Die Ausnutzung der Möglichkeiten einer erleichterten Ortsform aus Gründen der Kostenersparnis stellt schließlich auch keinen Rechtsmissbrauch dar, denn die Ausnutzung der vom Gesetzgeber bewusst zur Verfügung gestellten Anknüpfungspunkte kann nicht als **Rechtsmissbrauch** angesehen werden.[36]

Letztlich sprechen die überwiegenden Gründe für die grundsätzliche Zulässigkeit der Ortsform gemäß Art. 11 Abs. 1 2. Alt EGBGB bei GmbH-Anteilsübertragungen. Die entscheidende Weichenstellung liegt dabei in der dogmatischen Einordnung der dinglichen GmbH-Anteilsübertragung als schlichtes **Rechtsgeschäft** (wie hier vertreten) und nicht als Vorgang, der in die **Verfassung der Gesellschaft** selbst eingreift.

(ii) Argumente gegen Zulassung der Ortsform (wohl Mindermeinung)

17 Gegen die Anerkennung der Ortsform für die GmbH-Anteilsabtretung wird zunächst eingewandt, dass die Frage der Rechtsgültigkeit einer Anteilsübertragung nicht nur die unmittelbar am Geschäft Beteiligten betreffe. Es bestehe insoweit ein erhebliches öffentliches Interesse an der **Vermeidung von Rechtsunsicherheiten** für den allgemeinen Rechtsverkehr, die sich aus der Verwendung der Ortsform ergäben.[37] Insbesondere bestehe die mit § 15 Abs. 3 GmbHG bezweckte Erschwerung der Spekulation mit Geschäftsanteilen auch im **öffentlichen Interesse.** Genau wie die zusätzlich bezweckte Beweissicherung stehe sie nicht zur Disposition der Parteien. Auch sei die Geschäftsanteilsübertragung mit statusrelevanten Geschäften vergleichbar. Für solche Vorgänge – die die Verfassung der Gesellschaft betreffen – wird jedoch auch von der ortsform-freundlichen Gegenansicht überwiegend nicht die Ortsform zugelassen.

Schließlich wird argumentiert, dass den Formvorschriften des § 15 Abs. 3 und 4 GmbHG als formelle Beschränkung der Übertragbarkeit von GmbH-Anteilen eine wichtige strukturerhaltende gesellschaftsrechtliche Funktion zukomme. Die gesellschaftsrechtliche Qualifikation der Formvorschriften soll hiernach einer „Grundwertung des Internationalen Gesellschaftsrechts" entsprechen, wonach der Gehalt der internen Sachnorm auf die Kollisionsnorm einwirke, um so materiell-rechtliche Wertungen international abzusichern.

[36] Kröll ZGR 2000, 111, 124; Janssen/Roberts GmbHR 2003, 433, 434; MHLS/Leible Syst. Darst. 2 Internationales Gesellschaftsrecht Rn. 110.

[37] Grossfeld/Berndt RIW 1996, 625, 629; van Randenborgh GmbHR 1996, 908, 909; zustimmend Dignas GmbHR 2005, 139, 140 und MüKoBGB/Kindler IntHuGR Rn. 539 f.

(iii) Abgrenzung rechtsgeschäftlicher von sogenannten Statusgeschäften bei einer Teilveräußerung eines Geschäftsanteils

Die Unterscheidung innerhalb der überwiegenden Literaturansicht zwischen statusrelevanten (dh Grundlagen der Gesellschaftsverfassung betreffenden) und rechtsgeschäftlichen Vorgängen (→ unten Rn. 28 im Kontext der Gleichwertigkeitsprüfung) kann in bestimmten Konstellationen zu Abgrenzungsschwierigkeiten führen. So ist durchaus nicht eindeutig, wann bereits von einem statusrechtlichen Vorgang bzw. Grundlagengeschäft gesprochen werden kann. Unstreitig liegt ein solcher Sachverhalt bei **Gründung** einer GmbH und **Gesellschaftsvertragsänderungen** vor.[38] Weitere Beispiele sind die Kapitalerhöhung, Verschmelzung, Spaltung und die formwechselnde Umwandlung.[39] Dagegen wird die Veräußerung von GmbH-Anteilen überwiegend als rein rechtsgeschäftlicher Vorgang angesehen. 18

Die Veräußerung von Geschäftsanteilen stellt uE auch dann einen schlichten rechtsgeschäftlichen Vorgang dar, wenn im Falle einer **Teilung** des Geschäftsanteils ein vorgängiger Gesellschafterbeschluss (§ 46 Nr. 4 GmbHG) erforderlich ist. Dieser Beschluss bewirkt die Teilung des Geschäftsanteils und schafft damit einen **neuen selbstständigen Geschäftsanteil.** Dieser wird dann ebenso durch ein schlichtes Rechtsgeschäft abgetreten wie ein bereits bestehender Geschäftsanteil.

bb) Voraussetzungen der Zulassung der Ortsform

Die – obergerichtlich bisher uE nicht hinreichend abgesicherte – Zulässigkeit der Ortsform unterliegt weiteren Bedingungen. 19

(i) Vergleichbares Ortsrecht

Voraussetzung für die Erfüllung der Formpflicht durch Beachtung der Ortsform ist, dass die am Vornahmeort geltende Rechtsordnung ein der deutschen GmbH-Anteilsabtretung vergleichbares Rechtsgeschäft überhaupt kennt. Zu prüfen ist also, ob es eine der deutschen GmbH **vergleichbare Gesellschaftsform** gibt. Anzuknüpfen ist dabei an der Ähnlichkeit des ausländischen Rechtsinstituts nach Funktion, rechtlichem Erfolg und inhaltlicher Ausgestaltung.[40] Existiert keine solche mit der deutschen GmbH vergleichbare Rechtsform (sog. „**Normenleere**"), kann das Ortsrecht auch keine Formregel bereithalten (sog. „**Formenleere**"). In diesem Fall besteht dann keine Formfreiheit, weil die Frage, ob das Rechtsgeschäft einer Form bedarf, der ausländischen Rechtsordnung fremd und daher gerade nicht beantwortet ist.[41] 19a

[38] Goette DStR 1996, 709, 710.
[39] Brück DB 2004, 2409, 2411.
[40] OLG Stuttgart 17.5.2000 – 20 U 68/99, NZG 2001, 40, 43.
[41] Reichert/Weller DStR 2005, 250, 254.

Von der Rechtsprechung wurde etwa die Vergleichbarkeit der kanadischen Limited[42] und der US-amerikanischen „*Limited Liability Company*"[43] mit der deutschen GmbH verneint. In einem solchen Fall sind dann allein die Formvorgaben des Gesellschaftsstatuts nach Art. 11 Abs. 1 1. Alt EGBGB maßgebend.

(ii) Weitere Wirksamkeitsvoraussetzungen nach Ortsrecht

20 Im Hinblick auf die Einhaltung der ausländischen Ortsform für die Anteilsübertragung ist schließlich die Unterscheidung zwischen **Formfragen** und **sonstigen Wirksamkeitsvoraussetzungen** des Rechtsgeschäfts von Bedeutung.[44] So können ausländische Rechtsordnungen neben der vertraglichen Vereinbarung weitere Voraussetzungen einer wirksamen dinglichen Übertragung des Geschäftsanteils vorsehen, wie zB Eintragung in ein Register oder Übereignung einer Urkunde über die Mitgliedschaft. Fraglich ist dann, ob diese Voraussetzungen noch als Formfragen oder vielmehr als – davon unabhängig zu erfüllende – gesellschaftsrechtliche Voraussetzungen der Anteilsübertragung einzuordnen sind. Die Einordnung als gesellschaftsrechtliche Frage hat dann zur Folge, dass diese (weitere) Voraussetzung für eine wirksame Übertragung nach Art. 11 Abs. 1 2. Alt EGBGB nicht erforderlich ist.

Überzeugend, wenn auch nicht abschließend geklärt, erscheint eine Abgrenzung danach, ob das Tatbestandsmerkmal eines Übertragungsakts nicht unmittelbar an die den Übertragungsakt beinhaltende Willenserklärung anknüpft, sondern darüber hinaus erforderlich ist; solche weitergehenden Übertragungselemente sind dann nicht als Formfragen einzuordnen.

(iii) Einschränkung durch den ***ordre public*** *(Art. 6 EGBGB)*

21 Eine zweite Einschränkung ergibt sich schließlich aus dem Schutz der inländischen öffentlichen Ordnung. Nach Art. 6 Abs. 1 EGBGB ist eine Rechtsnorm eines anderen Staates nicht anzuwenden, wenn ihre Anwendung zu einem Ergebnis führt, das mit wesentlichen Grundsätzen des deutschen Rechts offensichtlich unvereinbar ist.

Die Anforderungen an einen solchen Verstoß sind allerdings streng. Maßgebend ist, ob das Ergebnis der Anwendung des ausländischen Rechts zu den Grundgedanken der deutschen Regelung und der in ihnen liegenden Gerechtigkeitsvorstellungen in so starkem Widerspruch steht, dass es für untragbar gehalten wird.[45] Die Anwendung der Vorbehaltsklausel ist dabei nicht schon deshalb gerechtfertigt, weil das ausländische Recht von zwingenden deutschen Vorschriften abweicht.

---

[42] OLG München 5.3.1993 – 23 U 3958/92, NJW-RR 1993, 998, 999; aA Merkt ZIP 1994, 1417, 1421.

[43] OLG Stuttgart 17.5.2000 – 20 U 68/99, NZG 2001, 40/43.

[44] Reicher/Weller, Der GmbH-Geschäftsanteil § 15 Rn. 160.

[45] Grüneberg/Thorn EGBGB Art. 6 Rn. 4.

Der Einwand eines Verstoßes gegen den „*ordre public*“ nach Art. 6 EGBGB kommt im vorliegenden Zusammenhang jedenfalls dann in Betracht, wenn die Abtretung **mündlich** erfolgt – und die ausländische Rechtsordnung eine solche Abtretung einer der GmbH vergleichbaren Rechtsform auch anerkennt. Denn eine mündliche Abtretung würde eine erhebliche Gefährdung der inländischen Rechtssicherheit mit sich bringen.[46] Die durch § 15 Abs. 3 GmbHG verfolgten Zwecke der Handelserschwernis und Beweissicherung wären in diesem Fall offensichtlich nicht mehr gewährleistet, so dass in diesem Fall von einer offensichtlichen Unvereinbarkeit mit deutschem GmbH-Recht gesprochen werden müsste.[47]

Wenn die ausländische Ortsform dagegen jedenfalls Schriftform für die Anteilsabtretung verlangt, ist davon auszugehen, dass ein Verstoß gegen die öffentliche Ordnung nach Art. 6 EGBGB nicht vorliegt. Schließlich soll Art. 11 EGBGB gerade die Formwahl durch Ortswahl ermöglichen, auch wenn dadurch der strengeren Form der Geschäftsform ausgewichen wird.

c) Grafische Übersicht – Formerfordernisse des internationalen Gesellschaftsrechts

22

	Rechtswahl	**vertragliche Verpflichtung** zur Geschäftsanteils-übertragung	**dingliche Übereignung** der Geschäftsanteile
anwend-bares Recht	**Art. 3 Rom I-VO** als Kollisions-norm	**Schuldvertragsstatut** Art. 3 ff. Rom I-VO (ehemals Art. 27 ff. EGBGB)	**Gesellschaftsstatut**
		⇩	⇩
Form-vorschrift	**Art. 3 Abs. 5, 11 Rom I-VO** **mit Vorrang** vor Art. 11 EGBGB	**Art. 11 Rom I-VO, Art. 11 Abs. 1 EGBGB** **Geschäftsform** = Schuldvertragsstatut (1. Alt; ggf. Gleichwertigkeits-erfordernis) oder **Ortsform** (2. Alt)	**Art. 11 Abs. 1 EGBGB** **Geschäftsform** = Gesellschaftsstatut (1. Alt; ggf. Gleichwertigkeits-erfordernis) oder **Ortsform** (2. Alt) (str.)

[46] Kröll ZGR 2000, 111, 124.

[47] AA dezidiert Emde GmbHR 2000, 728, 729: „Über den „ordre public Vorbehalt“ des Art. 6 EGBGB zur Formunwirksamkeit gelangen zu wollen, ist abwegig. Man wäre weit gekommen, wollte man die notarielle Form des § 15 GmbHG zum deutschen ordre public erklären.“ Dagegen erwähnt Goette DStR 1996, 709, 710 ausdrücklich den „ordre public“ als Einschränkung, die der Anerkennung der Ortsform entgegenstehen kann.

III. Grundstücksgeschäfte (Asset Deal)

23 Durch die Rechtswahl können, wenn im Rahmen eines Unternehmenskaufs per Asset Deal zum Vermögensgegenstand des Unternehmens auch **deutsche Grundstücke** gehören, auch die Formvorschrift des § 311b Abs. 1 Satz 1 BGB unbeachtet bleiben. Zwar müssen Grundstückskaufverträge die zwingenden Formvorschriften der *lex rei sitae* einhalten (Art. 11 Abs. 5 Rom I-VO). Dh es müssen die Regeln desjenigen Staates befolgt werden, in dem das Grundstück belegen ist. Die Vorschrift des § 311b Abs. 1 Satz 1 BGB mit ihrer notariellen Beurkundungspflicht hat im Ausland keinen zwingenden Charakter.[48] Unterstellt man also, das anzuwendende ausländische Recht setze nicht seinerseits Formerfordernisse voraus, kann durch Rechtswahl die Anwendung von § 311b Abs. 1 Satz 1 BGB durch einen im Ausland geschlossenen Vertrag außer Anwendung bleiben. Dies gilt jedoch nur für die schuldrechtlichen Verträge. Für den dinglichen Übertragungsakt gilt hier die lex rei sitae. Damit muss ein in Deutschland belegenes Grundstück vor einem deutschen Notar und gemäß § 925 Abs. 1 BGB aufgelassen werden.[49]

IV. Vollmachten und Vertretungsbefugnis

1. Vollmachten

24 Das auf eine Vollmacht im grenzüberschreitenden Wirtschaftsverkehr anwendbare Recht bestimmt sich nach dem sog. **Vollmachtsstatut**.[50] Das Vollmachtsstatut war in Deutschland bis 2017 nicht gesetzlich, sondern richterrechtlich geprägt. Auch die Rom I-Verordnung[51] brachte keine Kodifizierung; der noch im Entwurf[52] zur Verordnung enthaltene Art. 7 zum Vollmachtsstatut wurde in der Endfassung gestrichen. Erst 2017 erließ der deutsche Gesetzgeber mit Art. 8 EGBGB eine Regelung des Vollmachtsstatuts für gewillkürte Vollmachten.

Das Vollmachtsstatut kann entweder durch objektive Anknüpfung ermittelt werden oder aber durch Rechtswahl bestimmt werden.[53]

---

[48] Land, Rechtsfragen des internationalen Unternehmenskaufs, BB 2013, 2697, 2701.

[49] Vgl. Land BB 2013, 2697, 2700.

[50] BGH 8.10.1991 – XI ZR 64/90, NJW 1992, 618; Schwarz RabelsZ 71 (2007), 729, 734; Reithmann/Martiny/Hausmann Rn. 6.389.

[51] VO (EG) Nr. 593/2008 des Europäischen Parlaments und des Rates vom 17. Juni 2008 über das auf vertragliche Schuldverhältnisse anzuwendende Recht (Rom I).

[52] Verordnungsvorschlag der EG-Kommission vom 15.12.2005, Rom I-E, KOM (2005), 650.

[53] Grüneberg/Thorn EGBGB Art. 8 Rn. 2.

a) Bestimmung des Vollmachtsstatuts für vor dem 17.6.2017 erteilte Vollmachten

Gemäß der Übergangsbestimmung des Art. 229 § 41 EGBGB bleibt für vor dem 17.6.2017 erteilte Vollmachten das frühere Internationale Privatrecht maßgeblich. Dies gilt auch, wenn eine vor dem Stichtag erteilte Vollmacht erst nach dem Stichtag erstmalig verwendet wird.[54] Nach altem Recht ist für die objektive Anknüpfung auf den **Gebrauchsort** der Vollmacht abzustellen.[55] Gebrauchsort ist dabei zunächst der **reale Gebrauchsort** der Vollmacht; bei einem Vertragsabschluss unter Abwesenden ist der Ort der geschäftlichen Niederlassung des Vertreters der Gebrauchsort.[56] 25

In der Praxis führt die Anwendung dieser Regel zu Unsicherheiten und Unschärfen; der Gebrauchsort ist zu zufällig und zu schlecht nachweisbar, um unkompliziert zu klaren Ergebnissen zu führen.

Übliche Praxis war und ist es deshalb, das Vollmachtsstatut durch **Rechtswahl** zu bestimmen.[57]

b) Bestimmung des Vollmachtsstatuts für ab dem 17.6.2017 erteilte Vollmachten

Für die Bestimmung des Vollmachtsstatuts für ab dem Stichtag erteilte Vollmachten ist Art. 8 EGBGB maßgeblich, der eine mehrfach gestufte Prüfung vorsieht. Zunächst kann durch den Vollmachtgeber (Abs. 1 Satz 1) sowie durch die Beteiligten (Abs. 1 Satz 2) nach wie vor eine Rechtswahl erfolgen, wobei die Rechtswahl nach Satz 2 Vorrang genießt. Besteht eine Rechtswahl, so ist sie für das Vollmachtsstatut maßgeblich. 25a

Fehlt es an einer Rechtswahl, greifen die Sonderregelungen der Abs. 2 und 3. Handelt der Bevollmächtigte in Ausübung seiner unternehmerischen Tätigkeit (Abs. 2), wird auf seinen gewöhnlichen Aufenthalt während der Ausübung der Vollmacht abgestellt. Tritt er hingegen als Arbeitnehmer des Vollmachtgebers auf, ist der gewöhnlichen Aufenthalt des Vollmachtgebers während der Nutzung der Vollmacht entscheidend.

Für die Bestimmung des gewöhnlichen Gebrauchsorts verweist Abs. 8 auf Art. 19 Rom-I-VO.

Wenn weder eine Rechtswahl nach Abs. 1 noch ein Spezialfall der Abs. 2 oder 3 vorliegt, wird nach Abs. 4 wie im früheren Recht auf den gewöhnlichen Gebrauchsort der Vollmacht abgestellt.

---

[54] EBJS/Schaub HGB § 12 Rn. 74.

[55] BGH 9.12.1964 – VIII ZR 304/62, NJW 1965, 487, 488; BeckOK BGB/Huber § 164 Rn. 111.

[56] BGH 26.4.1990 – VII ZR 218/89, NJW 1990, 3088; Reithmann/Martiny/Hausmann Rn. 6.387.

[57] Reithmann/Martiny/Hausmann Rn. 6.390.

Zu bemerken ist ferner, dass zum Schutze des Vertragspartners Abs. 2 bis 4 nur einschlägig sind, wenn der darin jeweils geregelte Ort für Dritte erkennbar ist. Maßgeblich ist hierbei der Zeitpunkt unmittelbar vor Abgabe der Willenserklärung des Vertreters.[58]

Als Auffangnorm dient Abs. 5, der das Vollmachtsstatut für den Einzelfall der konkreten Nutzung hilfsweise in drei Schritten bestimmt: Satz 1 stellt auf den konkreten Gebrauchsort im Einzelfall ab, Satz 2 auf den für Dritte und Bevollmächtigte erwartbaren Ort des Gebrauchs und Satz 3 auf den gewöhnlichen Aufenthaltsort des Bevollmächtigenden im konkreten Gebrauchsfall.

Die mehrfach abgestufte Prüfung mag auf den ersten Blick unhandlich wirken, bietet jedoch den Vorteil, nur hilfsweise auf den Gebrauchsort zurückgreifen zu müssen, was angesichts dessen zunehmender Unschärfe durch die fortschreitende Digitalisierung zu begrüßen ist.

c) Formstatut der Vollmacht

26 Die Bestimmung des Vollmachtstatuts sagt hingegen nach der von Lehre und Rechtsprechung in Deutschland vorgenommen Trennung zwischen Vollmachtsstatut und Formstatut noch nichts darüber aus, nach welchem Recht sich die **Form einer Vollmacht** bestimmt.

Für die Bestimmung des **Formstatuts** stellt sich vorab die Frage, welche Kollisionsnorm Anwendung findet. Unstreitig würde Art. 11 Rom I-VO als Gemeinschaftsrecht den Anwendungsbereich von Art. 11 EGBGB beschränken, wenn die Rom I-VO auf die Form einer Vollmachtserteilung Anwendung fände.

Art. 11 Abs. 3 Rom I-VO spricht in der deutschen Fassung zwar von „einseitigen Rechtsgeschäften“, worunter vorschnell die Vollmachtserteilung als einseitiges Rechtsgeschäft verstanden werden könnte. Bei näherem Hinsehen kann dies nicht überzeugen, da die Rom I-VO in Art. 1 Abs. 1 lit. g) Stellvertretergeschäfte von ihrem Anwendungsbereich ausnimmt. Nach allgemeiner Meinung schließt dieser Ausschluss auch Formfragen ein, sodass die Rom I-VO hier keine Anwendung finden kann. Dementsprechend ist für die Frage der Form der Vollmacht auf Art. 11 EGBGB abzustellen.[59]

Somit bestimmen sich sowohl **Vollmachtsstatut** als auch **Formstatut** nach **nationalem Kollisionsrecht.** In Deutschland gelten für das Vollmachtsstatut die von der deutschen Rechtsprechung entwickelten und oben in Rn. 24 ausgeführten Grundsätze und für die Zeit ab dem 17.06.2017 Art. 8 EGBGB; für das Formstatut gilt Art. 11 EGBGB. Wird für das Vollmachtsstatut deut-

---

[58] Reithmann/Martiny/Hausmann Rn. 6.404

[59] MüKoBGB/Kleinschmidt, Art. 8 EGBGB Rn. 180; Rauscher/v. Hein EuZPR/EuIPR Rom I-VO Art. 11 Rn. 9; Ostendorf RIW 2014, 93, 94; BeckOGK/Mankowski EGBGB Art. 8 Rn. 73; BGH 4.3.2013 – NotZ 9/12, NJW 2013, 1605, 1608; Reithmann/Martiny/Hausmann Rn. 6.452 f.

sches Recht gewählt, so bestimmt sich gemäß Art. 11 Abs. 1 Alt. 1 EGBGB das Formstatut der Vollmacht ebenfalls nach deutschem Recht (insbesondere mit der grundsätzlich großzügigen Regel des § 167 Abs. 2 BGB) oder alternativ gemäß Art. 11 Abs. 1 Alt. 2 EGBGB nach dem **Ortsrecht;** zur Bestimmung des Ortsrechts wird auf den **Errichtungsort** der Vollmacht abgestellt, so dass anzuraten ist, den Ort der Unterzeichnung der Vollmacht explizit in das Dokument aufzunehmen.[60]

V. Zwingende Inlandsbeurkundung

1. Auflassung

Die zur Übertragung des Eigentums an einem Grundstück nach § 873 BGB **27** erforderliche Einigung des Veräußerers und des Erwerbers (Auflassung) muss bei gleichzeitiger Anwesenheit beider Teile „vor einer zuständigen Stelle" erklärt werden (§ 925 Abs. 1 Satz 1 BGB). Die Zuständigkeitszuweisung an „jeden Notar" durch § 925 Abs. 1 Satz 2 BGB legt die Rechtsprechung hinsichtlich deutscher Grundstücke so aus, dass sie sich **ausschließlich auf deutsche Notare und Konsularbeamte** bezieht.[61]

Eine Auslandsbeurkundung der Auflassung scheidet danach aus.

Denkbar ist hiernach jedoch die **Trennung eines Grundstück-Asset-Deals** in das schuldrechtliche Geschäft, das wirksam durch einen ausländischen Notar beurkundet werden kann, und die Auflassung, die zwingend vor einem deutschen Notar oder Konsularbeamten erfolgen muss. Zu beachten ist, dass sämtliche grundbuchrelevanten Bestandteile auch des schuldrechtlichen Geschäfts wegen § 29 GBO zumindest in öffentlich beglaubigter Form vereinbart werden müssen, da ansonsten ein Eintragungshindernis besteht.

2. Gesellschaftsrechtliche Vorgänge

Die Beurkundung eines **gesellschaftsrechtlichen Vorgangs** (Gründung **28** einer Kapitalgesellschaft, Kapitalerhöhung, Kapitalherabsetzung, Vorgänge nach dem Umwandlungsgesetz, Änderungen des Gesellschaftsvertrags bzw. der Satzung, Unternehmensverträge) durch einen ausländischen Notar kann unter dem Gesichtspunkt der Gleichwertigkeit der ausländischen Beurkundung (→ Rn. 33) problematisch erscheinen. Auch wenn der BGH entschieden hat, dass von der Gleichwertigkeit der Beurkundung einer Änderung des Gesellschaftsvertrags einer GmbH durch einen Züricher Notar auszugehen ist (→ Rn. 34), wird doch für sonstige gesellschaftsrechtliche Vorgänge mit orga-

---

[60] Reithmann/Martiny/Hausmann Rn. 6.456.

[61] Grüneberg/Thorn EGBGB Art. 11 Rn. 10 mwN, auch zur abweichenden Ansicht.

nisationsrechtlicher Wirkung von der wohl überwiegenden Rechtsprechung und Literatur die Gleichwertigkeit einer Auslandsbeurkundung verneint (→ Rn. 15). Da insofern nicht von hinreichender Rechtssicherheit ausgegangen werden kann, sind solche Vorgänge zwar nicht rechtlich zwingend in Deutschland zu beurkunden, doch legt die beraterliche Vorsicht eine Beurkundung in Deutschland nahe.

VI. Erstreckung der deutschen Beurkundungspflicht auf Rechtsgeschäfte nach ausländischem Recht?

29 Bei der Vorbereitung und der Unterzeichnung und ggf. Beurkundung von Unternehmenstransaktionen, die einem ausländischen Recht unterliegen und bei denen lediglich ein **Teilvertrag** oder der **dingliche Vollzug** oder beide nach deutschem Recht zu beurteilen sind und ggf. Beurkundung erfordern, wird oftmals die Frage aufgeworfen, ob die Beurkundungspflicht hinsichtlich dieses deutschen Teilaspekts (insbesondere: Abtretung von GmbH-Anteil, Auflassung eines Grundstücks) auf die gesamte Transaktion „ausstrahlt", was dann zur unmittelbaren Folge hätte, dass **sämtliche vertraglichen Vereinbarungen zu beurkunden** wären, sei es durch einen deutschen Notar, sei es durch einen als gleichwertig anerkannten ausländischen Notar.

Beispiel: Im Kontext eines internationalen Unternehmenskaufs nach englischem Recht sind ua Anteile an einer deutschen GmbH abzutreten. Das zugrundeliegende schuldrechtliche Geschäft unterliegt – zulässiger Weise (→ Rn. 5) – ausschließlich englischem Recht. Der dingliche Vollzug, dh die Abtretung, soll aus Vorsichtsgründen in Deutschland beurkundet werden.

Ungeachtet der Häufigkeit dieser Diskussion in der Praxis ist ein **Ausstrahlen** der deutschen Formvorschrift auf das Gesamtvertragswerk jedenfalls **dann zu verneinen,** wenn der gesamte schuldrechtliche Teil der Transaktion einem ausländischen Recht unterstellt wird. Dies dürfte in aller Regel der Fall sein, da „gespaltene" Rechtswahlvereinbarungen selten bewusst gewählt werden und eher unwillkürlich entstehen, wenn im internationalen Kontext innerhalb eines größeren Vertragswerks mit Standardverträgen der Parteien gearbeitet wird, die verschiedenen Rechtsordnungen unterliegen (hierzu unten → Rn. 30). Die **Pflicht zur Beurkundung der dinglichen Übertragung (§ 15 Abs. 3 GmbHG) strahlt nicht auf das Gesamtvertragswerk aus.** Dieses ist von Anfang an wirksam, ohne dass es auf die Heilungswirkung nach § 15 Abs. 4 S. 2 GmbHG ankäme. Zu diesem Ergebnis gelangt man zum einen durch Einordung der Abtretung als selbständigen dinglichen Akt, der sich in

Erfüllung, aber außerhalb des schuldrechtlichen Vertrags vollzieht und dabei dem Gesellschaftsstatut unterliegt, das hinsichtlich des zugrundeliegenden schuldrechtlichen Vertrags keinen kollisionsrechtlichen Regelungsanspruch erhebt.[62] Zum anderen führt die Abwahl des deutschen Rechts für den schuldrechtlichen Vertrag zur Abwahl des Regimes der §§ 125, 139 (analog) BGB;[63] diese Abwahl kann nicht über die „Hintertür" des dinglichen Vollzugsaktes konterkariert werden.

Auch **Teile des schuldrechtlichen Vertrags** können deutschem Recht **30**
unterliegen.

Beispiel: Innerhalb einer sich auf mehrere Länder erstreckenden Share-Deal-Transaktion, bei der ua Anteile an einer Grundstücks-GmbH verkauft werden und § 15 Abs. 4 GmbHG für den schuldrechtlichen Teil durch Wahl ausländischen Rechts ausgeschlossen wird, soll auch ein Mietvertrag über die in Deutschland belegene Immobilie der GmbH abgeschlossen werden. Hierfür möchten die Parteien aus Gründen der Sachnähe einen Mietvertrag nach deutschem Recht verwenden.

Dies ist **ohne negative Auswirkung auf die Beurkundungsfreiheit** möglich[64]. Zwar enthält das schuldrechtliche Gesamtvertragswerk noch ein dem deutschen Recht unterliegendes Element, das inhärent auch die Anwendung des von der deutschen Rechtsprechung hochgehaltenen Sanktionsregimes der §§ 125, 139 (analog) BGB mit sich bringt. Durch die Abwahl des deutschen Rechts – und damit des Beurkundungserfordernisses – für die Verpflichtung zur Anteilsübertragung gibt es allerdings kein formnichtiges (Teil-)Geschäft; §§ 125, 139 (analog) BGB sind also tatbestandlich nicht erfüllt.

Ist hiernach also durch vertragliche Rechtswahl sichergestellt, dass der schuldrechtliche Vertrag zumindest in den Teilen, die nach deutschem Recht die Beurkundungspflicht herbeiführen würden, einem weniger formstrengen ausländischen Recht unterliegt bzw. die dem deutschen Recht unterliegenden Teilverträge nicht zu einer Beurkundungspflicht führen, so ist damit der Auslöser für die Beurkundungspflicht und damit das „Sanktionsobjekt" für §§ 125, 139 (analog) BGB eliminiert.[65]

---

[62] Reithmann/Martiny/Göthel Rn. 33.20 mwN; MüKoGmbHG/Weller/Reichert § 15 Rn. 166 f.

[63] Rauscher/von Hein Rom I-VO Art. 11 Rn. 13 ff.

[64] Das Formstatut für diesen Vertrag ist selbstständig anzuknüpfen, vgl. Reithmann/Martiny Rn. 2.38 f.

[65] Rauscher/von Hein Rom I-VO Art. 3 Rn. 4.

VII. Gleichwertigkeit der Auslandsbeurkundung

1. Einführung in die Gleichwertigkeitsproblematik

31 Nach **Art. 11 Abs. 1 EGBGB** ist ein Rechtsgeschäft formgültig, wenn es die Formerfordernisse des Rechts, das auf das seinen Gegenstand bildende Rechtsverhältnis anzuwenden ist, oder des Rechts des Staates erfüllt, in dem es vorgenommen wird. Die Vorschrift gestattet demnach hinsichtlich der Frage der Formwirksamkeit eines Rechtsgeschäfts eine alternative Anknüpfung:[66]

Gemäß Art. 11 Abs. 1 Alt. 1 EGBGB genügt zur Wahrung der Form die Einhaltung der Formerfordernisse desjenigen Rechts, das auf das zugrundeliegende Geschäft anzuwenden ist – sog. **Wirkungsstatut** *(lex causae)*. Werden Rechtsgeschäfte, deren Wirksamkeit sich nach dem GmbHG beurteilen, beurkundet, so ist das anwendbare Wirkungsstatut das Gesellschaftsstatut.[67] Bei einer deutschen GmbH richtet sich das Gesellschaftsstatut im Verhältnis zu Mitgliedstaaten des EWR (EU- sowie EFTA-Staaten, nicht jedoch die Schweiz) und den USA der hM zufolge nach der Gründungstheorie (§ 4a GmbHG).[68] Das Wirkungsstatut richtet sich in diesem Fall mithin nach dem GmbHG. Wird eine Maßnahme nach dem GmbHG im Ausland beurkundet, stellt sich die Frage, ob die notarielle Form durch Einschaltung des ausländischen Notars erfüllt werden kann. Dies beurteilt sich nach den Grundsätzen der internationalprivatrechtlichen Substitution.[69] Danach ist die Beurkundung im Ausland zulässig, wenn die Auslandsbeurkundung derjenigen in Deutschland gleichwertig ist.[70]

Daneben ist zur Wahrung der Form gemäß Art. 11 Abs. 1 Alt. 2 EGBGB (grundsätzlich) ausreichend, die Formbestimmungen derjenigen Rechtsordnung einzuhalten, in dem das Rechtsgeschäft vorgenommen wird – sog. **Ortsform**. Hiernach genügt es, diejenigen Formbestimmungen zu wahren, welche die Rechtsordnung des Abschlussortes für vergleichbare Rechtsgeschäfte, zB Anteilsabtretungen, vorschreibt.

Die eigentliche Problematik der Gleichwertigkeit (Substitution) einer Auslandsbeurkundung mit einer Beurkundung in Deutschland stellt sich folglich nur im Anwendungsbereich von Art. 11 Abs. 1 Alt. 1 EGBGB, wenn also an das Wirkungsstatut (Gesellschaftsstatut) angeknüpft wird. Dagegen kommt es bei der Anknüpfung an die Ortsform gemäß Art. 11 Abs. 1 Alt. 2 EGBGB

---

[66] MüKoGmbHG/Weller/Reichert § 15 Rn. 137.

[67] Staudinger/Großfeld IntGesR, 1998, Rn. 452.

[68] Vgl. MüKoGmbHG/Hupka § 4a Rn. 16 ff., 29 ff.

[69] Hierzu Mansel FS W. Lorenz, 2001, S. 689 ff.

[70] Siehe MüKoGmbHG/Weller/Reichert § 15 Rn. 144 f.

allein darauf an, ob die Rechtsordnung des Abschlussorts ein vergleichbares Rechtsgeschäft kennt und dessen Voraussetzungen eingehalten worden sind.[71]

2. Gleichwertigkeitsvoraussetzungen

a) Allgemeine Gleichwertigkeitsvoraussetzungen

Nach der Grundsatzentscheidung des **BGH** aus dem Jahr 1981,[72] bestätigt durch die Entscheidung vom 17.12.2013,[73] ist **Gleichwertigkeit dann anzunehmen,** „wenn die ausländische Urkundsperson nach Vorbildung und Stellung im Rechtsleben eine der Tätigkeit des deutschen Notars entsprechende Funktion ausübt und für die Errichtung der Urkunde ein Verfahrensrecht zu beachten hat, das den tragenden Grundsätzen des deutschen Beurkundungsrechts entspricht“. Demnach sind für die Feststellung der Gleichwertigkeit zwei Gesichtspunkte maßgebend: ein personaler und ein prozeduraler. 32

In personaler Hinsicht muss die ausländische Urkundsperson mit dem deutschen Notar vergleichbar sein. Gleichwertigkeit ist insofern gegeben, „wenn die ausländische Urkundsperson nach Vorbild und Stellung im Rechtsleben eine der Tätigkeit des deutschen Notars entsprechende Funktion ausübt“.[74] Dies erfordert zum einen eine vergleichbare Ausbildung sowie entsprechende berufs- und haftungsrechtliche Bindungen.[75] Hierbei spricht eine Haftungsfreizeichnung durch den Notar gegen die Gleichwertigkeit.[76]

In prozeduraler Hinsicht ist erforderlich, dass das ausländische Beurkundungsverfahren und das Verfahren nach dem BeurkG funktionell gleichwertig sind. Gleichwertigkeit liegt insoweit vor, „wenn die ausländische Urkundsperson für die Errichtung der Urkunde ein Verfahren zu beachten hat, das den tragen Grundsätzen des deutschen Beurkundungsrechts entspricht“.[77] Hierbei kommt es darauf an, ob das ausländische Beurkundungsrecht vergleichbare Prüfungs- und Belehrungspflichten kennt, ob die ausländische Urkundsperson die Identität der Beteiligten festzustellen sowie eine Niederschrift über die Beurkundung aufzustellen hat, die Niederschrift den Beteiligten vorgelesen und

---

[71] Vgl. MüKoGmbHG/Weller/Reichert § 15 Rn. 155.

[72] BGH 16.2.1981 – II ZB 8/80, BGHZ 80, 76 = NJW 1981, 1160.

[73] BGH 17.12.2013 – II ZB 6/13, NJW 2014, 2026; hierzu Böcker DZWiR 2014, 234 ff., Herrler GmbHR 2014, 225 ff.; Meichelbeck/Krauß DStR 2014, 752 ff.; Müller NJW 2014, 1994 ff.

[74] BGH 17.12.2013 – II ZB 6/13, NJW 2014, 2026.

[75] OLG Frankfurt aM 25.1.2005 – 11 U 8/04, GmbHR 2005, 764, 765 f. = BeckRS 2005, 2597; Staudinger/Großfeld IntGesR 1998, Rn. 472; MüKoGmbHG/Weller/Reichert, § 15 Rn. 145.

[76] Hauschild/Kallrath/Wachter Notar-HdB/Bayer/Meier-Wehrsdorfer § 10 Rn. 8 mwN; Schervier (NJW 1992, 593, 595 f.) hält dies für ein Ausschlusskriterium.

[77] BGH 17.12.2013 – II ZB 6/13, NJW 2014, 2026.

von diesen genehmigt und unterzeichnet werden muss und die Niederschrift durch den Notar zu unterzeichnen und zu siegeln ist.[78] Dem BGH zufolge ist nicht entscheidend, dass das ausländische Verfahren mit dem deutschen detailgenau übereinstimmt, sondern vielmehr das Bestehen von Funktionsäquivalenz.[79] Die oberlandesgerichtliche Rechtsprechung stellt hierbei in den Vordergrund, dass der Zweck der deutschen Formvorschriften durch das ausländische Verfahren verwirklicht werden muss.[80]

Der BGH **verlangt nicht, dass die ausländische Urkundsperson tiefergehende Kenntnisse des deutschen Rechts besitzt.**[81] Es ist zwar zuzugeben, dass die in § 17 Abs. 1 BeurkG verankerte Prüfungs- und Belehrungsfunktion nur unzureichend erfüllt werden kann, wenn die Beurkundung durch eine Person vorgenommen wird, die über keine genauen Kenntnisse des deutschen Rechts verfügt. Der BGH betont jedoch, dass die Einhaltung von § 17 Abs. 1 BeurkG keine Wirksamkeitsvoraussetzung[82] für die Beurkundung darstellt, sondern verzichtbar ist[83]. „Ein solcher Verzicht ist anzunehmen, wenn die Beteiligten einen ausländischen Notar[84] aufsuchen, von dem sie regelmäßig eine genaue Kenntnis des deutschen Gesellschaftsrechts und deshalb eine umfassende Belehrung von vorneherein nicht erwarten können".[85] Dies erscheint konsequent, da man von einer Auslandsbeurkundung nicht verlangen kann, was bei einer inländischen bezüglich der Wirksamkeit des Geschäfts folgenlos vernachlässigt werden kann.[86]

Nimmt man die **„Verzichts-Lösung" des BGH** ernst, so wird man stets zu prüfen haben, ob alle Beteiligten mit der Auslandsbeurkundung einverstanden sind, wenn die ausländische Urkundsperson keine vertieften Kenntnisse vom deutschen Recht besitzt. Nach der Rechtsprechung könnte andernfalls die Gefahr bestehen, dass die prozeduralen Gleichwertigkeitskriterien nicht erfüllt werden. Das Vorliegen des Einverständnisses aller Beteiligten wird bei zweiseitigen Rechtsgeschäften, insbesondere Anteilsabtretungen, in aller Regel unproblematisch festzustellen sein.[87] Bei Rechtsgeschäften mit Auswirkungen auf die Satzung der GmbH, die ggf. über den Kreis der an der Beurkundung

---

[78] BGH 16.2.1981 – II ZB 8/80, NJW 1981, 1160.

[79] Vgl. BGH 17.12.2013 – II ZB 6/13, NJW 2014, 2026, 2027; MüKoBGB/Kleinschmidt EGBGB Art. 11 Rn. 87; Scholz/Seibt GmbHG § 15 Rn. 84.

[80] OLG Frankfurt aM 25.1.2005 – 11 U 8/04, GmbHR 2005, 764= BeckRS 2005, 2597; OLG Stuttgart 17.5.2000 – 20 U 68/99, NZG 2001, 40; KG 24.1.2018 – 22 W 25/16, NJW 2018, 1828 = GmbHR 2018, 376, 379 sowie KG 26.7.2018 – 22 W 2/18, DNotZ 2019, 141, 143f.

[81] BGH 17.12.2013 – II ZB 6/13, NJW 2014, 2026.

[82] Siehe MüKoBGB/Kleinschmidt EGBGB Art. 11 Rn. 93ff.

[83] BGH 16.2.1981 – II ZB 8/80, NJW 1981, 1160.

[84] Siehe aber Sick/Schwarz NZG 1998, 540, 543 zu den positiven Praxiserfahrungen bei gesellschaftsrechtlichen Beurkundungen vor Notaren in Basel-Stadt.

[85] BGH 17.12.2013 – II ZB 6/13, NJW 2014, 2026.

[86] MüKoBGB/Kleinschmidt, EGBGB Art. 11 Rn. 90.

[87] MüKoBGB/Kleinschmidt, EGBGB Art. 11 Rn. 97.

Beteiligten hinaus weitere (künftige) Gesellschafter betreffen, wird die Verzichtsmöglichkeit im Schrifttum indes zum Teil abgelehnt.[88] Jedoch sind Adressaten der Prüfungs- und Belehrungspflicht nach § 17 Abs. 1 BeurkG grundsätzlich nur die formell am Beurkundungsverfahren Beteiligten, also diejenigen, die vor dem Notar eine Erklärung abgeben.[89] Dritten gegenüber kann nur in Ausnahmefällen eine allgemeine Betreuungspflicht bestehen. Eine solche existiert nach der Rechtsprechung des BGH nur gegenüber solchen mittelbar Beteiligten, die – für den Notar ersichtlich – im Zeitpunkt der Beurkundung ein gegenwärtiges direktes Interesse an dem Geschäft haben, insbesondere weil ihnen ein Schaden droht, und der Dritte mit dem Notar in Verbindung getreten ist.[90] Demnach besteht Dritten gegenüber grundsätzlich keine Pflichtenstellung aus § 17 Abs. 1 BeurkG, sodass ein Verzicht der mittelbar Betroffenen im Regelfall obsolet ist.

Wie der BGH in seiner Entscheidung von 2013 ausdrücklich bestätigte, hat sich an dieser Rechtslage **nach Inkrafttreten des MoMiG** entgegen verbreiteter Zweifel in der instanzgerichtlichen Rechtsprechung[91] sowie in der Literatur[92] **nichts geändert**[93].

b) Keine andere Beurteilung bei Statusgeschäften

Im Schrifttum wird zum Teil vertreten, dass eine Substitution der Inlands- 33
beurkundung bei **Maßnahmen, welche die Satzung der GmbH betreffen** (sog. Statusgeschäfte), unzulässig ist mit der Folge, dass diese zwingend vor einem deutschen Notar zu beurkunden seien.[94] Wegen ihrer organisationsrechtlichen Wirkung soll für **Umwandlungsbeschlüsse**[95] und **Unternehmensverträge**[96] das gleiche gelten.

Zur Begründung wird vor allem ins Feld geführt, dass bei einer Beurkundung durch eine ausländische Urkundsperson die Funktionen des Beurkundungsverfahrens[97] hinsichtlich der Belehrung der (auch mittelbar) Beteiligten sowie der materiellen Richtigkeitsgewähr nicht erfüllt würden, wenn und weil die ausländische Urkundsperson über keine vertieften Kenntnisse deutschen

[88] So insbesondere Goette DStR 1996, 709, 712f.

[89] Armbrüster/Preuß BeurkG § 17 Rn. 48.

[90] Armbrüster/Preuß BeurkG § 17 Rn. 49.

[91] LG Frankfurt aM 7.10.2009 – 3/13 O 46/09, NJW 2010, 683.

[92] Hauschild/Kallrath/Wachter Notar-HdB/Bayer/Meier-Wehrsdorfer § 10 Rn. 15ff. mwN; Hermanns RNotZ 2010, 38; Scholz/Seibt GmbHG § 15 Rn. 87a ff.

[93] BGH 17.12.2013 – II ZB 6/13, NJW 2014, 2026.

[94] Goette DStR 1996, 709, 713; Lutter/Hommelhoff/Bayer GmbHG, § 2 Rn. 30; Heckschen DB 2018, 685; wohl auch HCL/Ulmer/Löbbe GmbHG § 2 Rn. 19ff.

[95] HCL/Behrens/Hoffmann GmbHG Einl. B Rn. 210; Goette DStR 1996, 709, 711.

[96] HCL/Behrens/Hoffmann GmbHG Einl. B Rn. 210.

[97] Zu den Funktionen des Beurkundungsverfahrens BGH 24.10.1988 – II ZB 7/88, NJW 1989, 295, 298.

Rechts verfüge[98]. Auch könne das zu beteiligende Registergericht dieses Defizit nicht ausgleichen[99]. Dem ist entgegenzuhalten, dass die Beteiligten auf die Prüfungs- und Belehrungspflichten nach § 17 Abs. 1 BeurkG verzichten können und diese prinzipiell nicht auch gegenüber mittelbar Beteiligten bestehen[100].

Für die Praxis ist festzuhalten, dass der **BGH** bereits in seiner Grundsatzentscheidung von 1981 die **Gleichwertigkeit der Beurkundung einer Satzungsänderung** bei einer GmbH durch einen Notar in Zürich **anerkannt hat.**[101] Insofern bestehen auf dem Boden der durch die BGH-Entscheidung von 2013 bestätigten Rechtsprechung keine durchgreifenden Bedenken gegen die Substitution im Fall von Statusgeschäften, so dass es mit der Prüfung der zuvor ausgeführten allgemeinen Gleichwertigkeitsvoraussetzungen sein Bewenden hat. Entsprechend hat das Kammergericht sowohl eine GmbH-Gründung als auch eine GmbH-Verschmelzung mit Beurkundung durch einen Schweizer Notar anerkannt, da im Einzelfall eine Gleichwertigkeit vorgelegen habe.[102] In Hinblick auf die den Urteilen entgegengebrachte Kritik von Teilen der Literatur[103] dürfte es sich für die Praxis empfehlen, im Vorfeld einer geplanter Auslandsbeurkundung vorab den Kontakt zum zuständigen Registergericht zu suchen.

3. Fälle anerkannter Gleichwertigkeit

a) Schweiz [104]

34 Den praktisch wichtigsten Fall stellen Auslandsbeurkundungen in der **Schweiz** dar. Bisweilen wird unter Bezugnahme auf eine Entscheidung des BGH aus dem Jahr 1989[105] gefolgert, dass die Beurkundung durch Schweizer Notare generell gleichwertig ist.[106] In dieser Entscheidung stellt der BGH in einem *obiter dictum* lapidar fest, dass „jedenfalls bei der Beurkundung durch einen Schweizer Notar auch das in deutschen Gesetzesvorschriften aufgestellte Formerfordernis der notariellen Beurkundung erfüllt" ist, wobei das Gericht an dieser Stelle die Grundsatzentscheidung von 1981 zitiert. Es ist jedoch zu bezweifeln, dass dem Urteil eine Festlegung in dieser Allgemeinheit beige-

---

[98] Eingehend Hauschild/Kallrath/Wachter Notar-HdB/Bayer/Meier-Wehrsdorfer § 10 Rn. 9; Goette DStR 1996, 709 ff.; Wicke GmbHR 2018, 376, 380.

[99] BGH 16.2.1981 – II ZB 8/80, NJW 1981, 1160.

[100] Armbrüster/Preuß BeurkG § 17 Rn. 48 f.

[101] BGH 16.2.1981 – II ZB 8/80, NJW 1981, 1160.

[102] KG 24.1.2018 – 22 W 25/16, NJW 2018, 1828 = GmbHR 2018, 376 (Gründung durch Urkunde eines Berner Notars) sowie KG 26.7.2018 – 22 W 2/18, DNotZ 2019, 141 (Verschmelzung durch Urkunde eines Notars in Basel-Stadt).

[103] MüKoBGB/Kindler IntHuGR Rn. 544; HCL/Behrens/Hoffmann GmbHG Einl. B Rn. 210.

[104] Zu den Beurkundungsverfahren in ausgewählten Schweizer Kantonen (Basel-Landschaft, Basel-Stadt, Zug, Zürich, Sankt Gallen, Solothurn, Luzern, Bern) Müller NJW 2014, 1994.

[105] BGH 22.5.1989 – II ZR 211/88, NJW-RR 1989, 1259, 1261.

[106] MHLS/Ebbing GmbHG § 15 Rn. 97.

messen werden kann.[107] Dagegen spricht vor allem, dass die Unterschiede in den einzelnen Kantonen hinsichtlich der Stellung der Notare und der Anforderungen an das Beurkundungsverfahren erheblich sind.[108] Es bleibt daher dabei, dass die **Gleichwertigkeit für jeden Kanton** nach den oben dargestellten Grundsätzen **gesondert festgestellt werden muss.**[109]

Der **BGH** hat die Gleichwertigkeit der Beurkundung durch Notare in zwei Kantonen bestätigt: In der Grundsatzentscheidung aus dem Jahr 1981 hat das Gericht die Gleichwertigkeit im Kanton **Zürich** im Falle einer **Satzungsänderung** anerkannt.[110] Zudem hat der BGH in seiner Entscheidung von 2013 die Einreichung einer **Gesellschafterliste** durch einen Notar im Kanton **Basel-Stadt** als gleichwertig angesehen.[111] Das OLG Düsseldorf hat 2011 die Beurkundung der **Abtretung eines GmbH-Geschäftsanteils** durch einen Notar in **Basel-Stadt** anerkannt,[112] zuvor hatte bereits das OLG München im Jahr 1998 die Beurkundung des **Verkaufs eines GmbH-Geschäftsanteils** ebenfalls vor einem Notar in **Basel-Stadt** für gültig befunden[113]. Hinsichtlich einer Substitution durch einen Notar des Kantons **Bern** und des Kantons **Basel-Stadt** hat das Kammergericht in zwei Entscheidungen **(GmbH-Gründung, GmbH-Verschmelzung)** die Gleichwertigkeit anerkannt, jedenfalls wenn die Urkunde vollständig durch den Notar verlesen wird, was die Berner Notariatsverordnung erlaubt, jedoch nicht vorschreibt (Art. 46 Berner Notariatsverordnung).[114] Keine Rechtssicherheit besteht bezüglich der älteren instanzgerichtlichen Entscheidungen, welche die Substitution durch Notare in den Kantonen **Luzern**[115] und **Zug**[116] anerkannt haben, da diese Judikate vor der Grundsatzentscheidung von 1981 ergangen sind.[117]

Anlässlich der **Reform des Schweizer Obligationenrechts** 2008 wurden in der Literatur zum Teil generelle Bedenken gegen die Gleichwertigkeit geäußert. Anstoß für die Zweifel ist, dass für Anteilsabtretungen nunmehr gemäß

---

107 Ebenso MüKoGmbHG/Weller/Reichert § 15 Rn. 150.

108 Näher Heckschen DB 1990, 161 ff.; Müller NJW 2014, 1994, 1997 ff.; Pilger BB 2005, 1285, 1287.

109 Hauschild/Kallrath/Wachter Notar-HdB/Bayer/Meier-Wehrsdorfer § 10 Rn. 7; MüKo-GmbHG/Weller/Reichert § 15 Rn. 151; Scholz/Seibt GmbHG § 15 Rn. 86.

110 BGH 16.2.1981 – II ZB 8/80, NJW 1981, 1160.

111 BGH 17.12.2013 – II ZB 6/13, NJW 2014, 2026; Müller NJW 2014, 1994, 1999 zufolge enthält die Entscheidung keine Aussage über die Wirksamkeit der Beurkundung in Basel-Stadt; diese sei vielmehr mangels Gleichwertigkeit abzulehnen.

112 OLG Düsseldorf 2.3.2011 – 3 Wx 236/10, DNotZ 2011, 447; hierzu Hermanns RNotZ 2011, 224 ff.; Olk NZG 2011, 381 ff.

113 OLG München 19.11.1997 – 7 U 2511/97, NZG 1998, 156.

114 KG 24.1.2018 – 22 W 25/16, NJW 2018, 1828 = GmbHR 2018, 376; KG 26.7.2018 – 22 W 2/18, DNotZ 2019, 141.

115 LG Koblenz 11.2.1970 – 1 HAT 6/69, IPRspr 1970 Nr. 144.

116 LG Stuttgart 25.2.1975 – 4 KfH T 22/74, IPRspr 1976 Nr. 5a.

117 MüKoGmbHG/Weller/Reichert § 15 Rn. 150; Scholz/Seibt GmbHG § 15 Rn. 86.

Art. 785 OR nF einfache Schriftform genügt[118]. Nach der Entscheidung des OLG Düsseldorf von 2011 können die Parteien jedoch die Anforderungen an die Gleichwertigkeit dadurch erfüllen, dass sie das Beurkundungsverfahren auf freiwilliger[119] Basis durchführen[120].

b) Weitere Rechtsordnungen

35 In der instanzgerichtlichen Rechtsprechung ist die Beurkundung durch Notare in **Österreich**[121] als gleichwertig anerkannt worden, während die Gleichwertigkeit für die **Niederlande**[122] offen gelassen worden ist. Darüber hinaus ist in der Literatur eine Beurkundung in **Belgien, Frankreich, Italien, den Niederlanden** und **Spanien** für generell gleichwertig gehalten worden.[123] Die herrschende Lehre nimmt jedoch mittlerweile davon Abstand, pauschal die Gleichwertigkeit von all denjenigen Rechtsordnungen anzunehmen, die über ein sog. **Lateinisches Notariat** verfügen, sondern spricht sich für eine länderspezifische Prüfung der Substitutionsvoraussetzungen aus.[124]

4. Fälle verneinter Gleichwertigkeit

36 Abgelehnt wurde die Gleichwertigkeit von der Rechtsprechung für einen **US-amerikanischen *notary public*,** da dieser über keine fundierte juristische Ausbildung verfügt und ihm vorrangig die Funktion eines unabhängigen Zeugen zukommt[125]. Dies wird auf Notare aus einer Vielzahl von ***common law*-Rechtsordnungen** zutreffen[126], entbindet jedoch nicht von der länderspezifischen Prüfung.

Eine **Beglaubigung** soll jedoch auch durch einen US-amerikanischen *notary public* vorgenommen werden können[127].

---

[118] Vgl. Hauschild/Kallrath/Wachter Notar-HdB/Bayer/Meier-Wehrsdorfer § 10 Rn. 22 ff.

[119] Die freiwillige Durchführung eines Beurkundungsverfahrens hält Wicke in GmbHR 2018, 376 für nicht ausreichend.

[120] OLG Düsseldorf 2.3.2011 – I-3 Wx 236/10, DNotZ 2011, 447, 449, 448; siehe auch Schervier NJW 1992, 593, 596; MüKoBGB/Kleinschmidt Art. 11 EGBGB Rn. 91; ebenso hinsichtlich der Verlesung der Urkunde: KG 24.1.2018 – 22 W 25/16, NJW 2018, 1828 = GmbHR 2018, 376, 380.

[121] LG Kiel 25.4.1997 – 3T 143/97, MittBayNot 1997, 247 (Ls.) = GmbHR 1997, 952.

[122] OLG Düsseldorf 25.1.1989 – 3 Wx 21/89, NJW 1989, 2200.

[123] MüKoBGB/Kleinschmidt EGBGB Art. 11 Rn. 85; MHLS/Leible GmbHG Syst. Darst. 2 Internationales Gesellschaftsrecht Rn. 118; MHdB GesR VI/Jasper § 24 Rn. 161.

[124] Hauschild/Kallrath/Wachter Notar-HdB/Bayer/Meier-Wehrsdorfer § 10 Rn. 7; MüKo-GmbHG/Weller/Reichert, § 15 Rn. 152; Lutter/Hommelhoff/Bayer GmbHG § 15 Rn. 33.

[125] OLG Stuttgart 17.5.2000 – 20 U 68/99, MittRhNotK 2000, 350 = GmbHR 2000, 721.

[126] Vgl. MüKoBGB/Kleinschmidt, Art. 11 EGBGB Rn. 85.

[127] OLG Zweibrücken 22.1.1999 – 3 W 246/98, MittRhNotK 1999, 241; OLG Köln 4.5.1988 – 2 Wx 6/88, MittBayNot 1989, 104 = RIW 1989, 565; MüKoBGB/Kleinschmidt EGBGB Art. 11 Rn. 86.

Stichwortverzeichnis

Paragraphen fett; Randnummern mager

C

D

E

F